공학도를 위한 통계학

*Excel*을 이용한 분석

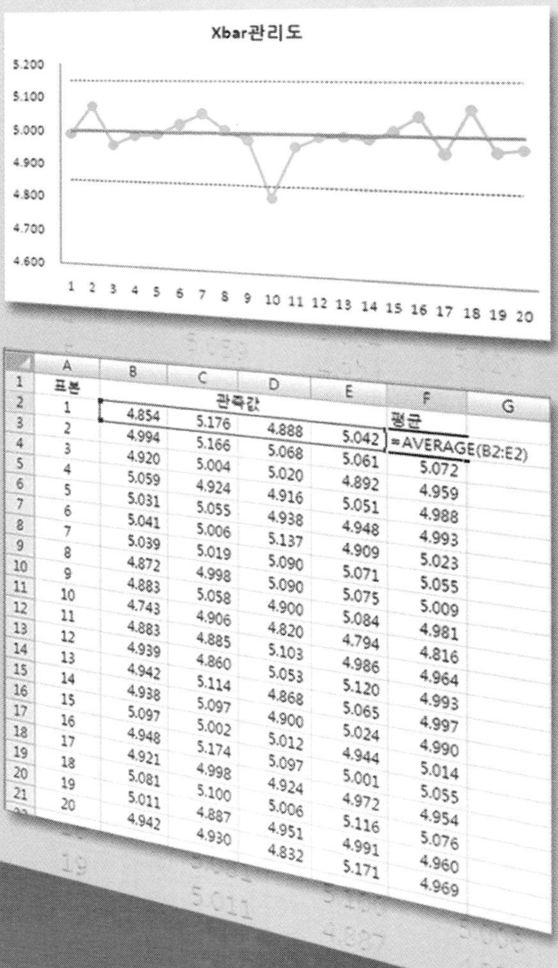

김진경 · 박진호 · 박헌진
이재준 · 전홍석 · 황진수

자유아카데미

머리말

사회가 발달함에 따라 통계학은 여러 학문분야 뿐만 아니라 실생활에도 사용되어 그 응용범위가 넓어지고 있다. 컴퓨터 기술의 빠른 발전과 사회의 복잡성에 따라 상상할 수 없을 만큼의 방대한 양의 자료들이 쌓여가고 있다. 따라서 쌓여가는 자료(정보)를 제대로 저장관리하는 Data warehousing, 중요한 정보를 파악해내는 Data mining 등과 같은 분야의 중요성도 갈수록 강조되고 있다. 이런 분야에 대한 기초적 상식 내지는 이해의 정도 및 활용의 정도가 해당 분야의 경쟁에서 남보다 앞서 나갈 수 있는 필수 조건이 되고 있다.

이 책은 공학인증제도의 목적에 부합되도록 통계학을 전공하는 학생은 물론 여러 응용(공학) 분야의 학생들이 졸업 후 바로 사회에 적용할 수 있는 내용을 포괄하는 통계학의 기초 입문서로 만들어졌다. 통계학의 기본적인 이론과 자료 분석 기법을 소개하고, 여러 예제와 가장 보편적인 소프트웨어인 엑셀2007 버전을 이용한 컴퓨터 실습을 통하여, 이들을 익히게 함으로써 독자들이 통계학의 개념을 명확히 파악하고, 실제 문제의 분석에서 쉽게 응용할 수 있도록 하였다.

이 책은 기본적으로 저자들의 범용 통계학 입문서인 통계학(엑셀을 이용한 분석)을 기반으로 하여 탐색적 자료분석 부분을 줄이고, 여러 응용부분을 추가하여 구성하였다. 제 1장은 자료의 정리 및 요약 부분으로, 통계학의 기본인 자료 처리에 대한 방법을 소개하였다. 제 2장과 제 3장은 통계학의 이론적인 기반이 되는 확률이론과 확률분포에 대하여 다루고 있다. 제 4장은 통계적인 추론의 기본인 표본들의 확률분포에 대하여 공부하며, 제 5장과 6장은 통계적인 추론의 핵심인 추정과 검정을 다루고 있다. 이렇게 6장까지가 기본적인 통계분석의 기초 이론 부분이며, 제 7장부터 제 12장까지는 분산분석, 회귀분석, 범주형자료분석, 품질관리, 신뢰성분석, 마르코프연쇄 등의 응용분야를 차례로 다루고 있다.

이 책은 기본적으로 2학기 과정을 염두에 두고 만들었으나, 통계 및 확률에 대한 기초 이해가 있다면 앞부분인 제 6장까지를 빨리 다루고, 뒤의 관심 있는 응용분야를 선택하여 한 학기 동안에도 다룰 수 있을 것으로 생각한다. 모쪼록 이 책을 열심히 공부하여 독자 여러분의 전공 분야에 통계적인 기법이나 사고의 방식을 적용하고, 해당 분야의 선두 주자가 되기를 바란다.

마지막으로 이 책이 나오기까지 도움을 주신 여러 분에게 감사하며, 수고해주신 자유아카데미 임직원 여러 분께 감사의 뜻을 표합니다.

2010. 2.

저자 일동

차 례

C.o.n.t.e.n.t.s

제 1 장 자료의 정리 및 요약

오랫동안 통계라는 것은 어느 한 국가의 지표로서 경제, 인구, 정치적인 상황을 자료나 도표로 나타내는 것과 동일시되어 왔다. 오늘날에도 대다수의 일반 사람들은 통계학이 복잡한 숫자들의 나열이나 그래프들만을 다루는 것으로 생각하고 있다. 그러나 20세기 들어 괄목할만한 발전을 이룬 통계학은, 이제 더 이상 단순히 주어진 자료를 그림이나 표로 정리하거나 간단한 수치로 요약하는 것이 전부가 아니다. 통계학은 정보를 가지고 있는 자료를 효과적으로 수집하는 과정, 이러한 자료를 합리적으로 해석하는 과정, 그리고 이 자료로부터 올바른 결론을 유도하는 과정을 총체적으로 다루는 것이다. 통계학의 영역은 자료의 수집과 조사를 통하여 사실을 밝혀내는 것을 포함하는 모든 지식의 습득 과정까지 자연스럽게 확장된다. 어떤 종류의, 얼마만큼의 자료를 수집해야 하는가? 어떻게 자료를 정리하고 해석해야 하는가? 통계학적으로 내린 결론이 얼마나 타당한가? 그리고 그 결론의 불확실성은 무엇으로 측정해야 하는가? 이러한 여러 질문에 대한 대답으로 통계학의 원리와 방법론이 아주 유용하게 쓰인다.

> 통계학은 자료의 수집과정을 설계하고, 자료를 요약하고 해석하여 결론을 이끌어내거나, 일반화하는 전체적인 원리와 방법론을 제공하여 준다.

제 1 절 모집단과 표본

통계학에서 사용되는 가장 기본적인 몇 가지 용어에 대해서 알아보기로 하자. 예를 들어, 우리나라 20세 남자의 키의 분포에 관심이 있다고 하자. 이때 우리나라의 모든 20세 남자의 키를 측정한다고 하면 그 값들의 전체 집합을 **모집단(population)** 이라고 한다. 또 다른 예로서, 어떤 속도에서 충돌할 때 어느 특정 차종의 손상 정도를 알아내기 위한 실험을 생각해 보자. 이때 모집단은 그 차종의 생산라인에서 만들어지는 모든 자동차를 실험의 대상으로 손상 정도를 측정하였을 때 얻어지는 모든 값들의 집합이 될 것이다.

> 모집단이란 얻고자 하는 정보와 관련 있는 모든 개체로부터 얻을 수 있는, 모든 관측값들의 집합을 의미한다.

모집단은 우리가 얻고자 하는 정보를 가지고 있는 하나의 연구 대상이라고 할 수 있다. 그러나 모집단을 얻기 위해서 실제로 20세의 모든 남자의 키를 측정하는 것이나 모든 자동차를 대상으로 손상 정도를 측정한다는 것은 현실적으로 가능하지 않거나 적절치 않다. 때문에 20세 남자 전체가 아니라 그중 일부를 추출하여 키를 측정하고, 생산라인에서 몇 대를 추출하여 손상 정도를 측정하여 관측값들을 얻게 된다. 이렇게 모집단의 일부분에 해당되는 관측값들의 집합을 **표본**(**sample**)이라고 한다.

> 표본은 모집단의 일부분으로, 원하는 정보를 얻기 위해 수행한 관측과정을 통하여 실제로 얻어진 관측결과의 집합이다.

따라서 통계학의 과제는 자료를 수집하고, 수집된 자료인 표본으로부터 모집단에 대한 추론을 할 수 있게 하는 방법론을 제공해 주는 것이라 할 수 있다. 이러한 목표를 갖는 통계학은 자료에 근거한 정보를 이용하는 모든 학문분야에서 널리 사용되게 되었다.

제 2 절 표와 그림을 통한 자료의 요약

자료의 형태

자료는 일반적으로 관심의 대상이 되는 특성을 측정 또는 관측하여 얻어진다. 그와 같이 측정 또는 관측되는 특성을 **변수**(**variable**)라고 한다. 이때, 키, 교통사고건수와 같이 관측결과가 수량으로 표현되는 변수를 **수량 변수**(**quantitative variable**)라 하고, 성별이나 제품의 선호도와 같이 수량이 아닌 어떤 특성을 묘사하는 형태로 표현되는 변수를 **질적 변수**(**qualitative variable**)라 한다. 질적 변수는 몇 개의 **범주**(**category**) 또는 항목의 형태로 나타나는데, 이 특성으로 인해 많은 경우에 질적 변수를 **범주형 변수**(**categorical variable**)라고 한다. 수량 변수는 다시 키처럼 연속적인 값을 갖는 **연속형 변수**

(continuous variable)와 교통사고건수와 같이 셀 수 있는 값을 갖는 **이산형 변수**(discrete variable)로 구분될 수 있다. 그리고 범주형 변수는 제품의 선호도('매우 좋다', '좋다', '그저 그렇다', '싫다', '매우 싫다')와 같이 순서의 의미가 있는 **순위형 변수**(ordinal variable)와 성별과 같이 순서의 의미가 없는 **명목형 변수**(nominal variable)로 구분된다.

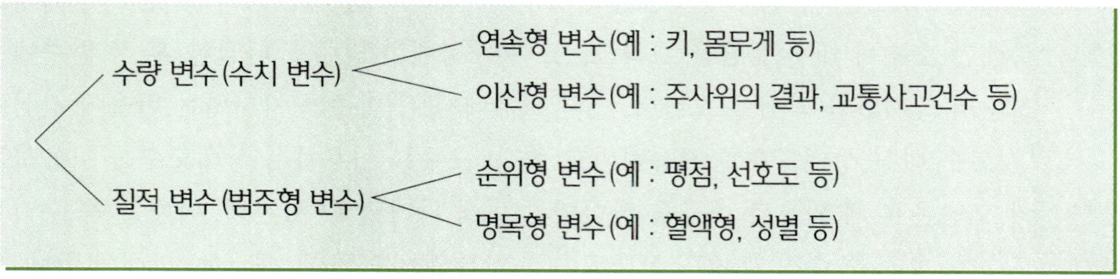

수집된 자료는 관심의 대상이 되는 변수를 측정하거나 관측하여 얻어지는데, 각 변수에 따라 얻어지는 자료의 특성이 결정된다. 즉, 수량(연속형, 이산형) 변수의 관측값으로 얻어진 자료는 수량(연속형, 이산형) 자료를 이루고, 범주형(명목형, 순위형) 변수에 대한 자료는 범주형(명목형, 순위형) 자료가 된다. 따라서 자료의 형태는 그 자료를 만들어낸 변수의 형태로 구분된다고 볼 수 있다.

여기서 주의할 사실은 범주형 자료와 수량 자료의 구분은 자료가 숫자로 표현되는가의 여부에 따라 구분되는 것이 아니라는 것이다. 남자를 1로, 여자를 0으로 표시하는 것처럼 범주형 자료를 숫자로 표현하는 것은 실제로 흔히 있는 일이다. 이때, 1과 0은 남자와 여자라는 항목을 나타내기 위하여 편의상 사용된 부호에 불과하다. 따라서 1과 0 대신에 M과 F라는 알파벳으로 쓸 수도 있고, 2와 −2 등의 다른 숫자로 쓸 수도 있다. 반대의 경우로, 수량 자료가 범주형 자료로 변환되어 사용되는 경우가 있다. 예를 들어, 시험성적 자료에서 100−90점, 90−80점, 80−70점, 70−60점, 60점 미만의 점수를 각각 A, B, C, D, F의 평점으로 표현하면, 시험점수라는 수량 자료가 평점이라는 범주형 자료로 변환된 것이다. 이러한 변환은 성적, 소득 등의 자료에서 흔히 이용된다.

범주형 자료의 요약

범주형 변수는 몇 개의 범주 중 하나의 값을 갖는다. 예를 들어, 성별이라는 변수는 '남성'과 '여성'이라는 두 가지 범주 중 하나이다. 범주형 변수에 대해 각 범주에 속하는 관측값의 개수를 그 범주의 **도수**(frequency)라 하고, 이 도수를 자료의 전체 개수로 나눈 비율을 그 범주의 **상대도수**(relative frequency)라 한다. 범주형 자료를 요약하는 방법은, 각 범주에 속하는 자료의 도수나 상대도수를 그림이나 표를 이용하여 나타내는 것이다. 이때, 주로 이용하는 것이 도수분포표, 막대그래프, 원형그래프 등이다.

범주형 자료에 대하여 범주와 그 범주에 속하는 도수와 상대도수를 나열하여 표로 작성한 것을 **도수분포표 (frequency table)** 라 한다. 도수분포표는 첫 번째 열에 모든 범주를 나열하고, 두 번째 열과 세 번째 열에 각 범주에 상응하는 도수와 상대도수를 나열한다.

막대그래프는 각 범주에서 도수의 크기를 막대의 높이로 나타낸 것이다. 그래프의 한 축에는 도수에 대한 눈금을 그리고, 또 다른 축에는 범주를 나열한 후 각 범주에 대하여 도수의 크기만큼 막대를 그린다. 만약 전체에서 각 범주가 차지하는 비율에 관심이 있으면 도수 대신 상대도수를 사용하기도 한다. 도수를 이용하든 상대도수를 이용하든 그림의 모양은 같게 되므로 이들을 하나의 그림에 나타낼 수 있는데, 이때 왼쪽 수직 축에는 도수를, 오른쪽 수직 축에는 상대도수를 기록하기도 한다. 때로는, 막대의 끝에 그 범주의 도수, 상대도수 등을 기입하여 알기 쉽게 나타내기도 한다. 막대그래프를 이용하면 각 범주간의 도수를 비교하는데 용이하다.

원형그래프는 먼저 원을 그리고 이 원을 상대도수에 비례하여 중심각을 나누어 마치 피자의 조각을 나눈 것과 같은 형태를 갖도록 하는 그림이다. 원형그래프를 이용하면 전체에서 각 범주 또는 몇 개의 범주가 전체에서 차지하는 비율을 파악하기 쉽다. 그러나 각 범주의 도수를 비교하거나, 도수 크기의 차이를 파악할 때는 막대그래프를 이용하는 것이 편리하다.

예제 1.1 한 조사기관에서 A, B, C, D의 4가지 중형자동차에 대해 150명을 임의로 뽑아 선호도를 조사하였다. 150명 중에서 71명은 A, 9명은 B, 28명은 C, 42명은 D를 좋아한다고 답하였다. 이 자료에 대한 도수분포표, 막대그래프, 원형그래프를 작성하라.

풀 이 위의 자료에서 도수와 각 범주의 도수를 자료의 전체 개수인 150으로 나눈 상대도수를 구하여 나열하면, 표 1.1과 같이 도수분포표를 얻을 수 있다.

표 1.1 자동차 선호도에 대한 도수분포표

자동차	도 수	상대도수
A	71	0.4733
B	9	0.0600
C	28	0.1867
D	42	0.2800
합계	150	1.0000

A, B, C, D를 선호하는 사람은 각각 71명, 9명, 28명, 42명이므로 각 범주의 도수를 높이로 하는 막대그래프를 그리면 그림 1.1과 같다.

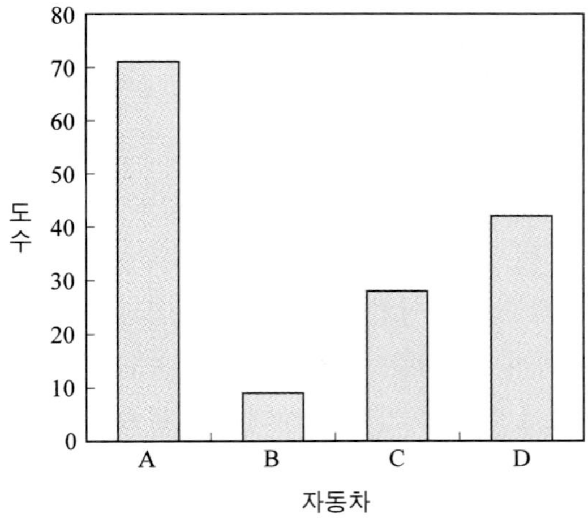

|| 그림 1.1 || 자동차 선호도에 대한 막대그래프

이 자료에서 A, B, C, D를 선호하는 네 가지 범주의 상대도수는 각각 47.33%, 6.00%, 18.67%, 28.00%이다. 원의 전체 각도는 360°이므로 각 범주가 차지하는 각도는 360°×(각 범주의 상대도수)이다. 따라서 A가 차지하는 각도는 360°×0.4733 = 170.4°이고, 이와 같이 계산하면 B는 21.6°, C는 67.2°, D는 100.8°가 된다. 이 결과를 원형그래프로 정리한 것이 그림 1.2이다.

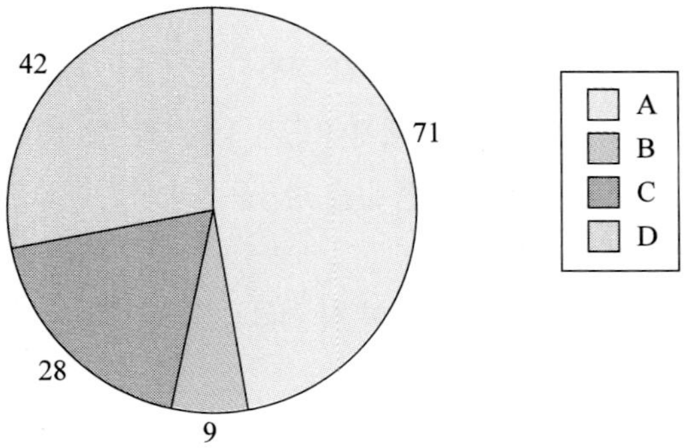

|| 그림 1.2 || 자동차 선호도에 대한 원형그래프

도수분포표를 통해서는 각 범주에 속하는 자료의 수나 비율을 쉽게 파악할 수 있다. 예를 들어, 표 1.1로부터 전체 조사 대상자의 47.33%가 자동차 A를 선호하는 것을 알 수 있다. 원형그래프를 통해서는 각 범주가 전체에서 차지하는 비중을 쉽게 파악할 수 있다. 그림 1.2의 원형그래프로부터 전체 조사 대상자의 약 절반 정도가 자동차 A를 선호하는 것을 한 눈에 알 수 있다. 한편 막대그래프를 이용하여 각 범주의 도수를 비교하거나 도수 크기의 차이를 파악하기 쉽다. 그림 1.1의 막대그래프를 보면 A를 선호하는 사람의 수가 가장 많고, B를 선호하는 사람의 수가 가장 적다는 것을 알 수 있다.

연속형 자료의 요약

수량 변수는 연속형 변수와 이산형 변수로 나눌 수 있다. 연속형 변수는 어느 구간에 속하는 모든 값을 가질 수 있다. 예를 들어, 제품의 수명을 나타내는 변수는 0 이상의 모든 값을 가질 수 있다. 흔히 연속형 변수는 반올림하여 이산형의 형태로 기록하기는 하지만, 이론적으로는 어떤 구간에 속하는 모든 값을 가질 수 있다. 연속형 자료를 표나 그림을 이용하여 요약하는 방법으로는 도수분포표, 히스토그램 등이 있다.

일반적으로 연속형 자료에 대해서는 관측값의 종류가 많기 때문에 범주형 자료와 같이 도수분포표를 만들 수 없다. 대신에 연속형 자료에서는 모든 관측값을 포함하는 범위를 몇 개의 구간으로 나누어, 각 구간에 포함되는 관측값의 도수(개수)를 세어 도수분포표를 작성하게 된다. 이때, 나누어진 각 부분을 **계급(class)**이라 하고, 각 계급에 포함되는 값의 범위를 **계급구간(class interval)**이라 하고, 각 계급구간의 크기를 계급구간의 폭이라 한다. 연속형 자료를 가지고 도수분포표를 만드는 과정을 정리하면 다음과 같다.

연속형 자료의 도수분포표의 작성방법

1. 자료의 범위 결정
   - 자료의 최댓값과 최솟값을 찾아 자료의 범위(최댓값-최솟값, range)를 구한다.
2. 계급의 개수 및 계급구간의 폭 결정
   - 계급의 개수가 대략 5개에서 15개 정도 되도록 정하고, 자료의 범위를 계급의 개수로 나누어 얻은 값보다 조금 큰 값을 계급구간의 폭으로 정한다.
3. 계급구간의 결정
   - 모든 관측값을 포함하도록 각 계급구간의 경계점을 구한다.
4. 도수 구하기
   - 각 계급구간에 속하는 관측값의 개수를 세어 계급의 도수를 구한다.
5. 상대도수 구하기
   - 각 계급의 도수를 전체 관측값의 개수로 나누어 계급의 상대도수를 구한다.

계급의 개수 또는 계급구간의 폭을 정하는 문제는 특별한 규칙이 있는 것이 아니다. 계급의 개수가 너무 적어서 계급구간의 폭이 너무 크면, 자료가 간략하게 요약이 되지만 너무 많은 정보를 잃어버린다. 또한, 계급의 개수가 너무 많아서 계급구간의 폭이 너무 작으면, 각 계급의 도수에서 어떤 경향을 찾기 힘들어지므로 자료의 요약으로서 도수분포표의 의미가 약해진다. 위에서 계급의 개수를 5개에서 15개 사이에서 선택하는 것은 분포의 경향이 잘 드러나기 때문이다. 따라서 계급의 개수를 꼭 5~15 범위 안에서 정할 필요는 없고, 분포의 경향이 잘 드러나는 계급의 개수를 선택하면 된다.

예제 1.2 다음의 자료는 어느 대학 통계학과 신입생 51명의 키를 기록한 것이다(단위: cm). 이 자료에 대한 도수분포표를 만들어라.

181	161	170	160	158	169	162	179	183	178	171	177	163
158	160	160	158	174	160	163	167	165	163	173	178	170
167	177	176	170	152	158	160	160	159	180	169	162	178
173	173	171	171	170	160	167	168	166	164	174	180	

풀 이 자료에서 최댓값과 최솟값은 각각 183과 152이므로 자료의 범위는 31이다. 계급의 개수를 7로 잡았을 때 자료의 범위를 7로 나누면 4.4가 되므로 계급구간의 폭을 5로 하자. 그리고 최솟값과 최댓값 사이의 구간이 전체 계급구간의 중앙에 위치하려면 계급구간의 시작값이 150이 되어야 하는데, 기록된 단위 한자리수 아래를 잡기 위하여 149.5를 계급구간의 시작값으로 하여 도수분포표를 작성하면 표 1.2와 같다.

표 1.2 통계학과 신입생의 키에 대한 도수분포표

계 급	계급구간(cm)	도 수	상대도수
1	149.5 ~ 154.5	1	0.020
2	154.5 ~ 159.5	5	0.098
3	159.5 ~ 164.5	14	0.275
4	164.5 ~ 169.5	8	0.157
5	169.5 ~ 174.5	12	0.235
6	174.5 ~ 179.5	7	0.137
7	179.5 ~ 184.5	4	0.078
합		51	1.000

표 1.2의 도수분포표를 보면 도수가 증가하였다가 감소하고, 다시 증가하다가 감소하는 경향이 나타난다. 즉, 신입생들의 키가 159.5cm와 164.5cm 사이, 그리고 169.5cm와 174.5cm 사이의 두 군데에 몰려 있는데, 이 두 구간에 속한 학생의 비율은 $0.275 + 0.235 = 0.51$로 전체의 50%가 넘는다. ■

연속형 자료에서도 도수분포표를 기초로 하여 각 계급에 대하여 범주형 자료에서의 막대그래프와 같은 모양의 그림을 그릴 수 있는데, 이를 히스토그램이라 부른다. 범주형 자료에서는 막대그래프를 통하여 각 범주의 도수를 비교할 수 있으나, 연속형 자료에서는 히스토그램을 통하여 각 계급구간의 도수를 비교하는 것 외에도 계급구간에 따른 도수 변화의 경향, 즉 자료의 분포를 알 수 있다.

히스토그램에서 막대의 높이는 상대도수를 계급구간의 폭으로 나눈 값으로 결정된다. 이렇게 구한 히스토그램의 전체 면적은 1이 된다. 모든 계급구간의 폭이 같으면 도수 또는 상대도수를 막대의 높이로 사용하여 그린 그림과 히스토그램과는 같은 모양이 된다. 그러나 계급구간의 폭이 일정하지 않은 경우에 도수나 상대도수를 사용하면, 계급구간의 폭이 커지면 도수가 커지고 계급구간에서 도수의 밀도에 상관없이 막대의 높이가 커지므로, 계급구간에서 도수의 밀도에 따라 높이를 결정하기 위해서는 상대도수를 계급구간의 폭으로 나눈 값을 막대의 높이로 사용하여야 한다. 예를 들어, 계급구간 10~30, 계급구간 30~40의 도수가 똑같이 3이라고 하자. 이때, 도수의 크기만을 이용하여 히스토그램을 그린다면 계급구간 10~30과 계급구간 30~40의 막대 높이는 같게 되어, 두 계급구간의 도수의 밀도가 같은 것처럼 보인다. 그러나 실제로는 10~30의 계급구간이 30~40의 계급구간에 비하여 관측값이 나타나는 빈도가 반밖에 되지 않으므로, 빈도가 같은 것처럼 보이는 그림은 적합하지 않다. 이러한 단점을 보완하기 위해서는 히스토그램을 그릴 때 항상 상대도수를 계급구간의 폭으로 나눈 값을 막대의 높이로 사용하는 것이 안전하다. 또한, 관측값의 개수 또는 계급구간의 폭이 다른 여러 개의 히스토그램을 비교할 경우에도, 관측값의 개수나 계급구간의 폭에 영향을 받지 않도록 상대도수를 계급구간의 폭으로 나눈 값을 막대의 높이로 사용하는 것이 바람직하다.

예제 1.3 예제 1.2의 통계학과 신입생의 키에 관한 자료에 대한 히스토그램을 그려라.

풀 이 예제 1.2의 도수분포표를 기초로 하여 히스토그램을 그리면 그림 1.3과 같다. 여기서 그림 1.3의 수평 축에 표시된 값은 계급구간의 중간값이다. ■

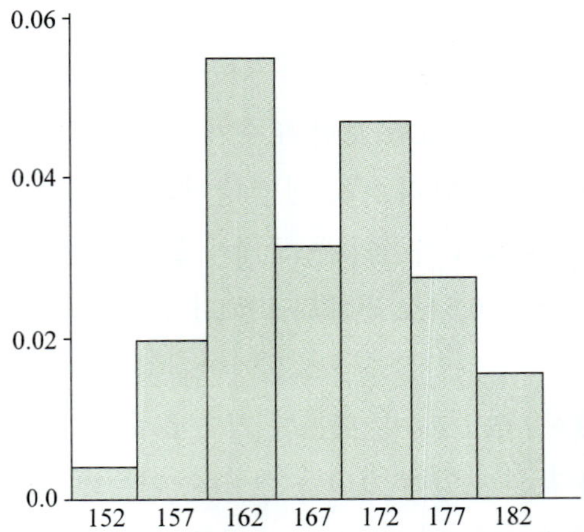

그림 1.3 통계학과 신입생의 키에 대한 히스토그램

그림 1.3의 히스토그램을 보면 표 1.2의 도수분포표보다 분포의 모양을 더 명확하게 파악할 수 있는데, 이 자료의 분포는 두 개의 봉우리를 가지고 있는 것을 알 수 있다. 즉, 3번째와 5번째의 두 구간에 관측값이 몰려있다는 것을 알 수 있다.

도수분포표에서 분포의 전체적인 모양이 잘 드러나는 계급구간의 폭이나 시작값을 구하려면, 계급구간의 폭과 시작값을 변화시켜 가면서 분포의 모양이 잘 드러나는 값을 선택하면 된다. 그림 1.4는 예제 1.2의 자료에서 계급구간의 폭과 시작값이 바뀔 때 히스토그램이 어떻게 변하는가를 나타내고 있다. 그림 1.4에서의 그림 중에서는 계급구간의 폭이 5이고, 계급구간의 시작값이 149.5인 히스토그램에서 분포의 모양이 잘 드러난다.

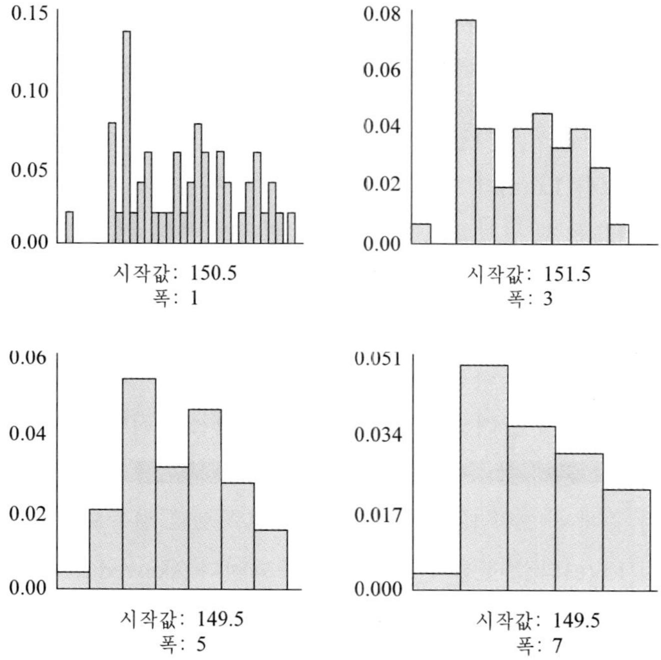

그림 1.4 계급구간의 폭과 계급구간의 시작값의 변화에 따른 히스토그램의 변화

히스토그램은 하나의 자료의 분포를 분석하는 것 외에도 두 개의 히스토그램을 그림 1.5와 같이 옆으로 연결하여 두 개의 자료의 분포를 비교할 수 있다. 예제 1.2에서 다룬 신입생의 키에 관한 자료에서 남자와 여자를 구별하여 이 두 집단에 대하여 따로 히스토그램을 그린 후, 두 히스토그램을 옆으로 연결하면 그림 1.5와 같다. 그림 1.5를 보면 각 집단은 봉우리가 하나인 분포를 따른다. 따라서 그림 1.3에서 봉우리가 두 개가 나타난 것은 두 개의 서로 다른 집단, 즉 남자와 여자를 하나로 합쳤기 때문이다. 이와 같이 봉우리가 여러 개 생기는 것은 성질이 다른 여러 집단이 함께 있을 경우에 주로 나타난다.

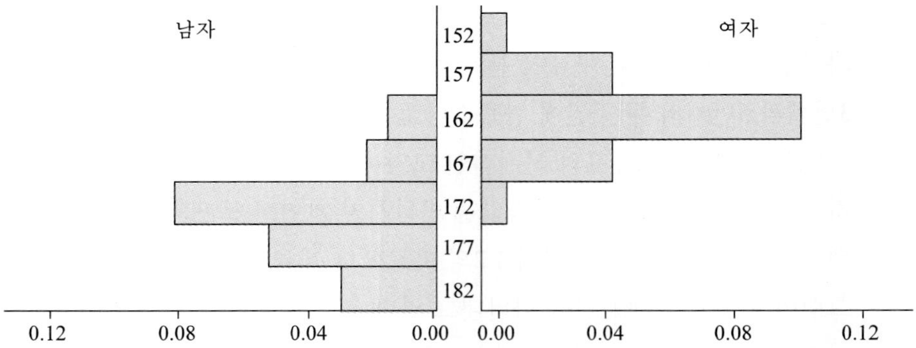

그림 1.5 신입생의 남녀간의 키 비교

자료마다 나타나는 분포의 모양은 다양한데 이런 다양한 분포의 모양을 몇 가지로 구분하면 그림 1.6과 같다. 그림 1.6에서 (a), (b), (c)는 그림 좌우의 모양이 중앙을 기준으로 비슷한 것을 알 수 있는데, 이러한 분포를 우리는 대칭형 분포(symmetric distribution)라 한다. 그림 1.6(a)의 분포와 같이 중앙에 관측값이 몰려 있고 중앙에서 멀어질수록 도수가 줄어드는 대칭형 분포를 종모양 분포라 한다. 그림 1.6(b)의 분포는 봉우리가 두 개라는 의미에서 이봉형 분포라 하는데, 이러한 분포는 두 개의 다른 집단이 같이 섞여 있을 때 종종 나타난다. 그림 1.6(c)의 분포는 사각형 모양을 하고 있는데 관측값이 모든 계급구간에 고르게 나타난다. 그림 1.6의 (d)와 (e)의 분포는 (a), (b), (c)의 분포와는 달리 관측값이 한쪽에 몰려있는 것을 알 수가 있다. 이러한 경우는 소득과 같은 자료의 분포에서 실제로 흔히 볼 수 있는 일인데, 이러한 분포를 편중된 분포 (skewed distribution) 라 한다. 이 중에서 그림 1.6(d)의 분포를 오른쪽으로 편중되었다 (skewed to the left) 라고 하고, 그림 1.6(e)의 분포를 왼쪽으로 편중되었다 (skewed to the right) 라고 한다 (영어 표현에서는 방향이 바뀌는 것에 유의하라).

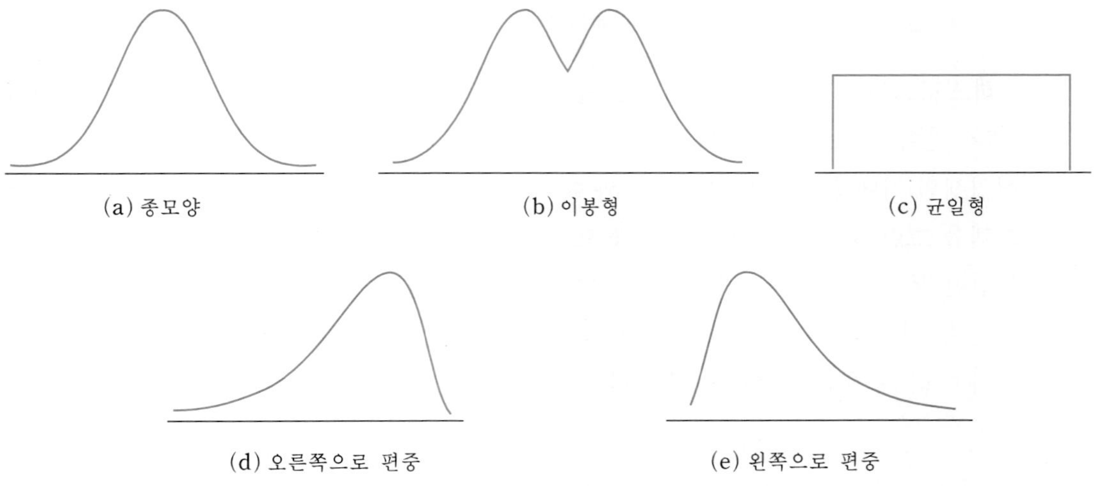

그림 1.6 여러 가지 분포 모양의 예

이산형 변수는 자연수나 정수와 같이 셀 수 있는 값을 가질 수 있다. 이산형 자료를 요약할 때는 일반적으로 관측값의 종류가 많고 적음에 따라 다른 방법을 사용한다. 보통 관측값의 종류가 적은 경우에는 범주형 자료를 요약하는 방법을 사용하고, 관측값의 종류가 많은 경우에는 연속형 자료를 요약하는 방법을 사용한다.

제 3 절 수치를 통한 연속형 자료의 요약

도표나 그림을 이용하여 자료를 요약하고 관측한 자료의 분포상태를 시각적으로 빠르고, 쉽게 전달할 수 있다. 그러나 그림이나 도표의 모양이 작성자의 주관적 판단에 따라 달라지므로 일관성과 객관성이 부족하며, 추론에서 요구되는 이론적 근거를 제시하는 것이 쉽지 않다. 그림이나 도표를 이용한 분석방법의 이러한 단점을 보완하기 위하여, 방대한 양의 자료를 몇 개의 의미 있는 수치로 요약하여 자료의 대략적인 분포상태를 파악할 수 있는 통계기법을 고려한다.

중심 위치의 측도

대표적인 중심 위치의 측도(measure of center)로는 **평균(mean)**과 **중앙값(median)**이 있다.

(1) 평 균

평균은 중심 위치의 측도 중에서 가장 많이 사용되는 것으로서, 모든 관측값의 합을 자료의 개수로 나누어 구한다. 표본자료 $x_1, x_2, x_3, \cdots, x_n$의 평균을 표본평균(sample mean)이라고 하며, $\bar{x}$(엑스 바)라고 표기한다.

표본평균:

$$\bar{x} = \frac{\text{모든 관측값의 합계}}{\text{총 자료의 개수}} = \frac{x_1 + x_2 + \cdots + x_n}{n}$$

(2) 중앙값

중앙값은 전체 관측값을 크기 순서로 배열했을 때 가운데 위치하는 값이다.

중앙값 구하는 법

1. 관측값의 크기 순서로 배열
2. (i) 자료의 개수(n)가 홀수이면,

$$\text{중앙값} = \frac{n+1}{2} \text{ 번째 관측값}$$

(ii) 자료의 개수(n)가 짝수이면,

$$\text{중앙값} = \frac{n}{2} \text{ 번째 관측값과 } \frac{n}{2} + 1\text{번째 관측값 사이의 중간값 또는 평균}$$

위와 같이 정의하면 50% 이상의 관측값이 중앙값보다 크거나 같고, 50% 이하의 관측값이 중앙값보다 작거나 같게 된다. 즉, 중앙값은 전체 관측값을 반으로 나누는 경곗값이라 할 수 있다.

예제 1.4 섬유의 중요한 성질 중의 하나는 물에 녹는 정도이다. 다음은 임의로 추출한 7개의 면 섬유에서 물에 녹는 정도를 측정한 자료이다. 이 자료에서 표본평균과 중앙값을 구하라.

17.71	19.41	20.72	27.01	22.85	18.92	29.83

풀이 표본평균은 다음과 같다.

$$\bar{x} = \frac{17.71 + 19.41 + 20.72 + 27.01 + 22.85 + 18.92 + 29.83}{7} = 22.35$$

관측값을 크기 순서로 재배열하면 17.71 18.92 19.41 20.72 22.85 27.01 29.83이 된다. 관측값의 개수가 7로 홀수이므로 $\frac{7+1}{2} = 4$번째 자료인 20.72가 중앙값이다. ■

(3) 표본평균과 중앙값의 비교

중심 위치의 측도로 실제에서는 표본평균이 가장 많이 쓰이고, 중앙값이 그 다음으로 쓰인다. 표본평균은 이해하기 쉽고 이론 전개도 용이하여 통계적 추론에서 가장 많이 쓰이므로 기본적인 통계수치로 표본평균을 사용하는 것이 바람직하다. 표본평균에서는 전체 관측값이 골고루 반영되므로 대푯값으로서 가치가 있지만, 극단적인 값에 영향을 많이 받게 된다. 따라서 극단적인 관측값이 있는 경우 주의하여 사용하여야 한다. 중앙값의 경우, 관측값의 크기보다는 관측값을 크기 순서로 배열하였을 때의 순서가 중요하므로 중앙부분 이외의 관측값의 변화에 민감하지 않고, 극단적인 관측값에 영향을 받지 않는다.

극단적인 관측값이 있는 경우, 표본평균과 중앙값 중에서 상황에 따라 적합한 것을 사용하여야 할 것이다. 전체의 경향을 볼 때 극단적인 관측값의 영향을 배제하고 싶으면 중앙값이 바람직하고, 전체 관측값을 모두 포함하고 싶으면 평균을 사용하는 것이 바람직하다.

예제 1.5 예제 1.4의 자료에서 물에 녹는 정도의 값이 29.83에서 49.52로 바뀌었다고 하자. 변화된 표본평균과 중앙값을 구하라.

17.71	19.41	20.72	27.01	22.85	18.92	49.52

풀 이 위의 자료에 대한 표본평균은

$$\bar{x} = \frac{17.71 + 19.41 + 20.72 + 27.01 + 22.85 + 18.92 + 49.52}{7} = 25.16$$

이 된다. 예제 1.4에서의 표본평균이 22.35에서 25.16으로 바뀜으로써 평균이 2.81 올라간 것을 알 수 있다. 한편, 중앙값을 구하기 위하여 크기 순서로 재배열하면 17.71, 18.92, 19.41, 20.72, 22.85, 27.01, 49.52가 되고, 4번째 값은 전과 변함없이 20.72가 된다. 이와 같이, 표본평균은 자룟값의 변화 또는 극단적인 값에 민감하고, 중앙값은 그렇지 않다는 것을 알 수 있다. ■

분포의 모양에 따른 각 중심 위치의 측도가 그림 1.7에서 주어진다. 그림 1.7에서 보는 것처럼 대칭인 분포의 경우 평균과 중앙값은 같은 값을 갖는다. 분포가 치우친 경우 중심 위치의 측도들은 서로 다른 값을 갖게 된다. 분포가 왼쪽으로 치우친 경우에는 평균이 중앙값보다 크게 되는데, 이것은 평균이 몇 개의 아주 큰 값의 영향을 받기 때문이다. 또한 분포가 오른쪽으로 치우친 경우에는 평균이 중앙값보다 작게 된다.

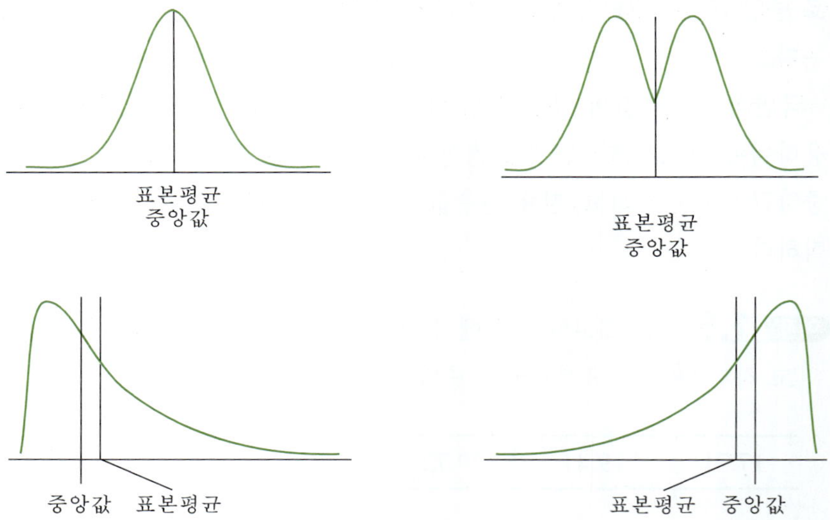

그림 1.7 분포의 모양에 따른 표본평균, 중앙값의 위치

퍼진 정도의 측도

중심 위치를 아는 것은 분포를 파악하는데 있어서 중요한 요소이기는 하나, 중심 위치만을 가지고 분포를 파악하는 데는 부족한 점이 많다. 예를 들어, 그림 1.8의 히스토그램과 같이 두 개의 분포에서 중심 위치가 같지만 분포의 퍼진 정도가 다른 경우, 중심 위치만을 가지고 두 분포를 설명할 수 없다. 자료의 퍼진 정도를 측정하는 측도로는 **분산(variance)**, **표준편차(standard deviation)**, **사분위수범위(interquartile range)** 등이 있다.

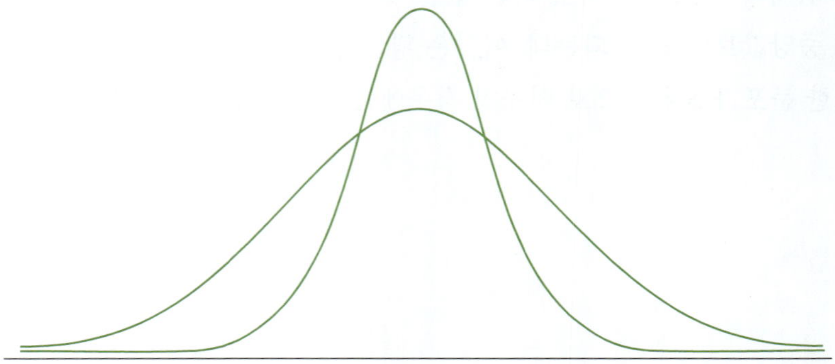

그림 1.8 퍼진 정도가 다른 두 개의 분포

(1) 분산과 표준편차

표본평균을 중심 위치의 측도로 사용할 때 각 관측값과 평균의 차이를 **편차(deviation)** 라고 부른다. 즉, 관측값이 $x_1, x_2, x_3, \cdots, x_n$이고, 표본평균이 $\bar{x}$일 때, 각 관측값에 대한 편차는 (관측값 − 표본평균) = $(x_i - \bar{x})$로 주어진다.

자료의 퍼진 정도를 측정하기 위하여 편차들의 평균을 생각할지도 모른다. 그러나 편차들의 합은 항상 0이고, 따라서 편차의 평균도 항상 0이므로 편차의 표본평균은 자료의 퍼진 정도에 대한 측도로 적합하지 않다.

퍼진 정도를 측정하는 것은 관측값이 중심 위치에서 얼마나 멀리 떨어져 있는가를 알기 위한 것이다. 따라서 퍼진 정도의 측도로 편차들의 절댓값 또는 그의 제곱을 고려할 수 있는데, 실제에서는 절댓값은 잘 사용되지 않고 제곱이 자주 쓰인다. 즉, 편차 제곱의 합을 구한 후에 관측값의 개수에서 1을 뺀 값으로 나눈 값을 **표본분산(sample variance)** 이라 하고, 보통 S^2으로 표기한다. 관측값의 개수에서 1을 뺀 값으로 나누는 이유는 편차의 제곱합을 구할 때 편차의 합이 0이라는 제약이 하나 있기 때문인데, 이때 관측값의 개수에서 1을 뺀 값을 편차 제곱합의 **자유도(degrees of freedom)** 라 한다. 이 자유도에 대한 자세한 설명은 이 책의 수준을 벗어나므로 생략하기로 한다.

표본분산: $$S^2 = \frac{\text{편차의 제곱합}}{n-1} = \frac{\sum_{i=1}^{n}(x_i - \bar{x})^2}{n-1}$$

관측값들이 넓게 퍼져 있으면 편차들의 제곱값이 커져서 표본분산이 커진다. 따라서 표본분산의 값이 클수록 관측값들이 표본평균으로부터 멀리 퍼져 있다는 것을 알 수 있다.

표본분산을 구하기 위하여 편차의 제곱합을 구하게 되는데 편차의 제곱식을 전개하면 다음과 같은 간편식을 얻을 수 있다.

$$\begin{aligned}\Sigma(x_i - \bar{x})^2 &= \Sigma x_i^2 - 2\bar{x}\,\Sigma x_i + n\bar{x}^2 \\ &= \Sigma x_i^2 - n\bar{x}^2 \\ &= \Sigma x_i^2 - \frac{(\Sigma x_i)^2}{n}\end{aligned}$$

단, Σ는 $i = 1$부터 n까지의 합을 의미한다. 위의 식을 이용하면 편차를 구하지 않고 관측값의 제곱합, 관측값의 합 또는 표본평균을 이용하여 구할 수 있다.

표본분산의 단위는 관측값의 단위의 제곱으로 관측값의 단위와 일치하지 않는다. 이때, 표본분산의 양의 제곱근은 관측값의 단위와 일치하는데 이 측도를 표본표준편차라 하고, 보통 S로 표기한다. 표본표준편차의 단위는 관측값의 단위와 동일하므로 표본분산보다 자료의 퍼진 정도를 측정하는데 더 적절하다고 할 수 있다. 예를 들어, 키에 관한 자료가 cm의 단위로 측정되었다면 표본표준편차의 단위는 cm인 반면, 표본분산은 cm^2의 단위를 갖게 되어 키의 퍼진 정도를 표현하는데 적절치 못하다.

예제 1.6 예제 1.4의 자료에서 표본분산과 표본표준편차를 구하라.

풀 이 표본분산을 구하기 위하여 관측값에서 평균(22.35)을 빼면 편차는 -4.64, -2.94, -1.63, 4.66, 0.5, -3.43, 7.48이 된다. 그러므로 표본분산은 다음의 식에 의하여 구할 수 있다.

$$\begin{aligned} S^2 &= \frac{1}{7-1}\Sigma(x_i - 22.35)^2 \\ &= \frac{1}{6}[(-4.64)^2 + (-2.94)^2 + (-1.63)^2 + 4.66^2 + 0.5^2 + (-3.43)^2 + 7.48^2] \\ &= 20.4185 \end{aligned}$$

따라서 표본표준편차 S는 $\sqrt{20.4185} = 4.52$로 주어진다. 간편식을 이용하여 표본표준편차를 구하면, 관측값의 합은 $\Sigma x_i = 156.45$이고, 관측값의 제곱합은 $\Sigma x_i^2 = 3619.1685$이므로 표본분산을 구하면

$$S^2 = \frac{1}{n-1}\left(\Sigma x_i^2 - \frac{(\Sigma x_i)^2}{n}\right) = \frac{1}{6}\left(3619.1685 - \frac{156.45^2}{7}\right) = 20.4185$$

이므로 표본분산을 구하는 두 식으로부터 같은 결과를 얻을 수 있다. ■

(2) 백분위수(percentile)와 사분위수범위

중앙값은 전체의 관측값을 반으로 나누는 경계값이다. 이러한 개념을 확장하여 전체 관측값을 크기 순서대로 배열하였을 때 전체의 관측값을 $(100 \times p)\%$와 $100 \times (1-p)\%$로 나눌 수 있는 값을 제 $100 \times p$ 백분위수라 한다.

제 $100 \times p$ 백분위수 구하는 방법

1. 관측값을 작은 값부터 크기 순서로 배열
2. (i) $n \times p$가 정수인 경우,
   제 $100 \times p$ 백분위수 $=$ $n \times p$번째 관측값과 $n \times p + 1$번째 관측값의 평균
   (ii) $n \times p$가 정수가 아닌 경우,
   제 $100 \times p$ 백분위수 $=$ ($n \times p$의 정수부분 $+$ 1)번째 관측값

예제 1.7 서울의 한 전철역에서 인천의 한 전철역까지 소요되는 시간을 기록한 자료가 다음과 같다(단위 : 분). 제 50 백분위수인 중앙값과 제 20 백분위수를 구하라.

42	40	38	37	43	39	78	38	45	44	40	38	41	35	31	44

풀 이 위의 자료를 크기 순서로 재배열하면 다음과 같다.

31 35 37 38 38 38 39 40 40 41 42 43 44 44 45 78

관측값의 개수가 16이고, $16 \times 0.50 = 8$이므로 제 50 백분위수는 8번째로 작은 값과 9번째로 작은 값의 평균으로 주어진다. 그런데 주어진 자료에서 8번째와 9번째로 작은 값이 모두 40이므로 제 50 백분위수인 중앙값은 40이 된다. 제 20 백분위수의 경우는 $16 \times 0.20 = 3.2$이므로 제 20 백분위수의 값은 4번째 작은 값인 38로 주어진다. ■

백분위수는 분포의 모양에 대한 이해 등 여러 가지로 이용되지만, 여기서는 주로 백분위수의 일종인 사분위수를 이용하여 퍼진 정도를 측정하는 사분위수범위를 알아보자. 사분위수(quartile)는 전체 관측값을 크기 순서로 배열하였을 때 전체를 사등분하는 값을 나타낸다. 전체의 사분의 일, 사분의 이, 사분의 삼은 각각 전체의 25%, 50%, 75%이므로, 제 1 사분위수, 제 2 사분위수, 제 3 사분위수는 각각 제 25 백분위수, 제 50 백분위수, 제 75 백분위수가 되고, 제 1 사분위수, 제 2 사분위수, 제 3 사분위수는 각각 Q_1, Q_2, Q_3로 표시한다. 중앙값은 전체의 이분의 일에 위치하는 값이므로 제 2 사분위수이고, 제 50 백분위수가 된다. 그림 1.9는 분포에서의 사분위수들의 위치를 나타낸다.

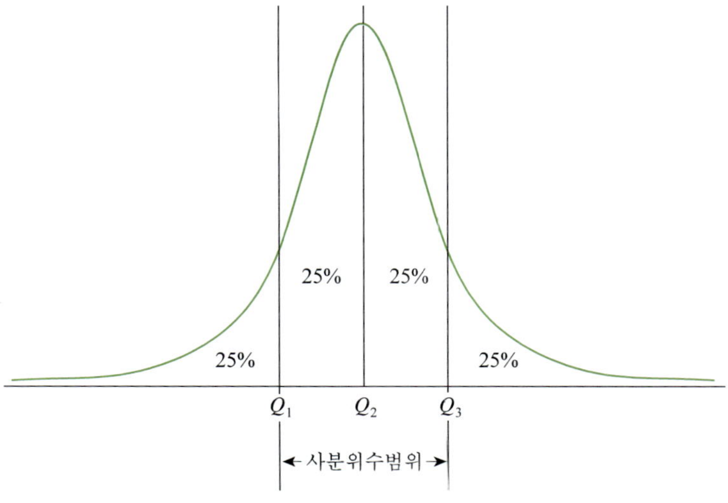

그림 1.9 사분위수의 위치와 사분위수범위

이때 제 3 사분위수와 제 1 사분위수 사이의 거리를 퍼진 정도의 측도로 사용할 수 있는데, 이 수치를 **사분위수범위 (interquartile range)** 라 한다.

> **사분위수범위**: IQR = 제 3 사분위수 − 제 1 사분위수 = $Q_3 - Q_1$

예제 1.8 예제 1.4의 자료에서 사분위수범위를 구하라.

풀 이 예제 1.4의 자료를 작은 순서대로 재배열하면 17.71 18.92 19.41 20.72 22.85 27.01 29.83이 된다. 제 1 사분위수는 제 25 백분위수이고, $n \times p = 7 \times 0.25 = 1.75$ 이므로 제 1 사분위수는 2번째로 작은 값인 18.92가 된다. 또한 $7 \times 0.75 = 5.25$이므로 제 3 사분위수는 6번째로 작은 값 또는 2번째로 큰 값인 27.01이 된다. 제 1 사분위수와 제 3 사분위수로부터 사분위수범위를 구하면 $IQR = 27.01 - 18.92 = 8.09$가 된다. ■

(3) 표준편차와 사분위수범위의 비교

표준편차와 사분위수범위는 모두 퍼진 정도를 측정하기 위한 수치이나 그 이론적 배경은 다르다. 표준편차는 표본평균과 같은 이론적 배경을 가지고 만들어졌고, 사분위수범위는 중앙값과 같은 이론적 배경을 가지고 만들어졌다. 따라서 중심 위치의 측도로 표본평균을 사용할 경우 표준편차를 퍼진 정도의 측도로 쓰는 것이 바람직하고, 중앙값을 중심 위치의 측도로 사용할 경우 사분위수범위를 퍼진 정도의 측도로 쓰는 것이 바람직하다. 표준편차는 전체 관측값의 퍼진 정도를 골고루 반영하고 있고, 극단적인 관측값에 의하여 영향을 받는다. 한편, 사분위수범위는 각 관측값의 퍼진 정도를 전체적으로 반영하지는 않지만, 극단적인 관측값에 크게 영향을 받지 않는 장점이 있고, 이론적인 추론이 어렵기 때문에 분산이나 표준편차만큼 널리 쓰이지 않는다.

예제 1.9 예제 1.5의 자료에서 표준편차와 사분위수범위를 구하라.

풀 이 예제 1.5에서 표본평균은 25.16이므로 분산은

$$S^2 = \frac{1}{n-1}(\Sigma x_i^2 - n(\bar{x})^2) = \frac{1}{6}(5181.57 - 7 \times 25.16^2) = 125.065$$

이고 표준편차는 $S = \sqrt{125.065} = 11.18$이다. 한편, 예제 1.8에서와 같이 제 1 사분위수와 제 3 사분위수는 2번째로 작은 값과 6번째로 작은 값이 되므로, 제 1 사분위수와 제 3 사분위수는 각각 18.92와 27.01로 이전과 변함이 없다. 그러나 표준편차는 4.52에서 11.18로 6.66만큼 증가하였다. 따라서 중앙값과 평균의 비교에서와 마찬가지로 사분위수범위도 표준편차에 비하여 극단값에 영향을 덜 받음을 알 수 있다. ■

(4) 변동계수

자료의 측정단위가 다르거나 중심 위치가 매우 다른 두 개 이상의 분포의 퍼진 정도를 비교할 때, 표준편차나 사분위수범위를 사용하는 것은 불합리하다. 이러한 경우에, 상대적으로 퍼진 정도를 나타내는 수치로 **변동계수(coefficient of variation)**가 있으며, 보통 CV로 표시한다. 변동계수는 표본평균에 대한 상대적인 퍼진 정도를 백분율(%)로 나타낸다. 아래 식을 보면 변동계수의 단위는 없다. 따라서 서로 다른 단위 사이의 퍼진 정도를 비교할 수도 있다.

변동계수: $$\mathrm{CV} = \frac{\text{표본표준편차}}{\text{표본평균}} \times 100 = \frac{S}{\bar{x}} \times 100$$

예제 1.10 한 투자자가 A 회사의 주식과 B 회사의 주식 중 하나를 매입하기 위하여 6일 동안 조사한 두 회사 주식의 종가는 다음과 같다. A 회사 주식과 B 회사 주식 가격의 표본평균, 표준편차, 변동계수를 구하고 퍼진 정도를 비교하라.

날 짜	A 회사	B 회사
1	76,300	6,400
2	77,400	7,000
3	77,900	7,400
4	77,200	6,900
5	76,900	7,300
6	78,800	7,600

풀 이 A 회사 주식의 평균은 77,417, 표준편차는 861이고, B 회사 주식은 평균이 7,100, 표준편차가 429이다. 두 회사의 주식에서 표준편차를 비교하면 A 회사의 주식 가격이 B 회사의 주식 가격보다 넓게 퍼져 있다는 것을 알 수 있다. 그러나 표준편차를 평균으로 나누어 변동계수를 구하면 A 회사 주식의 변동계수는 1.11이고, B 회사 주식의 변동계수는 6.04가 되어 평균에 대한 상대적 변동은 B 회사의 주식이 더 크다는 것을 알 수 있다. 따라서 B 회사의 주식의 단위가격당 변동 폭이 더 크다는 것을 알 수 있다. 결론적으로 제한된 액수 안에서 주식을 매입하려고 하면 변동계수를 이용하는 것이 바람직하다고 할 수 있다.

상자그림

상자그림 (box plot) 은 자료로부터 얻는 다섯 가지의 요약수치인 최솟값, Q_1, Q_2, Q_3 최댓값을 가지고 그림을 그린 것으로, 히스토그램에서는 드러나지 않는 수치를 그림과 함께 제공한다. 상자그림은 주로 사분위수가 중심이 되고, 작성 과정은 다음과 같다. 그림 1.10은 이해를 돕기 위하여 구성 요소를 표시한 상자그림이다.

상자그림의 작성과정

1. 사분위수 (Q_1, Q_2, Q_3)를 결정한다.
2. Q_1과 Q_3를 네모난 상자로 연결하고, 중앙값(Q_2)의 위치에 수직선을 긋는다.
3. $IQR = Q_3 - Q_1$을 계산한다.
4. 상자 양끝에서 $1.5 \times IQR$ 크기의 범위를 경계로 하여, 이 범위에 포함되는 최솟값과 최댓값을 Q_1,과 Q_3로부터 각각 선으로 연결한다.
5. 양 경계를 벗어나는 자룟값들을 *로 표시하고, 이 점들을 이상점이라 한다.

상자그림은 때로는 상자 - 수염 그림(box-whisker plot)이라고도 한다.

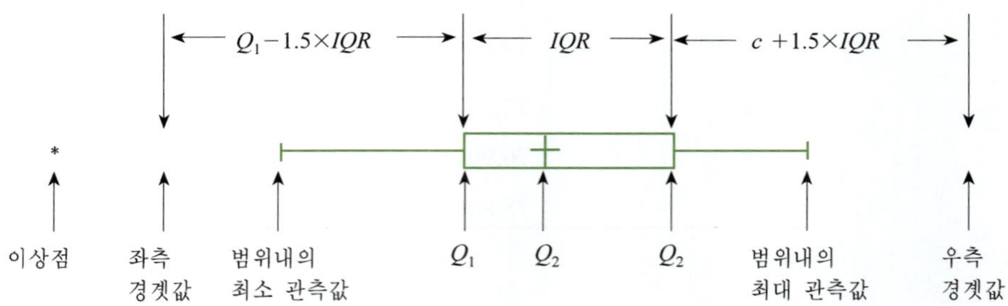

그림 1.10 상자그림

예제 1.11 어떤 교차로에서 교통소음 정도를 측정한 값이 다음과 같다. 측정 자료를 이용하여 상자그림을 그려라.

55.9	63.8	57.2	59.8	65.7	62.7	60.8	51.3	61.8	56.0
66.9	56.8	66.2	64.6	59.5	63.1	60.6	62.0	59.4	67.2
63.6	60.5	66.8	61.8	64.8	55.8	55.7	77.1	62.1	61.0
58.9	60.0	66.9	61.7	60.3	51.5	67.0	60.2	56.2	59.4
67.9	64.9	55.7	61.4	62.6	56.4	56.4	69.4	57.6	63.8

풀 이 상자그림을 그리기 위해서는 먼저 사분위수를 구하여야 한다. 관측값의 개수가 50이고, $n \times p = 50 \times 0.25 = 12.5$이므로 제 1 사분위수는 13번째 작은 값인 57.6이 된다. 마찬가지로 $50 \times 0.75 = 37.5$이므로 제 3 사분위수는 38번째 작은 값인 64.6이 된다. 따라서 사분위수범위는 $IQR = 64.6 - 57.6 = 7.0$이다. 제 2 사분위수는 $50 \times 0.5 = 25$이므로 25번째 작은 값과 26번째 작은 값의 평균 $(61.0 + 61.4)/2 = 61.2$가 된다. 제 1, 제 3 사분위수로부터 상자의 아래와 위의 경곗값은 각각 $Q_1 - 1.5 \times IQR = 47.1$, $Q_3 + 1.5 \times IQR = 75.1$이 된다. 자료의 최솟값 51.3은 좌측 경곗값 47.1보다 크므로 범위에 포함되어 51.3과 Q_1을 선으로 그어 연결한다. 우측 경곗값 75.1보다 작은 최대 자룟값은 69.4이므로 Q_3와 69.4을 연결하는 선을 긋는다. 관측값 77.1은 이 경계를 초과하기 때문에 해당 위치에 *로 표시하고, 이상점이라 판정한다. 이렇게 작성한 상자그림은 그림 1.11과 같다. 이 상자그림에서 중앙값의 위치는 대략 제 1, 제 3 사분위수의 중간 부분에 놓이고, 왼쪽 꼬리선은 오른쪽 꼬리선보다 좀 더 길다. 즉, 이 자료는 중심 부분은 대략 대칭을 이루지만 작은 자룟값 쪽으로 약간 더 길게 분포한다. 또한 다른 자료보다 상당히 큰 이상점 77.1이 하나 있다. ■

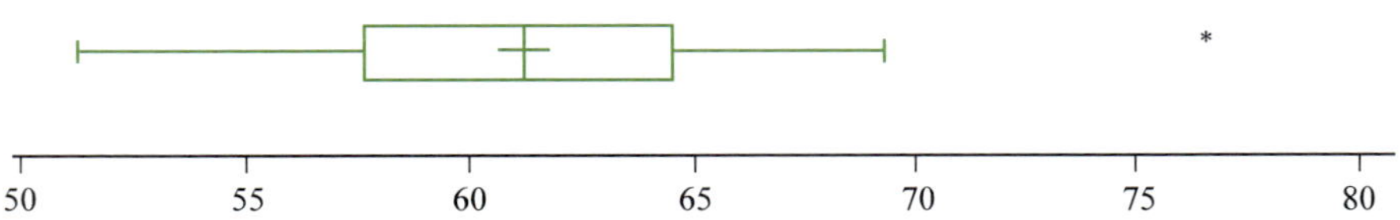

그림 1.11 교통소음에 대한 상자그림

상자그림의 장점으로는 분포의 다양한 특성을 하나의 그림에 함축하는 것이다. 즉, 상자그림으로부터 자료의 중심 위치, 퍼진 정도 등의 주어진 수치 이외에도 분포의 대칭성, 분포의 집중 정도, 대부분의 자룟값에서 동떨어진 이상점 등을 알 수 있다. 또한, 여러 자료의 상자그림을 나란히 배열함으로써 여러 자료들의 분포를 동시에 비교할 수 있다.

제 4 절 두 연속형 변수의 요약 : 상관계수

앞에서 한 변수에 대하여 개요를 파악할 수 있는 여러 가지 방법을 공부하였다. 이 절에서는 두 개의 연속형 변수에 대하여 그 관계를 파악할 수 있는 방법을 공부하고자 한다.

두 연속형 변수 x와 y에 대한 관측값 (x, y)가 짝을 이루어 주어졌다고 하자. 두 변수 x와 y 간의 관계를 분석할 때 중요한 첫 번째 단계가 자료에 대한 그림을 그리는 것이다. 변수 x를 수평축에 놓고 변수 y를 수직축에 놓은 후에 각 관측값의 짝을 좌표 위에 표시함으로써 얻게 되는 그림을 **산점도(scatter diagram)** 라 한다. 이렇게 그린 그림을 통하여 두 변수 간의 관계를 시각적으로 대략 파악할 수 있을 것이다. 예를 들어, 관측값들이 직선이나 곡선의 띠를 형성하고 있는지, 또는 특별한 경향 없이 관측값들이 흩어져 있는지 등을 알 수 있다.

예제 1.12 다음은 11개의 로케트 엔진으로부터 발생하는 수소와 탄소량을 나타낸 것이다. 산점도를 그려라.

수소(ppm)	120	82	90	8	38	20	2.8	66	2.0	20	85
탄소(ppm)	105	110	99	22	50	50	7.3	74	7.7	45	51

풀 이

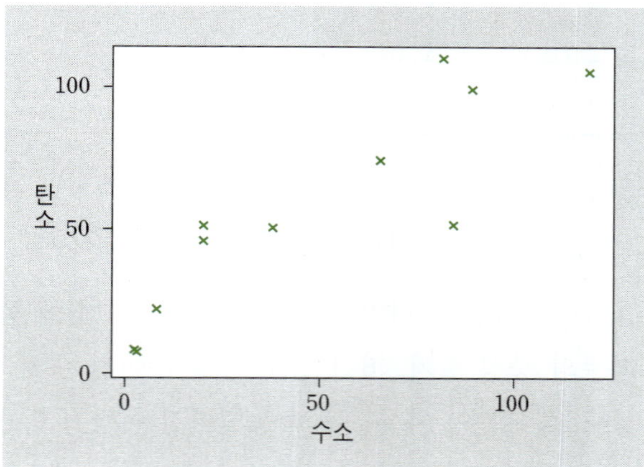

그림 1.12 예제 1.12의 자료에 대한 산점도

산점도를 통하여 두 변수 사이의 관계를 시각적으로 파악할 때 많은 경우에 점들이 띠를 형성하듯이 몰려 있게 된다. 이때 띠의 형태는 직선, 곡선 등 여러 형태를 가질 수가 있는데 여기서 가장 관심이 있는 경우는 직선의 형태이다. 산점도에서 점들이 얼마나 직선에 가까운가의 정도를 나타내는데 쓰이는 측도가 **표본상관계수**이다. 표본상관계수는 피어슨(Karl Pearson)에 의하여 제안되었기 때문에 피어슨의 표본상관계수라고도 한다. 표본상관계수는 보통 r로 표시하는데 구하는 식은 다음과 같다.

표본상관계수(sample correlation coefficient)

두 변수 (x, y)에 대하여 관측값 n개의 짝 (x_1, y_1), (x_2, y_2), ⋯, (x_n, y_n)이 주어져 있을 때 상관계수는 다음과 같이 계산한다.

$$r = \frac{\Sigma(x_i - \overline{x})(y_i - \overline{y})}{\sqrt{\Sigma(x_i - \overline{x})^2}\sqrt{\Sigma(y_i - \overline{y})^2}}$$

단, Σ는 $i = 1$부터 n까지의 합을 의미한다.

표본상관계수는 위의 식으로 계산되어 두 변수의 직선관계의 정도를 나타내는데, 표본상관계수는 다음과 같은 특징이 있다.

(1) 표본상관계수 r은 항상 -1과 1 사이에 있다.

(2) 표본상관계수의 절댓값의 크기는 직선관계에 가까운 정도를 나타내고 표본상관계수의 부호는 직선관계의 방향을 나타낸다. 구체적으로,

$r > 0$　산점도에서의 점들이 좌하에서 우상방향으로 띠를 형성한다. 즉, 한 변수의 값이 작으면 다른 변수의 값도 작고, 한 변수의 값이 크면 다른 변수의 값도 큰 경향을 갖고 있다. 이러한 경향을 하나의 직선으로 나타냈을 때 그 직선의 기울기가 양수가 된다.

$r < 0$　산점도에서의 점들이 좌상에서 우하방향으로 띠를 형성한다. 즉, 한 변수의 값이 작으면 다른 변수의 값은 크고, 한 변수의 값이 크면 다른 변수의 값은 작은 경향을 갖고 있다. 이러한 경향을 하나의 직선으로 나타냈을 때 그 직선의 기울기가 음수가 된다.

$r = +1$　모든 점이 정확히 기울기가 양수인 직선 위에 위치한다.

$r = -1$　모든 점이 정확히 기울기가 음수인 직선 위에 위치한다.

표본상관계수의 절대값이 클수록, 즉 표본상관계수의 값이 1 (또는 -1)에 가까울수록 점들은 기울기가 양수(또는 음수)인 직선에 가깝게 몰려 있다는 것을 나타낸다. 또한, 표본상관계수가 0에 가까울수록 두 변수 간에 직선의 관계가 매우 약함을 의미한다.

(3) 표본상관계수의 단위는 없다. 표본상관계수의 식에서 변수 x의 단위와 변수 y의 단위는 분모와 분자에서 상쇄되어 없어진다. 따라서, 표본상관계수를 이용하여 단위가 다른 여러 쌍의 변수에서 직선관계의 정도를 비교할 수 있다.

다음 그림 1.13의 산점도는 두 변수의 분포와 표본상관계수의 값에 대한 예를 보여 주고 있다. 그림 1.13의 (a)에서 (e)까지의 그림에서 보면 표본상관계수의 절댓값이 클수록 점들의 띠의 폭은 좁아지고 있다는 것을 알 수 있다. 즉, 표본상관계수의 절댓값이 클수록 점들은 직선의 형태에 가깝다. (e)부터 (h)까지는 표본상관계수가 0인 여러 경우를 보여

주고 있다. (e)의 경우에는 두 변수 사이에 어떤 특별한 관계가 나타나지 않는다. 또한 (f)와 (g)에서 점들은 직선에 가까운 형태를 가지고 있으나 그 직선은 수직선 또는 수평선이다. 이러한 경우에는 한 변수의 변화가 다른 변수의 변화를 나타내지 않으므로 표본상관계수는 0이 된다. (h)의 경우 두 변수는 곡선의 관계가 뚜렷이 나타나지만 표본상관계수는 0이다. 이것은 표본상관계수가 직선관계를 측정하는 측도로 (h)에서처럼 곡선의 관계를 가지고 있는 경우는 측정하지 못하기 때문이다. 이와 같이 표본상관계수는 곡선관계의 측도로는 적합하지 않다.

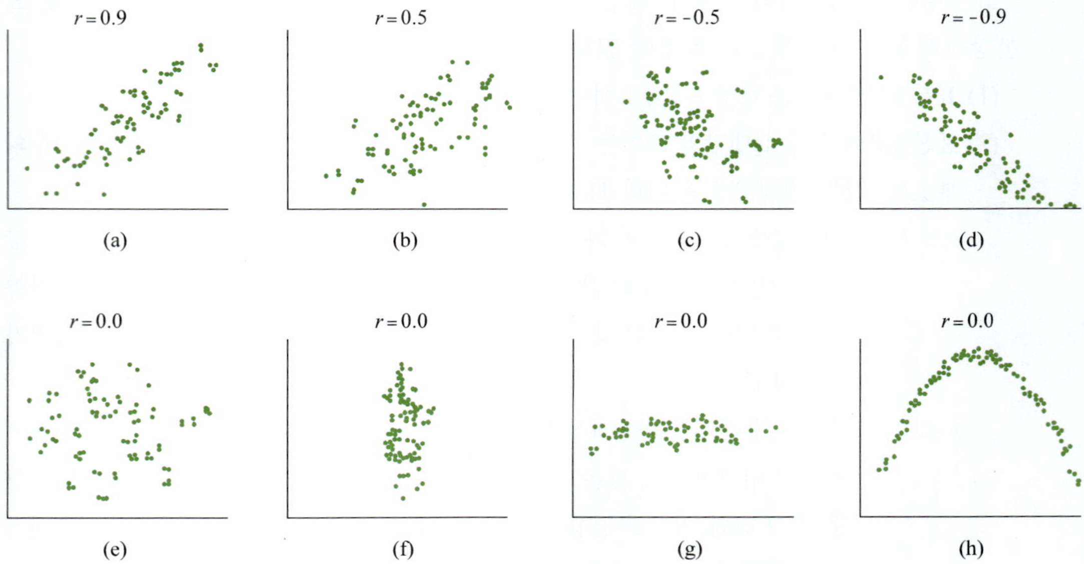

그림 1.13 표본상관계수와 산점도의 대응비교

예제 1.13 앞의 예제 1.12의 자료에서 수소와 탄소의 상관계수를 구하라.

풀이 자료로부터 다음의 통계량 값을 얻을 수 있다.

$\overline{x} = 48.53, \overline{y} = 56.45,$

$\Sigma(x_i - \overline{x})^2 = 17218.07,\quad \Sigma(y_i - \overline{y})^2 = 13571.95,\quad \Sigma(x_i - \overline{x})^2(y_i - \overline{y})^2 = 13626.14$

따라서 표본상관계수의 식을 이용하면 그 값은 다음과 같다.

$$r = \frac{\Sigma(x_i - \overline{x})(y_i - \overline{y})}{\sqrt{\Sigma(x_i - \overline{x})^2}\sqrt{\Sigma(y_i - \overline{y})^2}} = \frac{13626.14}{\sqrt{17218.07}\sqrt{13571.95}} = 0.8914$$

표본상관계수가 잘못 해석될 수 있는 하나의 예로서, 그림 1.14와 같이 산점도의 점들이 두 개의 군집으로 나누어져 떨어져 있는 경우를 들 수 있다. 이런 자료에서 계산된 표본상관계수는 대체로 큰 값을 갖게 되어 직선관계가 있다고 결론 내리기 쉽다. 이런 경우는 흔히 두 군집에 속하는 자료들이 각각 다른 모집단으로부터 추출되었을 때 발생한다. 그림 1.14에서 두 군집을 따로 생각할 경우에 각 군집에서 표본상관계수는 0에 가깝게 되므로 각 모집단에서 두 변수간에 상관관계가 거의 없다고 할 수 있다.

표본상관계수는 직선의 관계를 나타내는 측도이다. 따라서 두 변수 사이에 곡선의 관계와 같이 직선의 관계가 아닌 다른 관계가 있을 때에는 적합하지 않다. 또한 다른 이유로 그림 1.14와 같이 직선의 관계가 아닌 경우에도 표본상관계수는 +1이나 −1에 가까운 값을 가질 수 있다. 이러한 경우가 있기 때문에 표본상관계수를 구하기 전에 산점도를 보고 전체의 경향을 파악한 후에, 두 변수 사이에 직선의 관계가 있는 것처럼 보이면 그 관계가 얼마나 강한가를 표본상관계수를 통하여 알아보는 것이 바람직하다.

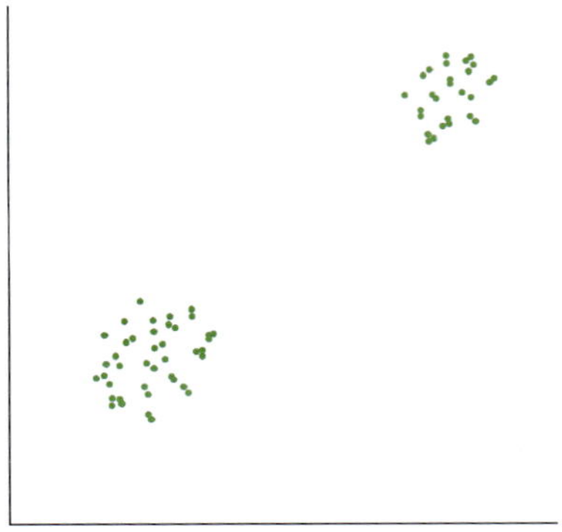

그림 1.14 표본상관계수가 부적절한 경우−두 모집단으로부터의 표본

상관관계와 인과관계

자료분석 시 주의해야 할 것은 큰 상관계수 값이 항상 두 변수 사이의 어떤 인과관계를 의미하지는 않는다는 사실이다. 예를 들어, 크기가 아주 다른 몇 개의 도시에서 매월 발생한 살인사건의 발생건수 (x) 와 종교집회의 횟수 (y) 를 조사하여 산점도를 작성하였다고 하자. 이 자료는 아마도 +1에 가까운 표본상관계수를 가질 것이다. 두 변수 사이에 인과관계가 성립된다면 살인사건의 발생을 줄이기 위하여 종교집회를 억제하면 된다는 결론을 얻게 된다. 그러나 여기에서 간과된 사실은 도시주민의 수와 같은 제 3의 변수가 두 변수의 값이 같은 방향으로 변하도록 작용했다는 것이다. 즉, 주민의 수가 많은 큰 도시에서는 살인사건도 많고 종교집회도 많지만, 주민의 수가 적은 작은 도시에서는 살인사건과 종교집회가 모두 적은 편이라는 사실이다. 따라서 두 변수의 높은 상관계수 값은 주민의 수에 따른 결과이지 결코 두 변수 사이의 인과관계는 아니라는 것을 알 수 있는데, 이때 주민의 수와 같은 변수를 **잠재변수 (lurking variable)** 라 한다.

상관관계가 높다는 것은 두 변수 사이에 연관성이 높다는 것이지 결코 뚜렷한 인과관계를 의미하지는 않는다. 따라서 어떤 두 변수가 진짜로 인과관계가 있는지 아니면 연관성만 높은 것인지를 결정하는 것은 여러 잠재변수가 통제된 새로운 실험계획을 통하여 확인하거나 해당 분야 전문가의 해석이 필요하다.

제 5 절 엑셀을 이용한 분석

예제 1.14 어느 도시의 사망자 목록에서 130명을 임의로 추출하여 이들의 사망 원인을 10가지로 분류한 결과 다음을 얻었다. Excel을 이용하여 위 사망원인에 대한 도수분포표를 작성하고 막대그래프와 원형그래프를 그려라.

2 1 2 4 2 5 3 3 5 6 3 8 3 3 6 3 6 5 3 5 2 6 2 3 4 3 2 9 2 2 3 2
10 6 2 3 1 2 3 3 4 3 2 6 2 2 3 2 3 4 3 2 5 2 5 5 3 4 3 6 2 1 2 3
2 6 3 3 6 3 2 3 6 4 6 5 3 5 6 2 6 3 2 3 2 6 2 6 3 3 2 6 9 6 3 6
6 2 3 2 3 5 3 5 2 3 2 3 3 1 3 3 2 3 3 4 3 6 6 3 3 3 2 3 3 6

(1: 감염성 질환, 2: 각종 암, 3: 순환기 질환, 4: 호흡기 질환, 5: 소화기 질환,
6: 각종 사고사, 7: 비뇨기 질환, 8: 정신병, 9: 노환, 10: 신경계 질환)

풀 이 엑셀에서는 분석 도구의 히스토그램 도구를 사용하여 분석한 데이터를 히스토그램으로 표시할 수 있다. 이 데이터 분석 기능은 Microsoft Office Excel 2007을 설치한 후 기능을 추가하여야 하는데 본 교재의 부록을 참고하면 된다.

Microsoft Office Excel 2007 을 클릭하여 엑셀을 구동시킨 후 자료를 임의의 열에 입력하고 데이터 탭의 분석 그룹에 데이터 분석 을 선택하면 그림 1.15와 같은 대화상자가 나타난다.

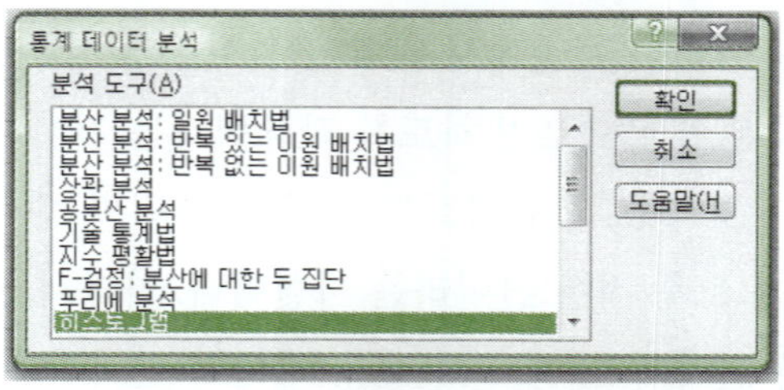

그림 1.15 통계 데이터 분석 대화상자

그림 1.15의 대화상자에서 [히스토그램]을 선택하고 [확인]을 누르면 그림 1.16과 같은 대화상자가 나타난다.

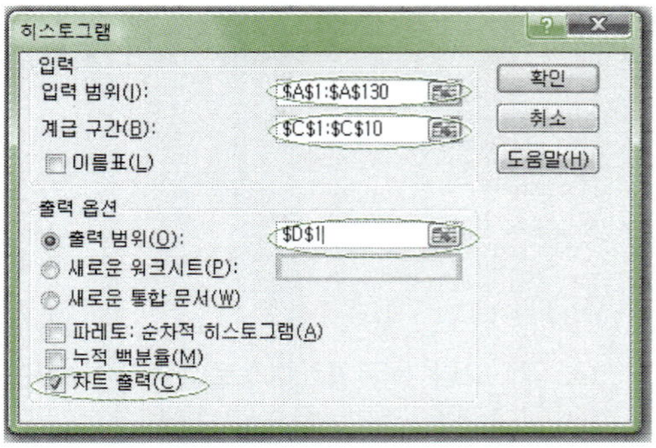

그림 1.16 히스토그램 대화상자

위 대화상자에서 각 부분의 의미는 다음과 같다.

(1) **입력 범위** : 자료가 있는 영역을 나타내는 곳으로서, 커서가 이 부분에서 깜박거릴 때 워크시트에서 자료가 있는 영역을 드래그하면 자동으로 입력된다(위의 예 : "$A$1:$A$130"을 입력한 경우 A 열의 1행부터 130행까지 입력되어 있음을 나타낸다).

(2) **계급 구간** : 도수분포표를 작성할 때의 각 계급구간의 윗 경계값을 입력하여 놓은 영역이다. 이곳을 비워놓으면 엑셀은 자료를 연속형 변수로 가정하고 자동으로 구간을 정하여 계산하여 준다(위의 예 : "$C$2:$C$11"로 입력하고 이 영역에 1부터 10까지 입력하여 놓았다).

(3) **출력 범위** : 프로그램의 실행 후 작성되는 도수분포표(또는 그림)를 동일한 워크시트 안에서 출력하기를 원하는 영역 (위의 예와 같이 "$D$1"로 지정하면 이 주소의 오른쪽 아랫부분에서 필요한 만큼의 영역에 출력된다).

(4) 새로운 워크시트나 통합 문서에 출력하기를 원하면 해당되는 곳을 선택한다.

(5) 원하는 그림의 종류에 따라 다음의 [파레토], [누적 백분율], [차트 출력]를 선택한다. 이곳을 선택하지 않으면 도수분포표만 출력된다(위의 예 : [차트 출력] 선택).

그림 1.16과 같이 지정 및 선택하고 [확인]을 누르면 다음의 그림 1.17과 같이 도수분포표와 막대그래프를 얻을 수 있다.

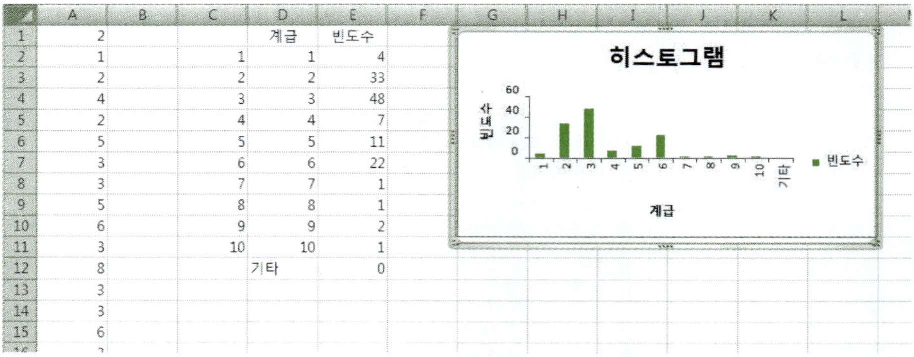

그림 1.17 히스토그램과 도수분포표 결과

마우스를 차트 내의 여러 부분으로 움직이면 [차트 영역], [차트 제목], [범례], [그림 영역], [항목 축 제목] 등의 조그만 창이 나타나는 것을 볼 수 있다. 각 막대의 정확한 빈도를 알고 싶을 때에는 마우스를 원하는 막대로 옮기면 ["계열 빈도수" 요소 "3" 값:48]과 같이 해당 계급의 빈도를 나타내는 조그만 창이 나타난다.

도수분포표가 엑셀에 주어져 있을 때 막대그래프나 원형그래프를 얻기 위해서는 [삽입] 탭의 차트 그룹에 세로 막대형, 가로 막대형 또는 원형을 선택하면 된다. 원형그래프를 얻기 위하여 [원형]을 선택하면 빈 차트가 나타나는데 빈 차트에서 마우스의 오른쪽 버튼을 누르면 그림 1.18와 같은 대화상자에서 [데이터 선택(E)...]을 선택하면 그림 1.19과 같은 데이터 원본 선택 대화상자가 나타난다.

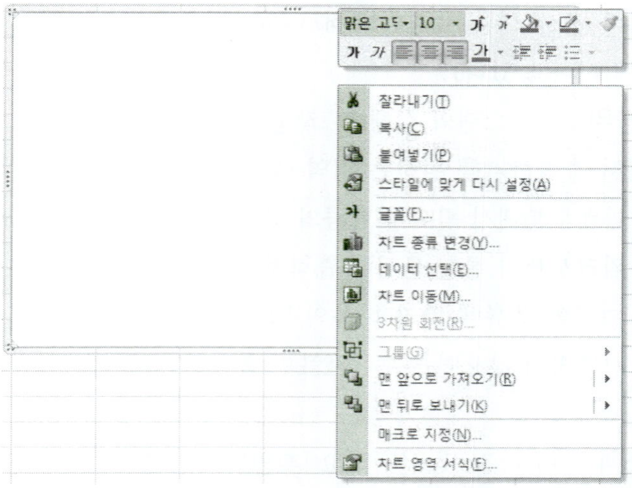

그림 1.18 차트영역 대화상자

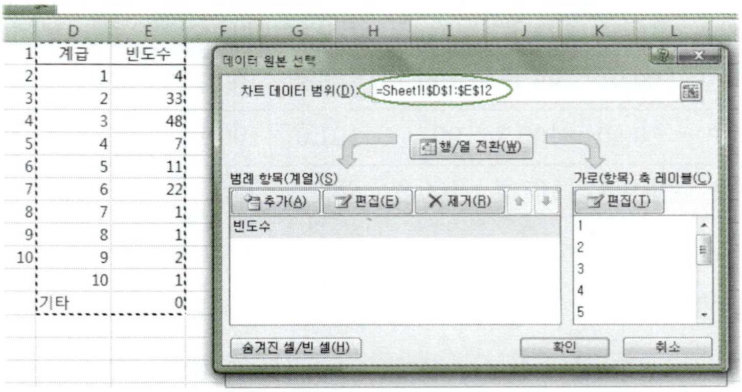

그림 1.19 데이터 원본 선택 대화상자

데이터 원본 선택 대화상자에서 계급과 빈도수가 있는 영역을 지정하면 나타나는 원형 그래프에서 제목을 "사망원인"으로 바꾸면 그림 1.20과 같은 원형그래프를 얻을 수 있다.

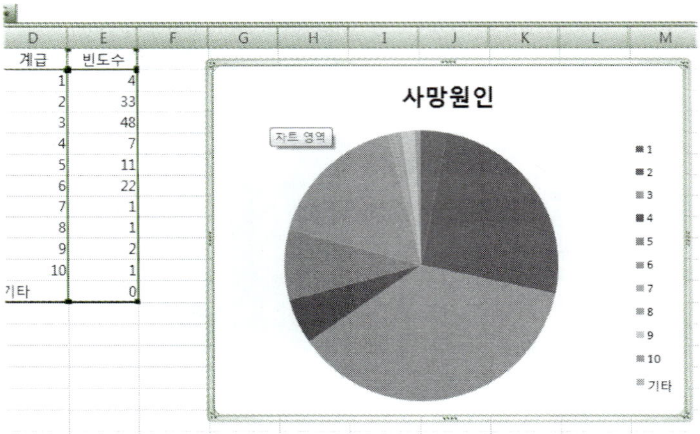

그림 1.20 원형그래프

예제 1.15 어느 음료수가 한 병에 100 씩 들어 있도록 되어 있는데, 그 음료수 100 병을 임의로 추출하여 그 내용물의 양을 재어 다음과 같은 자료를 얻었다.

101.8	101.5	101.8	102.6	101.0	96.8	102.4	100.0	98.8	98.1
98.8	98.0	99.4	65.5	100.1	100.5	97.4	100.2	101.4	98.7
101.4	99.4	101.7	99.0	99.7	98.9	99.5	100.0	99.7	100.9
99.7	99.0	98.8	99.7	100.9	99.9	97.5	101.5	98.2	99.2
98.6	101.4	102.1	102.9	100.8	99.4	103.7	100.3	100.2	101.1
101.8	100.0	101.2	100.5	101.2	101.6	99.9	100.5	100.4	98.1

100.1	101.6	99.3	96.1	100.0	99.7	99.7	99.4	101.5	100.9
101.3	99.9	99.1	100.7	100.8	100.8	101.4	100.3	98.4	97.2
97.7	100.0	100.5	99.6	101.0	100.1	99.4	100.2	98.9	99.6
99.7	101.1	101.5	100.8	98.8	98.7	101.8	97.2	102.2	99.9

위의 자료에 대하여 엑셀을 이용하여 히스토그램을 그리고 각 계급구간의 막대 상단의 중앙점을 직선으로 연결하여 도수다각형을 그려라.

풀 이 자료를 임의의 열에 입력한 후 [데이터] 탭의 분석 그룹에 [데이터 분석]을 선택하여 나타난 대화상자에서 [히스토그램]을 선택한 후에 입력범위와 계급구간을 입력하면 막대그래프를 얻을 수 있다. 그림에서 기둥 사이의 간격을 조절하려면 막대그래프 중 하나의 막대를 오른쪽 마우스로 클릭하면 나타나는 대화상자에서 [데이터계열서식(F)...]을 선택하고, 나타난 대화상자의 [계열서식]에서 간격너비를 0으로 지정하면 그림 1.21의 결과를 얻는다.

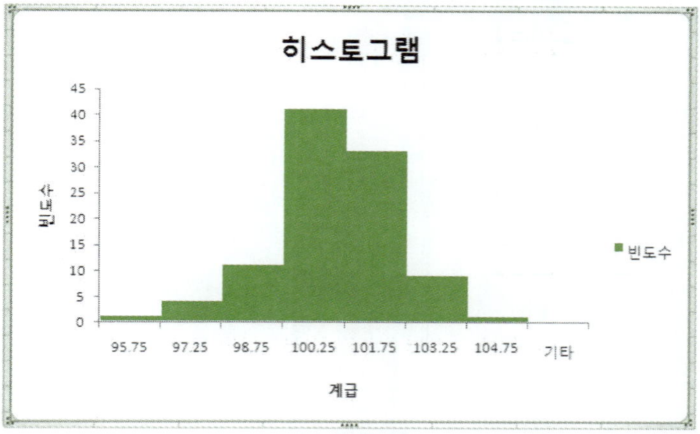

그림 1.21 히스토그램의 결과

각 빈도수는 그 계급보다 하나 낮은 계급의 계급값보다 크고 해당 계급값보다 작거나 같은 값을 갖는 빈도수를 나타낸다. 다시 말해서 위의 결과를 예로 들면 계급구간 95.75는 그 이하의 빈도수가 1개, 101.75는 100.25~101.75의 빈도수가 33개임을 나타낸다.

도수다각형은 엑셀에서 히스토그램 분석을 한 후, 히스토그램이 있는 시트에서 작업을 한다. 히스토그램 작업이 기본적으로 제공하는 막대그래프에서 오른쪽 마우스로 클릭하면 나타나는 대화상자에서 [차트 종류 변경(Y)...]을 선택한다. 그러면 차트 종류 변경 대화상자가 나타나는데, 이 창에서 꺽은 선형 중 하나를 선택하면 그림 1.22와 같은 도수다각형을 얻을 수 있다.

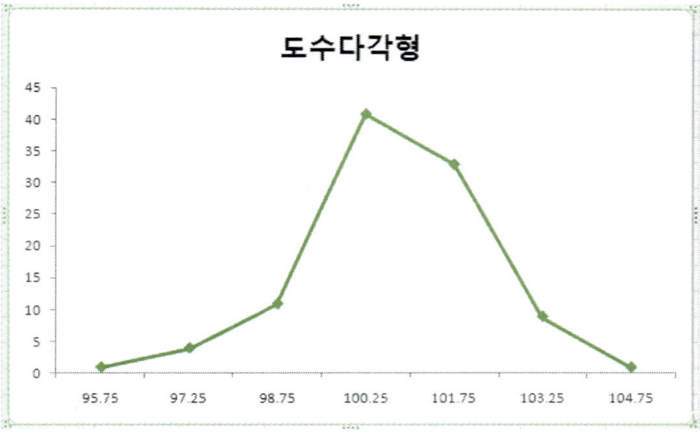

그림 1.22 도수다각형의 결과

예제 1.16 예제 1.15에서 주어진 음료수 한 병의 부피에 대한 자료에서 중심 위치의 측도를 알아보기 위한 평균과 중앙값, 퍼진 정도의 수치인 분산, 표준편차, 범위, 사분위수범위를 엑셀을 이용하여 구하라.

풀 이 자료를 임의의 열에 입력한 후 [데이터] 탭의 분석 그룹에 [데이터 분석]을 선택하여 나타난 대화상자에서 [기술통계법]을 선택하면 그림 1.24와 같은 대화상자가 나타나는데, 자료가 있는 영역과 필요한 통계량들을 그림 1.24에서와 같이 선택 및 지정하고 [확인]을 누르면 그림 1.25와 같이 새로운 워크시트에 기본 통계량들을 얻을 수 있다.

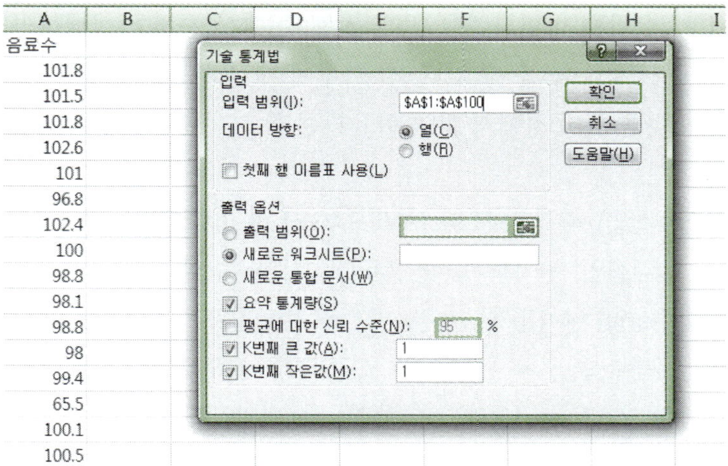

그림 1.23 기술통계법의 대화상자

	A	B
1	음료수	
2		
3	평균	99.72
4	표준 오차	0.372949
5	중앙값	100
6	최빈값	99.7
7	표준 편차	3.729489
8	분산	13.90909
9	첨도	73.04346
10	왜도	-7.93531
11	범위	38.2
12	최소값	65.5
13	최대값	103.7
14	합	9972
15	관측수	100
16	가장 큰 값	103.7
17	가장 작은	65.5
18		

그림 1.24 기술통계법의 결과

위와 같은 기본적인 통계량들은 엑셀의 함수를 이용하여 구할 수도 있다. 엑셀에 내장되어있는 통계관련 함수에는 여러 가지가 있는데, 이들을 보려면 엑셀에서 [수식] 탭에서 [함수삽입] f_x 을 선택하면 그림 1.25와 같은 함수마법사가 나타난다.

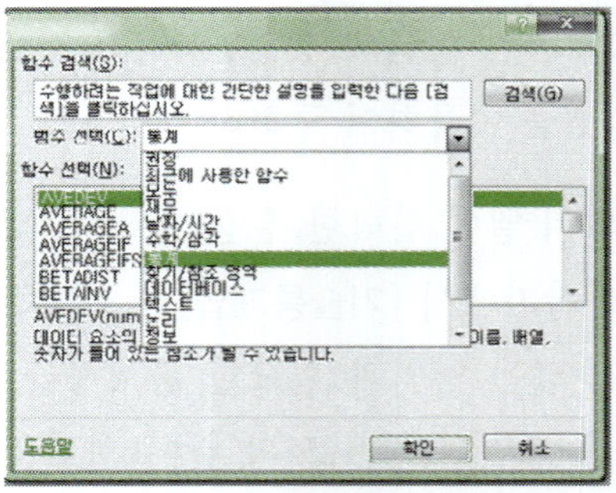

그림 1.25 함수 마법사

그림 1.25의 함수 마법사에서 [범주 선택(C)]에서 통계를 선택하면 [함수 선택(N)]창에 통계와 관련된 함수를 볼 수 있다. 각 함수에 대한 자세한 설명은 도움말을 이용하면 얻을 수 있다. 다음은 이 장에서 많이 이용되는 함수의 이용방법을 정리한 것이다.

평균 : [함수삽입] ➡ [통계] ➡ [AVERAGE] ➡ 범위입력
중앙값 : [함수삽입] ➡ [통계] ➡ [MEDIAN] ➡ 범위입력
분산 : [함수삽입] ➡ [통계] ➡ [VAR] ➡ 범위입력
표준편차 : [함수삽입] ➡ [통계] ➡ [STDEV] ➡ 범위입력
최솟값 : [함수삽입] ➡ [통계] ➡ [MIN] ➡ 범위입력
최댓값 : [함수삽입] ➡ [통계] ➡ [MAX] ➡ 범위입력
사분위수 : [함수삽입] ➡ [통계] ➡ [QUARTILE] ➡ [Array]에 범위입력

➡ [Array]에 범위입력 ➡ [Quart]에 0, 1, 2, 3, 4를 입력하면 최솟값, 제1사분위수, 제2사분위수, 제3사분위수, 최댓값을 얻을 수 있다.

범위와 사분위수범위는 식 입력 창에서 최댓값-최솟값 또는 제3 사분위수-제1 사분위수를 입력하여 구한다. 함수의 이름을 알고 있으면 원하는 형태로 출력을 설계하여 그림 1.27과 같이 워크시트를 작성해도 된다. 이때 D열의 입력내용은 각 셀을 입력한 때마다 계산이 실행되어 실제로 그림 1.26과 같은 모양으로 나타나지는 않는다.

	A	B	C	D
1	음료수			
2	101.8		평균	=AVERAGE(A2:A101)
3	101.5		중앙값	=MEDIAN(A2:A101)
4	101.8		분산	=VAR(A2:A101)
5	102.6		표준편차	=STDEV(A2:A101)
6	101		최소값	=MIN(A2:A101)
7	96.8		최대값	=MAX(A2:A101)
8	102.4		1사분위수	=QUARTILE(A2:A101,1)
9	100		3사분위수	=QUARTILE(A2:A101,3)
10	98.8		범위	=MAX(A2:A101)-MIN(A2:A101)
11	98.1		사분위수범위	=QUARTILE(A2:A101,3)-QUARTILE(A2:A101,1)
12	98.8			

그림 1.26 출력의 설계

그림 1.27에 대한 결과는 그림 1.27과 같다.

	A	B	C	D	E
1	음료수				
2	101.8		평균	99.72	
3	101.5		중앙값	100	
4	101.8		분산	13.90909091	
5	102.6		표준편차	3.729489363	
6	101		최소값	65.5	
7	96.8		최대값	103.7	
8	102.4		1사분위수	99.175	
9	100		3사분위수	101.1	
10	98.8		범위	38.2	
11	98.1		사분위수범위	1.925	
12	98.8				

그림 1.27 그림 1.27의 결과물

예제 1.17 앞의 예제 1.12의 자료에 대하여 엑셀을 이용하여 산점도를 그리고 상관계수를 구하라.

풀 이 산점도를 얻기 위해서는 그림 1.29에서 나타난 것과 같이 산점도를 그리기 위한 영역을 선택한 후 [삽입] 탭의 차트 그룹에서 [분산형]을 선택하면 된다.

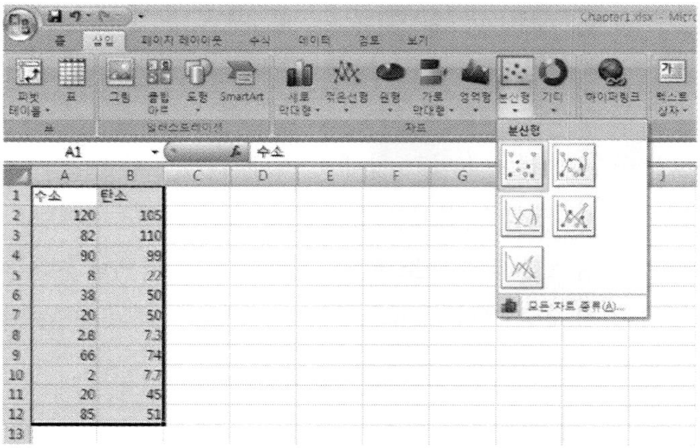

‖ 그림 1.28 ‖ 산점도 생성 과정

그림 1.28의 결과로 생성된 산점도를 선택하면 메뉴에 [차트 도구] 탭이 나타나는데, 이 중에 [레이아웃] 탭에서 레이블 그룹을 이용하면 차트 제목, 축 제목 등을 변경할 수 있으며, 이를 이용한 결과로 생성된 산점도는 그림 1.29와 같다.

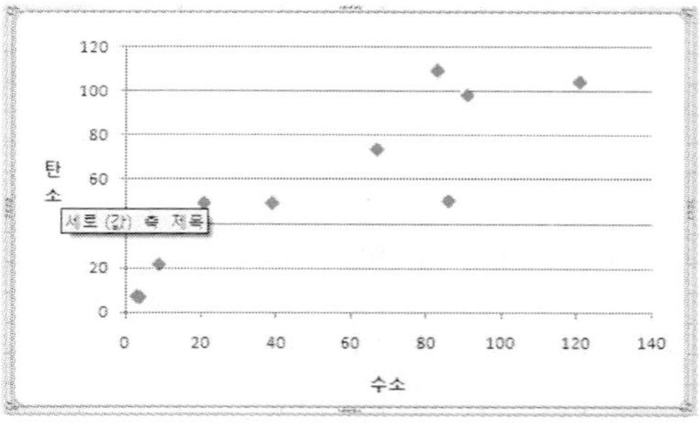

‖ 그림 1.29 ‖ 산점도의 결과

상관계수를 얻기 위해서는 [수식] 탭에서 함수 마법사를 선택하여 나타나는 함수 마법사에서 [범주 선택(C)]에서 통계를 선택하고 [범주 선택(N)] 항목 중에서 [CORREL]을 선택하면 그림 1.30과 같은 대화상자가 나타난다.

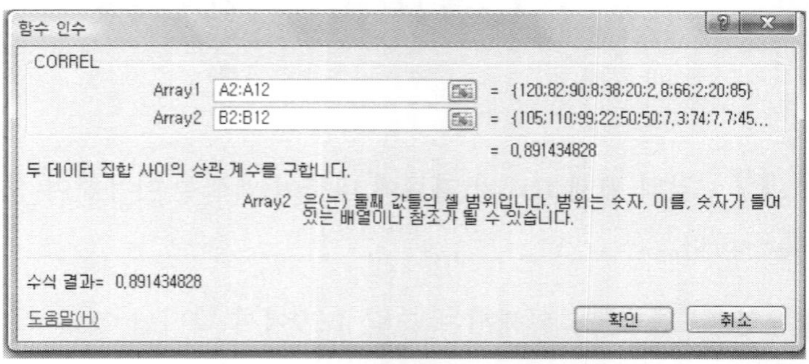

‖ 그림 1.30 ‖ 상관계수 대화상자

그림 1.30의 대화상자에서 Array1과 Array2에 각각 수소와 탄소의 자료 영역을 입력하면 상관계수 0.8914를 얻을 수 있다. 또한, 함수 CORREL를 그림 1.31과 같이 직접 입력하여도 상관계수를 얻을 수 있다. 이때 입력내용은 셀을 입력할 때마다 계산이 실행된다.

	A	B	C	D	E
1	수소	탄소			
2	120	105			
3	82	110			
4	90	99			
5	8	22			
6	38	50		상관계수	=CORREL(A2:A12,B2:B12)
7	20	50			
8	2.8	7.3			
9	66	74			
10	2	7.7			
11	20	45			
12	85	51			

그림 1.31 상관계수 함수의 직접입력

연·습·문·제

1.1 다음 자료의 형태를 구분하라.

(1) 혈액형

(2) 어느 지점을 통과하는 자동차의 수

(3) 1일 주식거래량

(4) 국회의원 후보에 대한 선호도 (매우 좋다, 좋다, 그저 그렇다, 싫다, 아주 싫다)

(5) 고향

(6) 키

(7) 감기환자의 치유기간

(8) 물가

(9) 통근시간

(10) 주사위를 던진 후에 윗면이 나타나는 숫자

1.2 어느 지점을 통과하는 자동차의 수를 기록한 후에 자동차의 수가 10,000대 미만은 '적다', 10,000대 이상 100,000대 미만은 '보통', 100,000대 이상은 '많다'로 변환시켰다. 변환 전후의 자료의 형태는 무엇인가?

1.3 어느 대학교에서 각 단과대학별 학생 수와 전공학과 수를 조사한 결과 다음과 같이 정리되었다고

한다.

단과대학	학생 수	학과 수
공과대	1,300	20
자연대	300	6
경영대	500	5
사범대	300	6
인문대	200	5
사회대	400	8
가정대	170	3

(1) 이 자료를 이용하여 원형그래프와 상대도수 막대그래프를 작성하라.

(2) 문제(1)에서 구한 그림을 이용하여 단과대학별 학생 수에 대한 분포상태를 해석하라.

(3) 문제(1)에서 구한 두 그림 중 어느 그림이 더 유용하다고 생각하는가? 그 이유를 간단히 기술하라.

(4) 전공학과의 평균 학생 수가 가장 큰 두 단과대학에 소속된 학생 수는 전체 학생 수의 몇 퍼센트에 해당하는가?

1.4 어느 도시의 교통문제에 관한 조사에서 임의로 뽑은 통근자에 대한 통근 수단이 다음과 같다. 이 자료에 대하여 막대그래프와 원형그래프를 그려라.

통근 수단	도수
나 홀로 자가용	8,500
승용차 함께 타기	1,000
대중교통	400
기타 (자전거, 도보 등)	100

1.5 전력회사가 50명의 고객에게 "정전 시 발생되는 문제는 전적으로 개인이 해결해야 한다."라는 말에 대한 의견을 조사했고, 대답의 보기는 다음과 같다.

1. 전적으로 동의한다.
2. 조금은 동의한다.
3. 조금은 반대한다.
4. 전적으로 반대한다.

위의 질문에 대한 대답은 다음과 같다. 이 자료에 대한 도수분포표를 작성하고 원형그래프와 막대그래프를 그려라.

4	2	1	3	3	2	4	2	1	1	2	2	2	2	1	3	4
1	4	4	1	3	2	4	1	4	3	3	1	1	1	2	1	1
4	4	4	4	4	1	2	2	2	4	4	4	1	3	4	2	

1.6 어느 전산센터에서 하루에 발생한 컴퓨터의 작동이 정지된 횟수를 30일 동안 관측한 결과 다음과 같은 자료를 얻었다. 이 자료에 대한 도수분포표, 막대그래프, 원형그래프 등을 만들어라.

1	3	1	1	0	1	0	1	1	0
2	2	0	0	0	1	2	1	2	0
0	1	6	4	3	3	1	2	4	0

1.7 물고기의 길이가 다음과 같은 범주로 나누어져 있다 (단위 : cm).

20 미만, 20 ~ 35, 35 ~ 50, 50 이상

범주를 위와 같이 잡을 때, 생길 수 있는 어려움을 설명하라.

1.8 서울에서 부산까지의 비행 중 빈 좌석의 수가 다음과 같은 범주로 나누어져 있다.

0 ~ 4, 5 ~ 9, 10 ~ 14, 15 ~ 19, 19 이상

위의 범주로부터 다음 각각의 경우에 대한 정확한 도수를 계산할 수 있는가?

(1) 10 미만의 좌석 수

(2) 14 이상의 좌석 수

(3) 5 이하의 좌석 수

(4) 정확히 9개의 좌석 수

(5) 5 이상 15 이하의 좌석 수

1.9 다음은 20곳에 설치된 어떤 상품의 자판기에서 거둬들인 하루 수입을 각각 기록한 자료다 (단위 : 100원).

749	776	813	585	649	679	760	751	767	642
580	681	734	754	594	654	747	765	651	760

(1) 계급의 개수가 5이고, 각 계급의 중간값을 600, 650, 700, 750, 800으로 하여 도수분포표와 히스토그램을 작성하라.

(2) 계급의 개수가 3이고, 각 계급의 중간값을 600, 700, 800으로 하여 도수분포표와 히스토그램을 작성하라.

(3) 문제 (1)과 (2)의 히스토그램을 서로 비교하라.

1.10 어느 백화점에서 고객 240명의 한 달 소득을 조사했는데, 결과는 다음과 같다. (단위 : 십만 원) 이 자료에 대한 히스토그램을 그려라.

구 분	고 객 수
0이상 ~ 10미만	65
10 ~ 20	88
20 ~ 30	42
30 ~ 40	27
40 ~ 50	18

1.11 다음은 여론 조사를 통하여 얻어진 남자들의 초혼 연령이다.

나이 구분	결혼한 수
< 18	40
18 ~ 20	4,550
20 ~ 25	16,830
25 ~ 30	6,190
30 ~ 35	1,140
35 ~ 45	330
45 ~ 55	160
55 ~ 65	10
65 이상	20
합 계	29,270

(1) 각 범주의 상대도수를 구하라.

(2) 상대도수로 히스토그램을 그려라 (힌트: 계급구간의 폭이 다르므로 상대도수를 계급구간의 폭으로 나누어 계급구간의 높이로 삼는다).

(3) 25세 이전에 결혼한 비율은 얼마인가? 30세 이후 결혼한 비율은 얼마인가?

1.12 혈중 콜레스테롤 농도를 43명으로부터 조사하였다.

239	212	249	227	218	310	281	330	226	233
223	161	195	233	249	284	245	174	154	256
196	299	210	301	199	258	205	195	227	244

355	234	195	179	357	282	265	286	286	176
195	163	297							

(1) 도수분포표를 작성하라.

(2) 히스토그램을 그리고 분포에 대해 설명하라.

1.13 어느 보험회사 직원 7명의 한 달 수입은 다음과 같다 (단위 : 천 원).

1,425	1,160	1,385	3,750	1,725	1,275	1,460

(1) 수입의 평균과 중앙값을 구하라.

(2) 두 개의 값 중에서 어느 것이 중심 위치를 측정하는데 적당한가? 그리고 그 이유는 무엇인가?

1.14 1990년도 미국 NBA의 플레이오프에서 첫 여덟 경기의 점수는 다음과 같았다.

111 : 106	104 : 92	116 : 105	119 : 113	109 : 102
111 : 97	113 : 96	101 : 89		

(1) 이긴 팀의 점수에서 진 팀의 점수를 뺀 값의 표본평균을 구하라.

(2) 이긴 팀 점수의 중앙값을 구하라.

1.15 칼슘 손실은 나이 든 여성들에게 있어서 심각한 문제이다. 한 연구자가 이러한 손실량을 조사하기 위하여 나이든 여성들에게 있어서 중요한 손의 뼛속 칼슘 함유량을 측정하였다. 그리고 1년 후 칼슘의 잔량을 측정하였다. 여기서 그 차이는 뼛속의 칼슘 함유량의 손실을 나타내고 있으며, 그에 따른 자료는 다음과 같이 주어졌다.

8	7	13	3	6
4	8	6	3	4
0	1	11	7	1
7	6	12	13	10
9	11	3	2	9
7	1	16	3	2
10	15	2	5	8
17	8	2	5	5

(1) 표본평균을 구하라.

(2) 표본평균과 중앙값 중에서 어느 것이 주어진 칼슘 손실량을 더 잘 나타내는가?

1.16 표본자료 $x_1, x_2, \cdots, x_n$의 평균을 $\overline{x}$, 중앙값을 M_x라 표기하자. 상수 c와 d에 대하여 다음이 만족됨을 보여라.

(1) $y_i = x_i + c$이면 $\overline{y} = \overline{x} + c$, $M_y = M_x + c$

(2) $y_i = dx_i$ 이면 $\overline{y} = d \cdot \overline{x}$, $M_y = d \cdot M_x$

(3) $y_i = c + dx_i$ 이면 $\overline{y} = c + d \cdot \overline{x}$, $M_y = c + dM_x$

(4) 상수 $c = 4$, $d = 2$이고 표본의 자료(x_i)가

6 8 9 10 7 8

이라 할 때, y_i를 구하고 위의 (1) ~ (4)가 만족됨을 확인하라.

1.17 연습문제 1.14의 자료에서 이긴 팀 점수의 표본분산을 구하라.

1.18 아래의 각 질문에 답하라.

(1) $\Sigma x_i = 19$, $\Sigma x_i^2 = 95$, $n = 5$로부터 $\Sigma(x_i - \overline{x})^2$과 S^2을 구하라.

(2) $\Sigma x_i = 35$, $\Sigma(x_i - \overline{x})^2 = 10$, $n = 5$로부터 Σx_i^2과 S^2을 구하라.

(3) $\overline{x} = 7$, $S^2 = 18.5$, $n = 5$로부터 Σx_i^2을 계산하라.

1.19 연습문제 1.15의 칼슘 자료로부터 다음을 구하라.

(1) $\overline{x}$와 S

(2) 구간 $\overline{x} \pm S$, $\overline{x} \pm 2S$, $\overline{x} \pm 3S$에 속하는 관측 개수의 비율

1.20 (종모양의 대칭(symmetric bell-shaped)분포 성질) 자료가 평균 $\overline{x}$를 중심으로 어떻게 분포되어 있는가를 표준편차 S를 이용하여 대략적으로 파악할 수 있다. 자료의 분포가 대칭이고, 종모양을 이룰 때 경험적 사실로 아래의 성질을 받아들일 수 있다.

> 근사적으로
> 68%의 자료가 $\overline{x} \pm S$구간에,
> 96%의 자료가 $\overline{x} \pm 2S$구간에,
> 99.7%의 자료가 $\overline{x} \pm 3S$구간에 포함된다.

어떤 자료의 수리적 측도 값들이 다음과 같다고 한다.

평균 $= 80.5$, $S = 10.5$

중앙값 $= 82.0$, $Q_1 = 73.0$, $Q_3 = 93.5$

종모양의 대칭분포를 가정하고, 다음의 각 구간에 해당되는 관측 자료의 비율을 근사적으로 구하라.

(1) 93.5보다 작은 경우

(2) 82.0보다 작은 경우

(3) 59.5 − 101.5 사이에 있는 경우

(4) 73.0 − 93.5 사이에 있는 경우

(5) 49.0 − 93.5 사이에 있는 경우

1.21 (표준화(standardized)된 자료 또는 z - 값) z - 값은 특정 자룟값이 평균으로부터 표준편차의 몇 배만큼 떨어져 있는가를 측정하는 상대적 위치의 측도이다. 그 정의는 다음과 같다.

$$z\text{ - 값} = \frac{x - \bar{x}}{S}$$

z - 값은 특히 두 종류 이상의 자료에서 한 자료의 특정 관측값의 크기와 다른 자료의 특정 관측값의 크기를 상대적으로 비교할 때 사용될 수 있다. 예를 들어, 어떤 학생의 수학성적이 65, 영어성적이 72라고 하자. 이 두 성적만으로 이 학생의 성취 정도를 제대로 평가할 수 없다. 만약 수학의 평균과 표준편차가 각각 60과 20이고, 영어의 평균과 표준편차가 78과 18이라면, 이 학생의 z - 값은

$$\text{수학의 } z\text{ - 값} = \frac{65 - 50}{20} = 0.25$$

$$\text{영어의 } z\text{ - 값} = \frac{72 - 78}{10} = -0.60$$

이 된다. 따라서 이 학생의 수학성적은 평균보다 0.25× (표준편차)만큼 더 높고, 영어성적은 평균보다 0.6× (표준편차)만큼 낮다. 여기에서, 두 성적이 z - 값에 의해 상대적으로 비교 가능한 같은 단위로 변환되었음을 주목해야 한다. 다음의 각 질문에 답하여라.

(1) $\bar{x} = 490$이고, $S = 210$일 때 $x = 350$의 z - 값을 구하라.

(2) z - 값 $= 2.4$, $\bar{x} = 210$, $S = 50$일 때 원 자룟값 x를 계산하라.

(3) 표본자료 $x_1, x_2, \cdots, x_n$의 평균과 분산을 각각 $\bar{x}$, S_x^2라 표기할 때, $\bar{z} = 0$이고, $S_z^2 = 1$이 됨을 증명하라.

1.22 전염병 조사 연구 중 40명의 기증자들의 모유에서 다음과 같은 유기염색체를 얻었다. 측정된 자료는 가장 낮은 것에서부터 높은 순서로 배열하였다.

27	43	52	53	53	53	61	63	63	65
68	70	72	75	83	95	96	97	101	105
110	115	115	115	115	126	127	134	145	152
153	182	190	197	197	282	322	322	342	521

(1) 중앙값과 사분위수를 구하라.

(2) 제 20 백분위수와 제 70 백분위수를 구하라.

1.23 연습문제 1.12의 콜레스테롤 자료로부터 다음을 구하라.

(1) 평균과 표준편차

(2) 중앙값과 사분위수

(3) 범위와 사분위수범위

1.24 동일 업종의 두 경쟁회사에 종사하는 특정 직급의 연간 임금총액이 다음과 같이 요약되었다고 한다 (단위 : 만 원).

	최솟값	Q_1	중앙값	Q_3	최댓값
회사 A	1,840	2,410	2,830	3,040	3,630
회사 B	1,960	2,650	3,120	3,570	4,180

(1) 회사 A의 총 임금에 대한 상자그림을 작성하라.

(2) 회사 B의 총 임금에 대한 상자그림을 작성하고, 두 회사의 총 임금 분포를 비교하라.

1.25 두 도시로부터 공립학교 교사의 봉급에 대한 자료가 다음과 같이 주어졌다.

	최솟값	Q_1	중앙값	Q_3	최댓값
도시 1	19,500	25,500	31,100	36,500	42,300
도시 2	19,000	24,300	29,500	38,700	46,800

(1) 도시 1의 자료로 상자그림을 그려라.

(2) 도시 2의 자료로 문제 (1)의 그림과 함께 상자그림을 그려라.

1.26 아래의 자료는 어느 지방에 내린 비의 산성도를 40번 측정한 자료다. 측정단위는 pH로서, 측정값이 1이면 산성도가 매우 높고, 7이면 중성을 나타낸다. 일반적으로 pH가 5.6 이하이면 산성비라고 할 수 있다.

4.80	4.75	4.92	4.80	5.80	4.80	4.31	5.50
5.00	4.57	4.90	4.63	4.65	4.91	4.35	4.42
5.78	4.95	4.92	4.82	4.80	4.50	5.00	4.65
5.37	4.75	4.48	4.82	4.81	4.51	4.65	5.02
4.35	4.71	4.72	5.00	5.00	4.65	4.58	5.56

(1) 중앙값 사분위수를 계산하라.

(2) 제 90 백분위수를 구하라.

(3) 평균과 표준편차를 구하라.

(4) 상자그림을 그리고, 자료의 분포상태를 해석하라.

1.27 담배의 타르 함량은 다음과 같은 방법으로 측정된다. 흡연 측정기계는 담배의 길이가 정해진 길이가 될 때까지 1분에 한 번 2초간 흡입한 후 타르 함량을 측정한다. 몇 개비의 담배로 반복 측정하여 구한 평균값과 반복 흡입 평균 횟수가 제시되어 있다. 이 자료에 대하여 산점도를 그리고 표본상관계수를 계산하라.

평균 타르 함량(mg)	12.2	14.3	15.7	12.6	13.5	14.0
평균 흡입 횟수	8.5	9.9	10.7	9.0	9.3	9.5

(참고 : 반복 흡입 횟수는 흡연자가 얼마나 빨리 담배를 피우느냐를 뜻하며 흡입 횟수는 절대적으로 타르량과 비례한다.)

1.28 과학자들은 국제적으로 물의 질에 관한 연구를 하고 있다. 각국의 연구소로부터 표본을 받아, 맛지수(y)와 마그네슘의 양(x : mg/l)을 측정하여 다음과 같이 제시하였다. 이 자료에 대하여 엑셀을 이용하여 산점도를 그리고 표본상관계수를 계산하라.

x (마그네슘의 양)	8.7	9	11	8.5	9.2	12	12	18
y (맛지수)	25	25	26	48	65	87	90	100

제 2 장 확률

일상생활에서 우리는 '거의', '틀림없이', '아마도', '거의 불가능' 등과 같은 표현을 사용하는데, 이는 어떤 사건이 일어날 가능성의 정도를 나타낸 것이다. 확률은 이처럼 어떤 사건이 일어날 가능성을 객관적인 수치로 나타낸 것이다. 즉, 확률은 불확실성을 0과 1 사이의 값으로 나타낸 것으로 가능성이 높을수록 1에, 가능성이 낮을수록 0에 가까운 값을 가진다. 이와 같이 불확실성을 구체적으로 수치화시키는 작업은 통계적 추론에서 아주 유용한 것으로, 다음 예는 그러한 측면을 보여 주고 있다.

어느 반도체 회사에서는 새로운 제조공법을 도입하려고 한다. 기존 공법에 의한 수율은 50%이며, 새로운 제조공법이 기존의 제조공법에 비해 우수한지 알아보고자 한다. 새로운 제조공법을 실시하여 생산한 15개의 메모리 칩 중에서 정상적으로 작동하는 제품이 12개일 때, 새로운 공법에 의한 수율이 50% 이상이라는 주장을 뒷받침한다고 할 수 있을까?

이것을 통계학의 관점에서 한 번 생각해 보자. 새로운 제조공법이 기존의 제조공법과 차이가 없다면 각 제품이 정상적으로 작동할 확률은 50%이다. 이러한 조건하에서 12개가 정상이라는 것은 동전을 15번 던져 12번이 어떤 특정한 면(예 : 앞면)이 나온 것과 같은 정도의 가능성을 갖는다. 실제로 동전을 던져 같은 면이 15번 중에 12번 이상 나올 확률은 0.018로 그 사건은 잘 일어나지 않는 희귀한 사건임을 나타낸다. 즉, 새로운 제조공법이 기존의 제조공법과 차이가 없어서 수율이 50%라는 가정하에서는 15개의 제품 중에서 12개 이상이 정상일 확률이 0.018로 매우 낮다. 따라서 새로운 제조공법의 수율이 50%라는 가정을 의심할 수밖에 없고, 새로운 제조공법이 기존의 제조공법에 비해 우수하다고 판단할 수 있다.

이 예에서 보여 주는 과정은 보통 통계적 검정이라 불리는 것으로, 뒤의 제6장에서 자세히 설명될 것이다. 여기서 0.018이라는 값은 어떤 사건이 발생할 가능성을 확률로 나타낸 것으로 이 확률은 모집단에 대한 통계적 추론에서 사용된다.

제 1 절 사건의 확률

한 사건의 확률이란 그 사건이 일어날 가능성의 정도를 나타내는 값이다. 즉, 실험이나 관측의 결과가 하나로 결정되지 않고 여러 가지 가능한 결과 중의 하나가 일어날 때, 그 불확실성을 설명하기 위해 확률이 이용된다. 여기서 언급된 '실험'이란 용어는 일상생활에서 쓰는 의미보다는 조금 넓은 범위의 뜻으로, 일반 실험실에서 행해지는 것만이 아니라 동전던지기나 여론조사 등 다양한 결과가 예측되는 행위 일체를 뜻한다.

이와 같은 실험의 각 결과들의 확률을 체계적으로 표현하기 위해 사용되는 용어들은 다음과 같다.

- **표본공간 (sample space: Ω)** : 한 실험에서 나올 수 있는 모든 결과들의 모임
- **근원사건 (elementary outcome: $\omega_1, \omega_2, \cdots$)** : 표본공간을 구성하는 개개의 결과
- **사건 (event: $A, B, \cdots$)** : 표본공간의 부분집합으로 어떤 특성을 갖는 결과들의 모임, 즉 근원사건들의 집합

예를 들어, 주사위를 던지는 실험을 생각해 보자. 이때 나타날 수 있는 결과는 1에서 6까지의 눈 중에서 하나일 것이다. 이 경우 표본공간은 주사위의 눈을 숫자로 표시하면 $\Omega = \{1, 2, 3, 4, 5, 6\}$로 나타낼 수 있다. 여기에서 각각의 숫자는 근원사건을 나타낸다. 이 실험에서 짝수의 눈이 나오는 사건을 A라 하면 $A = \{2, 4, 6\}$이고, 짝수의 눈이 나오면 사건 A가 실현되었다고(혹은, 일어났다고) 말한다.

예제 2.1 2개의 부품으로 구성된 어느 제품을 무작위로 선택한다고 하자. 각 부품에 결함이 있으면 D, 결함이 없으면 N이라고 하자. A는 두 부품 모두 결함이 없는 사건이고, B는 두 부품 중에서 하나만 결함이 있는 사건이라고 하자. 이때 표본공간과 각 사건을 표본공간의 구성원(근원사건)을 이용하여 나타내라.

풀 이 두 부품에 대해 결함 여부를 수형도(tree diagram)로 나타내면 다음과 같다.

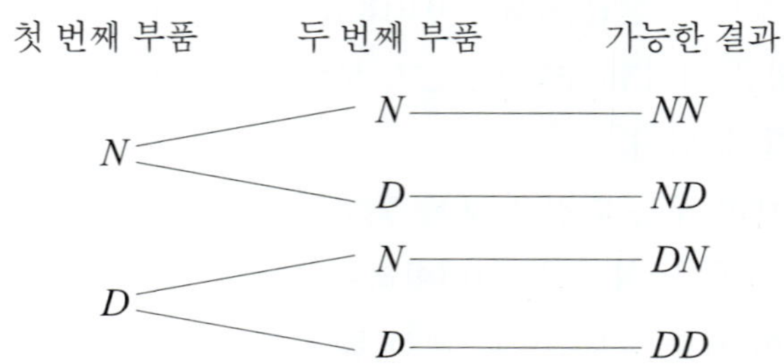

표본공간은 모든 가능한 결과의 모임이므로 $\Omega = \{NN, ND, DN, DD\}$이다. 한편 사건 A는 두 부품 모두 결함이 없는 경우이므로 $A = \{NN\}$이고, 사건 B는 하나의 부품만 결함이 있는 경우이므로 $B = \{ND, DN\}$으로 나타낼 수 있다. ■

예제 2.2 어느 공장에서 200개 상품에 대해 불량품의 개수를 조사한다고 하자. 다음을 근원사건을 이용하여 나타내라.

(1) 표본공간 Ω

(2) 10% 이하의 상품이 불량품이 되는 사건 A

풀 이 (1) 불량품의 개수는 0, 1, ⋯, 200 중의 하나일 것이므로 표본공간은 다음과 같이 나타낼 수 있다.

$$\Omega = \{0, 1, 2, \cdots, 200\}$$

(2) 200개의 10%는 $200 \times 0.1 = 20$이므로 10% 이하의 불량품이 나오는 사건은

$$A = \{0, 1, 2, \cdots, 20\}$$

이다. ■

위의 두 예제에서 우리는 표본공간이 유한 개의 원소만을 가지는 유한 표본공간을 다루었다. 그러나 표본공간의 원소의 개수가 유한한 경우만 있는 것은 아니다. 예를 들어, 냉장고 문의 내구성을 조사하기 위하여 문을 여닫는 실험을 하여 고장이 날 때까지 횟수를 기록한다고 하자. 이때 고장이 날 때까지 문을 여닫는 횟수에는 제한이 없으므로 표본공간은 $\Omega = \{1, 2, \cdots\}$로 무한 개의 원소를 포함하게 된다. 한편 무한 개의 원소를 포함하는 표본공간도 두 가지로 나눌 수 있다. 자연수나 정수처럼 셀 수 있는 경우와 0과 1 사이의 실수처럼 셀 수 없는 경우가 있다.

무한 개로 이루어진 표본공간에서의 확률도 근본적으로는 유한인 표본공간의 경우와 다를 게 없으나 약간의 복잡한 이론을 필요로 하므로, 여기에서는 먼저 유한 개의 원소로 이루어진 표본공간에서의 확률에 대해서 알아보도록 하자. 먼저 사건이 발생할 가능성을 0과 1 사이의 값으로 나타낸다는 개념으로서의 확률을 좀 더 체계화할 필요가 있다. 어떤 사건의 확률이 갖는 가장 직관적인 의미는 동일한 실험을 무한히 반복할 때 그 사건이 일어나는 상대적인 비율이다.

사건 A의 확률

어떤 사건이 발생할 확률은 동일한 조건하에서 한 가지 실험을 반복할 때 그 사건이 일어나는 횟수의 비율을 말한다. 사건 A의 확률은 $P(A)$로 표시한다.

위의 정의로부터 우리는 유한 개의 원소를 가지는 표본공간에서 확률의 몇 가지 특성을 유추해낼 수 있는데 이를 정리하면 다음과 같다.

확률의 기본법칙

1. 모든 사건 A에 대하여 $0 \le P(A) \le 1$
2. $P(A) = \sum_{\omega_i \in A} P(\omega_i)$
3. $P(\varnothing) = 0$, $P(\Omega) = \sum_{\omega_i \in \Omega} P(\omega_i) = 1$

제 2 절 확률의 계산

사건의 확률을 구하는 방법을 다음 두 가지 예를 통해 알아보도록 하자. 주사위를 던질 때 1의 눈이 나오는 사건의 확률과 윷을 던질 때 모가 나올 확률을 구하여 보자. 먼저 주사위의 경우는 모든 면이 나올 가능성이 동일하므로 1의 눈이 나올 확률은 1/6임을 알 수 있다. 윷의 경우는 4개의 각 윷가락이 앞이나 뒤가 나올 확률이 같다고 가정할 수 없다. 따라서 이 경우에 윷을 여러 번 던져서 모가 몇 번 나오는지 실험을 통하여 모가 나올 확률을 추측하게 된다. 윷을 던진 횟수 중에서 모가 나오는 비율, 즉 상대도수로서 확률값을 추측하게 된다. 이와 같은 방법은 앞서의 방법과는 달리 귀납적인 방법으로 확률값을 계산하는 것인데, 이것이 합리적인 대안이 되는 이유는 상대도수의 값이 실험의 횟수가 증가하면서 확률값으로 수렴하기 때문이다.

다음의 그림 2.1은 컴퓨터의 모의실험으로 주사위를 던져 1의 눈이 나오는 상대도수를 그린 것으로, 횟수가 증가함에 따라 상대도수가 안정화되어 실제 확률인 1/6에 수렴하는 것을 알 수 있다.

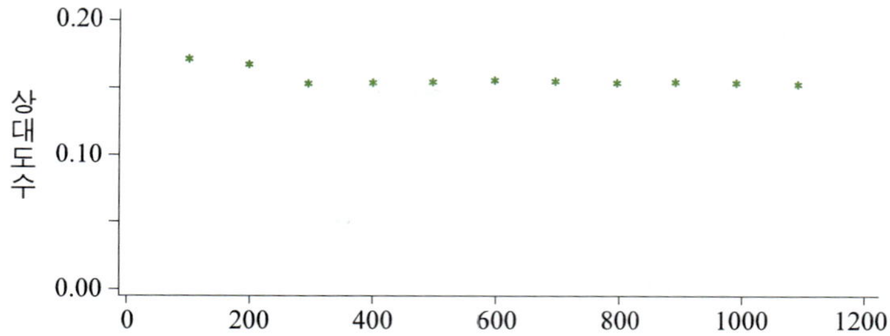

‖ 그림 2.1 ‖ 상대도수의 안정화

이상을 정리하면 다음과 같다.

규칙 1(균일 확률): 표본공간 Ω가 k개의 근원사건으로 이루어져 있고, 각 근원사건이 일어날 가능성이 동일(equally likely)하다면 근원사건 중 하나가 일어날 확률은 $1/k$로 주어진다. 만약 사건 A가 m개의 근원사건으로 이루어져 있다면 사건 A가 일어날 확률은 다음과 같이 주어진다.

$$P(A) = \frac{m}{k} = \frac{A\text{에 속하는 근원사건의 개수}}{\Omega\text{에 속하는 근원사건의 개수}}$$

규칙 2(상대도수 수렴치로서의 확률): 동일한 실험을 n회 반복할 때 사건 A의 상대도수는 다음과 같다.

$$r_n(A) = \frac{n\text{번의 시행 중 }A\text{가 일어난 횟수}}{n}$$

사건 A가 일어날 확률 $P(A)$는 n이 증가할 때 위의 상대도수가 수렴하는 값으로 주어진다.

예제 2.3 어느 공장에서 생산한 60개의 상품 중에서 A라인에서 24개, B라인에서 36개가 생산되었다고 한다. 이 중에서 한 개의 상품을 임의로 선택할 때, A라인에서 생산한 상품일 확률을 구하라.

풀이 임의추출을 하였으므로 각 상품이 선택될 확률은 같다. 각 상품의 선택을 근원사건으로 보면 표본공간은 60개의 원소($\Omega = a_1, a_2, \cdots, a_{24}, b_1, b_2, \cdots, b_{36}$)로 구성되어 있고, 그중 24개는 A라인에서 생산한 상품이다. 따라서 P(A라인에서 만든 상품) $= 24/60 = 0.4$가 된다. 만약 선택된 상품이 A라인인지 B라인인지만을 고려한다면 표본공간은 $\Omega = \{A, B\}$로 나타낼 수 있다. 그러나 각 근원사건 A와 B는 일어날 가능성이 동일하지 않음에 주의하자.

예제 2.4 어느 부품을 생산하는 기계의 불량률에 관심이 있다고 하자. 만약 10,000개의 부품을 조사하여 그중 53개가 불량품이었다고 할 때 불량률을 추측하라.

풀 이 기계의 불량률은 기계가 만들어내는 모든 부품 중 불량 부품의 비율이 될 것인데, 이를 얻기 위해서는 모든 부품을 대상으로 조사를 해보지 않고는 정확하게 구할 수 없다. 따라서 상대도수를 이용하여 비율을 추측해야 하는데, 10,000개 중 53개가 불량품이므로 불량률은 근사적으로 0.0053이라고 할 수 있다. ■

제 3 절 확률법칙

앞 절에서 우리는 한 사건의 확률을 그 사건에 포함되는 근원사건들의 확률의 합으로 표현하였다. 그러나 어떤 사건이 다른 여러 사건들과 연관지어져 복합적인 형태를 이루고 있을 때는, 확률을 구하기 위해 그 사건과 관계있는 다른 사건들의 확률들을 이용하는 것이 쉬운 경우가 많다. 이 절에서는 사건들의 기본 연산인 여사건, 합사건 등과 확률계산에 유용한 확률법칙에 대하여 알아보도록 하자.

예제 2.5 어떤 소재를 만드는 조건으로 두 수준의 온도와 두 수준의 압력을 고려한다고 하자. 다음은 네 개의 소재가 생산된 조건을 정리한 것이다.

소재	온도(섭씨)	압력(기압)
1	1,000	2
2	1,000	3
3	1,500	2
4	1,500	2

이 중 두 개의 소재를 선택하여 강도를 조사한다고 하자. 이때 다음의 각 사건을 근원사건으로 나타내라.

A = 서로 같은 온도에서 만든 소재를 선택한다.
B = 서로 같은 기압에서 만든 소재를 선택한다.
C = 온도와 기압 모두 다른 조건에서 만든 소재를 선택한다.

풀 이 네 개의 소재 중에서 두 가지를 선택하는 방법의 수는 $\binom{4}{2} = 6$이고, 각각의 근원사건을 소재 번호를 이용하여 나타내면 다음과 같다.

$$\omega_1 = \{1, 2\} \qquad \omega_2 = \{1, 3\} \qquad \omega_3 = \{1, 4\}$$
$$\omega_4 = \{2, 3\} \qquad \omega_5 = \{2, 4\} \qquad \omega_6 = \{3, 4\}$$

이때 원하는 사건들을 근원사건을 이용해서 표현하면 다음과 같다.

$$A = \{\omega_1, \omega_6\}, \qquad B = \{\omega_2, \omega_3, \omega_6\}, \qquad C = \{\omega_4, \omega_5\}$$

아래 그림 2.2는 벤다이어그램(Venn-diagram)을 이용하여 위의 세 사건들의 관계를 보기 쉽게 표현한 것이다.

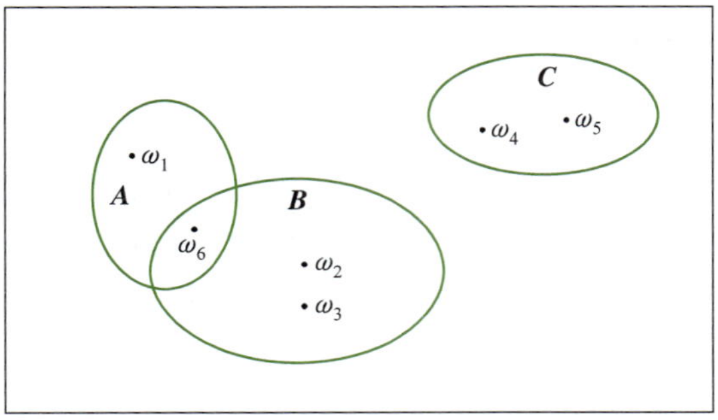

그림 2.2 사건들의 벤다이어그램

사건들의 기본적인 연산은 다음과 같이 정리할 수 있다.

- **여사건** : 사건 A의 여사건은 A에 포함되지 않은 근원사건들의 모임으로 A^c로 나타낸다.
- **합사건** : 사건 A와 B의 합사건은 A또는 B에 포함되는 근원사건들의 모임으로 $A \cup B$로 나타낸다.
- **곱사건** : 사건 A와 B의 곱사건은 A와 B에 동시에 포함되는 근원사건들의 모임으로 $A \cap B$로 나타낸다.

앞의 예제 2.5에서 보면 사건 A와 사건 C는 공유하는 근원사건이 없어서 벤다이어그램에서 보면 서로 떨어져 있다. 이와 같이 동시에 일어날 수 없는 사건을 **배반사건(disjoint event)**이라고 한다.

예제 2.6 예제 2.5의 경우에서 다음의 사건들을 A, B, C를 이용하여 표현하고, 각 사건에 포함되는 근원사건을 밝혀라.

(1) 같은 온도와 압력에서 생산되었다.

(2) 온도는 같고 압력이 다르다.

(3) 온도가 다르거나 압력이 같다.

풀 이 (1) 온도와 압력이 같다 $= A \cap B = \{\omega_6\}$

(2) 온도가 같고 압력이 다르다 $= A \cap B^c = \{\omega_1\}$

(3) 온도가 다르거나 압력이 같다 $= A^c \cup B = \{\omega_2, \omega_3, \omega_4, \omega_5, \omega_6\}$ ■

합사건 $A \cup B$는 A또는 B에 속하는 근원사건들로 이루어져 있다. 한편 $P(A) + P(B)$는 사건 A에 속하는 근원사건들의 확률과 사건 B에 속하는 근원사건들의 확률의 합을 나타낸다. 따라서 합사건 $A \cup B$의 확률을 구할 때 사건 A와 B에 동시에 속하는 근원사건의 확률은 중복으로 더해지므로 빼주어야 한다. 이를 정리하면 다음과 같다.

합사건의 법칙 : $P(A \cap B) = P(A) + P(B) - P(A \cap B)$

합사건의 법칙에서 사건 A와 B가 배반사건이라면 곱사건 $A \cap B$에 속하는 근원사건이 없으므로 확률의 기본법칙에 따라 $P(A \cap B) = P(\varnothing) = 0$이다. 따라서 합사건의 확률은 $P(A \cup B) = P(A) + P(B)$ 가 된다. 이를 이용하여 합사건의 법칙으로부터 여사건의 확률을 구할 수 있다. $A \cup A^c$는 전체집합을 이루고, $A \cap A^c$는 공집합으로 확률이 0이 된다. 따라서 합사건의 법칙에 의해 $1 = P(A) + P(A^c)$이 성립한다. 이로부터 다음 결과를 얻을 수 있다.

여사건의 법칙 : $P(A^c) = 1 - P(A)$

예제 2.7 앞의 예제 2.5에서 각각의 근원사건이 나올 확률이 동일하다고 가정할 때 다음의 물음에 답하라.

(1) 합사건 $A \cup B$, $B \cup C$의 확률을 구하라.

(2) 선택된 소재들이 온도가 다르거나 압력이 다른 조건에서 생산되었을 확률을 구하라.

풀 이 (1) 예제 2.5에서의 각 근원사건은 나올 확률이 같으므로 $P(\omega_1) = 1/6$이고, 합사건의 정리와 그림 2.2를 참조하면

$$\begin{aligned} P(A \cup B) &= P(A) + P(B) - P(A \cap B) \\ &= P(\omega_1, \omega_6) + P(\omega_2, \omega_3, \omega_6) - P(\omega_6) \\ &= \frac{2}{6} + \frac{3}{6} - \frac{1}{6} \\ &= \frac{2}{3} \end{aligned}$$

이 되고, 사건 B와 사건 C는 서로 배반사건이므로

$$P(B \cup C) = P(B) + P(C) = 3/6 + 2/6 = 5/6$$

가 된다.

(2) 예제 2.5의 사건 A, B, C를 이용하면 원하는 사건은 $A^c \cup B^c$가 된다. 집합의 관계식을 이용하면 $A^c \cup B^c = (A \cap B)^c$이 되므로 원하는 확률은 여사건의 법칙으로부터

$$P(A^c \cup B^c) = 1 - P(A \cap B) = 1 - \frac{1}{6} = \frac{5}{6}$$

가 된다. ■

제 4 절 조건부확률과 독립성

두 개 이상의 사건이 있을 때 한 사건의 결과가 다른 사건의 확률에 영향을 미치는 경우를 종종 보게 된다. 예를 들면, 남성과 여성이 포함된 집단에서 임의로 한 사람을 뽑았을 때 그 사람이 흡연자일 사건을 A라 하고, 뽑힌 사람이 남자일 사건을 B라 하자. 이때 뽑힌 사람이 남자라는 사실을 알 때 그 사람이 흡연자일 확률은 뽑힌 사람의 성별을 모를 때의 확률과 다르리라고 예상할 수 있다. 이와 같이 사건 B에 관한 정보(사전정보 : prior information)가 주어졌을 때 사건 A의 확률을, B가 주어졌을 때 사건 A의 조건부확률이라고 하고 $P(A|B)$로 표시한다.

예제 2.8 한 대기업체에서 임원들을 대상으로 그들을 몸무게와 혈압에 따라 분류한 후, 각 경우의 비율을 계산하여 표 2.1과 같이 정리하였다. 다음 물음에 답하라.

표 2.1 몸무게와 혈압에 의한 분류

	비 만	정 상	저체중	합 계
고 혈 압	0.10	0.08	0.02	0.20
정상 혈압	0.15	0.45	0.20	0.80
합 계	0.25	0.53	0.22	1.00

(1) 한 명의 임원을 임의추출하였을 때 그가 고혈압 증세를 갖고 있을 확률을 구하라.

(2) 임의로 추출된 한 명의 임원이 비만이라고 할 때 그가 고혈압 증세를 갖고 있을 확률을 구하라.

풀이 사건 A를 추출된 한 임원이 고혈압의 증세를 갖고 있을 사건이라 하고, 사건 B를 추출된 한 임원이 비만일 사건이라 하자.

(1) 전체 임원 중 20%가 고혈압이므로 사건 A의 확률은 $P(A) = 0.2$가 된다.

(2) 임의추출된 사람이 비만이라고 하면 비만 이외의 경우(정상이나 저체중)는 고려할 필요가 없다. 즉, 비만인 사람 중에서 고혈압 증세를 갖고 있는 사람의 비율이 원하는 확률이므로

$$P(A|B) = \frac{0.10}{0.10 + 0.15} = \frac{0.10}{0.25} = 0.40$$

가 된다. ■

위의 예제 2.8에서 조건부확률 $P(A|B)$를 구하는 식에서 분모의 값 0.25는 사건 B(선택된 사람이 비만)의 확률이며, 분자의 값 0.1은 사건 $A \cap B$(선택된 사람이 비만이며 고혈압)의 확률이다. 이처럼 조건부확률 $P(A|B)$는 다음과 같이 정의할 수 있다.

사건 B가 주어졌을 때 사건 A의 조건부확률

$$P(A|B) = \frac{P(A \cap B)}{P(B)} \text{(단, } P(B) > 0)$$

위의 정의에서 사건 A와 사건 B의 역할이 바뀌면, 즉 사건 A가 주어졌을 때 사건 B의 조건부확률은 다음과 같다.

$$P(B|A) = \frac{P(A \cap B)}{P(A)}$$

위 식을 다시 써보면 $P(A \cap B) = P(B|A)P(A)$가 되므로 조건부확률을 이용하여 곱사건 $A \cap B$의 확률에 대한 다음 법칙을 얻을 수 있다.

곱사건의 법칙 : $P(A \cap B) = P(A|B)P(B) = P(B|A)P(A)$

예제 2.9 한 신용카드 회사에서 주요 고객 25명에 대해 그들의 대금결제 현황을 조사하였더니 그중 20명은 결제일을 지켰고, 나머지 5명은 결제일을 넘기는 것으로 드러났다. 25명의 고객 중에 2명을 임의로 선택한다고 할 때 다음의 확률을 계산하라.

(1) 두 사람 모두 결제일을 넘긴다.

(2) 한 사람은 결제일을 넘기는 사람이고, 또 한 사람은 결제일을 지키는 사람이다.

풀 이 문자 S를 결제일을 지키는 사람으로, 문자 F를 결제일을 어기는 사람으로 표시하자. 그리고 각 문자에 첨자로 숫자 1 또는 2를 붙여 첫 번째 선택한 경우와 두 번째 선택한 경우를 나타내도록 하자. 그러면 사건 S_1F_2는 첫 번째 선택된 사람은 결제일을 지키고, 두 번째 선택된 사람은 결제일을 넘기는 사건을 나타낸다.

(1) 구하는 확률은 $F_1F_2 = F_1 \cap F_2$의 확률이므로 위의 곱사건의 법칙에 의해 $P(F_1 \cap F_2) = P(F_1)P(F_2|F_1)$가 된다. 25명 중에서 S가 20명, F가 5명이므로 처음 한 명을 뽑았을 때 그 사람이 결제일을 넘기는 사건 F_1의 확률은 $P(F_1) = 5/25 = 1/5$이다. 이때 F_1이 주어지면 남아 있는 고객은 20명의 S와 4명의 F가 된다. 따라서 이들 중 다시 F를 뽑는 확률은 $P(F_2|F_1) = 4/24 = 1/6$이 되고, 이로부터 $P(F_1 \cap F_2) = (1/5)(1/6) = 1/30$이 된다.

(2) 고려해야 할 사건은 두 명의 임의로 선택된 고객 중 한 명은 S이고, 한 명은 F인 경우의 사건이므로 이는 S_1F_2와 F_1S_2의 합사건으로 표현된다. 이 두 사건은 배반사건이므로 구하고자 하는 확률은 각 확률의 합으로 계산할 수 있다. 곱사건의 법칙을 이용하여 각 확률을 구하면

$$P(S_1F_2) = P(S_1)P(F_2|S_1) = (20/25)(5/24) = 1/6$$
$$P(F_1S_2) = P(F_1)P(S_2|F_1) = (5/25)(20/24) = 1/6$$

이고, 따라서 구하고자 하는 확률은

$$P(S_1F_2 \cup F_1S_2) = P(S_1F_2) + P(F_1S_2) = 1/6 + 1/6 = 1/3$$

이다. ■

두 사건의 발생이 전혀 무관한 경우가 있다. 예를 들어, 주사위에서 1의 눈이 나오는 사건과 동전의 앞면이 나오는 사건은 서로 연관이 없다. 이러한 두 사건을 서로 독립이라고 한다.

주어진 두 사건의 독립 여부는 조건부확률을 이용하여 확인할 수 있다. 사건 A와 사건 B가 서로 독립이라면 사건 B의 발생 여부가 사건 A의 발생에 영향을 주지 않는다. 따라서 사건 B가 주어졌을 때 사건 A의 조건부확률은 사건 B에 대한 조건이 없이 구한 사건 A의 확률과 같다. 또한 두 사건의 역할이 바뀌어도 마찬가지의 결과를 얻는다. 다음은 두 사건의 독립의 조건을 정리한 것이다.

사건 A와 B가 서로 독립 : $P(A|B) = P(A), P(B|A) = P(B)$

한편, 곱사건의 법칙 $P(A \cap B) = P(A|B)P(B)$을 이용하여 두 사건의 독립을 다음과 같이 정의하기도 한다.

> **사건 A와 B가 서로 독립** : $P(A \cap B) = P(A)P(B)$

여기서 우리가 주의해야 할 점은 두 사건 A와 B의 **독립**과 **배반**의 차이를 이해해야 한다는 것이다. 즉, 사건 A와 B가 서로 독립이라면 $P(A \cap B) = P(A)P(B)$가 되며, 배반이라면 $A \cap B = \varnothing$이므로 $P(A \cap B) = 0$이 된다. 따라서 두 사건의 확률이 모두 양수라면 독립과 배반의 조건을 동시에 만족시킬 수는 없다.

예제 2.10 다음은 어느 회사에서 60명의 남녀 사원을 대상으로 세계화에 대한 설문조사를 한 결과이다. 임의로 한 명을 추출할 때 그가 남자일 사건을 M이라 하고, 추출된 사람이 세계화에 찬성한 사람일 사건을 G라 할 때, 사건 M과 G가 서로 독립인지 확인하라.

표 2.2 남, 여별 세계화에 대한 찬반 의견

	남 자	여 자
세계화 찬성	24	14
세계화 반대	16	6

풀 이 이 자료에서 남자의 사건(M)과 찬성의 사건(G)이 서로 독립인지 확인하여 보자. $P(M \cap G)$는 전체 60명 중에서 남자이면서 세계화를 찬성하는 사람의 비율을 나타내므로 $24/60 = 0.4$이다. 남자는 40명이고 성별에 관계없이 세계화를 찬성하는 사람의 수는 38명이므로 $P(M) = 40/60$, $P(G) = 38/60$이다. 따라서 $P(M)P(G) = (40/60)(38/60) = 0.422$가 되어 $P(M \cap G) = 0.4$와 다르므로 독립이 아니다. 따라서 남자인 사건과 세계화 찬성의 사건은 독립이 아니다. 이것을 조건부확률을 이용하여 확인하여 보자. 남자 중에서 세계화에 찬성하는 사람의 비율, 즉 $P(G|M)$의 값은 $24/40 = 0.6$이고, 전체에서 세계화에 찬성하는 사람의 비율인 $P(G)$는 $38/60 = 0.63$이므로 서로 다른 값을 가진다. 따라서 사건 M과 사건 G는 서로 독립이 아니다. ■

예제 2.11 15개의 상품 중에 5개의 불량품이 섞여있다고 한다. 이때 2개의 상품을 선택하는데 (1) 꺼낸 것을 다시 집어넣고 추출하는 복원추출방법과 (2) 꺼낸 것을 다시 넣지 않고 추출하는 비복원추출의 두 가지 방법으로 추출할 때 각 경우에 두 번 모두 불량품을 추출할 확률을 구하라.

풀 이 (1) 복원추출 : 15개의 상품 중에서 하나씩 상품을 추출해서 그것의 불량여부를 기록한 후에 다시 집어넣고 추출을 반복한다. 이때 각 추출의 결과는 정상품(G_i)이거나 불량품(B_i)이다. 여기에서 첨자는 1과 2 중 하나이고, 추출 횟수를 나타낸다. 예를 들면, B_1은 첫 번째 추출에서 불량품을 추출할 사건이고, G_2는 두 번째 추출에서 정상품을 추출할 사건을 나타낸다. 각 추출마다 불량품을 추출할 확률은 $P(B_i) = 5/15$로 추출횟수와 무관하게 같다. 또한 첫 번째의 추출 결과가 두 번째 추출에 영향을 주지 않고 독립이므로 원하는 확률은

$$P(B_1 \cap B_2) = P(B_1)P(B_2) = (5/15)(5/15) = 1/9$$

이 된다.

(2) 비복원추출 : 15개의 상품 중에서 첫 번째 추출된 상품을 다시 집어넣지 않고 두 번째 상품을 추출한다. 이때 첫 번째 불량품을 추출할 확률은 $P(B_1) = 1/3$이다. B_1이 발생했다는 조건하에서 B_2의 확률을 구하여 보자. 이때는 14개 중에 4개의 불량품이 남아 있으므로 $P(B_2|B_1) = 4/14 = 2/7$이다. 즉, 두 번째 추출할 때에는 비복원이기 때문에 첫 번째와는 다른 상황이 된다. 따라서 사건 B_1과 사건 B_2는 서로 독립이 아니므로 곱사건의 법칙을 이용하면 원하는 확률은

$$P(B_1 \cap B_2) = P(B_1)P(B_2|B_1) = (1/3)(2/7) = 2/21$$

이다.

그러나 만약 추출하는 모집단의 크기가 표본의 크기에 비해 상당히 크다면 이 독립성의 위반은 아주 미약해진다. 예를 들어, 모집단의 크기가 1,500이고, 표본의 크기가 2라 하자. 만약 불량품의 개수가 500이라면, $P(B_2|B_1) = 499/1{,}499 \approx 1/3$이므로 첫 번째 추출의 결과가 두 번째 추출의 확률값에 큰 영향을 미치지 못하여 B_1과 B_2가 서로 독립이라고 가정하는데 별 무리가 없다. ■

표본공간의 분할과 베이즈 정리(Bayes' Rule)

표본공간을 몇 개의 배반사건들의 합사건으로 표현할 수 있을 때 이러한 배반사건들의 모임을 표본공간의 **분할 (partition)** 이라고 부른다.

표본공간의 분할

사건 $A_1, A_2, \cdots, A_n$이 서로 배반사건이고, $\Omega = A_1 \cup \cdots \cup A_n$일 때 사건 $A_1, A_2, \cdots, A_n$을 표본공간 Ω의 분할이라 부른다.

표본공간의 분할은 한 가지로만 유일하게 결정되는 것은 아니다. 예를 들어, 통계학과 신입생을 남과 여로 분할할 수 있고 본적지별로 분할할 수도 있다. 또한 임의의 사건의 분할도 위와 같은 방법으로 생각할 수 있다. 즉, 추출된 사람이 남자일 사건(M)은 남자이면서 담배를 피우는 사람인 사건과 남자이면서 담배를 피우지 않는 사람의 사건으로 분할할 수 있다. 이를 담배를 피우는 사람을 나타내는 사건을 S로 표현해서 나타내면

$$M = (M \cap S) \cup (M \cap S^c)$$

이고, 사건 $M \cap S$와 $M \cap S^c$는 배반사건이므로 합의 법칙을 이용하면

$$P(M) = P(M \cap S) + P(M \cap S^c)$$

가 된다. 이를 다시 곱사건의 법칙을 이용하여 정리하면

$$P(M) = P(S)P(M|S) + P(S^c)P(M|S^c)$$

로 나타낼 수 있다. 이와 같이 곱사건의 법칙과 사건의 분할을 이용하여 임의의 사건의 확률을 표현한 것을 **총확률의 법칙 (law of total probability)** 이라고 한다.

총확률의 법칙

사건 $A_1, A_2, \cdots, A_n$이 표본공간의 분할일 때, 임의의 사건 B의 확률 $P(B)$는 다음과 같이 구할 수 있다.

$$P(B) = \sum_{i=1}^{n} P(A_i)P(B|A_i)$$

예제 2.12 어느 컴퓨터 회사의 메인보드 중에서 30%는 공장 A_1에서 만들어지고, 50%는 공장 A_2에서 만들어지고, 나머지 20%는 공장 A_3에서 만들어진다고 한다. 각 공장에서 만들어지는 메인보드의 불량률은 각각 2%, 1%, 5%라고 한다. 이 회사제품 중에서 임의로 하나를 추출하였을 때 이 제품의 메인보드가 불량일 확률을 구하라.

풀 이 임의로 추출한 제품이 불량품일 사건을 B로 나타내면

$$P(B|A_1) = 0.02, P(B|A_2) = 0.01, P(B|A_3) = 0.05$$

이다. 주어진 조건으로부터

$$P(A_1) = 0.3, P(A_2) = 0.5, P(A_3) = 0.2$$

이므로 총확률의 법칙에 의하면

$$\begin{aligned} P(B) &= P(A_1)P(B|A_1) + P(A_2)P(B|A_2) + P(A_3)P(B|A_3) \\ &= 0.3 \times 0.02 + 0.5 \times 0.01 + 0.2 \times 0.05 \\ &= 0.021 \end{aligned}$$

이므로 메인보드의 불량률은 2.1%이다.

다음에 소개할 정리는 표본공간의 분할과 곱사건의 법칙을 이용한 것이다. 이 정리는 **사전지식 (prior knowledge)** 을 실험을 통하여 보완하는 방법으로 영국의 통계학자 토머스 베이즈 (Thomas Bayes) 가 제안하여 널리 쓰이고 있는 **베이즈 정리 (Bayes' rule)** 이다.

베이즈 정리

사건 $A_1, A_2, \cdots, A_n$이 표본공간의 분할일 때 임의의 사건 B에 대하여 다음 식이 성립한다.

$$P(A_i|B) = \frac{P(A_i)P(B|A_i)}{P(A_1)P(B|A_1) + \cdots + P(A_n)P(B|A_n)}, \quad i = 1, \cdots, n,$$

예제 2.13 예제 2.12의 회사에서 불량 메인보드가 발견되었을 때 이것이 공장 A_1에서 만들어졌을 확률을 구하라.

풀 이 원하는 확률은 $P(A_1|B)$이다. 베이즈 정리를 이용하면 구하는 확률은

$$\begin{aligned} P(A_1|B) &= \frac{P(A_1)P(B|A_1)}{\sum_{i=1}^{3} P(A_i)P(B|A_i)} \\ &= \frac{0.3 \times 0.02}{0.3 \times 0.02 + 0.5 \times 0.01 + 0.2 \times 0.05} = 0.28571 \end{aligned}$$

이다.

연 · 습 · 문 · 제

2.1 다음의 각 실험에 대응하는 표본공간을 기술하라.

(1) 어떤 사람이 같은 상표의 병맥주, 캔맥주, 생맥주를 구분할 수 있다고 주장한다. 이를 확인하기 위해서 각 맥주를 하나씩 잔에 부은 후 무작위로 그 사람에게 주었을 때, 그 사람이 어떤 맥주인지 맞춘 횟수를 기록한다.

(2) 어느 공장에서 하루 동안 생산한 불량품의 수를 기록한다.

(3) 어느 부품이 고장이 날 때까지의 시간을 기록한다.

2.2 연습문제 2.1의 각 문항에서 다음의 사건에 해당되는 근원사건을 기술하라.

(1) 어떤 맥주인지 하나 이상 맞춘다.

(2) 불량품을 10개 이상 생산한다.

(3) 고장이 315시간과 420시간 사이에서 발생한다.

2.3 두 개의 동전을 던진 후, 뒷면이 나온 수만큼 동전을 더 던지는 실험을 한다고 하자. 즉, 모두 앞면이면 그만 던지고, 뒷면이 한 개 나오면 한 번 더 던지고, 뒷면이 두 개 나오면 두 번 더 던진다.

(1) 수형도를 그리고, 이 실험의 표본공간을 기술하라.

(2) 이 실험에서 다음의 사건에 포함되는 근원사건을 기술하라.

A = 앞면이 두 번 나오는 사건

B = 뒷면이 두 번 나오는 사건

2.4 표본공간이 ω_1, ω_2, ω_3, ω_4의 네 개의 근원사건으로 이루어져 있고, 각 근원사건의 확률의 비가 1 : 4 : 9 : 6이라 한다. 사건 $A = \{\omega_1, \omega_3\}$일 때, $P(A)$를 구하라.

2.5 철수는 친구 두 명과 함께 피자를 먹은 후, 다음 방식으로 피자값을 내기로 결정하였다. 모두 동전을 한 번씩 던져서 만약 모두 같은 면이면 똑같이 나누어 내기로 하고, 같지 않다면 나머지 두 사람과 다른 면이 나온 그 사람이 돈을 내기로 하였다. 다음의 확률을 구하라.

(1) 철수가 모두 지불할 확률

(2) 모두 똑같이 지불할 확률

2.6 상자에 34개의 공이 들어 있는데, 그중에서 2개는 녹색, 16개는 검정색, 16개는 빨간색이다. 검정색이나 빨간색에 돈을 걸고 하나를 뽑았을 때, 뽑힌 공의 색이 돈을 건 색과 일치하면 건 돈의 두 배를 받고, 녹색에 돈을 걸고 하나를 뽑았을 때 녹색을 뽑으면 건 돈에 30배를 받는다고 한다. 물론 색깔이 다른 경우는 돈을 잃는다. 검정색에 2000원을 걸었을 때 다음의 확률을 구하라.

(1) 돈을 잃을 확률

(2) 4000원을 받을 확률

2.7 3개의 시험관에 각각 R, S, T의 다른 화학물질이 들어 있었는데, 운송 과정에서 실수로 실험관에 어떤 화학물질이 들었는지 알려주는 이름표가 없어졌다고 한다. 어떤 사람이 이 실수를 숨기기 위해 3가지 이름표를 각 시험관에 무작위로 붙였다.

(1) 표본공간을 기술하라.

(2) 다음 사건의 확률을 구하라.

A = 3가지 화학물질의 이름표가 모두 맞는 사건

B = 모든 시험관에 잘못된 이름표를 붙이는 사건

2.8 8개의 근원사건의 확률이 각각 다음과 같은 표본공간이 있다고 한다.

$$P(\omega_1) = 0.16,\ P(\omega_2) = P(\omega_3) = P(\omega_4) = 0.08$$
$$P(\omega_5) = P(\omega_6) = P(\omega_7) = P(\omega_8) = 0.15$$

사건 $A = \{\omega_1, \omega_2, \omega_5, \omega_6, \omega_7\}$, $B = \{\omega_2, \omega_3, \omega_6, \omega_7\}$, $C = \{\omega_6, \omega_8\}$일 때 다음 물음에 답하라.

(1) 각 사건을 벤다이어그램으로 나타내라.

(2) 다음 사건을 근원사건으로 나타내고, 각 사건의 확률을 구하라.

(i) B^c　　(ii) $B \cap C$　　(iii) $A \cap C$　　(iv) $A^c \cup C$

2.9 연습문제 2.8을 참조하여 다음 사건을 근원사건으로 나타내고, 각 사건의 확률을 구하라.

(1) C가 일어나지 않는다.

(2) A와 C가 모두 일어난다.

(3) A는 일어나고 B는 일어나지 않는다.

(4) A와 C가 모두 일어나지 않는다.

2.10 두 사건 A와 C에 대하여 다음 확률값이 대응된다고 한다.

$$P(A) = 0.52,\ P(B) = 0.36,\ P(A \cap B) = 0.2$$

(1) 위 확률을 이용하여 아래 표를 채워 넣어라.

(2) $A \cap B^c$, $A^c \cap B$, $A^c \cap B^c$를 구해서 표를 완성하라.

	B	B^c	합계
A			
A^c			
합계			

2.11 연습문제 2.10을 참조하여 다음 사건을 집합기호로 나타내고, 그 확률을 구하라.

(1) B는 일어나고 A는 일어나지 않는다.

(2) A와 B는 모두 일어나지 않는다.

(3) A가 일어나거나 B가 일어나지 않는다.

2.12 다음 표는 사건 A와 B에 대한 확률을 나타낸다.

	B	B^c	합 계
A	0.25	0.12	
A^c			
합 계	0.40		

(1) 빈칸을 채워 넣어라.

(2) A가 일어나고 B가 일어나지 않을 확률을 구하라.

(3) A가 일어나거나 B가 일어날 확률을 구하라.

(4) 두 사건 중 하나는 일어나고 하나는 일어나지 않을 확률을 구하라.

2.13 $P(A) = 0.6$, $P(B) = 0.5$일 때 두 사건은 배반사건이 될 수 있는가? 그 이유를 설명하라.

2.14 다음은 58군데의 쓰레기 매립지를 비소, 바륨, 수은 등의 유독성 화학물질의 농도에 따라 분류한 표이다.

비 소	바 륨			
	높 다		낮 다	
	수 은		수 은	
	높 다	낮 다	높 다	낮 다
높 다	1	3	5	9
낮 다	4	8	10	18

만약 하나의 매립지가 임의로 선택되었을 때 다음의 확률을 구하라.

(1) 바륨의 농도가 높다

(2) 수은의 농도는 높고, 바륨과 비소의 농도는 낮다.

(3) 두 개의 화학물질의 농도는 높고, 하나의 물질의 농도는 낮다.

(4) 하나의 화학물질의 농도는 높고, 나머지 두 화학물질의 농도는 낮다.

2.15 $P(A) = 0.68$, $P(B) = 0.55$, $P(A \cap B) = 0.32$일 때 다음의 확률을 구하라.

(1) A가 일어났을 때 B가 일어날 조건부확률

(2) A가 일어났을 때 B가 일어나지 않을 조건부확률

(3) A가 일어나지 않았을 때 B가 일어날 조건부확률

2.16 운전자를 모집단으로 하였을 때, 사건 A와 B를 다음과 같이 정의하자.

A = 작년에 방어 운전 교육을 받았다.

B = 올해 교통사고를 일으켰다.

다음 벤다이어그램을 이용하여 $P(B|A)$를 구하라. 두 사건은 독립인가?

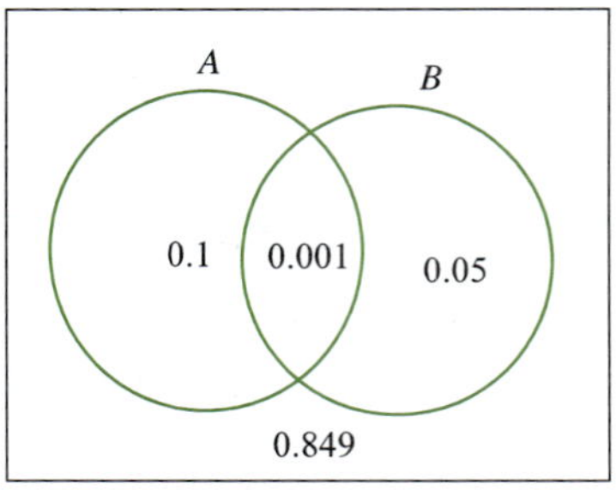

2.17 녹색 공 2개와 빨간 공 3개가 들어 있는 주머니에서 비복원추출로 두 개의 공을 뽑는다.

(1) 다음 사건의 확률을 구하라.

A = {녹색 공이 첫 번째에 뽑힌다}

B = {녹색 공이 두 번째에 뽑힌다}

(2) 두 사건은 독립인가? 그 이유를 기술하라.

2.18 연습문제 2.17에서 복원추출로 추출하였을 때 (1)과 (2)에 대하여 답하라.

2.19 어떤 나라의 전체 노동가능 인구 중에서 남자가 58%를 차지하고, 남자 중 6.2%, 여자 중 4.3%가 실업자라고 한다.

(1) 만약 고용상태에 있는 한 명을 임의로 선택했을 때 그 사람이 남자일 확률과 여자일 확률을 구하라.

(2) 이 나라의 전체 실업률을 구하라.

(3) 노동가능 인구 중에서 한 명을 선택하였을 때 그 사람이 실업자라고 한다. 이때 그 사람이 여자일 확률을 구하라.

2.20 어느 도시의 성인 중에서 15%가 담배를 피우고, 전체 중에서 폐질환을 앓고 있는 흡연자는 0.86%이고, 폐질환을 앓고 있는 비흡연자는 0.14%라고 한다.

(1) 이 도시에서 성인 중 한 사람을 임의로 선택하였을 때, 폐질환을 앓고 있을 확률을 구하라.

(2) 임의로 선택된 사람이 흡연자라면 이 사람이 폐질환을 앓고 있을 확률을 구하라.

(3) 임의로 선택된 사람이 비흡연자라면 이 사람이 폐질환을 앓고 있을 확률을 구하라.

2.21 어느 핵발전소의 주 냉각장치가 고장일 확률은 0.001이다. 또한 주 냉각장치가 작동하지 않을 경우에 대비하여 보조 냉각장치가 있는데, 보조 냉각장치가 고장일 확률은 0.110이다. 이때 이 핵발전소의 전체 냉각장치가 고장일 확률을 구하라 (냉각시스템은 서로 독립적으로 작동된다고 가정한다).

2.22 어느 병원에서 열이 있고 목이 아픈 증상이 있는 환자를 조사한 결과, 이 중에서 편도선이 부은 환자가 25%, 피부에 알레르기 반응이 있는 환자가 50%, 또한 두 가지 증상을 모두 가지고 있는 환자가 10%였다고 한다.

(1) 병원을 찾아온 환자들 중에서 임의로 한 명을 선택하였을 때, 그 사람이 편도선이 붓거나, 알레르기가 있거나, 두 가지 증상을 모두 가지고 있을 확률을 구하라.

(2) 편도선이 붓는 것과 알레르기 반응이 있는 것은 독립인가?

2.23 어느 공장의 한 라인에서 생산된 제품을 좋음(G), 보통(B), 불량(D)으로 구분할 때, 그 구성비가 각각 75%, 15%, 10%라 한다. 조사를 위하여 이 제품 중에서 2개를 선택하였다 (두 선택은 독립적으로 행한다).

(1) 표본공간을 기술하고 각각의 근원사건에 대응하는 확률값을 기술하라.

(2) 적어도 하나가 보통일 확률을 구하라.

(3) 두 개가 모두 좋음이 아닐 확률을 구하라.

2.24 어느 텔레비전 방송사에서 일기예보 방송의 정확성을 알아보려고 과거의 자료를 정리해 보니 다음과 같았다.

(a) 실제로 맑은 날에 맑다고 예보한 비율이 0.8

(b) 실제로 비온 날에 맑다고 예보한 비율이 0.4

(c) 전체적으로 맑은 날의 비율이 0.6

이때 다음의 확률을 구하라.

(1) 예보관이 맑다고 예보했을 때 날씨가 맑을 확률

(2) 예보관이 맑음을 예보할 확률

2.25 3개의 생산 라인을 가지고 있는 공장에서, 1번 라인은 전체 생산량 중 20%를 차지하며 불량률은 15%이고, 2번 라인은 전체 생산량 중 50%의 생산량을 차지하고 불량률은 5%이고, 3번 라인은 전체 생산량 중 30%의 생산량을 차지하고 불량률이 6%라고 한다.

(1) 전체 불량률을 구하라.

(2) 생산품 중 하나를 임의로 선택하였을 때, 그것이 불량품이라면 1번 라인에서 생산된 것일 확률을 구하라.

2.26 3교대로 운영되는 공장이 있다. 어느 날 제품의 불량률을 조별로 나누어 보니 첫 번째 조에서는 1%, 두 번째 조에서는 2%, 세 번째 조에서는 5%의 불량이 나왔다고 한다. 각 조별로 생산량이 동일할 때, 그 날 하루 전체의 불량률을 구하라. 만일 하나의 불량품이 나왔다면 이것이 세 번째 조에서 만들어진 제품일 확률을 구하라.

2.27 직업의 구분을 상류(U), 중류(M), 하류(L)로 나눌 수 있다고 가정해 보자. 이때 U_1은 아버지의 직업이 상류에 있음을 나타내는 사건이라 하고, U_2는 자식의 직업이 상류임을 나타내는 사건이라 하자. 마찬가지로 M_1, M_2, L_1, L_2를 정의하자 (여기에서 첨자는 세대를 나타내고 있다) . 다음의 자료는 세대 간의 직업의 유동성을 파악하고자 영국에서 1954년에 조사한 자료이다.

	U_2	M_2	L_2
U_1	0.45	0.48	0.07
M_1	0.05	0.70	0.25
L_1	0.01	0.50	0.49

위와 같은 표는 전이확률의 행렬(transition probability matrix)이라 불리는데 다음과 같이 읽으면 된다. 즉, 아버지가 U에 속하면 아들이 U에 속할 확률이 0.45가 된다. 다시 말하면 행렬의 각 원소는 조건부확률의 값을 나타낸다. 예를 들면, $P(U_2 | U_1) = 0.45$이다. 만일 아버지의 세대에서 10%가 U에 속하고 40%가 M, 50%가 L에 속할 때

(1) 아들의 세대 중 U에 속할 확률을 구하라.

(2) 만일 아들의 직업이 U에 속하였다면 그의 아버지가 U에 속하였을 확률을 구하라.

제 3 장 확률분포

앞 장에서 공부한 표본공간의 근원사건들은 숫자로 나타나는 경우보다 특성을 표현하는 형태로 나타나는 것을 많이 보아왔다. 예를 들면, 동전 두 개를 던질 경우 나타나는 근원사건들은 HH, HT, TH와 TT 등의 형태로 표현된다. 그러나 한 도시에서 일주일 동안 발생한 교통사고의 횟수, 대학생이 여름방학 동안 부업을 하여 번 돈, 시험성적 등과 같이 숫자로 표현되는 자료도 많이 있고, 실제로 특성의 형태로 나타나는 것도 수를 이용하여 표현하는 것이 편리한 경우가 많이 있다. 위의 동전 던지기 예에서도 그 개별 결과보다는 두 개의 동전 중 앞면의 개수가 더 관심의 대상이 될 수 있다. 이 장에서는 각 근원사건에 관심 있는 수치를 대응시키는 함수인 확률변수와 확률변수에 대응하는 확률분포에 대하여 공부하고자 한다. 확률변수는 그것이 취하는 값의 종류에 따라 이산확률변수와 연속확률변수로 구분할 수 있는데, 1, 2절에서는 다양한 이산확률분포를 소개하고, 3, 4절에서는 통계학에서 많이 사용되는 연속확률분포에 대하여 자세히 다룬다. 5절에서는 두 개의 확률변수의 결합확률분포에 대하여 공부한다. 또한, 6절에서는 엑셀을 이용한 분석방법을 소개한다.

제 1 절 이산확률변수와 기댓값

확률변수 (random variable) 란 실험의 결과들에 수치를 대응시키는 것으로 이를 좀 더 수학적인 용어로 표현하면 다음과 같다.

> 확률변수는 표본공간에 속하는 근원사건들에 실수값을 대응시키는 함수이며 보통 X, Y 등으로 표시한다.

위의 '확률변수'에서 쓰인 '확률'의 의미는 실험을 하기에 앞서 어떤 값을 갖게 될지 알 수 없는 불확실성을 표현한 것이다.

확률변수가 취하는 값이 유한 개의 값을 가지거나 자연수와 같이 셀 수 있는 값을 가지는 확률변수를 **이산확률변수**라 한다. 이산확률변수가 정수나 자연수의 값만을 가질 필요는 없다. 그러나 셀 수 있는 값은 정수나 자연수와 일대일 대응이 되므로 편의상 여기에서는 이산확률변수가 정수의 값만을 가진다고 가정하도록 한다.

예제 3.1 두 개의 계전기 1, 2가 병렬로 연결되어 있는 전기회로가 있다고 하자. 둘 중 하나 또는 둘 모두의 계전기가 닫히면 전류가 흐른다. E_i를 계전기 i가 닫히는 사건이라 하자. 이 실험에서 X를 닫힌 계전기의 수라 할 때 X가 가질 수 있는 가능한 값과 대응하는 근원사건들을 나타내라.

풀 이 표본공간은 계전기 1, 2가 닫히거나 열리는 모든 사건들의 모임으로 4개의 근원사건으로 이루어진다. 이를 E_i로 나타내면 $\Omega = \{E_1E_2, E_1E_2^c, E_1^cE_2, E_1^cE_2^c\}$가 된다. 즉, 근원사건 $E_1^cE_2$는 계전기 1은 열리고 계전기 2는 닫히는 사건을 나타낸다. 이 경우 닫힌 계전기의 수 X는 1이 된다. 이와 같이 각 근원사건에 대응하는 X의 값은 다음 표와 같다.

실험결과(근원사건)	대응되는 X값
E_1E_2	2
$E_1E_2^c$	1
$E_1^cE_2$	1
$E_1^cE_2^c$	0

이때 확률변수의 값에 따라 근원사건들을 모아놓으면 다음과 같다.

확률변수 X가 취하는 값	대응하는 근원사건
$X=0$	$E_1^cE_2^c$
$X=1$	$E_1E_2^c$, $E_1^cE_2$
$X=2$	E_1E_2

확률변수 X가 취할 수 있는 각 값에 확률을 대응시켜 주는 관계를 X의 확률분포라 한다. 예를 들어, $(X=2)$라는 사건은 E_1E_2이므로 $P(X=2)=P(E_1E_2)$의 확률을 구하여 대응시키면 X의 확률분포를 구할 수 있다.

예제 3.2 예제 3.1에서 각 계전기는 닫힐 확률이 각각 0.8이고, 서로 독립적으로 작동한다고 할 때 확률변수 X의 확률분포를 구하라.

풀 이 확률변수 X가 가질 수 있는 값은 닫힌 계전기의 수이므로 0, 1, 2 중 하나이다. 주어진 조건에 따르면 $P(E_i) = 0.8$이며 각 계전기는 서로 독립이므로

$$P(E_1E_2) = P(E_1 \cap E_2) = P(E_1)P(E_2) = 0.8 \times 0.8 = 0.64$$

와 같이 구할 수 있다. 따라서

$$\begin{aligned}
P(X=0) &= P(E_1^cE_2^c) = P(E_1^c)P(E_2^c) = (1-0.8)(1-0.8) = 0.04 \\
P(X=1) &= P(E_1E_2^c \cup E_1^cE_2) \\
&= P(E_1E_2^c) + P(E_1^cE_2) \\
&= P(E_1)P(E_2^c) + P(E_1^c)P(E_2) \\
&= 0.8 \times 0.2 + 0.2 \times 0.8 = 0.32 \\
P(X=2) &= P(E_1E_2) = 0.64
\end{aligned}$$

가 된다. 위의 결과를 표로 정리하면 다음과 같다.

X의 값	확 률
0	0.04
1	0.32
2	0.64
합 계	1.00

위와 같이 확률변수의 값과 그에 대응하는 확률의 관계를 나타낸 것을 확률변수 X의 확률분포라 한다. 확률분포를 이용하면 X에 관한 모든 확률을 구할 수 있다. 예를 들면, 회로에 전류가 흐르게 될 확률은 사건 $(X \geq 1)$, 즉 닫힌 계전기의 수가 1개 이상일 사건이므로 구하는 확률은 $P(X \geq 1) = P(X=1) + P(X=2) = 0.32 + 0.64 = 0.96$이다. 한편 여사건의 확률법칙을 이용하면 구하는 확률은 $1 - P(X=0) = 1 - 0.04 = 0.96$이다.

위의 예제에서 확률변수 X는 단지 3개의 값만을 가지므로 이산확률변수이다. 이산확률변수 X가 값 x를 가질 확률 $P(X=x)$를 $p(x)$로 나타내고, 이를 확률함수라 부른다.

이산확률변수 X의 확률함수

이산확률변수 X에 대하여 확률함수 $p(x)$는 다음 두 성질을 만족한다.

(i) 모든 x에 대해서 $0 \le p(x) \le 1$

(ii) $\sum_x p(x) = 1$

확률함수 $p(x)$를 **확률질량함수(probability mass function)** 라고도 한다. 이산확률변수의 확률분포는 확률함수로 표현하거나 표를 이용하여 나타낸다.

확률변수의 분포나 특성을 표현하기 위하여 **누적확률(cumulative probability)** 을 사용하기도 한다. 즉, 확률변수 X가 주어졌을 때 $P(X \le b)$를 임의의 실수 b에서 계산한 X의 누적확률이라 한다. 다음은 누적확률을 이용하여 확률변수의 분포함수 F를 정의한 것이다.

확률변수 X의 분포함수 : $F(b) = P(X \le b) = \sum_{x \le b} p(x)$

분포함수 $F(b)$를 **누적분포함수(cumulative distribution function, cdf)** 라고도 한다.

앞의 예제 3.1과 3.2에서와 같이 확률변수 X를 닫힌 계전기의 수라 하자. 확률함수의 값은

$$p(0) = 0.04, \quad p(1) = 0.32, \quad p(2) = 0.64$$

로 주어지고

$$P(X \le 1.2) = P(X \le 1.9) = P(X \le 1) = 0.04 + 0.32 = 0.36$$

이므로 이 확률변수의 분포함수는 다음과 같다.

$$F(b) = \begin{cases} 0 & b < 0 \\ 0.04 & 0 \le b < 1 \\ 0.36 & 1 \le b < 2 \\ 1 & 2 \le b \end{cases}$$

누적분포함수를 이용해서 여러 확률을 계산하는 방법들을 정리하면 다음과 같다.

이로부터 일반적인 초기하분포의 확률함수는 다음과 같이 구할 수 있다.

초기하분포

크기가 N인 모집단에 특성 A를 가진 개체수가 D개일 때, 크기가 n인 표본 중 특성 A의 개체수를 X라고 하면 X의 확률함수는 다음과 같다.

$$p(x) = \frac{\binom{D}{x}\binom{N-D}{n-x}}{\binom{N}{n}}, \qquad x = \max(0, n-N+d), \cdots, \min(n, D)$$

예제 3.11 어느 자동차 회사의 본사에서 여러 지방 영업소에 내려 보낸 48대의 신차 중 12대에 불량 오디오가 설치되었다고 한다. 어느 영업소가 8대를 인수하였는데 이 중에서 오디오가 불량인 차가 적어도 1대 이상일 확률을 구하라.

풀 이 이 영업소에서 인수한 신차 8대 중에서 불량 오디오가 부착된 차의 대수를 X라 하자. 그러면 X는 48개의 유한 모집단에서 비복원추출을 할 때 성공(불량 오디오가 부착된 차)의 횟수가 되므로 초기하분포를 따르게 된다. 즉, $N = 28$, $D = 12$, $n = 8$인 초기하분포에서 $P(X \geq 1)$의 확률을 구하는 문제가 된다. 초기하분포의 확률함수를 이용하여 계산을 하면 다음과 같다.

$$\begin{aligned} P(X \geq 1) &= 1 - p(0) \\ &= 1 - \frac{\binom{12}{0}\binom{36}{8}}{\binom{48}{8}} \\ &= 1 - 0.08 = 0.92 \end{aligned}$$

초기하분포의 확률함수를 이용하면 초기하분포의 기댓값과 분산은 다음과 같이 구할 수 있다.

초기하분포의 기댓값과 분산: $E(X) = n \cdot \frac{D}{N}$, $Var(X) = \left(\frac{N-n}{N-1}\right) \cdot n \cdot \frac{D}{N} \cdot \left(1 - \frac{D}{N}\right)$

위 식에서 $p = D/N$라 하면 p는 성공(불량품을 추출)의 확률이므로 위 식을

$$E(X) = np, \ Var(X) = \left(\frac{N-n}{N-1}\right)npq$$

와 같이 쓸 수 있다.

위 식에서 기댓값은 이항분포의 기댓값과 동일하고 분산의 식은 무한모집단과 유한모집단에서의 비복원추출의 차이를 나타내는 $\frac{N-n}{N-1}$을 제외하고는 동일하다. 이 값을 유한모집단 수정계수라고 한다. 이 수정계수는 비복원추출 시 표본의 크기(n)가 모집단 크기(N)에 비하여 상대적으로 작으면($n < 0.05N$), 근사적으로 1의 값에 가까워지며 추출시행도 근사적으로 베르누이 시행으로 간주할 수 있다. 따라서 이 경우에는 초기하분포의 확률값을 이항분포의 확률계산식을 이용하여 근사적으로 손쉽게 구할 수 있다.

포아송분포

매 순간 사건 발생이 가능하나 매 순간의 사건 발생 확률이 아주 작은 경우에 주어진 구간에서 발생하는 사건의 수는 **포아송분포 (Poisson distribution)** 를 따른다. 포아송분포는 어떤 구간에 발생하는 사건의 횟수에 관한 문제를 다루는 확률모형이다. 실제로 포아송분포를 적용하기 위해서는 다음과 같은 세 가지 가정을 만족해야만 한다.

1. 주어진 구간에서 사건의 발생횟수는 구간의 시작점에는 관계가 없고 구간의 길이에만 영향을 받는다.
2. 한 순간에 2회 이상의 사건이 발생할 확률은 거의 0에 가깝다.
3. 한 구간에서 발생한 사건의 횟수는 겹치지 않는 다른 구간에서 발생하는 사건의 수에 영향을 받지 않는다.

위의 세 가지 가정을 만족하는 경우 평균적으로 m회 발생하는 사건의 발생횟수 X의 확률함수는 다음과 같고, 이러한 확률함수를 가지는 분포를 평균이 m인 포아송분포라 한다.

포아송분포

평균이 m인 포아송분포를 따르는 확률변수 X의 확률함수는

$$p(x) = \frac{e^{-m} m^x}{x!}, \; x = 0, 1, \cdots$$

이며, $X \sim Poi(m)$으로 나타낸다.

예제 3.12 확률변수 X를 단위 시간 동안 낚시 바늘에 잡힌 물고기의 수라 하자. 평균적으로 4.5마리의 물고기가 단위 시간 동안 잡힌다고 할 때 다음을 구하라.

(1) 단위 시간 동안 잡힌 물고기의 수가 정확하게 5마리일 확률

(2) 단위 시간 동안 잡힌 물고기의 수가 5마리 이하일 확률

풀 이 잡힌 물고기 수의 확률변수는 평균이 4.5인 포아송분포를 따른다고 할 수 있으므로 $X \sim Poi(4.5)$에서 다음 확률을 구할 수 있다.

(1) $P(X=5) = \dfrac{e^{-4.5}4.5^5}{5!} = 0.1718$

(2) $P(X \le 5) = \sum_{x=0}^{5} \dfrac{e^{-4.5}4.5^x}{x!} = 0.7029$ ■

포아송분포의 확률계산은 부록의 표를 이용하면 주어진 평균값(m)에 대한 누적확률

$$F(c) = P(X \le c) = \sum_{x=0}^{c} \frac{e^{-m}m^x}{x!}$$

값을 c에 따라 구할 수 있다. 즉, 위의 예제에서 $P(X=5) = F(5) - F(4)$로 구할 수 있다.

이항분포의 확률함수에서 시행횟수가 무한히 커지고 시행당 성공확률이 아주 작으면 근사적으로 포아송분포의 확률함수와 가까워진다.

이항분포의 포아송분포 근사

확률변수 X가 이항분포 $Bin(n, p)$를 따를 때, $n \to \infty$, $p \to 0$이며 $np \approx m$이라면 $X \sim Poi(m)$로 근사할 수 있다.

실제로 이항 확률모형에서 n이 크고 p가 작은 경우의 확률 계산은 쉽지 않다. 이항분포의 확률계산에서 보통 n이 20 이상이고, p가 0.05 이하인 경우에는 위의 근사를 이용하여 포아송분포로 계산을 하여도 크게 차이가 없다.

예제 3.13 어떤 초등학교에서 지난 10년간 조사결과 평균적으로 4%의 학생이 색맹인 것으로 나타났다고 한다. 올해에도 색맹인 학생의 비율이 예년과 같다고 가정할 때 임의로 추출된 200명의 학생 중 색맹인 학생이 10명 이하일 확률을 구하라.

풀 이 추출된 학생은 색맹(S)이거나 정상(F) 둘 중의 하나이다. 확률변수 X를 200명 중 색맹인 학생의 수라 하면 X는 모수가 $(n, p) = (200, 0.04)$인 이항분포를 따른다. 이때 원하는 확률을 구하려면 다음의 식을 계산해야 한다.

$$P(X \leq 10) = \sum_{x=0}^{10} \binom{200}{x} (0.04)^x (0.96)^{200-x}$$

표에서 구할 수 없는 위의 식을 계산하려면 상당히 번거로울 것이다. 그러면 이 확률을 포아송분포의 근사를 이용하여 구하여 보자. 이항분포에서 n과 p가 포아송 근사에 적절하고 $np = 8$이므로 X는 근사적으로 평균 $m = 8$인 포아송분포를 따른다. 부록의 포아송분포표에서 $m = 8$열과 $c = 10$행을 찾아보면 구하는 확률 $P(X \leq 10) = 0.816$이 된다. ■

제 3 절 연속확률변수와 기댓값

앞에서 다룬 이산확률변수는 유한 개의 값을 가지거나 자연수와 같이 셀 수 있는 무한 개의 값을 가진다. 그러나 어떤 확률변수는 이보다 더 많은 수의 값을 가지는 경우가 있다. 예를 들어, 어떤 제품의 수명을 나타내는 확률변수는 0 이상의 모든 실수값을 가질 수 있다. 이처럼 확률변수 X가 어느 구간에 속하는 모든 값을 가질 때, 이를 **연속확률변수**라고 한다.

연속확률변수 X는 주어진 구간의 모든 값을 가질 수 있으므로 그 분포를 표현할 때 X가 가질 수 있는 값(x)을 모두 나열하고, 그 각각에 확률을 대응시키는 방법을 사용할 수 없다. 실제로 연속확률변수의 경우 어떤 특정한 값을 가질 확률은 항상 0이므로 어떤 값을 가질 확률을 구하는 것은 의미가 없다. 대신 어떤 구간에 속할 확률을 사용하여 연속확률변수의 확률분포를 나타낼 수 있다. 예를 들어, 제품의 수명이 정확히 12.357653시간일 확률은 0으로 이를 구하는 것이 의미가 없지만, 제품의 수명이 12시간 이상 13시간 미만일 확률은 구하는 것은 의미가 있다.

예제 3.14 0부터 2까지의 구간에 있는 한 점을 임의로 선택한 값을 X라고 하자. 이때, X가 0과 2사이의 임의의 구간 $[a, b]$에 속할 확률을 구하라.

풀 이 임의로 선택한 값 X는 0부터 2까지의 모든 값을 가질 수 있을 뿐만 아니라 모든 값을 가질 가능성이 동일하다고 할 수 있다. 따라서 X가 0과 2사이의 구간 $[a, b]$에 속할 확률은 구간 $[0, 2]$에 대한 구간 $[a, b]$의 길이의 비율이 된다. 즉, $P(a \leq X \leq b) = \dfrac{(b-a)}{2}$이다. ■

앞에서 언급한 것처럼 연속확률변수는 특정한 값을 가질 확률이 항상 0이므로, 각 값의 확률을 사용하여 확률분포를 나타낼 수 없다. 그렇지만 어떤 값 근처에 있을 확률을 나타내는 함수는 구할 수 있다. 예를 들어, 앞의 예에서 0과 2 사이의 값 x에 대하여 X가 $[x, x+\Delta]$에 속할 확률을 구하여 보자. Δ가 충분히 작으면 구간 $[x, x+\Delta]$는 $[0, 2]$에 속하므로 X가 $[x, x+\Delta]$에 속할 확률은 다음과 같다.

$$P(x \le X \le x+\Delta) = \frac{\Delta}{2} = \Delta \cdot \frac{1}{2}$$

이로부터 $\lim_{\Delta \to 0} \frac{P(x \le X \le x+\Delta)}{\Delta} = \frac{1}{2}$임을 알 수 있다.

예제 3.15 그림 3.2와 같은 삼각형의 내부에서 임의로 선택한 점의 x-좌표를 X라고 하자. 이때 X가 0과 1 사이의 임의의 구간 $[x, x+\Delta]$에 속할 확률을 구하라.

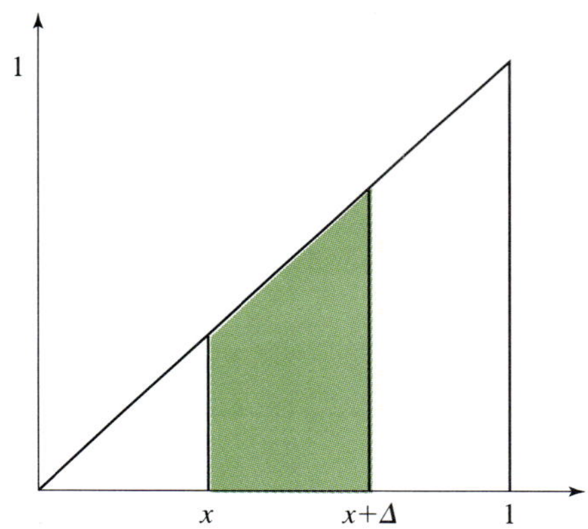

그림 3.2 예제 3.15의 삼각형

풀이 전체 삼각형의 면적은 $\frac{1}{2}$이고 빗금 친 사다리꼴의 넓이는 $\frac{(2x+\Delta)\Delta}{2}$이다. 따라서 임의로 선택한 점의 x-좌표가 구간 $[x, x+\Delta]$에 속할 확률은 다음과 같다.

$$P(x \le X \le x+\Delta) = \frac{(2x+\Delta)\Delta/2}{1/2} = (2x+\Delta)\Delta$$

따라서 $\lim_{\Delta \to 0} \frac{P(x \le X \le x+\Delta)}{\Delta} = 2x$임을 알 수 있고, Δ가 충분히 작으면 X가 구간 $[x, x+\Delta]$에 속할 확률은 다음과 같이 구할 수 있다.

$$P(x \le X \le x+\Delta) = (2x+\Delta)\Delta \approx 2x \cdot \Delta$$

일반적으로 연속확률변수 X에 대하여 다음을 만족하는 함수 $f(x)$가 존재한다고 가정하자.

$$\lim_{\Delta \to 0} \frac{P(x \le X \le x + \Delta)}{\Delta} = f(x)$$

이때 충분히 작은 Δ에 대하여 X가 $[x, x+\Delta]$에 속할 확률은 근사적으로 다음과 같이 구할 수 있음을 알 수 있다.

$$P(x \le X \le x + \Delta) \approx f(x) \cdot \Delta$$

즉, X가 x 근처의 값을 가질 확률은 $f(x)$에 의하여 결정된다는 것을 알 수 있다. $f(x)$가 x 근처에 속할 확률을 결정하는 확률의 밀도라는 의미에서 이 함수를 **확률밀도함수** **(probability density function)**라 한다. 확률밀도함수 $f(x)$의 정의는 다음과 같다.

연속확률변수 X의 확률밀도함수

연속확률변수 X에 대하여 확률밀도함수 $f(x)$는 다음을 만족한다.

(i) 모든 x값에 대해 $f(x) \ge 0$

(ii) $P(x \le X \le b) = \int_a^b f(x)dx$

(iii) $P(-\infty < X < \infty) = \int_{-\infty}^{\infty} f(x)dx = 1$

예제 3.16 확률변수 X의 확률밀도함수가 $f(x) = 2x,\ 0 < x < 1$일 때, 다음 확률을 구하라.

(1) $P(0 \le X \le \frac{1}{2})$

(2) $P(\frac{1}{4} \le X \le \frac{3}{4})$

풀이 (1) $P(0 \le X \le \frac{1}{2}) = \int_0^{\frac{1}{2}} 2xdx = \frac{1}{4}$

(2) $P(\frac{1}{4} \le X \le \frac{3}{4}) = \int_{\frac{1}{4}}^{\frac{3}{4}} 2xdx = \frac{1}{2}$

확률밀도함수의 정의를 이용하여 연속확률변수 X의 누적분포함수 $F(x)$는 다음과 같이 구할 수 있다.

$$F(x) = P(X \le x) = \int_{-\infty}^{\infty} f(t)dt$$

연속확률변수가 어떤 값 x를 가질 확률은 0이므로 어떤 구간의 확률을 구할 때, 그 구간의 경계점이 포함되는지는 중요하지 않다. 즉, 임의의 a와 b에 대하여 다음이 성립한다.

$$P(a \le X \le b) = P(a \le X < b) = P(a < X \le b) = P(a < X < b) = F(b) - F(a)$$

연속확률변수의 기댓값

앞 절에서 이산확률변수 X가 가질 수 있는 값이 $x_1, x_2, \cdots$일 때, X의 기댓값은

$$E(X) = \sum_i x_i p(x_i)$$

임을 배웠다. 확률밀도함수가 $f(x)$인 연속확률변수 X의 기댓값은 다음과 같이 정의할 수 있다.

$$E(X) = \int_{-\infty}^{\infty} xf(x)dx = \mu$$

이는 이산확률변수의 기댓값을 구하는 식에서 확률함수 대신에 확률밀도함수를 사용하였고, 합 대신에 적분을 사용하였음을 알 수 있다.

일반적으로 확률밀도함수가 $f(x)$인 연속확률변수 X의 함수 $g(X)$의 기댓값은 다음과 같다.

$$E[g(X)] = \int_{-\infty}^{\infty} g(x)f(x)dx$$

한편 연속확률변수 X의 분산과 표준편차는 다음과 같이 구할 수 있다.

$$Var(X) = E(X - \mu)^2 = \int_{-\infty}^{\infty} (x - \mu)^2 f(x)dx = \sigma^2$$

$$sd(X) = \sqrt{Var(X)} = \sigma$$

이산확률변수에서와 마찬가지로 X의 분산은 간편하게 $Var(X) = E(X^2) - \mu^2$로 구할 수 있다. 확률변수의 함수 $g(X) = X^2$의 기댓값을 구하는 식을 이용하면 분산의 간편 계산식은 다음과 같다.

$$Var(X) = E(X^2) - \mu^2 = \int_{-\infty}^{\infty} x^2 f(x)dx - \mu^2$$

예제 3.17 예제 3.16에서 X의 기댓값과 분산을 구하라.

풀 이 X의 기댓값은

$$E(X) = \int_0^1 x \cdot 2x dx = \int_0^1 2x^2 dx = \frac{2}{3} = \mu$$

이고, $E(X^2) = \int_0^1 x^2 \cdot 2x dx = \int_0^1 2x^3 dx = \frac{1}{2}$ 이므로 X의 분산은

$$Var(X) = E(X^2) - \mu^2 = \frac{1}{2} - \left(\frac{2}{3}\right)^2 = \frac{1}{18}$$

이다.

제 4 절 연속확률분포

정규분포

정규분포 (normal distribution) 는 종모양의 확률밀도함수를 갖는 분포로서 여러 종류의 자료를 설명하는데 좋은 분포임이 밝혀졌다. 정규분포는 평균 μ와 분산 σ^2에 의해서 그 분포가 결정되며, 평균 μ와 분산 σ^2인 정규분포를 $N(\mu, \sigma^2)$로 나타낸다. 어떤 분야에서는 정규분포의 성질을 연구한 가우스(C. F. Gauss)의 이름을 따서 정규분포를 가우시안분포라고도 한다.

정규분포의 확률밀도함수의 대략적인 특성은 다음과 같다.

정규분포(normal distribution)

확률변수 X가 평균 μ와 분산 σ^2을 갖는 정규분포를 따른다고 하자. X의 확률밀도함수는 다음과 같이 주어진다.

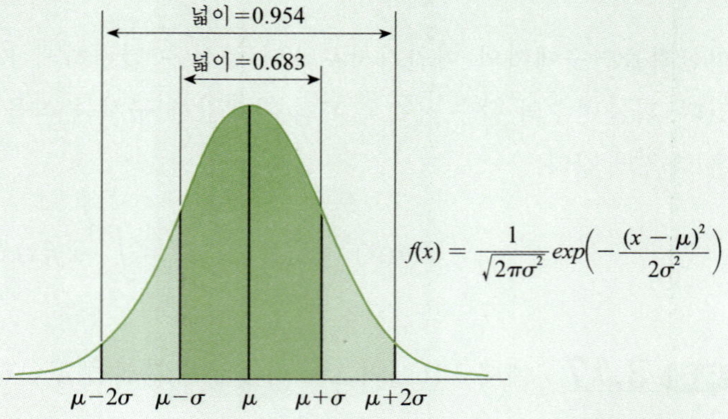

그림 3.3 정규분포의 확률밀도함수

X가 평균 μ로부터 $\pm\sigma$, $\pm2\sigma$, $\pm3\sigma$의 사이에 있을 확률은 다음과 같다.

$$P[\mu - \sigma \le X \le \mu + \sigma] = 68.27\%$$

$$P[\mu - 2\sigma \le X \le \mu + 2\sigma] = 95.45\%$$

$$P[\mu - 3\sigma \le X \le \mu + 3\sigma] = 99.73\%$$

표현상 편의를 위해 평균 μ, 분산 σ^2를 갖는 정규분포를 앞으로는 $N(\mu, \sigma^2)$으로 표시하기로 한다.

정규분포는 그림 3.3과 같이 몇 가지 특성을 갖고 있다. 정규분포의 확률밀도함수는 평균 μ를 중심으로 좌우 대칭으로 평균과 중앙값이 일치한다. 또한 확률밀도함수가 모든 실수에 대해 0보다 크지만, 평균 μ로부터 멀어지면서 그 함수값이 급격히 작아져서 확률이 μ를 중심으로 $\pm3\sigma$ 안에 거의(99.73%) 집중되어 있는 특성이 있다.

정규분포에서 μ와 σ^2이 갖는 의미를 살펴보면 μ는 평균으로 분포의 중심을 나타내는 모수이고, σ^2은 평균으로부터 퍼져 있는 정도를 나타내는 모수이다. 그러므로 σ^2은 그대로 두고 μ를 변화시키면 그림 3.4에서와 같이 분포의 형태는 똑같이 유지한 채 위치만 변화하게 된다. 한편 μ를 그대로 두고 σ^2을 변화시키면 대칭의 중심은 μ로 고정된 채 분포의 형태가 그림 3.5에서와 같이 변화하게 된다.

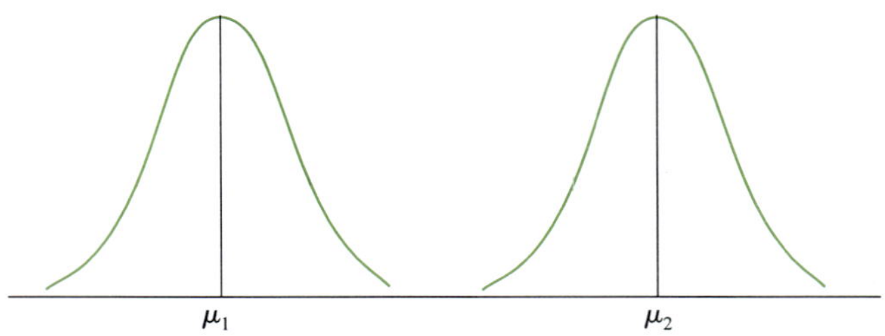

그림 3.4 분산은 같고 평균이 다른 정규분포의 확률밀도함수 비교

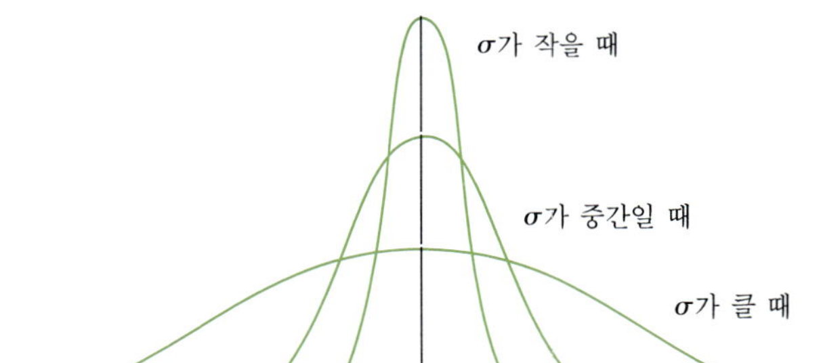

그림 3.5 평균은 같고 분산이 다른 정규분포의 확률밀도함수 비교

확률변수 X가 정규분포 $N(\mu, \sigma^2)$를 따를 때, 상수 a와 b에 대하여 $aX+b$는 정규분포 $N(a\mu+b, a^2\sigma^2)$임이 알려져 있다. 이로부터 확률변수 X가 $N(\mu, \sigma^2)$을 따를 때

$$Z = \frac{X-\mu}{\sigma} = \frac{X}{\sigma} - \frac{\mu}{\sigma}$$

는 평균이 0이고, 분산이 1인 정규분포 $N(0, 1)$을 따른다. 정규분포 중에서 평균이 0이고 분산이 1인 경우를 **표준정규분포(standard normal distribution)**라 한다. 일반적으로 확률변수 X의 평균과 표준편차가 0과 1이 되도록 $Z = \dfrac{X-\mu}{\sigma}$로 변환하는 것을 표준화라고 한다.

확률변수 Z(표준정규분포를 갖는 확률변수를 관례상 Z로 표현한다)가 $N(0, 1)$을 따를 때 Z는 0을 중심으로 대칭인 분포를 갖게 된다. 뒤의 부록에 있는 정규분포표에는 표준정규분포의 누적분포함수의 값이 주어져 있다. 표준정규분포의 누적분포함수는 보통 $\Phi(z)$로 나타낸다. 임의의 실수 $a<b$에 대해 Z가 구간 $[a, b]$에 속할 확률은

$$P(a \le Z \le b) = P(Z \le b) - P(Z \le a) = \Phi(b) - \Phi(a)$$

로 구할 수 있다.

한편 그림 3.6에서 표현한 바와 같이 표준정규분포에서 어떤 값 이상일 확률이 α일 때, 그 값을 z_α로 나타낸다. 즉

$$P(Z > z_\alpha) = \alpha$$

이다. 예를 들어, $P(Z > 1.96) = 0.025$이므로 $z_{0.025} = 1.96$이다.

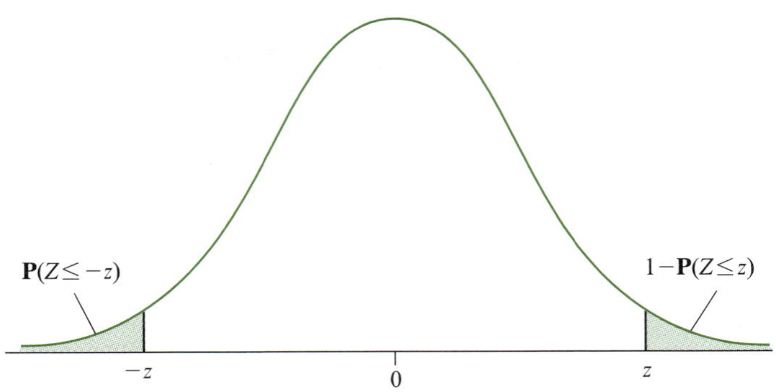

그림 3.6 $N(0,\ 1)$의 확률밀도함수

예제 3.18 어느 회사에서 생산하는 제품의 무게는 평균이 63g이고, 표준편차가 10g

인 정규분포를 따른다고 한다. 이때 다음 물음에 답하라.

(1) 무게가 50g 이하인 제품의 비율을 구하라.

(2) 무게가 상위 10%인 제품은 몇 g이상인가?

풀 이 이 회사에서 생산하는 제품의 무게를 X라고 하면

$$Z = \frac{X-63}{10} \sim N(0,\ 1)$$

이 된다. 따라서

(1) $P(X \le 50) = P\left(Z \le \frac{50-63}{10}\right) = P(Z \le -1.3) = 0.0968 = 9.68\%$

(2) 무게가 xg 이상인 제품의 비율이 10%라면 x는 다음을 만족시켜야 한다.

$$P(X \ge x) = 0.10$$

우선 $P(Z \ge x) = 0.10$인 z값을 찾아보자. 표준정규분포표로부터 $P(Z \ge 1.28) = 0.1003$이고, $P(Z \ge 1.29) = 0.0985$임을 알 수 있다. 이 경우에 0.10에 가까운 값을 주는 $z = 1.28$을 이용하면

$$0.1 \approx P(Z \ge 1.28) = P\left(\frac{X-63}{10} \ge 1.28\right) = P(X \ge 63 + 10 \times 1.28) = P(X \ge 75.8)$$

이므로 원하는 값은 $x = 75.8$이다. ■

지수분포와 감마분포

지수분포(**exponential distribution**)는 제품의 수명에 대한 확률분포로 자주 이용된다.

지수분포

지수분포를 따르는 확률변수 X의 확률밀도함수는

$$f(x) = \begin{cases} \lambda e^{-\lambda x} & x \ge 0 \\ 0 & x < 0 \end{cases}$$

이며, $X \sim \text{Exp}(\lambda)$로 나타낸다. 위에서 λ는 지수분포를 결정하는 양의 상수이다.

지수분포를 따르는 확률변수는 양수의 값을 가지며, 확률밀도함수는 그림 3.7과 같이 양수 영역에서 감소하는 모양을 가진다.

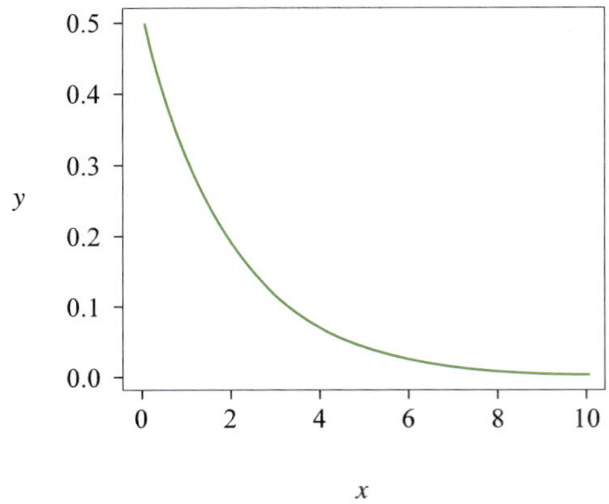

‖ 그림 3.7 ‖ λ = 2인 지수분포의 확률밀도함수

지수분포의 누적분포함수 $F(x)$는 다음과 같다.

$$F(x) = \int_0^x \lambda e^{-\lambda t} dt = 1 - e^{-\lambda x}, \qquad x \geq 0$$

지수분포의 평균은

$$E(X) = \int_0^\infty x \cdot \lambda e^{-\lambda x} dx = -xe^{-\lambda x} \Big|_{x=0}^{\infty} + \int_0^\infty e^{-\lambda x} dx = \frac{1}{\lambda}$$

이고, $E(X^2)$은

$$E(X^2) = \int_0^\infty x^2 \cdot \lambda e^{-\lambda x} dx = -x^2 e^{-\lambda x} \Big|_{x=0}^{\infty} + \int_0^\infty 2xe^{-\lambda x} dx = \frac{2}{\lambda^2}$$

이므로 분산은 $Var(X) = E(X^2) - [E(X)]^2 = \frac{1}{\lambda^2}$이다.

지수분포의 기댓값과 분산 : $E(X) = \frac{1}{\lambda}$, $Var(X) = \frac{1}{\lambda^2}$

예제 3.19 설탕 정제 공장에서 하루 동안 처리하는 설탕의 양은 하루 평균 4톤인 지수분포를 따른다고 한다. 이때 다음 물음에 답하라.

(1) 어느 날 이 공장에서 처리하는 설탕의 양이 4톤 미만일 확률을 구하라.

(2) 어느 날 이 공장에서 처리하는 설탕의 양이 t톤 이상일 확률을 구하라.

풀 이 하루 동안 처리하는 설탕의 양을 X라 할 때 $X \sim \text{Exp}(1/4)$이다.

(1) $P(X < 4) = F(4) = 1 - e^{-\frac{4}{4}} = 0.6321$

(2) $P(X \geq t) = 1 - F(t) = 1 - e^{-\frac{t}{4}}$ ■

조건부확률을 이용하여 지수분포에 대한 한 가지 흥미로운 성질을 보일 수 있다. X가 지수분포를 따르는 확률변수일 때 0보다 큰 s와 t에 대하여

$$P(X > t + s \mid X > s) = \frac{P(X > t + s, X > s)}{P(X > s)} = \frac{P(X > t + s)}{P(X > s)} = P(X > t)$$

임을 알 수 있다. X가 어느 제품의 수명을 나타내는 경우 위 식은 제품의 수명이 s 이상이라는 사실을 알 때, 제품의 수명이 추가적으로 t 이상 지속될 확률은 제품의 수명이 t 이상일 확률과 같다는 사실을 말하고 있다. 즉, 앞으로 남은 제품의 수명에 대한 확률분포는 과거 얼마 동안 사용하였는지에 상관없다는 것이다. 이러한 지수분포의 성질을 **무기억성 (memoryless property)** 이라 한다. 일반적으로 제품의 수명은 이러한 성질을 만족하지는 않지만, 확률분포의 단순함 때문에 제품의 수명에 대한 근사적인 확률분포로 지수분포를 이용하기도 한다.

한편 지수분포를 일반화한 확률분포로 **감마분포 (gamma distribution)** 가 있다.

감마분포

감마분포를 따르는 확률변수 X의 확률밀도함수는

$$f(x) = \begin{cases} \dfrac{1}{\Gamma(\alpha)}\lambda^{\alpha}x^{\alpha-1}e^{-\lambda x} & x \geq 0 \\ 0 & x < 0 \end{cases}$$

이며, $X \sim \text{Gamma}(\alpha, \lambda)$로 나타낸다. 위에서 α와 λ는 감마분포를 결정하는 양의 상수이며, $\Gamma(\alpha) = \int_0^{\infty} x^{\alpha-1}e^{-x}dx$로 정의된 값이다.

감마분포에서 $\alpha = 1$인 경우는 지수분포임을 쉽게 알 수 있다. 감마분포를 따르는 확률변수는 양수의 값을 가지며, 확률밀도함수는 그림 3.8과 같은 모양을 가진다.

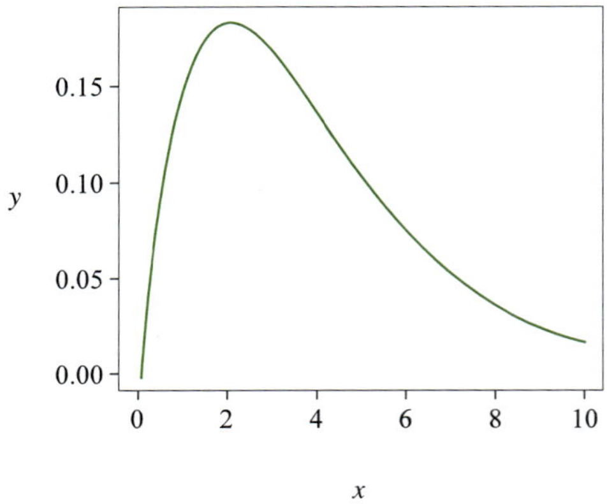

‖ 그림 3.8 ‖ $\alpha = 2,\ \lambda = 1/2$인 감마분포의 확률밀도함수

확률밀도함수를 이용하여 감마분포의 기댓값과 분산을 구하면 다음과 같다.

감마분포의 기댓값과 분산 : $E(X) = \dfrac{\alpha}{\lambda},\quad Var(X) = \dfrac{\alpha}{\lambda^2}$

예제 3.20 어느 생산라인의 고장과 고장 사이의 시간 간격은 $\alpha = 3, \lambda = \dfrac{1}{2}$인 감마분포를 따른다고 한다. 이때 고장과 고장 사이의 시간 간격의 평균과 분산을 구하라.

풀 이 고장과 고장 사이의 시간 간격을 X라 할 때 $X \sim \text{Gamma}\left(3, \dfrac{1}{2}\right)$이므로, X의 평균과 분산은

$$E(X) = \frac{\alpha}{\lambda} = \frac{3}{1/2} = 6,\quad Var(X) = \frac{\alpha}{\lambda^2} = \frac{3}{(1/2)^2} = 12$$

이다.

제 5 절 결합확률분포

지금까지는 실험에서 한 가지 측면에서의 특성이나 수치만을 관찰하는 경우에 대해 공부하였다. 그러나 한 실험에서도 두 가지 이상의 측면에 대한 관측이 가능한데, 예를 들면 자동차의 연비와 차의 무게를 같이 측정한다든지, 자동차의 색상과 교통사고 빈도

수를 조사하는 경우가 이에 해당한다. 이런 경우에 우리는 그들 각각의 확률분포에도 관심이 있지만, 그 두 가지 특성간의 관계 여부, 그 관계 정도에도 관심이 있다. 이와 같은 것들을 공부하기 위해서 두 확률변수의 결합분포를 이해할 필요가 있다. 여기서는 두 확률분포가 모두 이산인 경우만 다룬다.

두 이산확률변수 X와 Y의 **결합확률분포(joint probability distribution)** 란 X가 갖는 값과 Y가 갖는 값의 각 쌍에 대응하는 확률을 계산함으로써 구할 수 있다. 확률변수 X와 Y가 갖는 값의 각 쌍 (x, y)에 대응하는 확률 $P(X=x,\ Y=y)$를 $p(x, y)$로 나타낸 것을 결합확률함수라 부른다.

이산확률변수 $(X,\ Y)$의 결합확률함수

두 이산확률변수 (X, Y)에 대하여 결합확률함수 $p(x, y)$는 다음 두 성질을 만족한다.

(i) 모든 (x, y)에 대해서 $0 \le p(x, y) \le 1$

(ii) $\sum_{x, y} p(x, y) = 1$

두 확률변수 (X, Y)가 취하는 값을 $(x_1, y_1), (x_1, y_2), \cdots, (x_m, y_n)$이라 할 때 X와 Y의 결합확률분포는 모든 (x_i, y_j)에 대하여 결합확률함수값 $p(x_i, y_j) = P[X = x_i,\ Y = y_j]$를 구함으로써 결정되는데, 이를 표 3.1과 같이 표현할 수 있다.

표 3.1 X와 Y의 결합확률분포

Y가 취하는 값 / X가 취하는 값	y_1	y_1	$\cdots$	y_n	합 계
x_1	$p(x_1, y_1)$	$p(x_1, y_2)$	$\cdots$	$p(x_1, y_n)$	$p_X(x_1)$
x_1	$p(x_2, y_1)$	$p(x_2, y_2)$	$\cdots$	$p(x_2, y_n)$	$p_X(x_2)$
$\vdots$	$\vdots$	$\vdots$	$\cdots$	$\vdots$	$\vdots$
x_m	$p(x_m, y_1)$	$p(x_m, y_2)$	$\cdots$	$p(x_m, y_n)$	$p_X(x_m)$
합 계	$p_Y(y_1)$	$p_Y(y_2)$		$p_Y(y_n)$	1

각 행과 열의 합계인 함수 p_X와 p_Y는 각각 X와 Y의 **주변확률분포(marginal probability distribution)** 를 나타내는 주변확률함수이며, 각각의 주변확률함수는 일반적인 확률함수와 동일한 성질을 가지며 구하는 방법은 다음과 같다.

X의 주변확률함수 : $p_X(x_i) = P[X = x_i] = \sum_{j=1}^{n} p(x_i, y_j)$

Y의 주변확률함수 : $p_Y(y_j) = P[Y = y_j] = \sum_{i=1}^{m} p(x_i, y_j)$

이러한 주변확률분포는 X와 Y가 함께 관계되는 경우가 아니고, X나 Y 하나만이 문제가 되는 경우의 확률, 기댓값, 표준편차 등을 계산하는데 이용하게 된다. 즉, X나 Y의 기댓값, 분산을 계산하는 데는 각각의 주변확률함수를 이용해서 구하면 된다. 확률변수 X의 기댓값과 분산을 μ_X, σ_X^2이라 하면

$$\mu_X = \sum_{i=1}^{m} x_i p_X(x_i)$$

$$\sigma_X^2 = \sum_{i=1}^{m} (x_i - \mu_X)^2 p_X(x_i) = \sum_{i=1}^{m} x_i^2 p_X(x_i) - \mu_X^2$$

이 되며 Y에 대해서도 마찬가지로 μ_Y, σ_Y^2을 구할 수 있다.

예제 3.21 한 중고차 가게에 10대의 차가 진열되어 있다. 겉보기에는 다 비슷한 상태이지만, 10대 중 5대는 비교적 좋은 상태(G)이고, 2대는 기아 변속기에 문제가 있고 (DT), 남은 3대에는 엔진에 문제(DE)가 있다. 임의로 두 대의 차를 골랐을 때 확률변수 X를 기아 변속기에 문제가 있는 차의 수라 하고, Y를 엔진에 문제가 있는 차의 수라 할 때 X와 Y의 결합확률분포와 각각의 주변확률분포를 구하라.

풀 이 이 예제에서 X와 Y가 취하는 값은 각각 0, 1, 2로 (X, Y)가 취하는 모든 가능한 쌍은 $3 \times 3 = 9$가지가 된다. 각 쌍에 대응되는 확률은 표 3.2에 정리되어 있는데 그 값들은 기본적인 확률계산 방법으로 구할 수 있다. 몇 가지 경우에 확률을 계산하면 다음과 같다.

$$p(0,\ 0) = P[X = 0,\ Y = 0] = \frac{\binom{5}{2}}{\binom{10}{2}} = \frac{10}{45}$$

$$p(0,\ 1) = P[X = 0,\ Y = 1] = \frac{\binom{5}{1}\binom{3}{1}}{\binom{10}{2}} = \frac{15}{45}$$

다른 경우에도 이와 같은 방법으로 구할 수 있다. 단 $X + Y$가 2보다 크게 되는 경우는 일어날 수 없으므로 확률이 모두 0이 된다. 또한 모든 가능한 9쌍에 대한 확률을 더하면 1이 되어야 한다. X와 Y의 주변확률분포는 주변확률에 의해 결정되는데, 주변확률은 결합확률분포표에서 각 행과 각 열의 합을 계산함으로써 표 3.2와 같이 구할 수 있다.

표 3.2 예제 3.21에서의 X와 Y의 결합확률분포

x \ y	0	1	2	$p_X(x)$
0	10/45	15/45	3/45	28/45
1	10/45	6/45	0	16/45
2	1/45	0	0	1/45
$p_Y(y)$	21/45	21/45	3/45	1

예제 3.21에서와는 달리 확률들이 이론적으로 계산되지 않을 경우에는 상대도수의 수렴치로 확률을 계산한다. 즉, 여러 차례의 실험에서 구한 자료로부터 상대도수의 수렴치를 계산하는 것인데, 이것을 보여주는 한 예가 다음의 예제 3.22이다.

예제 3.22 한 공장에서 2부제 교대근무를 시행하고 있다. 근로자들의 결근율에 관해 조사하기 위해 다음의 확률변수들에 관심이 있다고 하자.

X : 아침근무조의 결근자수
Y : 같은 날 저녁근무조의 결근자수

과거 오랫동안의 자료에 의해 관리자가 X와 Y의 결합확률분포를 아래 표 3.3과 같이 제시하였다. 각 확률값의 의미를 살펴보라.

표 3.3 예제 3.22에서의 X와 Y의 결합확률분포

x \ y	0	1	2	3	행의 합계
0	0.05	0.05	0.10	0.00	0.20
1	0.05	0.10	0.25	0.10	0.50
2	0	0.15	0.10	0.05	0.30
열의 합계	0.10	0.30	0.45	0.15	1.00

풀이 각각의 확률값은 오랫동안의 자료에 의해 상대도수의 수렴치로 얻어진 것이다. 예를 들어, $X = 1$이고 $Y = 2$일 확률이 0.25라는 것은 25%의 작업일에 1명의 아침근무 결근자와 2명의 저녁근무 결근자가 있었다는 의미이다. 첫 행의 합인 0.20은 $X = 0$일 확률로 $p_X(0)$로 표시하며, 의미는 20%의 작업일에 아침근무 결근자가 없었다는 것이며, 셋째 열의 합인 0.45는 $Y = 2$일 확률로 $p_Y(2)$로 표시하며, 이는 45%의 작업일에 두 명의 저녁근무 결근자가 있었다는 것을 의미한다. ■

위의 예제 3.22에서 $\mu_X, \mu_Y, \sigma_X^2, \sigma_Y^2$을 구하면 다음과 같다.

$$\mu_X = 0 \times 0.2 + 1 \times 0.5 + 2 \times 0.3 = 1.1$$
$$\mu_Y = 0 \times 0.1 + 1 \times 0.3 + 2 \times 0.45 + 3 \times 0.15 = 1.65$$
$$\sigma_X^2 = 1^2 \times 0.5 + 2^2 \times 0.3 - 1.1^2 = 0.49$$
$$\sigma_Y^2 = 1^2 \times 0.3 + 2^2 \times 0.45 + 3^2 \times 0.15 - 1.65^2 = 0.7275$$

위의 예제 3.22에서 X와 Y가 동시에 관계되는 몇 가지 확률을 계산해 보자.

(i) $P[X > Y] = p(1,\ 0) + p(2,\ 0) + p(2,\ 1) = 0.05 + 0 + 0.15 = 0.20$

(ii) $P[X + Y = 3] = p(0,\ 3) + p(1,\ 2) + p(2,\ 1) = 0 + 0.25 + 0.15 = 0.40$

이때 (ii)에서 $X + Y$가 3이 되는 경우뿐 아니라 일반적인 k에 대해서 $X + Y = k$일 확률을 계산하면 $X + Y$의 확률분포를 구할 수 있다. 확률변수 Z를 $X + Y$로 정의하면 Z는 아침과 저녁근무조의 총 결근자수가 되며, Z가 취하는 값의 범위는 {0, 1, 2, 3, 4, 5}이다. 임의의 $k = 0, \cdots, 5$에 대해 위의 (ii)에서와 같이 계산하면 다음과 같이 Z의 확률분포를 얻을 수 있다.

Z가 취하는 값(z)	0	1	2	3	4	5	합 계
$p(z)$	0.05	0.10	0.20	0.40	0.20	0.05	1.00

이 분포를 이용해서 Z의 기댓값 μ_Z를 구하면

$$\mu_Z = 0 \times 0.05 + 1 \times 0.10 + 2 \times 0.20 + 3 \times 0.40 + 4 \times 0.20 + 5 \times 0.05 = 2.75$$

이며 이는 X와 Y의 기댓값을 합한 것과 같은 것이다. 이를 정리하면

$$E(Z) = E(X + Y) = E(X) + E(Y)$$

가 된다. 이와 같이 두 확률변수의 합의 기댓값은 각각의 기댓값의 합으로 표시되며, 이는 세 개 이상의 확률변수에 대해서도 성립된다. 즉, 확률변수들의 합의 기댓값은 각각의 기댓값들의 합과 같아진다.

공분산과 상관계수

공분산 (covariance) 은 두 확률변수 X와 Y의 선형관계를 나타내는 척도로서 $(X - \mu_X)(Y - \mu_Y)$의 기댓값으로 정의된다. 예를 들어, X의 값이 클 때 이에 대응하는 Y의 값도 클 경향이 있을 때 $(X - \mu_X)$와 $(Y - \mu_Y)$의 부호가 일치할 확률이 상대적으로 커져서 $(X -$

$\mu_X)$ $(Y - \mu_Y)$의 기댓값은 양수가 될 것이다. 반대로 X의 값이 클 때 이에 대응하는 Y의 값이 작은 경향이 있을 때 $(X - \mu_X)$와 $(Y - \mu_Y)$가 서로 다른 부호를 갖게 될 확률이 상대적으로 커져서, $(X - \mu_X)(Y - \mu_Y)$의 기댓값은 음수가 될 것이다. 이와 같이 $E(X - \mu_X)(Y - \mu_Y)$의 부호는 두 확률변수의 관계의 방향을 나타낸다.

X와 Y의 공분산 : $Cov(X, Y) = E(X - \mu_X)(Y - \mu_Y) = E(XY) - \mu_X\mu_Y$

위 식에서 μ_X와 μ_Y는 앞에서 구한 바와 같이 각각의 주변확률분포로부터 구하면 되고, $E(XY)$는 X와 Y의 결합확률분포로부터 다음과 같이 계산한다.

$$E(XY) = \sum_{i=1}^{m}\sum_{j=1}^{n} x_i y_j p(x_i, y_j)$$

예제 3.23 예제 3.22의 X와 Y에 대한 공분산을 구하라.

풀 이 예제 3.22에서 $\mu_X = 1.1$, $\mu_Y = 1.65$이다. $E(XY)$는 위 식을 이용하면 다음과 같다.

$$\begin{aligned} E(XY) &= p(1, 1) + 2 \times p(1, 2) + 3 \times p(1, 3) + 2 \times p(2, 1) + 4 \times p(2, 2) + 6 \times p(2, 3) \\ &= 0.1 + 0.5 + 0.3 + 0.3 + 0.4 + 0.3 = 1.9 \end{aligned}$$

그러므로 X와 Y의 공분산은 다음과 같다.

$$Cov(X, Y) = E(XY) - \mu_X\mu_Y = 1.9 - (1.1)(1.65) = 0.085$$

예제 3.23에서 X와 Y가 취하는 값의 단위가 1이 아니고 10이었다면, 즉 X와 Y가 갖는 값이 0, 1, 2, 3이 아니고 0, 10, 20, 30이었다면 공분산은 어떻게 될지 생각해 보자. 이때 X와 Y의 결합분포가 10으로 곱해진 각 값에 그대로 대응되도록 옮겨진다면 X와 Y는 서로 비슷한 관계를 갖게 될 것이다. 그러나 공분산의 값은 X와 Y의 단위에 영향을 받게 되어 예제 3.23에서 얻어진 값의 100배로 커지게 된다. 일반적으로 임의의 상수 a, b에 대해서

$$Cov(aX, bY) = abCov(X, Y)$$

가 성립한다. 이와 같이 공분산은 X와 Y의 관계에 영향을 받을 뿐 아니라 그것들의 측정단위에도 영향을 받는다. 이러한 영향을 받지 않는 두 확률변수의 관계를 측정하는 척도로서 제안된 것이 **상관계수(correlation coefficient)**이다. 이것은 두 확률변수의 공분산

을 각각의 표준편차의 곱으로 나누어 준 것으로 정의한다.

X와 Y의 상관계수 : $Corr(X, Y) = \frac{Cov(X, Y)}{\sigma_X \sigma_Y}$

상관계수는 다음과 같은 성질을 가지고 있다.

상관계수의 성질

(i) X와 Y의 상관계수는 항상 -1과 1 사이의 값을 갖는다. 양 극단의 값 1과 -1은 X와 Y 사이에 정확한 양의 비례관계나 음의 비례관계가 성립할 때 갖게 된다.

(ii) X와 Y의 상관계수는 각 확률변수에 상수를 더하거나 빼는 것에 영향을 받지 않으며, 상수를 곱한 경우에는 그 부호에만 영향을 받는다. 즉, 0이 아닌 임의의 상수 a, b에 대해

$$\begin{aligned} Corr(X, Y) &= [ab\text{의 부호}]\,Corr(X, Y) \\ &= \frac{ab}{|ab|} Corr(X, Y) \end{aligned}$$

예제 3.23에서 상관계수는 $Cov(X, Y) = 0.085$를 $\sigma_X \sigma_Y = \sqrt{0.49}\sqrt{0.7275}$로 나누어 준 값

$$Corr(X,\ Y) = \frac{Cov(X,\ Y)}{\sigma_X \sigma_Y} = \frac{0.085}{\sqrt{0.49}\sqrt{0.7275}} = 0.1424$$

가 된다. 이 상관계수의 경우에는 X와 Y의 단위가 1에서 10으로 변화하더라도 상관계수 값에는 영향을 주지 않는다. 즉, 다음을 만족한다.

$$Corr(10X,\ 10Y) = Corr(X,\ Y) = 0.1424$$

두 확률변수의 독립성

두 확률변수 X와 Y가 독립이 되기 위해서는 모든 가능한 값 (x_i, y_j)에 대해

$$p(x_i,\ y_j) = p_X(x_i) \times p_Y(y_j)$$

를 만족시켜야 한다. 즉, 모든 가능한 값 (x_i, y_j)에 대해 결합확률함수가 주변확률함수들의 곱으로 표시되면 두 확률변수 X와 Y가 독립이 된다.

예제 3.24 동전을 세 번 던지는 실험에서 X를 처음 두 번 던질 때 나오는 앞면의 수라 하고, Y를 세 번째 던질 때 나오는 앞면의 수라 하면 X와 Y의 결합확률분포는 표 3.4와 같다.

표 3.4 X와 Y의 결합확률분포

y \ x	0	1	2	$p_Y(y)$
0	$\frac{1}{8}$	$\frac{1}{4}$	$\frac{1}{8}$	$\frac{1}{2}$
1	$\frac{1}{8}$	$\frac{1}{4}$	$\frac{1}{8}$	$\frac{1}{2}$
$p_X(x)$	$\frac{1}{4}$	$\frac{1}{2}$	$\frac{1}{4}$	1

확률변수 X와 Y의 독립성을 확인하라.

풀 이 표 3.4에 주어진 바와 같이 모든 (x, y)값에 대해 그 확률은 두 주변확률들의 곱으로 표현됨을 알 수 있다. 실제로 X와 Y는 실험에서 서로 영향을 주지 않는 시행(처음 두 번 동전던지기와 세 번째 동전 던지기)에 의해 결정되므로 두 변수가 독립이라는 것은 당연한 결과이다. ■

두 개의 확률변수가 서로 독립이 아닌 경우는 앞에서 나온 두 예제에서 찾아볼 수 있다. 예제 3.21에서 $p(0, 0) = 10/45$이나 $p_X(0) = 21/45$, $p_Y(0) = 28/45$로, $p_X(0)p_Y(0) = 0.29 \neq 0.22 = p(0, 0)$이 되어 X와 Y는 서로 독립이 아니다. 예제 3.22에서도 $p(1, 1) = 0.1 \neq p_X(1)p_Y(1) = 0.15$로 위의 독립성의 조건을 만족시키지 못한다.

두 확률변수 X와 Y가 서로 독립일 때 $E(XY) = E(X)E(Y)$가 성립한다. 이 식으로부터 두 확률변수가 독립일 때 공분산과 상관계수가 0임을 알 수 있다.

> 두 확률변수 X와 Y가 독립일 때 다음이 성립한다.
>
> $$Cov(X, Y) = 0, \quad Corr(X, Y) = 0$$

여기서 한 가지 주의할 점은 공분산과 상관계수가 0이라 하더라도 두 변수가 독립이 아닐 수 있다는 사실이다. 즉, 공분산과 상관계수가 0이면서 서로 독립이 아닌 두 개의 확률변수가 존재한다. 다음 예제가 한 예이다.

예제 3.25 두 확률변수 X와 Y의 결합확률분포가 다음과 같다고 하자.

y \ x	-1	0	2	$p_Y(y)$
0	0	$\frac{1}{3}$	0	$\frac{1}{3}$
1	$\frac{1}{3}$	0	$\frac{1}{3}$	$\frac{2}{3}$
$p_X(x)$	$\frac{1}{3}$	$\frac{1}{3}$	$\frac{1}{3}$	1

(1) X와 Y가 서로 독립이 아님을 보여라.

(2) $Cov(X, Y) = 0$이 됨을 보여라.

풀 이 (1) 한 예로 $p(0, 0) = \frac{1}{3} \neq p_X(0)p_Y(0) = \frac{1}{3} \times \frac{1}{3} = \frac{1}{9}$이므로 X와 Y는 독립이 아니다.

(2) $Cov(X, Y) = E(XY) - \mu_X\mu_Y$

$$= (-1) \times \frac{1}{3} + (1) \times \frac{1}{3} - \frac{2}{3} \times 0$$

$$= 0$$

앞에서 우리는 확률변수 X와 Y의 합에 대한 기댓값은 각각의 기댓값의 합으로 표현됨을 설명하였다. 이제 확률변수 X와 Y의 합에 대한 분산을 구하는 방법을 알아보도록 하자. 우선 분산의 정의로부터 다음과 같이 유도할 수 있다.

$$\begin{aligned} Var(X+Y) &= E[(X+Y) - E(X+Y)]^2 \\ &= E[(X - E(X)) + (Y - E(Y))]^2 \\ &= E[(X - E(X))^2] + 2E[(X - E(X))(Y - E(Y))] + E[(Y - E(Y))^2] \end{aligned}$$

이때 분산과 공분산의 정의를 이용하면,

$$Var(X+Y) = Var(X) + 2Cov(X, Y) - Var(Y)$$

이 되고 동일한 방법으로 두 확률변수의 차의 분산은

$$Var(X-Y) = Var(X) + 2Cov(X, Y) + Var(Y)$$

로 주어진다.

두 확률변수가 독립인 경우에는 공분산이 0이 되므로 두 확률변수의 합이나 차의 분산을 계산할 때 공분산 항을 제외시켜 다음과 같이 나타낼 수 있다.

$$Var(X+Y) = Var(X) + Var(Y)$$

$$Var(X-Y) = Var(X) + Var(Y)$$

독립인 확률변수의 합의 분산은 각 분산의 합과 같다. 이와 같은 사실은 확률변수가 셋 이상일 때에도 성립한다.

제 6 절 엑셀을 이용한 분석

엑셀에는 이항분포 및 그에 관련된 확률분포의 확률값을 구하는 함수로서 다음과 같은 함수가 있다. 이들 함수의 사용법은 도움말을 보면 쉽게 이해할 수 있을 것이다.

이항분포 : BINODIST

초기하분포 : HYPGEOMDIST

포아송분포 : POISSON

예제 3.26 예제 3.13의 확률을 엑셀을 이용하여 계산하라.

풀이 $n=200, p=0.04$인 이항분포에서 10 이하의 누적확률을 구하는 문제이므로 [수식] ➡ [함수 삽입] ➡ [통계] ➡ [BINODIST]을 선택하고 다음과 같이 입력부분을 지정하면 0.8199를 얻을 수 있다.

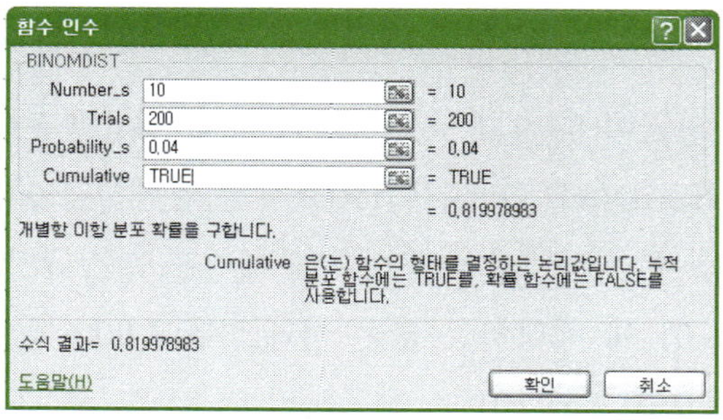

예제 3.27 평균이 8인 포아송분포에서 10 이하일 확률을 구하라.

풀이 함수 POISSON을 사용한다. 물론 마법사를 사용하지 않고 "=POISSON(10, 8, True)"를 셀에 직접 입력하여도 아래와 같이 [수식] ➡ [함수 삽입] ➡ [통계]

➡ [POISSON]을 통하여 얻어진 것과 같이 확률 0.8159를 구할 수 있다.

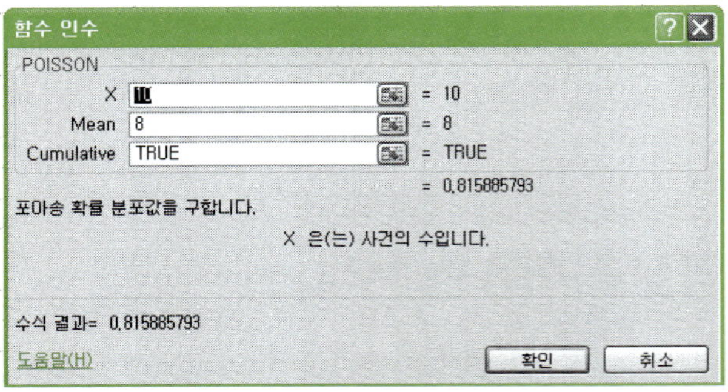

정규확률분포의 확률을 계산하는 엑셀의 함수는 NORMDIST와 NORMINV가 있다. NORMDIST 함수는 정규분포에서 누적확률 또는 확률밀도함수값을 계산하는 함수로서

NORMDIST(x,Mean,Standard_dev,Cumulative)

는 평균이 Mean이고, 표준편차가 Standard_dev인 정규분포에서 Cumulative가 TRUE이면 x 이하의 누적확률을 주고, FALSE이면 x에서의 확률밀도함수값을 준다. 한편

NORMINV(a,Mean, Standard_dev)

는 평균이 Mean이고, 표준편차가 Standard_dev인 정규분포에서 누적확률이 a가 되는 분위수를 제공한다.

예제 3.28 엑셀을 이용하여 예제 3.18의 물음에 답하라.

풀이 (1) 평균이 63이고 표준편차가 10인 정규분포에서 50 이하의 확률값은 셀에 직접 "=NORMDIST(50,63,10,TRUE)"를 입력하면 0.096801이 됨을 알 수 있다.

(2) 확률값을 주고 경계값을 구하는 문제이므로 정규분포에서 역함수를 구하는 문제이다. 상위 10%에 해당하는 값은 아래로부터 90%에 해당하는 값이므로 셀에 직접 "=NORMINV(0.9,63,10)"을 입력하면 75.81을 구할 수 있다.

연·습·문·제

3.1 아래의 각각의 예가 연속확률변수인지 이산확률변수인지 말하라.

(1) 한 자동차 정비공장에서 하루 동안 정비되는 자동차의 수

(2) 폭풍에 의한 강우량

(3) 꿩 사냥철 동안에 제주도에서 일어나는 사냥사고의 수

(4) 어떤 수리공이 고장 난 소음기를 교체하는데 걸리는 시간

(5) 20 문제의 퀴즈 중 학생들이 올바르게 답한 문제의 수

(6) 하루 동안 학교 내에 불법주차로 단속된 차량의 수

3.2 다음의 예들이 적절한 확률분포인지 말하라.

(1)

x	$f(x)$
2	0.2
8	0.6
13	0.1
15	0.1

(2)

x	$f(x)$
1	0.4
3	0.5
9	0.3
10	0.2

(3)

x	$f(x)$
−2	0.25
0	0.50
2	0.25
4	0.00

(4)

x	$f(x)$
0	0.3
1	−0.1
2	0.8

3.3 자동차 도색공장의 한 경영자가 최근의 자료에 근거해서 하루 동안 공장을 찾는 손님의 수에 대한 분포를 다음과 같이 결정하였다.

x	$f(x)$
0	0.05
1	0.20
2	0.30
3	0.25
4	0.15
5	0.05

(1) 만약 이 공장이 하루에 두 명의 손님만을 받을 수 있다면, 어떤 날 1명 이상의 손님이 그냥 돌아갈 확률을 구하라.

(2) 이 공장의 수용능력을 모두 이용하지 못할 확률을 계산하라.

(3) 손님이 그냥 돌아갈 확률이 0.10을 넘지 않도록 하려면, 공장의 하루 수용능력을 얼마까지 늘려야 하겠는가?

3.4 한 건설 회사에서 두 개의 프로젝트에 입찰했다. 다음 표는 각 프로젝트의 이익과 그 회사가 낙찰될

확률이며, 이때의 두 입찰 결과는 서로 독립이다.

	이 익	낙찰될 확률
프로젝트 1	6천만 원	0.50
프로젝트 2	1억 원	0.65

(1) 각각의 프로젝트에 대한 결과의 가능한 모든 경우를 나열하고 그에 따른 확률을 구하라.

(2) 확률변수 X가 두 입찰의 결과에 따른 회사의 총 이익을 나타낸다고 할 때, 확률변수 X의 확률분포를 구하라.

(3) 만약 이 회사가 사전 조사와 서류 구비를 위해 2백만 원이 든다고 하면, 기대 순이익은 얼마인가?

3.5 다음 표는 두 확률변수 X와 Y의 확률분포이다.

x	$f(x)$
0	0.1
1	0.3
2	0.4
3	0.2

x	$f(x)$
2	0.2
4	0.4
6	0.3
8	0.1

(1) 확률변수 X의 분포로부터 확률변수 $8-2X$의 분포를 구하고, 이것이 Y의 분포와 일치하는지 알아보라 (즉, $Y = 8 - 2X$와 같다).

(2) 확률변수 X의 평균과 표준편차를 구하라 (이것을 차례로 μ_X와 σ_X로 나타낸다).

(3) 확률변수 Y의 평균과 표준편차를 구하라 (이것을 차례로 μ_Y와 σ_Y로 나타낸다).

(4) 만약 $Y = a + bX$라면, 이론에 따라 $\mu_Y = a + b\mu_X$와 $\sigma_Y = |b|\sigma_X$의 관계가 성립해야 한다. (2)와 (3)의 결과를 가지고 이 관계가 성립하는지 확인해 보라.

3.6 20%의 3학년 학생이 장학금을 받는다고 하자. 그중 20명의 3학년 학생을 선택하였을 때, 다음의 물음에 답하라.

(1) 많아야 3명의 학생이 장학금을 받을 확률은?

(2) 선택된 20명 중 장학금을 받을 사람의 기대 인원수는?

(3) 기대 인원수와 같은 수의 사람이 장학금을 받을 확률은?

3.7 어느 상자에 5개의 빨간 공과 4개의 흰 공이 들어 있다. 이 상자에서 임의로 3개의 공을 비복원추출한다고 하자.

(1) 표본공간을 작성하라.

(2) 각 근원사건에 대한 확률을 구하라.

(3) 확률변수 X를 추출된 3개의 공 가운데 흰 공의 개수라 하면 X는 어떤 분포를 따르는가? 확률분포표를 작성하라.

3.8 공정한 주사위를 반복해서 던지는 실험에서, 6의 눈이 나오면 실험을 끝낸다고 하자. 이 경우 실험의 횟수가 3 이하일 확률을 구하라.

3.9 확률변수 X가 $n = 100$, $p = 0.04$인 이항분포를 따른다고 할 때, 포아송분포를 이용하여 다음의 근사확률을 계산하라.

$$P[X \le 5],\ \ P[X \ge 7],\ \ P[X = 0]$$

3.10 경부 고속도로 상의 어느 휴게소의 주유소는 평균적으로 1분에 1.2대 꼴로 차들이 기름을 넣으러 온다고 하자. 이때 어느 특정한 1분 동안 다음의 확률을 구하라.

(1) 2대 이하가 기름을 넣으러 온다.

(2) 2대 혹은 3대가 기름을 넣으러 온다.

(3) 3대 이상이 기름을 넣으러 온다.

3.11 어느 집에 시간당 평균적으로 걸려오는 전화수를 2회라고 하자.

(1) 만일 철수 혼자 집을 보다가 10분간 샤워를 한다면 그 사이에 전화벨이 울릴 확률은 얼마인가?

(2) 만일 샤워하는 동안 전화벨이 울릴 확률이 0.5를 넘지 않도록 하려면 얼마동안 샤워를 할 수 있겠는가?

3.12 확률변수 X의 확률밀도함수가 $f(x) = 3x^2$, $0 < x < 1$일 때,

(1) $P(0 \le X \le \frac{1}{2})$을 구하라.

(2) 기댓값과 분산을 구하라.

3.13 표준정규분포를 따르는 확률변수 Z에 대하여 다음의 확률을 갖는 값은 얼마인가?

(1) $P[Z < z] = 0.1736$

(2) $P[Z < z] = 0.10$

(3) $P[-z < Z < z] = 0.954$

(4) $P[-0.6 < Z < z] = 0.50$

3.14 어느 대학교 입학시험의 점수는 평균이 500이고 표준편차가 100인 정규분포를 따른다고 한다. 다음 질문에 답하여라.

(1) 한 학생의 점수가 다음과 같을 확률을 구하라.

(i) 650점 이상의 점수를 받는다.

(ii) 250점 이하의 점수를 받는다.

(iii) 325점에서 675점 사이의 점수를 받는다.

(2) 입학시험에서 670점을 넘는 학생이 합격한다면 몇 퍼센트의 학생이 합격하겠는가?

(3) 50%의 학생을 합격시키기 위해서 커트라인은 몇 점이어야 하는가?

(4) 상위 15%를 선택하기 위한 커트라인은 얼마인가?

3.15 혈당량을 측정하는 한 기기의 오차가 평균이 0.05이고, 표준편차가 1.5의 정규분포를 따른다고 할 때, 다음의 확률을 구하라 (오차 = 관측값 − 실제값).

(1) 혈당량이 실제값보다 높게 관측될 확률은 얼마인가?

(2) 실제값과의 차이가 2.8 이상이 되면 심각한 오류로 판정할 때, 심각한 오류가 발생할 확률은 얼마인가?

(3) 오차의 분포에서 제 80 백분위수를 구하라.

3.16 구급차가 병원에서 시내에 있는 스포츠센터까지 가는데 걸리는 시간은 평균이 17분이고 표준편차가 3분인 정규분포를 따른다고 한다.

(1) 소요되는 시간에 대해 다음의 확률을 구하라.

(i) 22분 이상이 소요될 확률

(ii) 13분에서 21분 사이의 시간이 소요될 확률

(iii) 15.5분에서 18.5분 사이의 시간이 소요될 확률

(2) 도착하는 확률이 가장 높은 1분의 구간은 어디인가?

3.17 어떤 은행의 한 창구에서 고객 한 명의 업무를 처리하는 시간은 평균 6분인 지수분포를 따른다고 한다. 어느 날 이 창구에서 처리하는 고객 한 명에 대한 업무시간이 4분 미만일 확률을 구하라.

3.18 어떤 특정한 외부자극에 대한 우리 몸의 반응 시간(초)이 $\alpha = 2$, $\lambda = 1/2$인 감마분포를 따른다고 한다. 이때 이러한 반응시간의 표준편차를 구하라.

3.19 확률변수 X가 평균이 μ이고 표준편차가 σ인 정규분포를 따른다면, 선형함수에 의한 새로운 확률변수 Y, 즉 $Y = a + bX$(a, b는 상수)의 분포는 평균은 $a + b\mu$이며, 표준편차는 $|b|\sigma$인 정규분포가 된다. 예를 들어, 확률변수 X가 $N(25, 2^2)$를 따른다면, $Y = 7 - 3X$는 평균이 $7 - 3 \times 25 = -68$이며, 표준편차가 $|-3| \times 2 = 6$인 정규분포를 따르는 확률변수이다.

(1) 보일러에 있는 물의 온도를 X라 할 때 평균이 102°F이고 표준편차가 4°F인 정규분포를 따른다고 한다. 이 온도를 °C로 표기하기 위해서 $Y = 5(X - 32)/9$로 하였다. 이때 Y의 분포는 무엇인가?

(2) (1)에서 $P[35 \le Y \le 42]$는 얼마인가?

3.20 과일 바구니에 5개의 사과와 5개의 배, 10개의 감이 들어 있다. 어떤 사람이 임의로 두 개의 과일을 꺼내 먹으려고 한다. 이때 선택된 과일 중 사과의 개수를 X, 감의 개수를 Y라 하자. 확률변수 X와 Y의 결합확률분포와 각각의 주변확률분포를 구하라. 또한 X와 Y의 공분산과 상관계수를 구하라.

3.21 확률변수 X와 Y에 대한 수치들이 다음과 같이 주어져 있다. 이로부터 $Cov(X, Y)$, $Corr(X, Y)$를 구하라.

$$\mu_X = 3 \quad \sigma_X = 3 \quad E(XY) = 20$$
$$\mu_Y = 5 \quad \sigma_Y = 5$$

이때 새로운 확률변수 U, V를 다음과 같이 정의하면

$$U = 3X + 2, \quad V = 2Y + 3$$

확률변수 U와 V의 공분산과 상관계수는 어떻게 되겠는가?

3.22 확률변수 X와 Y가 다음과 같은 결합확률분포를 갖는다고 하자.

x \ y	-1	0	1	$f_X(x)$
-1	0.09	a	0.11	0.3
0	0.14	0.16	c	0.4
1	b	0.14	0.09	0.3
$f_Y(y)$	0.3	0.4	0.3	1.0

(1) 위의 a, b, c를 구하라.
(2) 두 확률변수 X와 Y는 서로 독립인가?
(3) 공분산 $Cov(X + Y, X - Y)$를 계산하라.
(4) 확률 $P[X + Y = 0, X - Y = 2]$, $P[X + Y = 0]$, $P[X - Y = 2]$를 계산하라.
(5) 두 개의 확률변수 $(X + Y)$, $(X - Y)$는 서로 독립인가?

3.23 확률변수 X와 Y에 대해서 다음과 같은 수치가 주어졌다.

$$Var(X) = 16, \quad Var(Y) = 25, \quad Cov(X, Y) = -20$$

(1) $Corr(X, Y)$를 계산하라.
(2) $Var(3X + 3)$, $Var(2Y - 4)$를 구하라.
(3) $Corr(3X + 3, 2Y - 4)$를 계산하라.

3.24 두 개의 확률변수 X와 Y는 다음과 같은 결합확률분포를 갖는다.

x \ y	0	1	2	3
0	0.05	0.10	0.15	0.00
1	0.05	0.15	0.15	0.05
2	0.10	0.05	0.10	0.05

(1) X와 Y의 주변확률분포를 구하라.

(2) X와 Y가 서로 독립인가? 설명하라.

(3) $E(X)$, $E(Y)$, $Var(X)$, $Var(Y)$를 구하라.

(4) 확률 $P[X \geq Y]$, $P[X + Y = 3]$을 계산하라.

(5) X와 Y의 공분산과 상관계수를 구하라.

3.25 다음 확률분포에 대해서 물음에 답하라.

x	$f(x)$
2	0.1
3	0.3
4	0.3
5	0.2
6	0.1

(1) $E(X)$를 구하라.

(2) $sd(X)$를 구하라.

(3) $\mu - \sigma$부터 $\mu + \sigma$구간 사이에 오는 X값을 모두 나열하고, $P[\mu - \sigma \leq X \leq \mu + \sigma]$를 구하라.

3.26 분포의 누적확률을 $F(x)$로 표현할 때 다음 물음에 답하라.

x	$f(x)$	$F(x)$
1	0.07	0.07
2	0.12	0.19
3	0.25	
4	0.28	
5	0.18	
6	0.1	

(1) 이 표에서 $F(x)$열을 완성하라.

(2) 이제 $f(x)$의 열을 가리고 $F(x)$의 열로부터 확률함수 $f(x)$를 다시 만들어 보라.
(힌트 : $f(x) = F(x) - F(x-1)$)

3.27 다음은 어느 지역에 살고 있는 사람들을 대상으로 특정한 알레르기가 있는지의 여부를 성별로 분류하여 백분율로 나타낸 표이다. 다음 각 경우의 확률을 구하라.

	알레르기	
	존 재	비존재
남 자	16	36
여 자	9	39

(1) 네 명의 사람을 임의로 선택하였을 때, 알레르기를 가지고 있는 사람이 없을 확률
(2) 네 명의 남자를 임의로 선택하였을 때, 알레르기를 가지고 있는 사람이 없을 확률
(3) 2명의 남자, 2명의 여자가 임의로 선택되었을 때, 알레르기를 가지고 있는 사람이 없을 확률

3.28 비행기 조종사 훈련과정에서 특정 작업을 완수하는데 걸리는 시간은 평균이 90분이고 표준편차가 20분인 정규분포를 따른다고 한다.
(1) 80분 안에 작업을 완수하는 훈련생을 이 과정의 합격생으로 한다면 합격자의 비율은 얼마인가?
(2) 만약 5%의 훈련자만이 이 과정에서 장학생으로 결정되었다면, 장학금을 받기 위해서는 몇 분만에 작업을 수행하여야 하는가?

3.29 확률변수 Y가 성공할 확률이 $p = 0.5$인 기하분포를 따른다고 할 때 3회 이내에 처음 성공이 있게 될 확률 $P[Y \leq 3]$을 구하라.

3.30 인터넷상의 어떤 검색사이트의 사용자가 한 사람도 없을 때, 처음으로 다음 사용자가 로그인하는 시간을 확률변수 X로 나타내면, X는 평균이 $1/25$인 지수분포를 따른다고 알려져 있다 (단위 : 시간).
(1) 5분 이상 로그인하는 사용자가 없을 확률을 구하라.
(2) $Var(X)$를 구하라.

제 4 장 표집분포

일반적으로 통계학에서 가장 핵심적인 부분은 주어진 표본으로부터 모집단의 특성을 알아내고자 하는 추론이라고 할 수 있다. 이처럼 일부분을 가지고 전체에 대한 어떤 결론을 유도하는 배경에는 우리에게 주어진 일부분, 즉 표본이 전체 모집단의 특성을 잘 반영하고 있다는 생각이 바탕을 이루고 있기 때문이다. 우리는 모집단의 특성 중 어떠한 수치, 예를 들면 모평균이나 모비율 또는 모표준편차 등에 관심이 있는 경우가 많다. 이러한 특성값을 모수라 하며 통계학에서 추론의 대상이 된다.

모수의 참값은 미지의 상수로서 이를 알아내려면 모집단 전체를 다 조사해야만 한다. 그러나 모집단을 전부 조사한다는 것은 불가능하거나 가능하더라도 많은 시간과 비용을 필요로 하는 경우가 많다. 통계적 추론은 모집단의 일부분만을 조사하여 모집단의 특성을 나타내는 모수를 추측하는 방법을 제공하여 준다. 즉, 통계적 추론은 모수를 추론하는 이론적인 뒷받침을 제공하는 것이다.

일반적으로 크기가 큰 모집단으로부터 임의추출한 표본 $X_1, ..., X_n$은 서로 독립이고, 모두 모집단의 분포와 같은 분포를 갖는 것으로 간주하는데, 이러한 표본 $X_1, ..., X_n$을 **랜덤샘플(random sample)** 이라고 부른다. 앞으로 이 책에서 언급하는 표본은 항상 랜덤샘플을 의미한다. 모수에 대한 추론은 표본에서 계산한 적절한 양을 이용하는데 이러한 양을 **통계량(statistic)** 이라고 부른다. 즉, 모든 통계량은 표본 $X_1, ..., X_n$에 의하여 결정되는 함수를 말한다.

예를 들어, 표본평균

$$\overline{X} = \frac{X_1 + \cdots + X_n}{n}$$

은 표본 $X_1, ..., X_n$의 관측값에 의하여 결정되므로 통계량이다. 마찬가지로 표본상관계수나 표본표준편차도 표본으로부터 계산되므로 통계량이다. 표본에서 계산한 통계량은 모수의 값을 추측하는데 쓰이는데, 이때 유념하여야 할 점을 정리하면 다음과 같다.

통계량의 특성

1. 통계량은 모집단의 모수를 추론하기 위해 표본에서 계산된 양이다.
2. 모수의 참값과 한 표본에서 계산된 통계량의 값은 일반적으로 다르다.
3. 일반적으로 통계량의 값은 표본에 따라 다르다.

다시 말하면 통계량이라는 것은 그 자체가 확률변수로서 여느 확률변수처럼 자신의 확률분포를 갖게 되는데, 이를 **표집분포 (sampling distribution)** 라 부른다. 각 통계량의 표집분포는 모집단의 분포와 표본의 크기에 영향을 받는다.

1절에서는 모집단이 정규분포인 경우에 통계적 추론에서 많이 사용하는 통계량의 표집분포를 소개하고, 2절에서는 모집단에 정규분포 가정을 할 수 없고 표본의 크기가 큰 경우에 적용할 수 있는 중심극한정리를 공부하기로 한다. 3절에서는 엑셀을 이용한 분석방법을 소개한다.

제 1 절 정규모집단에서의 표집분포

이 절에서는 모집단이 정규분포를 따를 때 표본평균의 확률분포를 알아보고, 정규분포와 관련된 몇 가지 확률분포를 알아보자.

먼저 일반적인 확률분포를 따르는 모집단에서 추출한 랜덤샘플의 표본평균의 기댓값과 분산을 구하여 보자. 표본 $X_1, X_2, \ldots, X_n$이 평균 μ이고 분산 σ^2인 모집단으로부터의 랜덤샘플일 때, 표본평균 $\overline{X}$의 기댓값과 분산은 다음과 같이 구할 수 있다.

$$E(\overline{X}) = E\left(\frac{1}{n}\sum_{i=1}^{n} X_i\right) = \frac{1}{n}\sum_{i=1}^{n} E(X_i) = \frac{1}{n}\sum_{i=1}^{n} \mu = \mu$$

$$Var(\overline{X}) = Var\left(\frac{1}{n}\sum_{i=1}^{n} X_i\right) = \frac{1}{n^2} Var\left(\sum_{i=1}^{n} X_i\right) = \frac{1}{n^2}\sum_{i=1}^{n} Var(X_i) = \frac{1}{n^2}\sum_{i=1}^{n} \sigma^2 = \frac{\sigma^2}{n}$$

즉, 표본평균 $\overline{X}$의 기댓값은 모평균 μ와 같은 반면 분산은 표본의 크기에 반비례하여 σ^2/n으로 줄어든다.

표본평균 $\overline{X}$의 기댓값, 분산 및 표준편차

표본 $X_1, X_2, ..., X_n$이 평균 μ이고 분산 σ^2인 모집단으로부터 크기가 n인 랜덤샘플일 때, $\overline{X}$의 기댓값, 분산 및 표준편차는 다음과 같다.

- 표본평균의 기댓값 : $E(\overline{X}) = \mu$
- 표본평균의 분산 : $Var(\overline{X}) = \dfrac{\sigma^2}{n}$
- 표본평균의 표준편차 : $sd(\overline{X}) = \dfrac{\sigma}{\sqrt{n}}$

예제 4.1 모집단의 평균과 분산이 각각 $\mu = 100$, $\sigma^2 = 20$일 때, 표본의 크기 $n = 25$인 표본평균 $\overline{X}$의 기댓값과 분산을 구하라.

풀 이 표본의 크기가 $n = 25$이므로 $\overline{X}$의 기댓값과 분산은 다음과 같다.

$$E(\overline{X}) = \mu = 100, \quad Var(\overline{X}) = \frac{\sigma^2}{n} = \frac{20}{25} = \frac{4}{5}$$

앞의 결과는 표본평균의 기댓값과 분산을 알려주지만 표본평균의 확률분포에 대해서는 알려주지 않는다. 앞의 결과로부터 우리가 알 수 있는 사실은 표본평균의 분포의 중심은 모집단의 중심 μ와 일치하지만, 퍼짐의 정도를 측정하는 표준편차는 모집단의 표준편차뿐만 아니라 표본의 크기에도 영향을 받는다는 것이다. 즉, 표본의 크기 n이 증가함에 따라 표본평균의 표준편차는 n의 제곱근에 반비례해서 감소하는데, 이는 표본평균의 분포가 μ를 중심으로 더욱 집중됨을 나타낸다. 예를 들어, 표본의 크기가 100배 증가하면 표본평균의 표준편차는 1/10로 감소하여 $\overline{X}$의 표집분포가 μ를 중심으로 더욱 집중된다.

지금부터는 표본 $X_1, X_2, ..., X_n$이 정규분포로부터의 랜덤샘플일 때, 표본평균 $\overline{X}$의 확률분포를 알아보기로 하자. 표본평균 $\overline{X}$의 확률분포를 구하기 위해서는 정규분포를 따르는 확률변수의 선형결합은 정규분포를 따른다는 다음의 정리를 필요로 한다.

정리 1 : $X_i \sim N(\mu_i, \sigma_i^2)$이며 서로 독립일 때, $\sum_{i=1}^{n} a_i X_i \sim N\left(\sum_{i=1}^{n} a_i \mu_i,\ \sum_{i=1}^{n} a_i^2 \sigma_i^2\right)$이다.

표본평균 $\overline{X}$는 다음과 같이 $X_1, X_2, ..., X_n$의 선형결합으로 나타낼 수 있으므로

$$\bar{X} = \frac{1}{n}\sum_{i=1}^{n} X_i = \sum_{i=1}^{n}\frac{1}{n}X_i$$

정리 1에 의하여 정규분포를 따른다는 것을 알 수 있다. 또한 $\bar{X}$의 기댓값은 μ이고, 분산은 σ^2/n이므로 다음 결과를 얻을 수 있다.

정규모집단에서의 표본평균 $\bar{X}$의 확률분포

표본 $X_1, X_2, \ldots, X_n$이 정규분포 $N(\mu, \sigma^2)$으로부터의 랜덤샘플일 때, 표본평균 $\bar{X}$의 확률분포는 다음과 같다.

$$\bar{X} \sim N\left(\mu,\ \frac{\sigma^2}{n}\right)$$

이를 표준화하면 다음의 결과를 얻을 수 있다.

$$Z = \frac{\bar{X} - \mu}{\sigma/\sqrt{n}} \sim N(0, 1)$$

예제 4.2 정규분포 $N(15, 4^2)$으로부터의 표본의 크기 $n = 25$인 랜덤샘플의 표본평균을 $\bar{X}$라 할 때, 다음 확률을 구하라.

(1) $P(\bar{X} \le 16.2)$ (2) $P(14.2 \le \bar{X} \le 16.6)$

풀 이 모집단이 $N(15, 4^2)$이고 표본의 크기가 $n = 25$이므로 표본평균 $\bar{X}$의 확률분포는 다음과 같다.

$$\bar{X} \sim N\left(15,\ \frac{4^2}{25}\right) = \mathrm{N}\left(15, \left(\frac{4}{5}\right)^2\right)$$

따라서 구하는 확률은 다음과 같다.

$$\begin{aligned}(1)\ P(\bar{X} \le 16.2) &= P\left(\frac{\bar{X} - 15}{4/5} \le \frac{16.2 - 15}{4/5}\right)\\ &= P(Z \le 1.5)\\ &= 0.9332\end{aligned}$$

$$\begin{aligned}(2)\ P(14.2 \le \bar{X} \le 16.6) &= P\left(\frac{14.2 - 15}{4/5} \le \frac{\bar{X} - 15}{4/5} \le \frac{16.6 - 15}{4/5}\right)\\ &= P(-1.0 \le Z \le 2)\\ &= 0.8186\end{aligned}$$

이 절에서는 표준정규분포로부터 파생되는 몇 가지 유용한 분포인 χ^2 - 분포, t - 분포,

F - 분포에 대해서 소개하고자 한다.

χ^2 - 분포(카이제곱분포)

표준정규분포를 따르는 확률변수 X를 제곱한 X^2의 확률분포는 $\alpha = 1/2$이고, $\lambda = 1/2$인 감마분포를 따른다는 것이 알려져 있다. **χ^2 - 분포 (chi-square distribution)** 는 감마분포의 특별한 경우이다. $\alpha = n/2$이고 $\lambda = 1/2$인 감마분포를 자유도 n인 카이제곱분포라고 한다. 표준정규분포를 따르는 확률변수의 제곱은 자유도가 1인 카이제곱분포를 따른다. 또한, 서로 독립이며 카이제곱분포를 따르는 확률변수의 합은 다시 카이제곱분포를 따르며 자유도는 각 자유도를 합한 것과 같다. 이와 같은 카이제곱분포에 대한 내용을 정리하면 다음과 같다.

χ^2 - 분포(카이제곱분포)

자연수 n에 대하여 $\alpha = \frac{n}{2}$이고 $\lambda = \frac{1}{2}$인 감마분포를 자유도 n인 χ^2 - 분포라고 한다. 확률변수 X가 자유도 n인 카이제곱분포를 따를 때, $X \sim \chi^2(n)$으로 나타낸다. χ^2 - 분포는 다음과 같은 성질을 만족한다.

- $X \sim N(0, 1)$일 때, $X^2 \sim \chi^2(1)$이다.
- $X \sim \chi^2(m)$, $Y \sim \chi^2(n)$이고 서로 독립일 때, $X + Y \sim \chi^2(n + m)$이다.

이 책의 부록에는 추론에 자주 쓰이는 몇 개의 α값과 자유도 n에 대해 χ^2 - 분포의 상위 α의 확률을 주는 분위수의 값이 주어져 있다.

예제 4.3 χ^2 분포표에서 자유도가 17인 χ^2 - 분포의 상위 5%와 하위 5%의 확률을 주는 값을 구하라.

풀 이 아래와 같이 발췌된 χ^2 분포표로부터 상위 5%의 확률을 주는 값은 $\chi^2_{0.05}(17) = 27.59$이고, 하위 5%의 확률을 주는 값은 $\chi^2_{0.95}(17) = 8.67$이다. ■

자유도 \ α	$\cdots$ 0.95	$\cdots$	0.05
$\vdots$	$\vdots$		$\vdots$
17	$\cdots$ 8.67	$\cdots$	27.59
$\vdots$	$\cdots$ $\vdots$	$\cdots$	$\vdots$

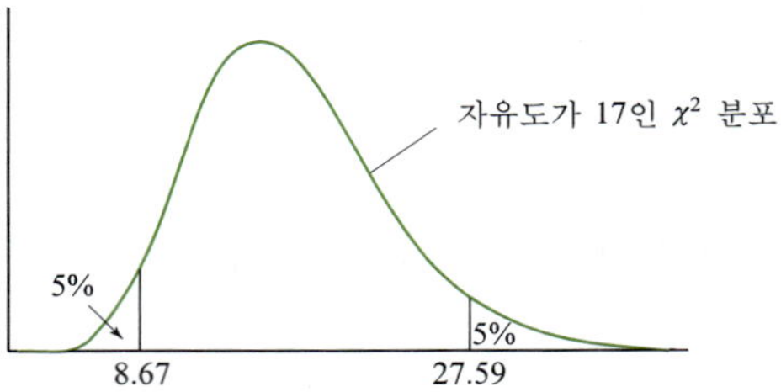

그림 4.1 상, 하위 5%의 확률을 주는 값

t - 분포

앞에서 표준화된 확률변수 $Z = \dfrac{\overline{X} - \mu}{\sigma/\sqrt{n}}$ 는 표준정규분포를 따른다는 것을 설명하였다. 이때 Z에서 모표준편차 σ대신 표본표준편차 S를 대입하면 다음과 같은 확률변수를 얻는다.

$$\frac{(\overline{X} - \mu)}{S/\sqrt{n}}$$

이 확률변수는 t - 분포를 따르는데, t - **분포** (t - **distribution**) 는 표준정규분포와 유사한 형태, 즉 0을 중심으로 대칭적인 확률분포를 가지고 있다. 한 가지 차이점은 표준정규분포에 비하여 꼬리가 두껍다는 것이다.

t - 분포

두 개의 확률변수 Z와 U가 서로 독립이며, $Z \sim N(0, 1)$, $U \sim \chi^2(n)$일 때

$$t = \frac{Z}{\sqrt{U/n}}$$

의 확률분포를 자유도가 n인 t - 분포라고 하며, $t \sim t(n)$으로 나타낸다.

확률변수 $\dfrac{(\overline{X} - \mu)}{S/\sqrt{n}}$의 확률분포를 구하기 위해서는 다음의 정리가 필요하다.

정리 2 : 표본 $X_1, X_2, \ldots, X_n$이 정규분포 $N(\mu, \sigma^2)$로부터의 랜덤샘플이며 표본평균을 $\overline{X}$, 표본분산을 S^2라 할 때,

- $\dfrac{(n-1)S^2}{\sigma^2} \sim \chi^2(n-1)$이다.
- $\overline{X}$와 S^2은 서로 독립이다.

확률변수 $\dfrac{(\overline{X}-\mu)}{S/\sqrt{n}}$는 다음과 같이 나타낼 수 있다.

$$\frac{(\overline{X}-\mu)}{S/\sqrt{n}} = \frac{\sqrt{n}(\overline{X}-\mu)/\sigma}{\sqrt{[(n-1)S^2/\sigma^2]/(n-1)}}$$

위 식에서 분자는 표준정규분포를 따르고, 분모의 근호 안은 자유도가 $(n-1)$인 χ^2-분포를 그 자유도로 나눈 것이다. 한편 $\overline{X}$와 S^2은 서로 독립이므로 정리 2에 의해서 $\dfrac{(\overline{X}-\mu)}{S/\sqrt{n}}$는 자유도가 $(n-1)$인 t-분포를 따름을 알 수 있다. 이를 정리하면 다음과 같다.

표본 $X_1, X_2, \ldots, X_n$이 $N(\mu, \sigma^2)$으로부터의 랜덤샘플일 때, 다음이 성립한다.

$$t = \frac{(\overline{X}-\mu)}{S/\sqrt{n}} \sim t(n-1)$$

이 책의 부록에는 추론에 자주 쓰이는 몇 개의 α값과 자유도 n에 대해 t-분포의 상위 α의 확률을 주는 분위수의 값이 주어져 있다.

예제 4.4 부록의 t 분포표를 이용하여 자유도가 2와 10일 때, 각각 상위 10%의 확률을 주는 값을 구하라.

풀 이 자유도가 2와 10일 때, 아래와 같이 발췌된 t 분포표로부터 상위 10%의 확률을 주는 값은 $t_{0.1}(2) = 1.886$과 $t_{0.1}(10) = 1.372$이다.

자유도 \ α	⋯ 0.10 ⋯
·	·
2	1.886
·	·
·	·
·	·
10	1.372
·	·
·	·
∞	1.282

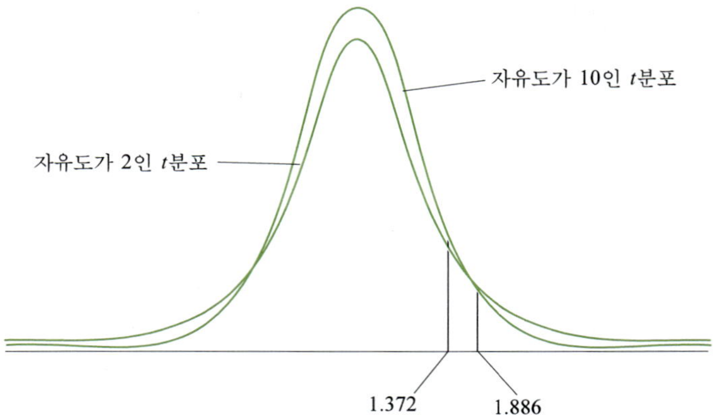

그림 4.2 자유도 2, 10일 때의 상위 10% 확률을 주는 값

F - 분포

t - 분포는 표준정규분포와 유사한 분포임을 설명하였다. 한편, 앞에서 설명한 것처럼 표준정규분포를 따르는 확률변수를 제곱하면 자유도가 1인 χ^2 - 분포를 따른다. 그렇다면 t - 분포를 따르는 확률변수를 제곱하면 어떤 확률분포를 따를까? t - 분포를 따르는 확률변수를 제곱한 것은 다음에 소개하는 F - **분포** (***F* - distribution**) 를 따른다.

F - 분포

두 개의 확률변수 U와 V가 독립이고, $U \sim \chi^2(m)$, $V \sim \chi^2(n)$일 때

$$F = \frac{U/m}{V/n}$$

의 확률분포를 자유도가 (m, n)인 F - 분포라고 하며, $F \sim F(m, n)$으로 나타낸다.

F - 분포는 이를 제안한 통계학자 피셔(R. A. Fisher)의 첫 글자를 따서 이름 지어졌다. 이 F - 분포는 카이제곱분포와 마찬가지로 0보다 큰 구간의 값만을 갖는 확률분포이고 모양도 대칭이 아니다.

위에서 표본 $X_1, X_2, ..., X_n$이 $N(\mu, \sigma^2)$으로부터의 랜덤샘플일 때, $t = \dfrac{(\overline{X} - \mu)}{S/\sqrt{n}}$가 자유도가 $n - 1$인 t - 분포를 따른다는 것을 설명하였다. 이때 t^2은 다음과 같이 나타낼 수 있다.

$$t^2 = \frac{(\overline{X} - \mu)^2}{S^2/\sqrt{n}} = \frac{(\sqrt{n}(\overline{X} - \mu)/\sigma)^2}{[(n-1)S^2/\sigma^2]/(n-1)}$$

위 식에서 분자는 자유도가 1인 카이제곱분포를 따르고, 분모는 자유도가 $(n-1)$인 χ^2-분포를 그 자유도로 나눈 것이다. 한편 $\overline{X}$와 S^2은 서로 독립이므로 $t^2 = \dfrac{(\overline{X} - \mu)^2}{S^2/n}$은 자유도가 $(1, (n-1))$인 F-분포를 따름을 알 수 있다. 이 책의 부록에는 추론에 자주 쓰이는 몇 개의 α값과 자유도 (m, n)에 대해 F-분포의 상위 α의 확률을 주는 분위수의 값이 주어져 있다.

예제 4.5 부록의 F 분포표를 이용하여 자유도가 (3, 7)인 F-분포의 상위 5%와 자유도가 (10, 5)인 F-분포의 상위 5%의 확률을 주는 값을 구하라.

풀 이 F 분포표로부터 상위 5%의 확률을 주는 값은 $F_{0.05}(3, 7) = 4.35$이고, 상위 5%의 확률을 주는 값은 $F_{0.05}(10, 5) = 4.74$이다. ■

F-분포의 특징 중의 하나는 분자와 분모를 뒤바꿔도 F-분포를 따르며, 단지 자유도의 순서만 변화된다는 것이다.

> **정리 3** : $F \sim F(m, n)$일 때, $\dfrac{1}{F} \sim F(n, m)$가 된다.

위의 결과를 이용하여 F-분포의 하위 α값을 주는 경곗값 $F_{1-\alpha}(m, n)$는 $1/F_{\alpha}(n, m)$로 구할 수 있다. 예를 들어, 앞의 예에서 $F_{0.05}(3, 7) = 4.35$이므로 $F_{0.95}(7, 3) = \dfrac{1}{4.35} = 0.23$임을 알 수 있다.

제 2 절 일반 모집단에서의 표집분포

이 절에서는 모집단이 정규분포를 따른다고 가정을 할 수 없고, 표본의 크기가 클 때 표본평균의 표집분포를 구하는데 적용할 수 있는 중심극한정리를 알아보도록 하자.

표본평균의 표집분포 역시 통계량의 표집분포이므로 모집단의 분포와 표본의 크기 n에도 영향을 받는다. 먼저 간단한 예를 이용하여 표본평균 $\overline{X}$의 분포가 모집단의 분포에 어떻게 영향을 받는지를 살펴보기로 하자.

예제 4.6 어떤 상자에 1, 3, 5, 7이 적힌 동일한 크기의 공 4개가 담겨있고, 이 중에서 임의로 공을 복원추출하는 실험을 고려하자. 추출 후 공에 적혀 있는 숫자를 확률변수 X라 하면, X는 네 개의 수 1, 3, 5, 7 중에서 하나의 값을 가진다. 이러한 실험을 두 번반복한 후 공에 적혀있는 숫자를 각각 X_1, X_2라고 할 때 표본평균 $\overline{X} = \frac{X_1 + X_2}{2}$의 분포를 구하라.

풀이 표본평균 $\overline{X}$의 분포는 X_1, X_2의 분포에 의해 결정되는데 X_1의 분포는 X와 일치하고, X_2의 분포도 복원추출의 특성상 X_1의 분포와 같이 모집단의 분포인 X의 분포를 따른다. 확률변수 X의 분포는 각 값 1, 3, 5, 7에 1/4씩의 확률을 주는 확률분포를 가지므로, (X_1, X_2)가 취하는 모든 값 (x_1, x_2)와 그에 대응하는 $\bar{x}$값과 확률들을 정리하면 표 4.1과 같다.

표 4.1 예제 4.6의 각 경우와 그에 대응하는 값

(x_1, x_2)	$\bar{x} = \frac{x_1 + x_2}{2}$	(x_1, x_2)	$\bar{x} = \frac{x_1 + x_2}{2}$	(x_1, x_2)	$\bar{x} = \frac{x_1 + x_2}{2}$	(x_1, x_2)	$\bar{x} = \frac{x_1 + x_2}{2}$
(1, 1)	1	(3, 1)	2	(5, 1)	3	(7, 1)	4
(1, 3)	2	(3, 3)	3	(5, 3)	4	(7, 3)	5
(1, 5)	3	(3, 5)	4	(5, 5)	5	(7, 5)	6
(1, 7)	4	(3, 7)	5	(5, 7)	6	(7, 7)	7

표 4.1로부터 $\overline{X}$의 분포를 구하면 표 4.2와 같다.

표 4.2 $\overline{X}$의 분포

$\overline{X}$가 취하는 값($\bar{x}$)	1	2	3	4	5	6	7	합 계
$f(\bar{x})$	1/16	2/16	3/16	4/16	3/16	2/16	1/16	1

그림 4.3은 $\overline{X}$의 분포와 모집단의 분포인 X의 분포를 비교하기 위하여 두 개의 확률 히스토그램을 그린 것이다. 그림 4.3으로부터 $\overline{X}$의 분포가 X의 분포보다 중심에 더 몰려 있음을 알 수 있다. 이와 같은 복원추출을 세 번, 네 번 점점 더 많이 반복할수록 표본평균의 히스토그램이 정규분포곡선과 점점 더 가까워진다.

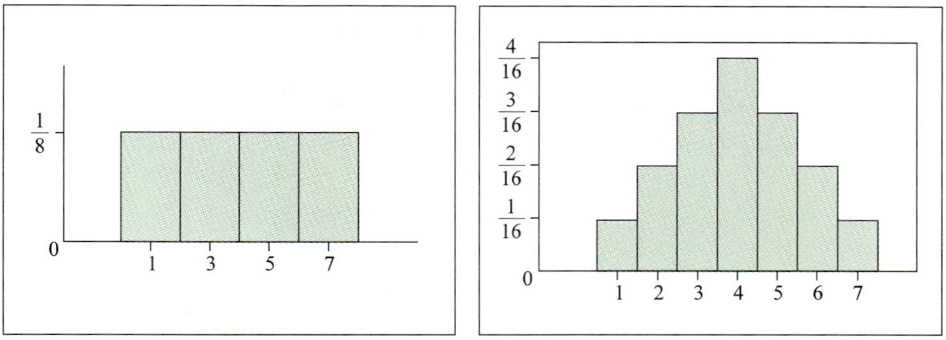

(a) 모집단의 분포　　(b) 표본평균의 분포

그림 4.3 모집단과 표본평균의 분포

일반적으로 모집단이 정규분포를 따르지 않는 경우 통계량의 표집분포는 어떻게 구할 수 있을까? 표집분포는 위 예제 4.6에서와 같이 다음에 제시된 순서에 따라 구할 수 있다.

(i) 모든 가능한 표본의 종류를 나열한다.

(ii) 각 표본에서의 통계량의 값을 구한다.

(iii) 통계량이 취하는 각 값에 대응되는 확률을 계산한다.

그러나 이와 같은 방법은 모집단과 표본의 크기가 커짐에 따라 아주 방대한 계산을 요하며, 이는 컴퓨터를 이용해서나 계산이 가능하다. 따라서 정확한 분포보다는 근사적으로나마 간단한 분포를 필요로 하는 경우가 많은데, 이를 위하여 이용하는 중요한 정리가 다음에 소개할 중심극한정리이다.

중심극한정리

예제 4.6에서 언급했듯이 모집단의 분포가 정규분포가 아닌 경우는, 표본평균 $\overline{X}$의 정확한 분포는 모집단의 분포에 따라 달라진다. 그러나 표본의 크기 n이 큰 경우에는 $\overline{X}$의 분포는 모집단의 분포와 무관하게 근사적으로 정규분포를 따른다. 이러한 사실을 **중심극한정리 (central limit theorem)** 라고 한다.

중심극한정리

모집단의 평균이 μ이고 분산이 σ^2일 때, 랜덤샘플의 표본평균 $\overline{X}$는 표본의 크기 n이 큰 경우 (보통 30이상) 근사적으로 다음을 만족한다.

$$Z = \frac{\overline{X} - \mu}{\sigma/\sqrt{n}} \sim N(0, 1)$$

단, 모표준편차 σ 대신 표본표준편차 S를 사용하여도 성립한다.

이와 같이 모집단의 분포가 연속이거나 이산이거나 혹은 대칭이거나 비대칭이거나 상관없이 평균과 분산이 존재하면 표본의 크기가 클 때 표본평균의 분포가 근사적으로 정규분포를 따르게 된다.

다음의 그림 4.4는 중심극한정리를 보여주는 예로서, 모집단의 평균이 $\mu = 2$이고 모표준편차가 $\sigma = 1.41$인 비대칭형의 분포에서 표본의 크기를 $n = 3$과 $n = 10$으로 하였을 때의 표본평균 $\overline{X}$의 분포를 그린 그림이다. 이 그림을 보면 n이 커감에 따라 분포의 모양은 모평균 μ를 중심으로 정규분포의 모양에 가까워짐을 알 수 있다.

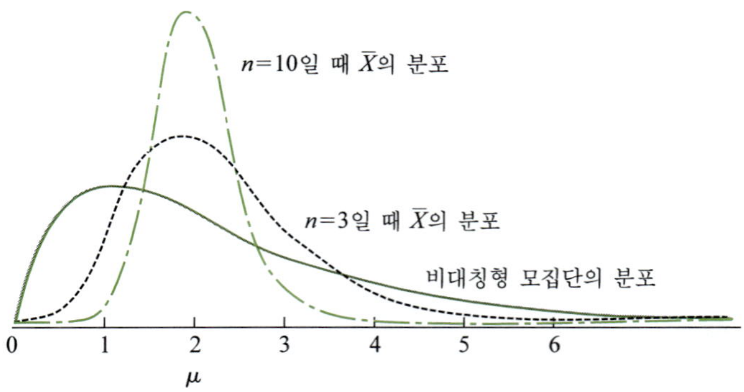

‖ 그림 4.4 ‖ 비대칭형 모집단에서 $\overline{X}$의 분포(n = 3과 n = 10)

예제 4.7 어느 자동차 정비소에 브레이크를 점검해야 할 차량이 70대가 있고, 특정한 자동차 정비공이 차 한 대의 브레이크를 점검하는데 걸리는 시간 X는 평균이 1시간인 지수분포를 따른다고 가정하자. 이 경우 70대에 대한 평균 브레이크 점검시간이 50분을 넘을 확률을 구하라.

풀 이 평균이 1인 지수분포의 분산은 1이다. 한편 중심극한정리에 의하면 이 자동차 정비공이 차량 70대를 점검하는데 걸리는 평균 시간은 근사적으로 평균이 1시간이고, 표준편차가 $\sigma/\sqrt{n} = 1/\sqrt{70}$시간인 정규분포를 따른다. 50분은 5/6시간이므로 우리가 원하는 확률은 $P(\overline{X} > 5/6)$이고, 다음과 같이 정규근사에 의하여 계산할 수 있다.

$$P[\overline{X} > \frac{5}{6}] = P\Big[\frac{\overline{X}-1}{1/\sqrt{70}} > \frac{5/6-1}{1/\sqrt{70}}\Big] \approx P[Z > -1.39] = 0.9177$$ ■

이 문제의 경우 실제로 $70 \times \overline{X}$가 감마분포를 따르기 때문에 이 확률을 직접 계산할 수도 있으며, 이를 구해보면 0.9251로 중심극한정리를 이용한 값과 유사함을 알 수 있다.

예제 4.8 모집단은 평균이 82이고, 분산이 144인 확률분포를 따른다고 한다.

(1) 크기가 64인 랜덤샘플의 표본평균이 80.8에서 83.2 사이에 있을 확률을 구하라.

(2) 크기가 100인 랜덤샘플의 표본평균이 80.8에서 83.2 사이에 있을 확률을 구하라.

풀이 표본 $X_1, \ldots, X_n$이 평균이 $\mu = 82$이고 분산이 $\sigma^2 = 144$인 모집단으로부터 랜덤샘플이라고 하자. 이때 $n = 64$ 혹은 100인 경우는 표본의 크기가 상당히 크므로 표본평균 $\overline{X}$는 중심극한정리에 의해 근사적으로 $N\left(82, \frac{144}{n}\right)$를 따르게 된다.

(1) 표본의 크기가 $n = 64$이므로 $\overline{X} \sim N\left(82, \frac{144}{n}\right) = N\left(82, \left(\frac{3}{2}\right)^2\right)$이다. 따라서

$$\begin{aligned} P[80.8 \le \overline{X} \le 83.2] &= P\Big[\frac{80.8-82}{3/2} \le \frac{\overline{X}-82}{3/2} \le \frac{83.2-82}{3/2}\Big] \\ &\approx P[-0.8 \le Z \le 0.8] \\ &= 0.7881 - 0.2119 \\ &= 0.5762 \end{aligned}$$

(2) 표본의 크기가 $n = 100$이므로 $\overline{X} \sim N\left(82, \frac{144}{100}\right) = N\left(82, \left(\frac{6}{5}\right)^2\right)$이다. 따라서

$$\begin{aligned} P[80.8 \le \overline{X} \le 83.2] &= P\Big[\frac{80.8-82}{6/5} \le \frac{\overline{X}-82}{6/5} \le \frac{83.2-82}{6/5}\Big] \\ &\approx P[-1 \le Z \le 1] \\ &= 0.8431 - 0.1587 \\ &= 0.6826 \end{aligned}$$ ■

예제 4.8에서 (1)과 (2)를 비교해 보면 표본평균이 모평균 μ 주변의 어떤 구간에 속할 확률이 표본의 크기가 커짐에 따라 증가함을 알 수 있다. 즉, 표본의 크기가 커짐에 따라 표본평균의 분포가 모집단의 평균 μ를 중심으로 더욱 집중된다.

앞에서 표본평균에 관한 확률은, 표본의 크기가 충분히 큰 경우에는 표준정규분포표를 이용하여 구할 수 있음을 알았다. 그럼 표본의 크기가 어느 정도라야 만족스러운 근사치를 얻을 수 있을 것인가 하는 문제를 한 번 생각해 보자. 이는 모집단의 분포 형태에

따라 달라진다. 분포가 정규분포로부터 멀어진 모집단, 즉 한쪽으로 많이 치우쳐 있다든지 혹은 양끝에 두꺼운 꼬리를 갖는 모집단에서는 상대적으로 큰 표본이 필요하다(모집단이 정규분포일 때는 크기가 1인 표본도 정규분포를 따른다). 그러나 일반적으로 표본의 크기가 30 이상인 경우에는 비교적 만족스러운 근사치를 얻을 수 있는 것으로 생각한다.

이항분포의 정규근사

이항분포는 성공할 확률이 p인 베르누이 시행을 n번 반복할 때 성공의 횟수가 갖는 분포이다. 3장에서는 n이 아주 크고 p는 아주 작을 때 이항분포가 평균이 $m = np$인 포아송 분포에 가까워짐을 설명하였다. 이항분포의 정규근사는 이항분포의 n이 아주 크고, p가 0이나 1에 가깝지 않을 때, 즉 np와 $np(1-p)$가 모두 클 때 그 분포가 정규분포에 가까워짐을 의미한다.

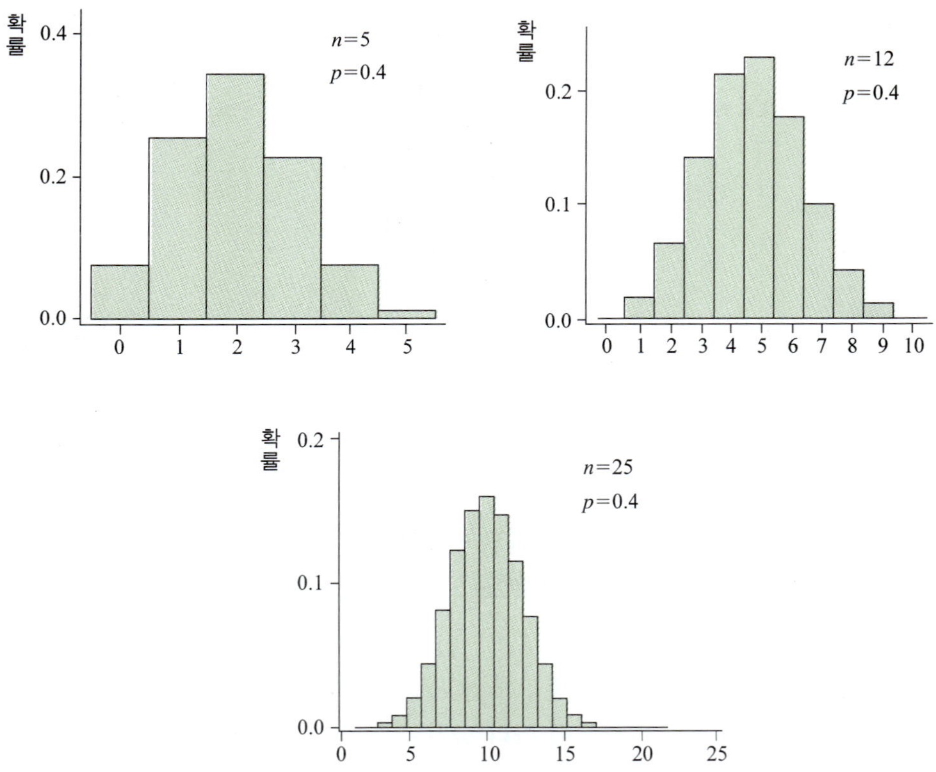

그림 4.5 이항분포의 확률 히스토그램

그림 4.5는 $p = 0.4$이고 $n = 5, 12, 25$인 경우 이항분포의 확률 히스토그램이다. 이 그림에서 보는 바와 같이 n이 증가함에 따라 분포의 형태가 점차 대칭에 가까워지고 종모

양을 이루는 것을 알 수 있다. 이와 같은 경향은 n이 커짐에 따라 더욱 확실하게 드러나게 되는데, 실제로 이항분포는 n이 커짐에 따라 근사적으로 정규분포를 따르게 된다. 이때 정규분포의 평균과 분산은 이항분포에서와 일치하여야 하므로 $\mu = np$, $\sigma^2 = np(1-p)$가 된다. 확률변수 X가 $Bin(n, p)$를 따르고 n이 큰 경우에 $P(X = x)$의 근삿값을 구하는 방법을 알아보자. 정규분포는 연속확률분포이므로 주어진 어느 한 점에서의 확률은 언제나 0인데 반해서, 이항분포의 경우에는 0과 n 사이의 임의의 정수 x에 대하여 $P(X = x)$는 0이 아니다. 그러므로 X가 근사적으로 정규분포를 갖는다는 것만으로는 근사확률을 구하기 어렵다.

그림 4.5에서 보는 바와 같이 n이 증가함에 따라 이항분포의 확률 히스토그램은 정규분포의 확률밀도함수와 같이 대칭인 종모양에 가까워진다. 한편 이항분포에서 X가 어느 특정한 값 x를 가질 확률은 x가 정수일 때 X가 구간 $(x - 1/2, x + 1/2)$에 속할 확률과 동일하므로, 그림 4.6(a)의 확률 히스토그램에서 x를 중심으로 밑변의 길이가 1인 구간 $(x - 1/2, x + 1/2)$과 높이 $P(X = x)$로 만들어지는 직사각형의 색칠된 넓이와 같다. 이 값은 근사적으로 그림 4.6(b)의 정규분포에서 X가 구간 $(x - 1/2, x + 1/2)$에 포함될 확률(색칠된 부분의 넓이)과 같아질 것이다. 이와 같이 1/2씩 가감하는 과정을 이산확률분포에서 연속확률분포로의 근사를 위한 **연속성 수정 (continuity correction)** 이라 부른다.

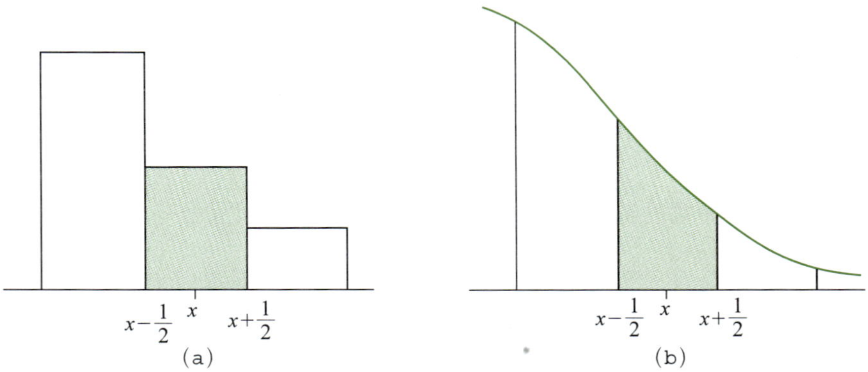

그림 4.6 이항분포 확률의 정규분포 확률로의 근사

이항분포의 정규근사

확률변수 X가 이항분포, 즉 $X \sim Bin(n, p)$이고 np나 $n(1-p)$가 모두 클 경우에 (보통 10 이상) X는 근사적으로 평균이 np이고 표준편차가 $\sqrt{np(1-p)}$인 정규분포를 따른다. 즉, 다음을 만족한다.

$$Z = \frac{X - np}{\sqrt{np(1-p)}} \sim N(0, 1)$$

이항분포의 정규근사는 통계적 추론에서 중심극한정리를 적용하는 중요한 예 중의 하나라고 할 수 있다. 성공의 수 X를 시행횟수 n으로 나눈 값 X/n를 표본비율($\hat{p}$)이라고 할 때, 이항분포의 정규근사는 표본비율의 표집분포를 중심극한정리에 의해 정규분포로 근사하는 과정으로 이해할 수 있다. 이러한 설명이 가능한 이유는, 성공확률 p를 갖는 n회의 베르누이 시행에서의 성공의 횟수로 정의되는 이항확률변수 X는, n개의 베르누이 확률변수 Z_i들의 합으로 표현될 수 있기 때문이다. 즉, $X = Z_1 + Z_2 + \cdots + Z_n$이므로 $\hat{p} = X/n$는 Z_i들의 평균이다. 따라서 n이 클 경우 중심극한정리에 의하여 표본비율 $\hat{p}$는 근사적으로 평균이 $p(=E(Z_1))$이고, 분산이 $\dfrac{p(1-p)}{n}\left(=\dfrac{Var(Z_1)}{n}\right)$인 정규분포를 따르게 된다.

이 경우 이항분포의 정규근사가 표본비율에 대하여 중심극한정리를 적용한 결과임을 다음의 관계를 통하여 이해할 수 있다.

$$\frac{X-np}{\sqrt{np(1-p)}} = \frac{X/n-p}{\sqrt{p(1-p)/n}} = \frac{\hat{p}-p}{\sqrt{p(1-p)/n}} \sim N(0,\ 1)$$

예제 4.9 동전을 900번 던지는 실험에서 앞면을 495번보다 많이 얻게 될 확률을 구하라.

풀 이 X_i를 i번째의 시행에서 동전의 앞면이 나오면 1, 뒷면이 나오면 0의 값을 갖는 확률변수라고 하자. 이 경우 X_i의 기댓값은 1/2이고 분산은 1/4이다. 따라서 900개의 확률변수 $X_1, \ldots, X_{900}$은 평균이 1/2이고 분산이 1/4인 모집단으로부터의 랜덤샘플이다. 따라서 총 앞면의 개수 $Y = \sum_{i=1}^{900} X_i$는 이항분포의 정규근사 또는 중심극한정리를 적용하면, 근사적으로 평균이 $(900)(1/2) = 450$이고 분산이 $(900)(1/2)(1/2) = 225$인 정규분포를 따르게 된다. 그러므로 구하고자 하는 확률은 연속성 수정을 고려하여 구하면 다음과 같다.

$$\begin{aligned} P(Y > 495) &= P(Y \geq 495.5) = P\left(\frac{Y-450}{15} \geq \frac{495.5-450}{15}\right) \\ &= P(Z > 3.03) = 0.0012 \end{aligned}$$

예제 4.9에서 연속성 수정을 고려하지 않으면 구하는 확률은

$$P(Y > 495) = P\left(\frac{Y-450}{15} \geq \frac{495-450}{15}\right) = P(Z > 3) = 0.0013$$

이 된다. 이 두 확률계산의 차이는 아주 근소함을 알 수 있다. 따라서 이 장 이후의 구간

에 대한 확률계산에서는 연속확률분포로의 근사를 위한 연속성 수정을 하지 않음을 밝혀두고자 한다. 그러나 아래의 예제에서와 같이 이항확률변수가 특정한 값을 갖는 확률을 근사적으로 계산하는 경우에는 연속성 수정이 필요하다.

예제 4.10 어느 조사에 의하면 인터넷 사용자의 95%가 인터넷 쇼핑몰을 이용한다고 한다. 200명의 인터넷 사용자를 임의로 추출해서 인터넷 쇼핑몰을 이용한 적이 있는지 질문할 때, 정확히 194명이 '예' 라고 대답할 확률을 구하라.

풀이 X를 200명의 인터넷 사용자 중에서 '예' 라고 대답한 사람의 수를 나타내는 확률변수라고 한다면, X는 성공확률이 0.95이고 시행횟수가 200인 이항확률분포 $Bin(200,\ 0.95)$를 따른다. $np = (200)(0.95) = 190$, $n(1-p) = (200)(0.05) = 10$이므로, 이항분포의 정규근사가 가능하며, X는 근사적으로 평균 190이고 표준편차가 $\sqrt{(200)(0.95)(0.05)} \approx 3.08$인 정규분포를 따른다. 연속분포로의 근사를 위한 연속성 수정을 통하여, 정확히 194명이 '예' 라고 대답할 확률은 다음과 같이 구해진다.

$$
\begin{aligned}
P(X = 194) &= P(193.5 < X < 194.5) \\
&\approx P\left(\frac{193.5 - 190}{3.08} < Z < \frac{194.5 - 190}{3.08}\right) \\
&= P(1.14 < Z < 1.46) \\
&= 0.9279 - 0.8729 \\
&= 0.0550
\end{aligned}
$$

제 3 절 엑셀을 이용한 분석

예제 4.11 균일한 확률로 0에서 9까지 10개의 정숫값을 가지는 모집단(이러한 모집단의 분포를 이산균등분포라 부른다) 을 고려해 보자. 예를 들어, 전화번호 끝자리 번호의 분포를 생각해 보자. 여기에서 크기가 10인 표본을 100번 뽑아서 매번 추출된 표본에서 표본 평균을 구하고, 그 평균들을 가지고 히스토그램을 그려라.

풀이 난수를 생성하는 엑셀 함수에는 RANDBETWEEN (a, b)이 있다. 여기서 a, b는 난수의 하한과 상한값을 의미한다.

"=RANDBETWEEN(0,9)"를 A1 셀에 입력하면 0에서 9 사이에 있는 임의의 난숫값을 얻을 수 있다. 여기서 [ctrl+c] 키를 이용하여 A1 셀을 복사한다.

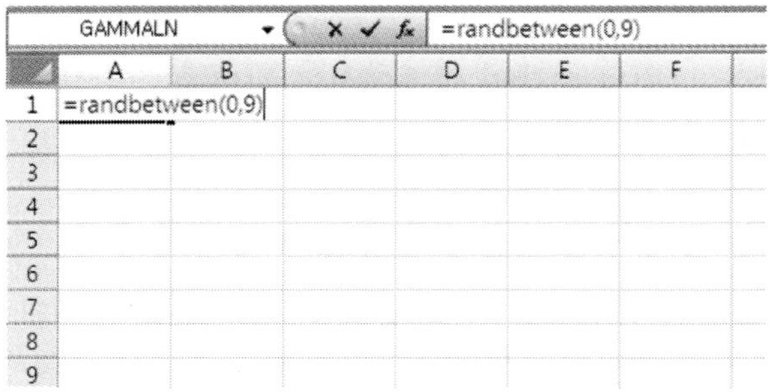

‖ 그림 4.7 ‖ RANDBETWEEN()을 통해 생성된 난수

그 다음 [shift] 키를 누른 상태에서 방향키로 100행 10열을 지정한 다음 [ctrl+v]키를 눌러 난수를 채운다.

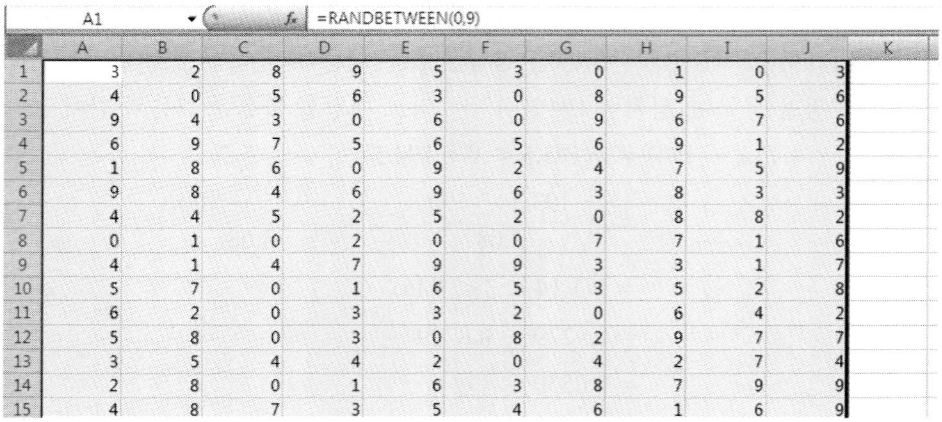

	A	B	C	D	E	F	G	H	I	J	K
1	3	2	8	9	5	3	0	1	0	3	
2	4	0	5	6	3	0	8	9	5	6	
3	9	4	3	0	6	0	9	6	7	6	
4	6	9	7	5	6	5	6	9	1	2	
5	1	8	6	0	9	2	4	7	5	9	
6	9	8	4	6	9	6	3	8	3	3	
7	4	4	5	2	5	2	0	8	8	2	
8	0	1	0	2	0	0	7	7	1	6	
9	4	1	4	7	9	9	3	3	1	7	
10	5	7	0	1	6	5	3	5	2	8	
11	6	2	0	3	3	2	0	6	4	2	
12	5	8	0	3	0	8	2	9	7	7	
13	3	5	4	4	2	0	4	2	7	4	
14	2	8	0	1	6	3	8	7	9	9	
15	4	8	7	3	5	4	6	1	6	9	

‖ 그림 4.8 ‖ 수식 복사를 통해 생성된 난수

그림 4.8의 각 셀에는 0부터 9까지의 난수가 생성되어 있는 것을 볼 수 있다. 그러나 각 셀의 참조줄을 보면 모든 셀은 fx =RANDBETWEEN(0,9) 와 같이 함수가 참조되어 있음을 알 수 있다. 따라서 워크시트 내에서 어떠한 작업을 할 때마다 각 셀의 값은 지정한 함수의 결과에 따라서 값의 변화가 생긴다. 그런데 이것은 우리가 원하는 상황이 아니므로 이를 막기 위해 생성된 난수 전체의 범위를 지정하고 [ctrl+c] 키로 복사하면 범위 테두리가 점선으로 반짝거리는데, 이때 마우스 오른쪽 버튼을 눌러 [선택하여 붙여넣기(S)]를 누른다.

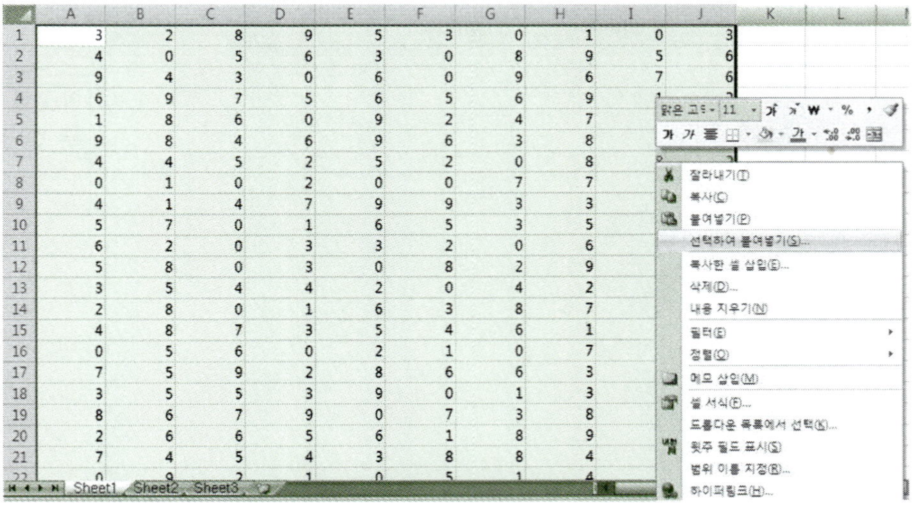

그림 4.9 구한 난수가 변하지 않도록 복사하여 값으로 덮어씌우는 과정1

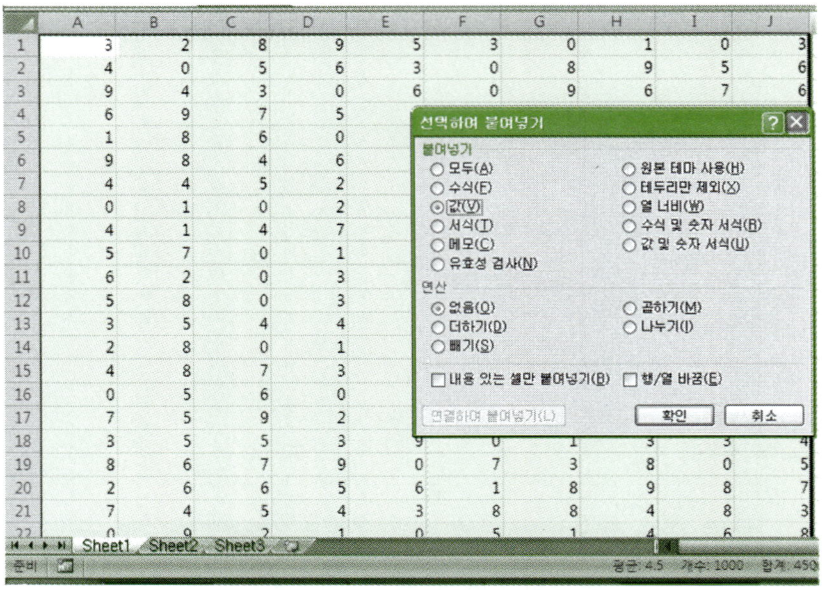

그림 4.10 구한 난수가 변하지 않도록 복사하여 값으로 덮어씌우는 과정2

이때 붙여넣기 옵션에서 [값(V)]을 선택하면 셀 안의 값들이 함수의 결과가 아닌 숫자값으로 입력되어 바뀌지 않게 된다.

이제 10개의 난수로 이루어진 한 행의 평균을 구하기 위해 "=AVERAGE(A1:J1)"을 K1 셀에 입력하여 평균값을 구하고 그 아래 셀에도 복사하여 채운다. 이때 K1 셀을 지정했을 때 보이는 오른쪽 하단의 작은 검은색 상자에 마우스 커서를 대면 화살표가 검은색 십자 모양으로 바뀐다. 이를 빠르게 마우스로 두 번 클릭해 주면 마우스로 드래그 할 필요 없이 100개의 행 각각의 평균을 구할 수 있다.

K1 =AVERAGE(A1:J1)

	A	B	C	D	E	F	G	H	I	J	K	L
1	3	2	8	9	5	3	0	1	0	3	3.4	
2	4	0	5	6	3	0	8	9	5	6		
3	9	4	3	0	6	0	9	6	7	6		
4	6	9	7	5	6	5	6	9	1	2		
5	1	8	6	0	9	2	4	7	5	9		
6	9	8	4	6	9	6	3	8	3	3		
7	4	4	5	2	5	2	0	8	8	2		
8	0	1	0	2	0	0	7	7	1	6		
9	4	1	4	7	9	9	3	3	1	7		
10	5	7	0	1	6	5	3	5	2	8		
11	6	2	0	3	3	2	0	6	4	2		
12	5	8	0	3	0	8	2	9	7	7		
13	3	5	4	4	2	0	4	2	7	4		
14	2	8	0	1	6	3	8	7	9	9		
15	4	8	7	3	5	4	6	1	6	9		
16	0	5	6	0	2	1	0	7	3	5		
17	7	5	9	2	8	6	6	3	8	5		
18	3	5	5	3	9	0	1	3	3	4		
19	8	6	7	9	0	7	3	8	0	5		
20	2	6	6	5	6	1	8	9	8	7		
21	7	4	5	4	3	8	8	4	8	3		

이곳을 빠르게
두 번 클릭한다.

‖ 그림 4.11 ‖ 함수 AVERAGE()를 통해 평균값을 구하는 과정

K1 =AVERAGE(A1:J1)

	A	B	C	D	E	F	G	H	I	J	K	L
1	3	2	8	9	5	3	0	1	0	3	3.4	
2	4	0	5	6	3	0	8	9	5	6	4.6	
3	9	4	3	0	6	0	9	6	7	6	5	
4	6	9	7	5	6	5	6	9	1	2	5.6	
5	1	8	6	0	9	2	4	7	5	9	5.1	
6	9	8	4	6	9	6	3	8	3	3	5.9	
7	4	4	5	2	5	2	0	8	8	2	4	
8	0	1	0	2	0	0	7	7	1	6	2.4	
9	4	1	4	7	9	9	3	3	1	7	4.8	
10	5	7	0	1	6	5	3	5	2	8	4.2	
11	6	2	0	3	3	2	0	6	4	2	2.8	
12	5	8	0	3	0	8	2	9	7	7	4.9	
13	3	5	4	4	2	0	4	2	7	4	3.5	
14	2	8	0	1	6	3	8	7	9	9	5.3	
15	4	8	7	3	5	4	6	1	6	9	5.3	
16	0	5	6	0	2	1	0	7	3	5	2.9	
17	7	5	9	2	8	6	6	3	8	5	5.9	
18	3	5	5	3	9	0	1	3	3	4	3.6	
19	8	6	7	9	0	7	3	8	0	5	5.3	
20	2	6	6	5	6	1	8	9	8	7	5.8	
21	7	4	5	4	3	8	8	4	8	3	5.4	
22	0	9	2	1	0	5	1	4	6	8	3.6	

Sheet1 Sheet2 Sheet3

‖ 그림 4.12 ‖ 자동 채우기를 통해 구한 100개의 평균

이를 가지고 계급을 0에서 9로 하여 [데이터] ➡ [데이터 분석] ➡ [히스토그램] 메뉴를 이용하여 히스토그램을 그릴 수 있다 (엑셀 2003 버전에는 [도구 모음] ➡ [데이터 분석] ➡ [히스토그램]에 있다).

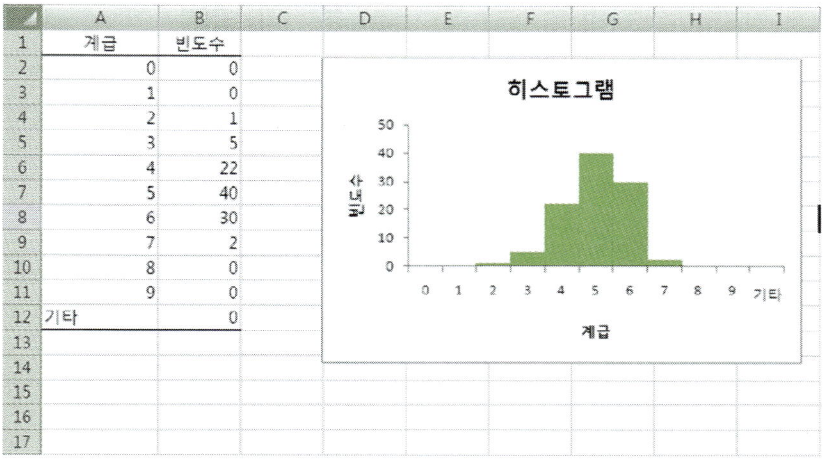

Ⅱ 그림 4.13 Ⅱ 표본평균의 히스토그램

이산분포이므로 정규분포라 보기 어려우나 표본평균의 히스토그램이 정규분포와 유사한 것을 알 수 있다.

또 다른 방법은 [데이터 분석] ➡ [난수 생성]을 이용하는 방법이다.

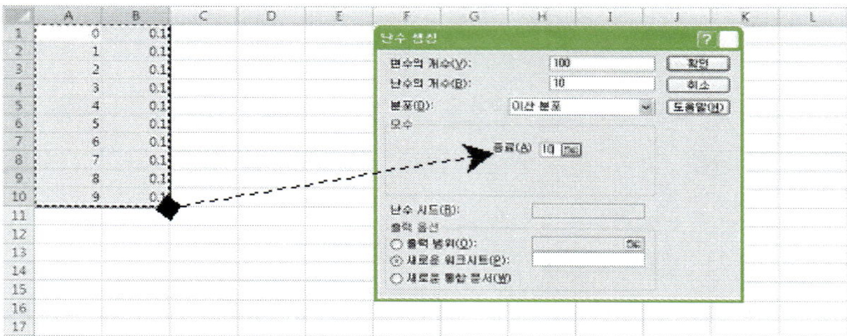

Ⅱ 그림 4.14 Ⅱ [데이터 분석] ➡ [난수 생성] ➡ [이산 분포]를 이용한 표본 추출

난수 생성에서 이산 분포는 주어진 모숫값이 나올 확률로 정수 난수를 추출한다. 이때 우선 왼쪽에는 나오는 모수, 오른쪽에는 주어진 모숫값들이 나올 확률을 입력한다. 여기서는 0에서 9까지 나올 확률이 모두 동일하므로 각각 0.1을 입력한다.

10개의 정수 난수를 가진 표본을 100개 생성하므로 변수의 개수는 100개, 난수 개수를 10개로 입력한다. 그 다음 처음 입력했던 모수 범위를 난수 생성 가운데에 있는 [모수(A)] 창의 [종료(A)]에 입력한다. 여기서 종료에 대한 지정값이 10으로 보이지만 그 옆의 셀참조 버튼을 눌러보면 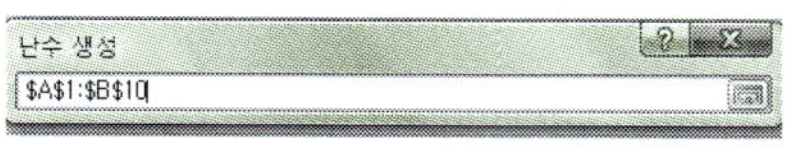

와 같이 모수와 그 확률이 입력되어 있는 범위가 지정되어 있음을 알 수 있다. 이와 같은 상태에서 확인을 누르면 앞에서 RANDBETWEEN()을 통해 얻은 것과 같은 결과를 얻을 수 있을 것이다. 나머지 평균을 구하는 방법은 동일하다.

연·습·문·제

4.1 모집단의 평균이 99이고 표준편차가 7이라 할 때, $E(\overline{X})$, $sd(\overline{X})$를 구하라.

(1) 표본크기 : 4　　(2) 표본크기 : 25

4.2 모집단의 평균이 20이고 표준편차가 5인 정규분포를 따를 때, 표본의 크기가 6인 표본에 대하여 다음을 구하라.

(1) $E(\overline{X})$　　(2) $sd(\overline{X})$　　(3) $\overline{X}$의 분포

4.3 한 발전소에서 나오는 황화폐기물의 양이 평균이 61kg이고 표준편차가 10kg인 정규분포를 따른다고 할 때, 무작위로 5일을 선택하여 조사한 황화폐기물의 총합이 320kg을 넘을 확률은 얼마인가?

4.4 한 제과회사에서 소유하고 있는 포장기계에서 나오는 과자의 무게는 평균은 정해진 무게이고, 표준편차는 3.459g인 정규분포를 갖는다고 한다. 회사는 소비자 단체와의 마찰을 피하기 위해 450g이라고 표시된 과자를 포장하는 기계를 평균적으로 455g씩 포장하도록 맞추어 놓았다.

(1) 9개의 과자를 표본으로 선택하였을 때, 표본평균이 450g보다 작을 확률은 얼마인가?

(2) 오랜 시간 동안 이 기계를 사용하였을 때, 몇 %의 과자 무게가 450g보다 적겠는가?

4.5 연습문제 4.4에서 다음 물음에 답하라.

(1) 크기가 9인 표본의 평균무게가 450g보다 작을 확률이 0.02가 되기 위해서는 기계를 몇 그램에 맞추어야 하는가?

(2) (1)과 같이 무게를 맞추면 오랜 시간 후 몇 %의 과자 무게가 450g보다 적겠는가?

4.6 탈수된 단백질 500그램에 있는 수분은 평균이 3.5이고 표준편차가 0.5인 정규분포를 따른다고 한다. 표본의 크기가 16인 표본에 관하여 다음 물음에 답하라.

(1) 표본의 평균은 어떤 분포를 따르는가?

(2) (i) 표본평균이 3.7보다 클 확률은 얼마인가?

(ii) 표본평균이 3.34보다 크고 3.66보다 작을 확률은 얼마인가?

4.7 어떤 강에 있는 조약돌의 무게는 평균이 12.1그램이고 표준편차가 3.2그램인 정규분포를 따른다고 한다. 9개의 조약돌을 임의로 선택하여 평균무게를 $\overline{X}$라 할 때, 다음의 질문에 답하라.

(1) 표본평균 $\overline{X}$의 분포는 어떻게 되겠는가?

(2) 표본평균 $\overline{X}$가 10그램보다 작을 확률은 얼마인가?

(3) 강에 있는 조약돌 중에서 무게가 10그램보다 작은 것들의 비율은 얼마인가?

4.8 χ^2 분포표를 이용하여 다음 각 경우의 값을 찾아라.

(1) 자유도가 8일 때 상위 5%의 확률을 주는 값

(2) 자유도가 17일 때 상위 1%의 확률을 주는 값

(3) 자유도가 11일 때 상위 2.5%의 확률을 주는 값

(4) 자유도가 23일 때 상위 1%의 확률을 주는 값

4.9 자유도가 5, 10, 15, 20, 30일 때, $\chi^2_{0.05}$값을 찾아라. 이 값이 자유도에 따라 증가하는가? 아니면 감소하는가?

4.10 부록의 t 분포표를 이용하여 다음을 구하라.

(1) 자유도가 5일 때, 상위 5%의 확률을 주는 값

(2) 자유도가 18일 때, 하위 2.5%의 확률을 주는 값

(3) 자유도가 11일 때, 하위 1%의 확률을 주는 값

(4) 자유도가 16일 때, 상위 10%의 확률을 주는 값

4.11 자유도가 5, 10, 15, 20, 29일 때, $t_{0.05}$값을 찾아라. 이 값이 자유도에 따라 증가하는가? 아니면 감소하는가?

4.12 F 분포표를 이용하여 다음을 구하라.

(1) 자유도가 (5, 10)일 때 상위 5%의 확률을 주는 값

(2) 자유도가 (10, 5)일 때 하위 5%의 확률을 주는 값

4.13 부록의 F 분포표를 이용하여 아래 예에 대한 F-분포의 상위 10%의 확률을 주는 경곗값을 구하라.

(1) 자유도 = (3, 5)

(2) 자유도 = (3, 10)

(3) 자유도 = (3, 15)

(4) 자유도 = (3, 20)

(5) 분모의 자유도가 높아짐에 따라 어떤 효과가 나타나는가?

4.14 복원추출로 {2, 4, 6}에서 두 숫자를 추출할 때, 다음에 답하라.

(1) 모든 가능한 표본을 구하고, 각 표본에서 $\overline{X}$와 S^2의 값을 구하라.

(2) 표본평균 $\overline{X}$의 분포를 구하라.

(3) 표본분산 S^2의 분포를 구하라.

4.15 어느 도시 근로자의 수입은 평균이 250만 원이고 표준편차는 50만 원이라고 한다.

(1) 100명을 표본으로 선택하였을 때, 표본평균의 분포는 무엇인가?

(2) $P(\overline{X} > 2{,}600{,}000)$은 얼마인가?

4.16 어떤 대학에서 한 학생이 수강신청을 하는데 걸리는 시간은 평균이 9.4분이고 표준편차가 1분인 분포를 따른다고 할 때, 81명의 학생을 임의로 선택하여 수강신청에 드는 시간을 측정하였다.

(1) 표본평균 $\overline{X}$의 평균과 표준편차를 구하라.

(2) 표본평균 $\overline{X}$의 분포는 어떻게 되겠는가?

4.17 어떤 물질이 견딜 수 있는 힘은 평균이 55kg이고 표준편차가 7kg인 분포를 따른다고 한다. 크기가 40인 표본을 추출하여 조사한다고 할 때 다음 물음에 답하라.

(1) 표본평균 $\overline{X}$가 54에서 56 사이에 있을 확률은 얼마인가?

(2) 55를 중심으로 하는 구간 중에서 95%의 확률로 $\overline{X}$가 포함될 구간을 구하라.

4.18 폭풍 속에서 내리는 우박의 지름은 평균이 1.27cm이고 표준편차가 0.25cm인 분포를 따른다고 한다. 40개의 우박을 임의로 선택하였을 때 표본평균이 1.22cm에서 1.34cm 사이에 있을 확률은 얼마인가?

4.19 어떤 연못에 있는 어린 송어의 크기는 평균이 8.6cm이고 표준편차가 2.0cm인 정규분포를 따른다고 한다.

(1) 어린 송어 중에서 12마리를 잡아서 평균을 조사하였을 때, 평균값이 7.6cm보다 작을 확률은 얼마인가?

(2) 그물로 12마리의 어린 송어를 잡는다면 임의추출이라고 할 수 있는가?

4.20 어떤 대학의 남자 학생의 키는 평균이 175cm이고 표준편차가 7.1cm인 정규분포를 따른다고 한다. 만약 임의로 남자 학생 중에서 5명을 선택하여 농구 팀을 만들었을 때, 평균 신장이 180cm를 넘을 확률은 얼마인가?

4.21 다음 이항분포에서의 확률을 정규분포근사로 구하는 것이 적당한지에 대하여 논하라.

(1) $n = 500,\ p = 0.33$　　(2) $n = 10,\ p = 0.5$

(3) $n = 400,\ p = 0.4$　　(4) $n = 200,\ p = 0.98$

(5) $n = 100,\ p = 0.61$　　(6) $n = 100,\ p = 0.05$

4.22 확률변수 X가 $n = 200$이고, $p = 0.75$인 이항분포를 따르는 확률변수이다.

(1) $X = 140$일 확률을 정규분포근사를 이용하여 근삿값을 구하라.

(2) $X \leq 160$일 확률을 정규분포근사를 이용하여 근삿값을 구하라.

(3) $137 \leq X \leq 162$일 확률을 정규분포근사를 이용하여 근삿값을 구하라.

4.23 미국인 나이의 중앙값이 32.3세라고 한다. 만약 200명을 임의로 선택하여 조사하였을 때, 선택된 사람 중에 적어도 110명의 나이가 32.3세 이하일 근사 확률은 얼마인가?

4.24 실업률이 7.9%라 하고, 300명의 사람을 임의로 선택하였을 때, 다음의 확률을 구하라.

(1) 표본 중 18명 미만의 사람이 실업상태일 확률

(2) 표본 중 실업상태인 사람이 30명을 초과할 확률

4.25 전자제품가게에 오는 손님 중 25%만이 실제로 물건을 구입한다고 할 때, 100명의 방문자 중 20명 이상이 물건을 구입할 확률을 구하라.

제 5 장 추정

통계적 추론(**statistical inference**)이란 추출된 표본으로부터 모집단의 일반적인 특성을 추측하는 것을 뜻한다. 일단 표본이 추출되면 제1장에서 다룬 자료요약의 기법들을 이용하여 도수분포표, 평균, 분산, 표준편차 등의 표본에 대한 정보를 얻을 수 있다. 그러나 대부분의 경우에 단순히 하나의 표본에 대한 정보뿐 아니라 모집단의 일반적인 특성이 관심의 대상이 된다. 예를 들어, 어느 회사에서는 자신의 회사에서 생산, 판매하는 제품의 1년 내 고장비율에 관심이 있다고 하자. 이를 위해 판매된 100개의 제품에 대해 1년 동안 추적 조사한 결과 그중 12개에서 고장이 발생하였다고 한다. 이때 이 회사의 주된 관심사는 100개에서 발생한 고장비율이 아니라 회사에서 생산하는 제품 전체에 대한 1년 내 고장비율이 될 것이다. 이때 전체 제품을 대상으로 조사하지 않는 한 전체 제품의 1년 내 고장비율은 구할 수 없으므로, 표본이 갖고 있는 정보를 이용하여 이를 추측하여야 한다. 이와 같은 과정이 통계적 추론의 한 과정이라고 할 수 있다.

> 통계적 추론이란 표본이 갖고 있는 정보를 분석하여 모집단의 특성을 나타내는 모수를 추정하고, 모수에 대한 가설의 옳고 그름을 판단하는 것을 말한다.

이처럼 통계적 추론이란 모집단의 일부인 표본으로부터 전체 모집단의 성질을 추론하는 것이기 때문에 100% 확실하다고 할 수는 없다. 따라서 통계적인 추론을 할 때에는 그 결론의 정확성 정도를 반드시 제시하여야 한다. 이러한 정도를 수치로 표시하는 도구로 앞에서 공부한 확률론과 표집분포 등을 이용할 수 있다.

통계적 추론은 조사자의 관심에 따라 모수의 추정과 모수에 대한 가설검정이라는 두 가지 문제로 나눌 수 있다. 모수의 추정이란 미지수인 모수에 대한 추측 혹은 추측치를 수치화된 정확도와 함께 제시하거나 모수가 포함되리라 예상하는 적절한 구간을 제시하는 것을 말한다. 한편 모수에 대한 가설검정은 모수에 대한 가설이 적합한지 혹은 적합하지 않은 것인지를 추출된 표본으로부터 판단하는 것을 말한다. 이 장에서는 모수추정의 문제를 다루고 가설검정은 다음 장에서 공부하기로 한다.

이 장에서는 모평균, 모비율, 두 모평균의 차이, 모표준편차 등에 대한 추정의 문제를 다양한 조건에서 다루어 보고자 한다.

제 1 절 한 모집단에서의 모평균의 추정

모수의 추정에는 **점추정**(**point estimation**)과 **구간추정**(**interval estimation**)이 있다. 점추정이란 추출된 표본으로부터 모수의 값에 가까우리라고 예상되는 하나의 값을 구하는 것이다. 구간추정은 모수를 포함하리라고 예상되는 적절한 구간을 구하는 것이다. 이 절에서는 모평균에 대한 점추정과 구간추정에 관하여 공부하고자 한다.

점추정

모집단에서 임의추출한 크기가 n인 표본을 $X_1, \cdots, X_n$이라고 하자. 점추정이란 추정하고자 하는 모수에 대하여 $X_1, \cdots, X_n$으로부터 하나의 통계량을 만들고, 주어진 표본으로부터 그 값을 계산하여 하나의 수치를 제시하는 것이다. 이와 같이 모수를 추정하기 위해 만들어진 통계량을 **추정량**(**estimator**)이라 하고, 주어진 관측값으로부터 계산된 추정량의 값을 **추정치**(**estimate**)라고 한다. 예를 들어, 어느 과자공장에서 만든 과자 한 봉지의 평균 무게를 추정한다고 할 때 직관적으로 가장 타당한 추정량은 표본의 평균

$$\overline{X} = \frac{X_1 + \cdots + X_n}{n}$$

이 될 것이다. 따라서 이 공장에서 생산한 과자 중에서 임의추출한 30봉지로부터 계산한 표본평균값이 199.3g이라면 평균무게의 추정치는 199.3g이 된다.

추정량은 하나의 확률변수이므로 추출된 표본의 값에 따라서 그 값이 달라질 것이다. 즉, 위의 예에서 만약 다시 30봉지를 임의추출하여 표본평균을 구한다면 199.3g이 아닌 다른 값을 갖게 될 것이다. 이런 추정치들의 변화의 정도는 추정량의 정확도와 관계가 있는데, 이 정확도를 측정하는 하나의 도구로 추정량의 표준편차, 즉 **표준오차**(**standard error, S.E.**)를 사용한다. 표준오차는 그 이름에서도 예상할 수 있듯이 그 값이 작을수록 바람직하다고 할 수 있다. 예를 들어, 표본평균의 표준오차를 알아보도록 하자. 표본평

균의 기댓값과 표준오차는 모집단의 평균과 표준편차가 각각 μ와 σ일 때 다음과 같이 구할 수 있다.

$$E(\overline{X}) = \mu,\ S.E.(\overline{X}) = \frac{\sigma}{\sqrt{n}}$$

따라서 $\overline{X}$를 가지고 μ를 추정할 경우 n이 클수록 표준오차가 작아져서 좀 더 정확한 추정이 가능함을 알 수 있다. 그러나 $S.E.(\overline{X})$를 계산하고자 할 때 σ가 주어져 있지 않은 경우가 많은데, 이런 경우에는 σ를 표본표준편차 S로 추정하여 사용할 수 있다.

모평균에 대한 점추정

- 모수 : 모집단의 평균 μ
- 자료 : 평균 μ이고 표준편차가 σ인 모집단에서 임의추출한 표본 $X_1, \cdots, X_n$
- 추정량 : 표본평균 $\overline{X}$
- 추정량의 표준오차 : $S.E.(\overline{X}) = \frac{\sigma}{\sqrt{n}}$, 추정된 표준오차 : $\frac{S}{\sqrt{n}}$

예제 5.1 어느 전기부품공장에서 생산한 전기퓨즈의 평균수명(μ)을 알아보기 위해 40개의 전기퓨즈를 추출하고, 그 수명(X_i)을 조사하여 다음과 같은 결과를 얻었다.

$$\Sigma X_i = 88,\quad \Sigma X_i^2 = 212$$

평균수명을 추정하고 그 추정량의 표준오차를 구하라.

풀 이 평균수명(μ)의 추정량은 표본평균($\overline{X}$)이므로

$$\mu\text{의 추정치} : \overline{X} = \frac{88}{40} = 2.2$$

이다. 모집단의 표준편차가 알려져 있지 않으므로 표본표준편차를 이용하여 추정량 $\overline{X}$의 표준오차를 추정한다. 이를 위하여 표본표준편차를 계산하면

$$S = \sqrt{\frac{1}{n-1}(\Sigma X_i^2 - n\overline{X}^2)} = \sqrt{\frac{1}{39}(212 - 40 \times 2.2^2)} = 0.687$$

이다. 따라서 표본평균의 추정된 표준오차는

$$\frac{S}{\sqrt{n}} = \frac{0.687}{\sqrt{40}} = 0.109$$

이다.

구간추정

점추정은 추정량과 함께 추정량의 표준오차를 제시하는 반면, 구간추정은 추정량의 분포를 이용하여 표본으로부터 모수의 값을 포함하리라고 예상되는 구간을 제시하는 것이다. 이때 제시되는 구간을 **신뢰구간 (confidence interval)** 이라고 부른다.

신뢰구간은 대개 (L, U)의 형태로 이루어지며, 이때 L과 U는 표본으로부터 계산된 통계량이다. 따라서 매 표본마다 계산되는 신뢰구간은 일반적으로 달라진다. 만약 어떤 신뢰구간이 항상 모수를 포함하도록 만들어졌다면 그것은 가장 확실한 신뢰구간이 될 것이다. 그러나 모수를 항상 포함하는 신뢰구간은 상당히 길어질 수밖에 없고, 그러한 신뢰구간으로부터는 모수에 대한 자세한 정보를 얻기가 어렵다. 예를 들어, 어떤 모평균에 대한 신뢰구간으로 $(-\infty, \infty)$가 주어졌다면, 어떤 표본에 대해서도 신뢰구간 $(-\infty, \infty)$은 모평균을 항상 포함할 것이다. 그러나 우리는 이 신뢰구간으로부터 모평균이 실수라는 것 외에 어떠한 정보도 얻을 수가 없다. 따라서 모평균에 대한 좀 더 정확한 정보를 얻기 위해서는 신뢰구간을 가능한 한 줄일 필요가 있는데, 이를 위해서는 신뢰구간이 어떤 표본에 대해서도 모수를 포함해야 한다는 조건을 어느 정도는 완화시킬 필요가 있다. 즉, 신뢰구간이 모수를 포함할 확률을 1보다는 작은 일정한 수준에서 유지하면서 구간의 길이를 줄이는 것이 좋은 신뢰구간을 만드는 기초라 할 수 있다. 이때 모수를 포함할 확률은 대개 90%, 95%, 99% 등을 사용하는데, 이 확률을 **신뢰수준 (level of confidence)** 또는 **신뢰도**라고 한다.

모평균(μ)의 신뢰구간을 구하기 위해서는 μ의 추정량 $\overline{X}$의 분포를 이용할 수 있다. 모집단의 분포에 따라 $\overline{X}$를 표준화한 확률변수의 분포를 정리하면 다음과 같다.

(5-1) 정규모집단이 아니고 표본의 크기가 클 때 (n이 30 이상일 때)

$$\frac{\overline{X}-\mu}{S/\sqrt{n}} \sim N(0, 1)$$

(5-2) 정규모집단일 때

$$\frac{\overline{X}-\mu}{S/\sqrt{n}} \sim t(n-1)$$

단, 모집단의 표준편차 σ가 알려져 있을 때는 S를 σ로 대체해야 하고, (5-1), (5-2) 두 경우 모두 표준정규분포를 따른다.

앞의 각 경우의 표준화된 확률변수는 추정량에서 모수를 뺀 값을 추정량의 추정된 표준오차로 나눈 형태이고, 두 경우 모두 대칭인 분포를 따른다. 이런 형태의 통계량은 이 절 이후에도 반복해서 사용하는데, 그와 같은 경우에 신뢰구간을 구하는 방법은 거의 같은 과정을 따른다. 여기서는 (5-1)의 경우를 자세히 설명하고자 한다.

중심극한정리에 의하여 표준화된 확률변수 $\dfrac{\bar{X}-\mu}{S/\sqrt{n}}$는 근사적으로 표준정규분포를 따르므로 다음 식을 만족한다.

$$P\left(\left|\frac{\bar{X}-\mu}{S/\sqrt{n}}\right| < z_{\alpha/2}\right) = 1-\alpha$$

이때 $z_{\alpha/2}$는 $N(0, 1)$의 상위 $\alpha/2$의 확률을 주는 값으로, 예를 들어 $\alpha = 0.05$인 경우 $z_{\alpha/2} = z_{0.025} = 1.96$이다 (이때 확률 $1-\alpha$는 근사적으로 얻어지는 것인데, 이 책에서는 이를 정확하게 얻어지는 것과 구분하지 않기로 한다). 위의 식에서 괄호 안의 부등식을 풀어쓰면

$$P\left(-z_{\alpha/2}\frac{S}{\sqrt{n}} < \bar{X}-\mu < z_{\alpha/2}\frac{S}{\sqrt{n}}\right) = 1-\alpha$$

가 되고, 이 식을 μ에 대해서 정리하면 다음과 같다.

$$P\left(\bar{X}-z_{\alpha/2}\frac{S}{\sqrt{n}} < \mu < \bar{X}+z_{\alpha/2}\frac{S}{\sqrt{n}}\right) = 1-\alpha$$

따라서 (5-1)의 경우에 μ에 대한 $100(1-\alpha)\%$ 신뢰구간은 다음과 같다.

$$\left(\bar{X}-z_{\alpha/2}\frac{S}{\sqrt{n}},\ \bar{X}+z_{\alpha/2}\frac{S}{\sqrt{n}}\right)$$

이 식에서 보는 바와 같이 $100(1-\alpha)\%$ 신뢰구간은 $\bar{X}$로부터 좌우로 $z_{\alpha/2}\dfrac{S}{\sqrt{n}}$만큼 떨어진 지점까지의 구간이다. 이 사실을 이용하여 $100(1-\alpha)\%$ 신뢰구간을 $\bar{X} \pm z_{\alpha/2}\dfrac{S}{\sqrt{n}}$로 표현하는 경우도 많이 있는데, 이때 $z_{\alpha/2}\dfrac{S}{\sqrt{n}}$를 $100(1-\alpha)\%$ 허용오차라고 부른다. 또한 표본마다 구해지는 $100(1-\alpha)\%$ 신뢰구간의 길이는 $2 \times z_{\alpha/2}\dfrac{S}{\sqrt{n}}$가 된다. 따라서 S가 작을수록 신뢰구간의 길이가 짧아지고, 신뢰수준을 높일수록, 즉 α를 줄일수록 $z_{\alpha/2}$가 커져서 신뢰구간의 길이가 길어진다. 또한 주어진 α에 대해서는 표본의 크기가 클수록 신뢰구간의 길이가 짧아지므로 μ에 대한 좀 더 정확한 정보를 얻을 수 있다.

한편 (5-2)의 경우는 통계량의 분포가 표준정규분포가 아니라 자유도가 $n-1$인 t-분

포를 따르므로 $z_{\alpha/2}$ 대신에 $t_{\alpha/2}(n-1)$을 사용하여 신뢰구간을 구할 수 있다. 위의 두 경우의 신뢰구간을 정리하면 다음과 같다.

모평균 μ에 대한 $100(1-\alpha)\%$ 신뢰구간

(5-3) 정규모집단이 아니고 표본의 크기가 클 때 (n이 30 이상일 때)

$$\left(\bar{X} - z_{\alpha/2}\frac{S}{\sqrt{n}}, \bar{X} + z_{\alpha/2}\frac{S}{\sqrt{n}}\right) \text{ 혹은 } \bar{X} \pm z_{\alpha/2}\frac{S}{\sqrt{n}}$$

(5-4) 정규모집단일 때

$$\left(\bar{X} - t_{\alpha/2}(n-1)\frac{S}{\sqrt{n}}, \bar{X} + t_{\alpha/2}(n-1)\frac{S}{\sqrt{n}}\right) \text{ 혹은 } \bar{X} \pm t_{\alpha/2}(n-1)\frac{S}{\sqrt{n}}$$

단, 모집단의 표준편차 σ가 알려져 있을 때는 (5-3)과 (5-4) 두 경우 모두 정규분포를 이용한 신뢰구간 (5-3)에서 S를 σ로 대체한 형태를 갖는다.

여기에서 (5-4)의 $100(1-\alpha)\%$ 신뢰구간의 길이는 $2 \times t_{\alpha/2}(n-1)\frac{S}{\sqrt{n}}$이다. 그런데 만약 σ가 알려져 있어서 S를 σ로 대체한다면, t-분포 대신 표준정규분포를 이용할 수 있으므로 신뢰구간의 길이는 $2 \times z_{\alpha/2}\frac{S}{\sqrt{n}}$가 된다. 이와 같이 σ가 알려져 있지 않은 경우, σ를 S로 추정함으로써 신뢰구간의 길이가 달라질 뿐 아니라 $z_{\alpha/2}$ 대신 그보다 큰 $t_{\alpha/2}(n-1)$을 사용함으로써 신뢰구간의 길이가 길어지는 경향이 있다. 예를 들어, $n = 5$인 경우에 95% 신뢰구간을 구하여 보자. 이때 $z_{0.025} = 1.96$인데 반해 $t_{0.025}(4) = 2.776$으로, 만약 σ와 S가 비슷한 값을 갖는다면, σ가 알려져 있지 않은 경우의 신뢰구간의 길이는 σ가 알려져 있는 경우에 비해 1.4배 정도 길어지게 된다. 그러나 n이 커질수록 S도 σ를 더 정확하게 추정하고, $t_{\alpha/2}(n-1)$도 $z_{\alpha/2}$에 가까워져서 두 경우의 신뢰구간의 길이는 비슷하게 된다. 실제로 n이 큰 경우 자유도가 $n-1$인 t-분포는 표준정규분포에 가까워져서 (5-3)의 식을 이용해서 신뢰구간을 구할 수 있다.

표본의 크기가 작은 경우의 모평균에 대한 추론은 모집단이 정규분포를 따른다는 가정에 바탕을 두고 있다. 따라서 정규분포를 따르는지 확인하는 것이 중요하다. 일반적으로 실험오차나 측정오차에 의해 생기는 측정량의 변동을 설명할 때 정규분포는 대체로 적합한 모델로 받아들여진다. 그 외에도 정규분포의 가정이 비교적 적절하다고 생각되는 경우가 많이 있다. 그러나 그런 경우에도 실제로 정규분포의 가정이 맞는지를 점검할 필요가 있다. 정규분포 가정의 적합성을 판단할 때 많이 쓰이는 것으로 정규확률그림이 있다. 정규확률그림은 대부분의 통계패키지뿐 아니라 Matlab이나 엑셀과 같은 소프트웨어에서도 제공하고 있다. 따라서 자료가 주어지면 우선 컴퓨터를 이용하여 정규확률그림을 그리고, 정규분포를 가정하는데 문제가 없는지 확인해야 한다.

예제 5.2 예제 5.1에서 전기퓨즈의 평균수명 μ에 대한 95% 신뢰구간을 구하라.

풀이 모집단의 분포는 알려져 있지 않고 표본의 크기는 40이므로 (5-3)의 식을 이용하면 된다. $\alpha = 0.05$이므로 $z_{\alpha/2} = z_{0.025} = 1.96$이고, $\bar{X} = 2.2$, $S = 0.687$로부터 모평균 μ의 95% 신뢰구간은 다음과 같다.

$$2.2 \pm 1.96 \times \frac{0.687}{\sqrt{40}} = 2.2 \pm 0.21$$

■

예제 5.3 우주선 제작을 위해 새롭게 개발된 합금의 평균 장력 μ에 대하여 추론하고자 한다. 새 합금조각의 장력의 분포는 정규분포를 따른다고 알려져 있다. 15개의 새 합금조각으로부터 장력을 측정한 결과 평균이 39.3, 표준편차가 2.6으로 나타났다고 할 때, 평균 장력 μ에 대한 90% 신뢰구간을 구하라.

풀이 모집단이 정규분포를 따르고 표본의 크기가 작으므로 앞의 (5-4)의 식을 이용하면 된다. 따라서 μ에 대한 90% 신뢰구간은

$$\bar{X} \pm t_{0.025}(14)\frac{S}{\sqrt{n}} = 39.3 \pm 1.761\frac{2.6}{\sqrt{15}} = 39.3 \pm 1.18$$

이다.

■

여기서 한 가지 분명히 언급할 것은 일단 표본으로부터 신뢰구간이 구해지고 나면, 그 신뢰구간에 대해서 모수를 포함할 확률에 대한 얘기를 하는 것은 의미가 없다. 예제 5.3에서도 하나의 표본으로부터 계산된 90% 신뢰구간 (38.12, 40.48)은 μ를 포함하거나 포함하지 않거나 둘 중의 하나이지, 90%의 확률로 μ를 포함한다거나 하는 확률적인 애기는 더 이상 의미가 없다. 실제로 90% 신뢰구간에서 90%가 의미하는 바는 같은 크기의 표본을 여러 번 추출하여 같은 공식에 의한 신뢰구간을 구할 경우에, 그중에서 약 90%의 구간이 모수를 포함하리라고 예상할 수 있다는 것이다.

표본크기의 결정

대부분의 통계분석에서 우리는 자료를 수집하기에 앞서 표본의 크기를 결정할 필요가 있다. 앞에서도 언급한 바와 같이 표본의 크기는 클수록 좀 더 나은 추정량과 신뢰구간을 얻을 수 있지만, 많은 수의 자료를 얻기 위해서는 비용이나 시간이 많이 들 뿐만 아니라 때론 불가능한 일이기도 하다. 따라서 우리가 원하는 정확도를 얻을 수 있는 범위 내에서 표본의 크기를 줄이는 것이 바람직하다. 보통 원하는 정확도는 '오차가 어떤 값 이내'라는 형태로 표현되는데, 여기서는 모평균의 경우에 오차가 d 이하로 될 확률이 최소한 $100(1-\alpha)\%$가 되도록 하기 위해서 필요한 최소의 표본크기 n을 구하는 방법을 공부하고자 한다.

우선 모집단이 정규분포이고 표준편차(σ)가 주어져 있을 때를 고려해 보자. 위에서 설명한 바와 같이 오차가 d 이하가 될 확률이 최소한 $100(1-\alpha)\%$가 되려면 다음 부등식을 만족하여야 한다.

$$P(|\bar{X}-\mu| \le d) \ge 1-\alpha$$

표준화된 확률변수의 분포가 표준정규분포를 따르므로

$$P\left(\left|\frac{\bar{X}-\mu}{\sigma/\sqrt{n}}\right| < z_{\alpha/2}\right) = 1-\alpha$$

라는 사실로부터

$$z_{\alpha/2}\frac{\sigma}{\sqrt{n}} \le d$$

가 성립해야 한다. 이를 n에 대하여 풀면

$$n \ge \left(z_{\alpha/2}\frac{\sigma}{d}\right)^2$$

을 만족해야 한다. 따라서 적정한 표본의 크기는 위의 부등식을 만족하는 최소의 정수가 된다.

만약 모집단이 정규분포라는 가정이 없다면, 앞에서 구한 표본의 크기는 중심극한정리를 이용할 수 있도록 30 이상이 되어야 한다. 따라서 정규분포 가정이 없을 때에는 적정한 표본의 크기가 30 이상으로 구해졌을 때에만 그 의미가 있다. 또한 σ가 주어져 있지 않을 때는 과거의 정보로부터 σ의 값을 대체하거나, 소규모의 예비표본에서 구한 표본표준편차로 대체하여 적정한 표본의 크기를 구할 수 있다. 이때 역시 표본의 크기가 30 이상으로 나와야만 유효하다.

예제 5.4 호수의 유효성분을 연구하는 한 학자가 호수 성분의 하나인 인산염의 무게 분포에 관심이 있다고 한다. 그 학자가 단위부피당 평균무게(μ)를 추정하고자 하는데, 이제까지의 자료에 의하면 인산염 무게의 표준편차는 $\sigma = 4$라고 한다. 평균무게 μ에 대한 오차가 0.75 이하가 될 확률이 최소한 90%가 되기 위해서 필요한 표본의 크기를 구하라.

풀 이 오차가 0.75 이하가 될 확률이 최소한 90%가 되어야 하므로 $\alpha = 0.1$, $d = 0.75$이다. 따라서 $z_{\alpha/2} = z_{0.05} = 1.645$와 $\sigma = 4$로부터 표본의 크기 n은

$$n \geq \left(1.645\left(\frac{4}{0.75}\right)\right)^2 = 76.97$$

을 만족시켜야 한다. 표본의 크기 n은 자연수이어야 하므로 최소한 77 이상이어야 한다. ▣

제 2 절 두 모집단의 모평균의 차에 대한 추정

이제까지 설명한 모집단의 평균에 대한 추론의 방법은 한 모집단의 평균에 대해서 뿐 아니라 두 모집단의 모평균의 차에 대해서도 적용할 수 있다. 독립인 두 모집단의 평균이 각각 μ_1, μ_2일 때, 두 모평균의 차 $\mu_1 - \mu_2$에 대한 추정을 알아보도록 하자.

점추정

이 경우 두 모평균의 차 $\mu_1 - \mu_2$는 두 표본평균의 차로 추정할 수 있다. $X_1, \cdots, X_{n_1}$이 평균이 μ_1이고 표준편차가 σ_1인 모집단으로부터 추출된 표본이고, $Y_1, \cdots, Y_{n_1}$이 평균이 μ_2이고 표준편차가 σ_2인 모집단으로부터 추출된 표본이라고 하자.

두 모평균의 차 $(\mu_1 - \mu_2)$에 대한 추론을 위해서는 두 표본평균의 차 $(\overline{X} - \overline{Y})$를 추정량으로 이용하는 것이 보통이다. 추정량 $(\overline{X} - \overline{Y})$의 기댓값과 표준오차는 다음과 같다.

$$E(\overline{X} - \overline{Y}) = \mu_1 - \mu_2,\ S.E.(\overline{X} - \overline{Y}) = \sqrt{\frac{\sigma_1^2}{n_1} + \frac{\sigma_2^2}{n_2}}$$

따라서 한 모집단에서의 추정과 유사하게 $\overline{X} - \overline{Y}$를 가지고 $\mu_1 - \mu_2$를 추정할 경우, n_1과 n_2가 클수록 표준오차가 작아져서 좀 더 정확한 추정이 가능해짐을 알 수 있다. 그러

나 실제로 $S.E.(\overline{X}-\overline{Y})$를 계산하고자 할 때 σ_1^2과 σ_2^2이 주어져 있지 않은 경우가 많은데, 이런 경우에는 σ_1^2과 σ_2^2을 표본분산 S_1^2과 S_2^2으로 각각 추정하여 사용할 수 있다.

구간추정

두 모평균의 차 $\mu_1-\mu_2$의 신뢰구간을 구하기 위해서는 $\mu_1-\mu_2$의 추정량인 $\overline{X}-\overline{Y}$의 확률분포를 이용할 수 있다. 추정량 $\overline{X}-\overline{Y}$는 여러 가지 경우(정규모집단일 때와 아닐 때, 표본의 수가 클 때와 작을 때, 모표준편차가 같을 때와 다를 때)에 따라서 서로 다른 분포를 갖는다.

정규분포를 따르는 두 확률변수가 서로 독립이면 두 변수의 차 역시 정규분포를 따른다는 사실이 알려져 있다. 따라서 독립인 두 정규모집단으로부터 얻어진 두 표본평균의 차 $\overline{X}-\overline{Y}$는 다음과 같은 정규분포를 따름을 알 수 있다.

$$(\overline{X}-\overline{Y})\sim N\left(\mu_1-\mu_2,\ \frac{\sigma_1^2}{n_1}+\frac{\sigma_2^2}{n_2}\right)$$

따라서 표준화된 확률변수 $\{(\overline{X}-\overline{Y})-(\mu_1-\mu_2)\}/\sqrt{\sigma_1^2/n_1+\sigma_2^2/n_2}$는 표준정규분포를 따른다. 만약 모분산 σ_1^2, σ_2^2을 모를 때에는 이를 표본분산으로 대체하는데, 이 경우 두 모분산 (또는 모표준편차)이 같을 때와 다를 때 서로 다른 t-분포를 따른다.

먼저 앞에서 설명한 두 표본평균의 차의 분포로부터 두 모집단의 표준편차가 같을 때, 즉 $\sigma_1=\sigma_2=\sigma$일 때 다음 결과를 얻을 수 있다.

$$Z=\frac{(\overline{X}-\overline{Y})-(\mu_1-\mu_2)}{\sigma\sqrt{1/n_1+1/n_2}}\sim N(0,\ 1)$$

두 모집단의 공통분산 σ^2을 추정할 때, 각 표본의 분산을 합쳐서 다음과 같은 형태의 분산의 합동추정량 (pooled estimator) 을 사용한다.

$$S_p^2=\frac{\sum_{i=1}^{n_1}(X_i-\overline{X})^2+\sum_{i=1}^{n_2}(Y_i-\overline{Y})^2}{n_1+n_2-2}=\frac{(n_1-1)S_1^2+(n_2-1)S_2^2}{n_1+n_2-2}$$

앞의 확률변수 $Z=\dfrac{(\overline{X}-\overline{Y})-(\mu_1-\mu_2)}{\sigma\sqrt{1/n_1+1/n_2}}$에서 σ 대신에 표준편차 합동추정량 $S_p=\sqrt{S_p^2}$ 를 대입하면 다음의 확률변수는 다음과 같이 t-분포를 따른다는 사실이 알려져 있다.

$$t=\frac{(\overline{X}-\overline{Y})-(\mu_1-\mu_2)}{S_p\sqrt{\dfrac{1}{n_1}+\dfrac{1}{n_2}}}\sim t(n_1+n_2-2)$$

두 모집단의 표준편차가 다를 때는 $\overline{X}-\overline{Y}$의 확률분포를 정확히 구하는 것은 이 책의 수준을 넘으므로 다루지 않기로 한다. 모집단에 대한 가정에 따라 $\overline{X}-\overline{Y}$의 표준화된 확률변수의 분포를 정리하면 다음과 같다.

(5-5) 두 모집단이 정규분포를 따르고 두 모표준편차가 같을 때 $(\sigma_1=\sigma_2=\sigma)$

$$\frac{(\overline{X}-\overline{Y})-(\mu_1-\mu_2)}{S_p\sqrt{\dfrac{1}{n_1}+\dfrac{1}{n_2}}}\sim t(n_1+n_2-2)$$

단, 두 모집단의 공통표준편차 σ가 알려져 있을 때는 S_p를 σ로 대체해야 하고 위의 통계량은 표준정규분포를 따른다.

(5-6) 두 모집단이 정규분포를 따르고 두 모표준편차가 다를 때 $(\sigma_1\neq\sigma_2)$

$$\frac{(\overline{X}-\overline{Y})-(\mu_1-\mu_2)}{\sqrt{\dfrac{S_1^2}{n_1}+\dfrac{S_2^2}{n_2}}}\sim t(\min\{n_1-1,n_2-1\})$$

이 경우 근사적으로 t-분포를 따른다. 두 모집단의 표준편차 σ_1, σ_2가 각각 알려져 있을 때는 S_1, S_2를 σ_1, σ_2로 대체해야 하고 위의 통계량은 표준정규분포를 따른다.

(5-7) 정규모집단이 아니고 n_1, n_2가 모두 30 이상일 때

$$\frac{(\overline{X}-\overline{Y})-(\mu_1-\mu_2)}{\sqrt{\dfrac{S_1^2}{n_1}+\dfrac{S_2^2}{n_2}}}\sim N(0,1)$$

단, 두 모집단의 표준편차 σ_1, σ_2가 각각 알려져 있을 때는 S_1, S_2를 σ_1, σ_2로 대체해야 하고 위의 통계량은 표준정규분포를 따른다.

정규분포 가정에 대한 확인은 앞 절에서와 같이 정규확률그림을 이용하고, 두 모표준편차의 같고 다름에 대한 판단은 표본의 표준편차를 이용한다. 두 표본표준편차의 비율 S_1/S_2이 1에 가까우면 $\sigma_1=\sigma_2$의 가정이 적합하다고 판단한다. 많이 사용되는 간단한 규칙의 하나로 $1/2\le S_1/S_2\le 2$이면 $\sigma_1=\sigma_2$의 가정이 적절하다고 판단하고, S_1/S_2이 1/2보다 작거나 2보다 크면 $\sigma_1=\sigma_2$의 가정이 적절치 못하다고 판단한다. 좀 더 정확한 판단 방법은 제6장에서 다루기로 한다.

또한 앞 절에서 배운 신뢰구간을 정하는 방법을 바탕으로 두 모평균의 차에 대한 신뢰구간을 다음과 같이 구한다.

두 모평균의 차 ($\mu_1 - \mu_2$)에 대한 신뢰구간

(5-8) 두 모집단이 정규분포를 따르고 두 모표준편차가 같을 때 ($\sigma = \sigma_1 = \sigma_2$)

$$(\bar{X} - \bar{Y}) \pm t_{\alpha/2}(n_1 + n_2 - 2) \times S_p\sqrt{\frac{1}{n_1} + \frac{1}{n_2}}$$

단, 두 모집단의 공통표준편차 σ가 알려져 있을 때는 S_p를 σ로 대체해야 하고 $t_{\alpha/2}$를 $z_{\alpha/2}$로 대체한다.

(5-9) 두 모집단이 정규분포를 따르고 두 모표준편차가 다를 때 ($\sigma_1 \neq \sigma_2$)

$$(\bar{X} - \bar{Y}) \pm t^*_{\alpha/2} \times \sqrt{\frac{S_1^2}{n_1} + \frac{S_2^2}{n_2}} \text{이다.}$$

이때 $t^*_{\alpha/2}$는 $(n_1 - 1)$과 $(n_2 - 1)$ 중 작은 값을 자유도로 갖는 t-분포로부터 나오는 값을 의미한다. 두 모집단의 표준편차 σ_1, σ_2가 모두 알려져 있을 때는 S_1, S_2를 σ_1, σ_2로 대체해야 하고 $t^*_{\alpha/2}$를 $z_{\alpha/2}$로 대체한다.

(5-10) 정규모집단이 아니고 n_1, n_2가 모두 30 이상일 때

$$(\bar{X} - \bar{Y}) \pm z_{\alpha/2} \times \sqrt{\frac{S_1^2}{n_1} + \frac{S_2^2}{n_2}}$$

단, 두 모집단의 표준편차 σ_1, σ_2가 모두 알려져 있을 때는 S_1, S_2를 σ_1, σ_2로 대체한다.

이 절의 나머지 부분에서는 구체적인 예를 통해서 각 경우에 두 모평균의 차에 대한 신뢰구간을 어떻게 구하는지에 대하여 알아보도록 한다.

예제 5.5 어느 무선전화기 제조회사는 새로 개발한 전화기의 수신거리를 경쟁회사의 제품과 비교하기 위하여 다음과 같은 실험자료를 얻었다. 신형 전화기 14대의 수신거리의 평균과 표준편차는 각각 380미터와 12미터였고, 경쟁회사 전화기 16대의 평균과 표준편차는 각각 375미터와 18미터였다. 두 전화기 수신거리 모평균의 차에 대한 95% 신뢰구간을 구하라. 단, 두 모집단은 정규분포를 따른다고 가정하자.

풀 이 먼저 두 모집단의 표준편차가 같은지 판단하기 위해서 두 표본표준편차의 비율 S_1/S_2을 계산해 보면 $12/18 = 0.67$이다. 이 값은 1/2과 2 사이의 값이므로 두 표준편차가 같다고 가정할 수 있다. 따라서 (5-8)의 식을 이용하기 위해서 공통분산 σ^2의 합동추정량을 구하면 다음과 같다.

$$S_p^2 = \frac{13 \times 12^2 + 15 \times 18^2}{14 + 16 - 2} = 240.43$$

이때 신형 무선전화기의 평균 수신거리를 μ_1, 경쟁회사 무선전화기의 평균 수신거리

를 μ_2라고 하면, $(\mu_1 - \mu_2)$의 95% 신뢰구간은 $t_{0.025}(28) = 2.048$이므로 다음과 같이 구할 수 있다.

$$(\overline{X} - \overline{Y}) \pm t_{0.025}(28) \times S_p\sqrt{\frac{1}{n_1} + \frac{1}{n_2}}$$

$$= (380 - 375) \pm 2.048 \times \sqrt{240.43} \times \sqrt{\frac{1}{14} + \frac{1}{16}}$$

$$= 5 \pm 11.62 \text{ 혹은 } (-6.62,\ 16.62)$$

예제 5.6 식수를 통한 과염소산의 과다 섭취는 갑상선 호르몬에 유해한 영향을 끼친다고 알려져 있다. 이러한 과염소산의 과다 섭취가 갑상선 호르몬에 영향을 미치는 증거가 있는지를 알아보기 위하여 16마리의 쥐를 대상으로 실험을 하였다. 이들 중 7마리를 임의추출하여 1kg당 1mg의 과염소산이 함유된 식수를 섭취하게 하고, 나머지 9마리는 정제된 식수를 섭취하게 한 후 갑상선 호르몬 중의 하나인 T4의 증가율을 조사한 결과가 다음 표와 같았다.

A 그룹	18.2	32.9	10.0	14.3	16.2	27.6	15.7		
B 그룹	12.7	19.3	20.5	10.5	14.0	10.8	16.6	14.0	17.2

과염소산이 포함된 식수를 섭취한 쥐(A 그룹)의 T4 호르몬의 평균 증가율과 정제된 식수를 섭취한 쥐(B 그룹)의 T4 호르몬의 평균 증가율의 차에 대한 95% 신뢰구간을 구하라. 단, 두 모집단은 정규분포를 따른다고 가정하자.

풀 이 주어진 자료에서 평균과 표준편차를 구하면 다음과 같다.

	A 그룹	B 그룹
표본크기	7	9
표본평균	19.27	15.07
표본표준편차	8.05	3.56

앞의 예제와 마찬가지로, 두 모집단의 표준편차가 같은지 판단하기 위해서 두 표본편차의 비율 S_1/S_2을 계산해 보면 $8.05/3.56 = 2.26$은 2보다 큰 값이므로 두 표준편차가 같다는 가정이 적절치 못하다. 따라서 두 모평균의 차에 대한 신뢰구간추정을 위하여 (5-9)에 주어진 식을 사용하여야 하며, 이 경우 $t^* = \dfrac{(\overline{X} - \overline{Y}) - (\mu_1 - \mu_2)}{\sqrt{S_1^2/n_1 + S_2^2/n_2}}$는 자유도가 6과 8 중 작은 값인 6을 가지는 t-분포를 따른다. 따라서 95% 신뢰구간은 다음과 같다.

$$(\overline{X}-\overline{Y}) \pm t^*_{\alpha/2} \times \sqrt{\frac{S_1^2}{n_1}+\frac{S_2^2}{n_2}}$$
$$= (19.27-15.07) \pm t_{0.025}(6)\sqrt{\frac{8.05^2}{7}+\frac{3.56^2}{9}}$$
$$= 4.2 \pm 2.447 \times 3.266 = 4.2 \pm 7.99 \text{ 혹은 } (-3.79,\ 12.19)$$

위의 풀이에서는 근사적으로 자유도 6을 갖는 t-분포를 이용하여 신뢰구간을 구하였다. 만약 통계패키지를 사용하면, 새터웨이트(Satterthwaite) 또는 웰치(Welch)의 근사라고 알려진 방법을 통해 근사적인 t-분포로부터 신뢰구간을 구하게 되는데, 통계패키지마다 약간씩 다른 값을 제공한다. 예를 들어서, 미니탭과 같은 통계패키지를 사용하면 근사적으로 자유도 7을 갖는 t-분포를 이용하고 95% 신뢰구간은 (−3.52, 11.92)로 주어지고, R이나 Matlab과 같은 소프트웨어를 이용하면 자유도 7.825를 갖는 t-분포를 이용하고 95% 신뢰구간은 (−3.66, 11.77)로 주어진다.

이 경우 보수적인 방식은 자유도를 (n_1-1)과 (n_2-1) 중 작은 값을 갖는 t-분포를 이용하는 것이다. 통계패키지를 통한 신뢰구간과 보수적인 방식으로 구한 신뢰구간을 비교해 보면 보수적인 방식으로 구한 신뢰구간이 더 넓음을 알 수 있으나 그 차이는 그렇게 크지 않다.

예제 5.7 도로포장에 사용되는 콘크리트는 기온변화에 따른 피해를 최소화하기 위해 작은 열전도율을 갖는 것이 중요하다고 알려져 있다. 두 종류의 콘크리트 A형과 B형의 열전도율의 차에 대한 추정을 하기 위하여, 각각 42개의 표본을 조사한 결과 A형의 평균 전도율과 표준편차는 0.486과 0.187이고, B형의 평균 전도율과 표준편차는 0.359와 0.158이었다. 두 콘크리트의 열전도율의 모평균을 각각 μ_A와 μ_B라 할 때, $\mu_A - \mu_B$의 95% 신뢰구간을 구하라.

풀 이 자료를 정리하면

$$A : n_1 = 42, \overline{X} = 0.486, \quad S_1 = 0.187$$
$$B : n_2 = 42, \overline{Y} = 0.359, \quad S_2 = 0.158$$

와 같다. 두 표본의 크기가 크므로(각각 30 이상) 정규근사를 사용할 수 있으며, (5-10)에 주어진 식에 따라 95% 신뢰구간은 $z_{0.025} = 1.96$을 이용하여 다음과 같이 구할 수 있다.

$$(\overline{X}-\overline{Y}) \pm z_{0.025} \times \sqrt{\frac{S_1^2}{n_1}+\frac{S_2^2}{n_2}}$$

$$= (0.486 - 0.359) \pm 1.96 \times \sqrt{\frac{0.187^2}{42} + \frac{0.158^2}{42}}$$

$$= 0.127 \pm 0.074 \text{ 혹은 } (0.053,\ 0.201)$$

제 3 절 한 모집단에서의 모비율에 대한 추정

이 절에서는 모집단의 비율(모비율)에 대한 추정을 다루고자 한다. 여기서 다루는 모비율에 대한 추론은 표본의 크기가 큰 경우이다. 표본의 크기가 큰 경우에는 중심극한정리를 이용하여 모비율에 대한 추론을 할 수 있다. 한편 표본의 크기가 작은 경우에는 이항분포의 성질을 이용하여 모비율에 대한 추론을 할 수 있지만, 이 책에서는 다루지 않기로 하겠다.

모집단의 평균을 추정할 때 표본평균을 이용하였듯이 모비율을 추정하고자 할 때 보통 표본비율을 이용한다. 모집단에서 어떤 특성의 비율(실업률, 혈액형 AB형의 비율 등)을 p라 하자. 모집단에서 추출한 n개의 개체 중에서 이 특성을 가진 개체수를 X라고 하면, 표본비율 $\hat{p} = \frac{X}{n}$은 모비율 p의 추정량이라 할 수 있다. 제4장에서 표본의 크기 n이 클 때 $\hat{p}$은 근사적으로 평균이 p이고 분산이 $p(1-p)/n$인 정규분포를 따른다고 하였다. 따라서 추정량 $\hat{p}$의 표준오차는 $\sqrt{p(1-p)/n}$이다. 이때 p가 미지수이므로 이를 $\hat{p}$로 추정하면 추정한 표준오차는 $\sqrt{\hat{p}(1-\hat{p})/n}$이 된다. 또한 추정량 $\hat{p}$의 표준화한 확률변수의 분포는 다음과 같다.

(5-11) 표본의 크기가 클 때 ($n \geq 30$일 때) 다음을 만족한다.

$$\frac{\hat{p} - p}{\sqrt{p(1-p)/n}} \sim N(0,\ 1)$$

위의 확률분포는 분모의 p를 추정량 $\hat{p}$으로 대체하여도 성립한다.

이 식을 이용하여 앞 절에서 설명한 방법을 바탕으로 p에 대한 신뢰구간을 구하면 다음과 같다.

$$\left(\hat{p} - z_{\alpha/2}\sqrt{\frac{p(1-p)}{n}},\ \hat{p} + z_{\alpha/2}\sqrt{\frac{p(1-p)}{n}}\right)$$

앞의 (5-11)에서 분모의 p를 추정량 $\hat{p}$으로 대체하여도 성립한다고 하였으므로 위의 신뢰구간에서도 근호 안의 p를 $\hat{p}$로 대체할 수 있다. 다음은 p에 대한 추정의 내용을 정리한 것이다.

모비율에 p에 대한 추정(표본의 크기가 클 때)

- 모수 : 모집단에서 A라는 특성의 비율 (p)
- 자료 : 크기가 n인 표본에서 A라는 특성을 갖는 개체의 수 (X)
- 추정량 : 표본비율 $\hat{p} = \dfrac{X}{n}$
- 추정량의 표준오차 : $\sqrt{\dfrac{p(1-p)}{n}}$, 추정된 표준오차 : $\sqrt{\dfrac{\hat{p}(1-\hat{p})}{n}}$
- $100(1-\alpha)$신뢰구간 :

$$\left(\hat{p} - z_{\alpha/2}\sqrt{\frac{\hat{p}(1-\hat{p})}{n}}, \hat{p} + z_{\alpha/2}\sqrt{\frac{\hat{p}(1-\hat{p})}{n}}\right) \text{ 혹은 } \hat{p} \pm z_{\alpha/2}\sqrt{\frac{\hat{p}(1-\hat{p})}{n}}$$

모비율 p에 대한 $100(1-\alpha)\%$ 신뢰구간의 길이는 $2 \times z_{\alpha/2}\sqrt{\dfrac{\hat{p}(1-\hat{p})}{n}}$이다. 따라서 $\hat{p}$의 값이 1/2에 가까울수록 신뢰구간의 길이가 길어지며, 신뢰수준이 높을수록, 즉 α가 작을수록 신뢰구간의 길이가 길어진다. 또한 표본의 크기가 클수록 신뢰구간의 길이가 짧아진다.

예제 5.8 어느 통신판매회사에서는 새로운 상품을 그 달의 특별상품으로 판매하고자 한다. 그 회사에서 관리하는 만 명의 고객명단에서 임의로 250명을 추출하여 안내책자를 발송한 결과 그중에서 70명이 구입을 희망하였다고 한다. 이 표본자료에 근거해서 전체 고객 중 그 상품에 대한 구입을 원하는 모비율(p)을 추정하고, 그 추정량의 표준오차를 구하라.

풀 이 모비율 p에 대한 추정량은 표본비율이므로

$$p\text{의 추정치 : } \hat{p} = \frac{70}{250} = 0.28$$

이다. $\hat{p}$의 표준오차를 구할 때 p 대신에 표본비율 $\hat{p}$을 이용하여 표준오차를 추정하면

$$\hat{p}\text{ 의 추정된 표준오차 : } \sqrt{\frac{\hat{p}(1-\hat{p})}{n}} = \sqrt{\frac{0.25 \times 0.72}{250}} = 0.028$$

이다.

예제 5.9 어느 공장에서 생산한 건전지 500개 중에서 사용 시간이 25시간 이상인 건

전지는 41개로 조사되었다. 이 자료로부터 사용 시간이 25시간 이상인 비율 p에 대한 95% 신뢰구간을 구하라.

풀 이 표본의 크기가 500으로 충분히 크므로 표본비율의 확률분포로 정규분포를 이용할 수 있다. $\alpha = 0.05$이므로 $z_{\alpha/2} = 1.96$이고, 관측된 표본비율 $\hat{p} = 41/500 = 0.082$로부터

$$z_{\alpha/2}\sqrt{\frac{\hat{p}(1-\hat{p})}{n}} = 1.96 \times \sqrt{\frac{0.082 \times 0.918}{500}} = 0.024$$

이다. 따라서 사용 시간이 25시간 이상인 비율 p에 대한 95% 신뢰구간은 0.082 ± 0.024 혹은 (0.058, 0.106)이다.

표본크기의 결정

오차가 d 이하가 될 확률이 최소한 $100(1-\alpha)\%$가 되기 위해서 필요한 표본의 크기를 구하여 보자. 위의 조건은 다음과 같이 나타낼 수 있다.

$$P(|\hat{p} - p| \leq d) \geq 1 - \alpha$$

표본의 크기가 클 때 표본비율 $\hat{p}$이 근사적으로 정규분포를 따르므로

$$P\left(\frac{|\hat{p} - p|}{\sqrt{p(1-p)/n}} \leq z_{\alpha/2}\right) = 1 - \alpha$$

라는 사실로부터 다음 부등식이 성립해야 한다.

$$z_{\alpha/2}\sqrt{\frac{p(1-p)}{n}} \leq d$$

따라서 표본의 크기 n은 다음 조건을 만족해야 한다.

$$n \geq \left(\frac{z_{\alpha/2}}{d}\right)^2 p(1-p)$$

위의 부등식을 이용하여 필요한 표본의 크기를 구하려면 모수 p를 알아야 한다. 표본을 추출하기 전에는 p의 값에 대한 정보를 얻을 수 없으므로 이를 적절한 수치로 대체해야 한다. 이때 $p(1-p)$는 0과 1사이의 범위에서 $p = 0.5$일 때 최댓값 0.25를 갖는다. 따라서 $p(1-p)$ 대신에 그 값이 취하는 최댓값 0.25를 사용하여 n을 구하면, 이 n은 어떤 p의 값에 대해서도 위 식을 만족한다. 따라서 오차가 d 이하일 확률이 최소한 100(1 −

α)%가 되기 위해 필요한 최소의 표본의 크기는 다음 식을 만족시키는 최소의 정수가 된다.

$$n \geq \frac{1}{4}\left(\frac{z_{\alpha/2}}{d}\right)^2$$

여기서 사용한 신뢰구간은 표본의 크기가 클 때 ($n \geq 30$) 얻어지는 것이므로 위의 식에서 구한 n은 30 이상이어야만 그 의미가 있다.

예제 5.10 컴퓨터용 저장 장치를 생산하는 회사에서는 제품의 불량률 p를 추정하고자 한다. 불량률의 추정량 $\hat{p}$의 오차가 0.01 이하가 될 확률이 최소한 98%가 되기를 원할 때 필요한 표본의 크기를 구하라.

풀 이 허용된 오차범위가 0.01이므로 $d = 0.01$이고, $\alpha = 0.02$로부터 $z_{0.01} = 2.33$이다. 따라서 표본의 크기 n은

$$n \geq \frac{1}{4}\left(\frac{2.33}{0.01}\right)^2 = 13572.25$$

를 만족시키는 정수이므로 원하는 표본의 크기는 최소한 13573이어야 한다. ■

한편 p에 대한 사전 정보가 주어졌다면 그 정보를 이용해서 좀 더 나은(작은) 표본의 크기를 구할 수도 있다. 예를 들어, 위의 예제에서 불량률이 10%를 넘지 않는다면, 즉 $p \leq 0.1$이라면 $p(1-p)$의 최댓값은 $0.1 \times 0.9 = 0.09$이다. 따라서 $p(1-p)$을 0.25로 대체하는 대신 0.09로 대체할 수 있다. 따라서 필요한 표본의 크기는 $0.09 \times (2.33/0.01)^2 = 4886.01$로부터 4887이다. 즉, 주어진 정보 $p \leq 0.1$을 이용함으로써 필요한 표본의 크기를 13573에서 4887로 약 1/3 수준으로 줄일 수 있다.

제 4 절 두 모집단의 모비율의 차에 대한 추정

이 절에서는 두 모집단의 비율의 차에 대한 추정 방법을 다루고자 한다. 앞 절에서는 하나의 모집단에서 어떤 특성을 갖는 비율에 대한 추론을 다룬 반면, 이 절에서는 두 모집단에서 어떤 특성을 갖는 비율을 비교하고자 한다. 예를 들어, 어느 공장의 두 생산라인에서 만든 제품의 불량률을 비교할 때 이 절에서 소개하는 분석 방법을 사용할 수 있다.

비교하려는 두 모집단을 각각 모집단 1과 모집단 2라 하고, 두 모집단은 서로 독립이라고 하자. 각 모집단에서 관심의 대상인 특성 A의 비율을 p_1과 p_2라고 하고, 각 모집단에서 크기 n_1과 n_2인 표본을 추출하였을 때 특성 A를 갖는 개체의 수를 X와 Y라고 하자.

	특성 A인 것	특성 A가 아닌 것	표본의 크기
모집단 1	X	$n_1 - X$	n_1
모집단 2	Y	$n_2 - Y$	n_2

각 모집단에서 이 특성의 비율 p_1과 p_2의 추정량은 각 모집단에서 얻은 표본비율 $\hat{p}_1 = X/n_1$과 $\hat{p}_2 = Y/n_2$이다. 따라서 두 모비율의 차 $p_1 - p_2$의 추정량은 두 표본비율의 차 $\hat{p}_1 - \hat{p}_2$가 된다. 앞 절에서 표본의 크기 n_1과 n_2가 충분히 클 때,

$$\hat{p}_1 = \frac{X}{n_1} \sim N\left(p_1, \frac{p_1(1-p_1)}{n_1}\right), \quad \hat{p}_2 = \frac{Y}{n_2} \sim N\left(p_2, \frac{p_2(1-p_2)}{n_2}\right)$$

이 성립함을 설명하였다. 한편 X와 Y는 서로 독립이므로 $\hat{p}_1$과 $\hat{p}_2$도 서로 독립이다. 따라서 정규분포의 성질에 의하여 다음이 성립한다.

$$(\hat{p}_1 - \hat{p}_2) \sim N\left(p_1 - p_2, \frac{p_1(1-p_1)}{n_1} + \frac{p_2(1-p_2)}{n_2}\right)$$

이를 표준화하면 다음과 같이 나타낼 수 있다.

(5-12) 표본의 크기 n_1과 n_2가 충분히 클 때($n_1 \geq 30$, $n_2 \geq 30$일 때)

$$\frac{(\hat{p}_1 - \hat{p}_2) - (p_1 - p_2)}{\sqrt{\dfrac{p_1(1-p_1)}{n_1} + \dfrac{p_2(1-p_2)}{n_2}}} \sim N(0, 1)$$

위의 확률분포는 분모의 p_1과 p_2를 추정량 $\hat{p}_1$과 $\hat{p}_2$으로 대체하여도 성립한다.

앞 절에서 설명한 바와 같이 (5-12)를 이용하여 $p_1 - p_2$의 추정량과 추정량의 표준오차, 신뢰구간을 구하면 다음과 같다.

모비율에 $(p_1 - p_2)$에 대한 추정(표본의 크기가 클 때)

- 모수 : 두 모집단에서 A라는 특성의 비율의 차 $(p_1 - p_2)$
- 추정량 : 표본비율의 차 $\hat{p}_1 - \hat{p}_2 = \dfrac{X}{n_1} - \dfrac{Y}{n_2}$
- 추정량의 표준오차 : $\sqrt{\dfrac{p_1(1-p_1)}{n_1} + \dfrac{p_2(1-p_2)}{n_2}}$

  추정된 표준오차 : $\sqrt{\dfrac{\hat{p}_1(1-\hat{p}_1)}{n_1} + \dfrac{\hat{p}_2(1-\hat{p}_2)}{n_2}}$
- $100(1-\alpha)$신뢰구간 : $(\hat{p}_1 - \hat{p}_2) \pm z_{\alpha/2}\sqrt{\dfrac{\hat{p}_1(1-\hat{p}_1)}{n_1} + \dfrac{\hat{p}_2(1-\hat{p}_2)}{n_2}}$

예제 5.11 어느 회사에서 부품을 제조하는 새로운 공법을 개발하고 기존의 공법과 비교하려고 한다. 기존의 공법에 의해서는 1000개의 제품 중에서 48개가 불량품이었고, 새로운 공법에 의해서는 1500개의 제품 중에서 54개가 불량품이었다. 두 공법에 의한 불량률의 차에 대한 95% 신뢰구간을 구하라.

풀 이 기존 공법에 의한 불량률을 p_1, 새로운 공법에 의한 불량률을 p_2라고 하자. 자료로부터 필요한 통계량의 값을 구하면 다음과 같다.

$$\hat{p}_1 = \frac{48}{1000} = 0.048,\ \hat{p}_2 = \frac{54}{1500} = 0.036$$

$$\sqrt{\frac{\hat{p}_1(1-\hat{p}_1)}{n_1} + \frac{\hat{p}_2(1-\hat{p}_2)}{n_2}} = \sqrt{\frac{0.048 \times 0.952}{1000} + \frac{0.036 \times 0.964}{1500}} = 0.008297$$

따라서 $p_1 - p_2$에 대한 95% 신뢰구간은 다음과 같다.

$$(0.048 - 0.036) \pm 1.96 \times 0.008297 = (-0.0043,\ 0.0283)$$

제 5 절 한 모집단에서의 모표준편차에 대한 추정

모평균과 같은 모집단의 중심 위치 뿐 아니라 모집단의 퍼져 있는 정도가 관심의 대상이 될 수도 있다. 예를 들어, 공장의 생산 공정에서 제품의 규격을 일정하게 유지하는 것도 중요하고, 금융시장에서 특정한 상품의 변동성을 측정하는 것도 리스크를 관리하는 입장에서는 중요한 문제이다. 이와 같은 경우에 모집단의 퍼진 정도를 나타내는 모표준편차 또는 모분산에 대한 추정을 할 필요가 있다. 이 절에서는 정규모집단에서 모표준편차 σ에 대하여 추정을 하고자 한다.

모표준편차에 대한 추정을 하기 위해서 이용하는 대표적인 통계량으로 표본표준편차

$$S = \sqrt{\frac{\Sigma(X_i - \overline{X})^2}{n-1}}$$

가 있으며, 모분산 σ^2의 점추정량으로는 표본분산인 S^2을 사용한다. 모평균의 추정과는 달리 모표준편차 σ의 추정량의 기댓값과 표준오차는 쉽게 구해지지 않으므로 여기서는 생략한다.

구간추정을 하려면 추정량의 분포를 알아야 하는데 제4장의 정리 2에 의하면 표본분산 S^2의 분포는 다음과 같이 χ^2-분포와 관련이 있다.

(5-13) 표본 $X_1, \cdots, X_n$이 정규분포 $N(\mu, \sigma^2)$으로부터의 랜덤샘플이라 할 때

$$\chi^2 = \frac{\Sigma(X_i - \overline{X})^2}{\sigma^2} = \frac{(n-1)S^2}{\sigma^2} \sim \chi^2(n-1)$$

이 사실을 이용하여 표본표준편차와 표본분산에 대한 구간추정을 할 수 있다. 앞서 구간추정에서 사용한 방법은 표준화된 확률변수를 이용하여 대칭 형태의 신뢰구간을 구하였는데, 여기서 이용하는 χ^2-분포는 0보다 큰 값만을 가지며 비대칭 형태이다. 따라서 신뢰수준 $100(1-\alpha)\%$인 신뢰구간은 그림 5.1에서와 같이 카이제곱분포의 양쪽 끝에 똑같이 $\alpha/2$씩 나누어준 값을 사용하는 비대칭 형태가 된다.

즉, 앞의 (5-13)을 이용하면 다음을 얻을 수 있다.

$$P\left(\chi^2_{1-\alpha/2}(n-1) < \frac{(n-1)S^2}{\sigma^2} < \chi^2_{\alpha/2}(n-1)\right) = 1 - \alpha$$

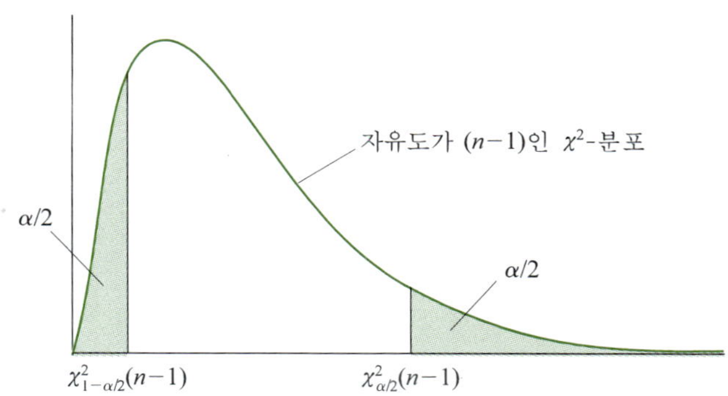

그림 5.1 $\chi^2(n-1)$ 분포에서 상, 하위 $\alpha/2$의 확률을 주는 값

앞의 식의 괄호 안에 있는 부등식을 σ^2에 대하여 정리하면 다음과 같다.

$$P\left(\frac{(n-1)S^2}{\chi^2_{\alpha/2}(n-1)} < \sigma^2 < \frac{(n-1)S^2}{\chi^2_{1-\alpha/2}(n-1)}\right) = 1-\alpha$$

따라서 σ^2의 $100(1-\alpha)\%$ 신뢰구간은 다음과 같다.

$$\left(\frac{(n-1)S^2}{\chi^2_{\alpha/2}(n-1)}, \frac{(n-1)S^2}{\chi^2_{1-\alpha/2}(n-1)}\right)$$

모표준편차 σ는 모분산의 양의 제곱근이므로 위의 확률 부등식에서 양변에 제곱근을 취하면 된다. 따라서 모표준편차 σ의 $100(1-\alpha)\%$ 신뢰구간은 다음과 같다.

모표준편차 σ의 신뢰구간

정규모집단 $N(\mu, \sigma^2)$에서의 랜덤샘플 $X_1, \cdots, X_n$의 표본표준편차를 S라고 할 때, 모표준편차 σ에 대한 $100(1-\alpha)\%$ 신뢰구간은 다음과 같다.

$$\left(\sqrt{\frac{(n-1)S^2}{\chi^2_{\alpha/2}(n-1)}}, \sqrt{\frac{(n-1)S^2}{\chi^2_{1-\alpha/2}(n-1)}}\right)$$

예제 5.12 볼트를 생산하는 한 공장에서 제품의 품질이 얼마나 균일하게 유지되는지를 검사하려고 10개의 볼트를 추출하여 지름을 측정하고 그 표준편차를 구하였더니 0.4였다. 그 공장에서 생산되는 볼트의 지름이 정규분포를 따른다는 가정하에 모표준편차 σ의 90% 신뢰구간을 구하라.

풀이 표본의 크기가 $n=10$이고 $1-\alpha=0.9$이므로 χ^2 분포표로부터 $\chi^2_{0.05}(9) = 16.92$와 $\chi^2_{0.95}(9)=3.33$을 얻을 수 있다. 앞의 식에 의하면 σ^2의 90% 신뢰구간은

$$\left(\frac{9\times 0.4^2}{16.92}, \frac{9\times 0.4^2}{3.33}\right) = (0.085,\ 0.432)$$

이다. 따라서 σ의 90% 신뢰구간은 $(\sqrt{0.085}, \sqrt{0.432}) = (0.29, 0.66)$이다. ■

제 6 절 두 모집단의 모표준편차의 비에 대한 추정

두 모분산의 비교는 두 모평균의 비교처럼 자주 사용되지는 않지만, 두 모집단의 등분산 가정에 대한 판단이나 평균이 유사한 두 주식 가격의 변동성의 비교 등에 사용될 수

있다. 두 모표준편차의 비교는 일반적으로 비의 형태로 하게 된다. 예를 들어, 비의 값이 1에 가까우면 두 모표준편차가 유사하다고 할 수 있다.

두 모표준편차의 비에 대한 추정은 서로 독립인 두 정규모집단에서 가능하다. 두 모표준편차의 비에 대한 추정은 두 표본표준편차의 비를 이용한다. 두 표본표준편차의 비의 분포는 다음과 같이 F-분포와 관련이 있다.

(5-14) 표본 $X_1, \cdots, X_{n_1}$은 분산이 σ_1^2인 정규분포에서의 랜덤샘플이고, $Y_1, \cdots, Y_{n_2}$은 분산이 σ_2^2인 정규분포에서의 랜덤샘플이라고 하자. S_1^2과 S_2^2을 각 랜덤샘플의 표본분산이라고 할 때

$$F = \frac{S_1^2/\sigma_1^2}{S_2^2/\sigma_2^2} \sim F(n_1 - 1,\ n_2 - 1)$$

두 모분산의 비 σ_1^2/σ_2^2에 대한 점추정량은 S_1^2/S_2^2으로 주어지며 구간추정은 (5-14)에 주어진 확률변수 F의 분포를 이용하여 구할 수 있다. 즉, 다음 식

$$P\left(F_{1-\alpha/2}(n_1 - 1,\ n_2 - 1) < \frac{S_1^2/\sigma_1^2}{S_2^2/\sigma_2^2} < F_{\alpha/2}(n_1 - 1,\ n_2 - 1)\right) = 1 - \alpha$$

에서 괄호 안의 부등식을 σ_1^2/σ_2^2을 중심으로 정리하면

$$P\left(\frac{S_1^2}{S_2^2}\frac{1}{F_{\alpha/2}(n_1 - 1,\ n_2 - 1)} < \frac{\sigma_1^2}{\sigma_2^2} < \frac{S_1^2}{S_2^2}\frac{1}{F_{1-\frac{\alpha}{2}}(n_1 - 1,\ n_2 - 1)}\right) = 1 - \alpha$$

이 되고 이 식을 F-분포의 특징을 이용하여 다시 정리하면

$$P\left(\frac{S_1^2}{S_2^2}\frac{1}{F_{\alpha/2}(n_1 - 1,\ n_2 - 1)} < \frac{\sigma_1^2}{\sigma_2^2} < \frac{S_1^2}{S_2^2}F_{\alpha/2}(n_2 - 1,\ n_1 - 1)\right) = 1 - \alpha$$

로 나타낼 수 있다. 따라서 σ_1^2/σ_2^2의 $100(1 - \alpha)\%$ 신뢰구간은 다음과 같다.

$$\left(\frac{S_1^2}{S_2^2}\frac{1}{F_{\alpha/2}(n_1 - 1,\ n_2 - 1)},\ \frac{S_1^2}{S_2^2}F_{\alpha/2}(n_2 - 1,\ n_1 - 1)\right)$$

한편 두 집단의 모표준편차의 비 σ_1/σ_2에 대한 $100(1 - \alpha)\%$ 신뢰구간은 위 식에서 양변에 제곱근을 취하면 된다.

두 모표준편차의 비 σ_1/σ_2에 대한 신뢰구간

표본 $X_1, \cdots, X_{n_1}$은 분산이 σ_1^2인 정규분포에서의 랜덤샘플이고, $Y_1, \cdots, Y_{n_2}$은 분산이 σ_2^2인 정규분포에서의 랜덤샘플이라고 하자. S_1^2과 S_2^2을 각 랜덤샘플의 표본분산이라고 할 때 모표준편차의 비 σ_1/σ_2에 대한 $100(1-\alpha)$ 신뢰구간은 다음과 같다.

$$\left(\frac{S_1}{S_2}\cdot\frac{1}{\sqrt{F_{\alpha/2}(n_1-1,\ n_2-1)}},\ \frac{S_1}{S_2}\cdot\sqrt{F_{\alpha/2}(n_2-1,\ n_1-1)}\right)$$

예제 5.13 혈청 페리틴(철분 부족 진단에 사용됨) 값의 변동이 젊은 남성과 나이 든 남성들 간에 차이가 있는지 알아보기 위하여 다음과 같은 자료를 얻었다.

젊은 남성 : $n_1 = 21,\ S_1 = 84.2$(mg/L)
나이 든 남성 : $n_2 = 26,\ S_2 = 52.6$(mg/L)

두 집단의 혈청자료가 모두 정규모집단에서 추출한 것이며, 서로 독립이라고 가정할 때 두 집단의 모표준편차 비 σ_1/σ_2의 90% 신뢰구간을 구하라.

풀 이 표본의 크기가 각각 21, 26이므로 $n_1 - 1 = 20$이고 $n_2 - 1 = 25$가 된다. F-분포의 표를 이용하면 $1/F_{0.05}(20,\ 25) = 1/2.01$이고 $F_{0.05}(25,\ 20) = 2.07$이다. 따라서 σ_1/σ_2의 90% 신뢰구간은 다음과 같다.

$$\left(\frac{84.2}{52.6}\cdot\frac{1}{\sqrt{2.01}},\ \frac{84.2}{52.6}\cdot\sqrt{2.07}\right) = (1.129,\ 2.303)$$

제 7 절 엑셀을 이용한 분석

예제 5.14 다음 자료를 이용하여 모평균 μ와 모표준편차 σ에 대한 90% 신뢰구간을 구하라. 단, 모집단이 정규분포를 따른다고 한다.

31	35	37	38	38	38	39	40	40	41	42	43	44	44	46	48

풀 이 표본의 크기가 작고 모표준편차 σ가 주어지지 않은 경우에 모평균 μ에 대한 신뢰구간을 추정하기 위하여 [데이터] ➡ [데이터분석] ➡ [기술 통계법]을 선택하면 다음과 같은 대화상자가 나타난다.

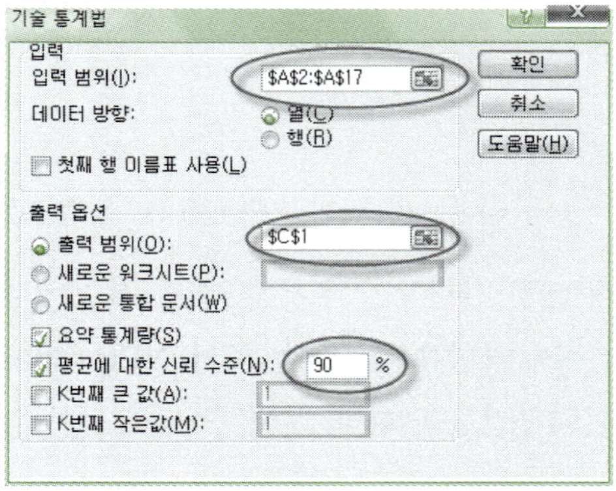

그림 5.2 기술 통계법 대화상자

입력 범위에 자료가 입력된 범위를 지정하고 출력 범위는 현재 워크시트의 C1 셀부터 나타나도록 한다. 그리고 요약 통계량과 평균에 대한 신뢰구간을 구하기 위한 체크박스에 표시를 한 뒤, 신뢰수준을 90%로 입력한다. 그러면 다음과 같은 결과를 얻게 된다.

	A	B	C	D
1	자료		Column1	
2	31			
3	35		평균	40.25
4	37		표준 오차	1.066536
5	38		중앙값	40
6	38		최빈값	38
7	38		표준 편차	4.266146
8	39		분산	18.2
9	40		첨도	0.332192
10	40		왜도	-0.2149
11	41		범위	17
12	42		최소값	31
13	43		최대값	48
14	44		합	644
15	44		관측수	16
16	46		신뢰 수준(90.0%)	1.869692
17	48			

그림 5.3 기술 통계법 결과

여기서 D16 셀의 **신뢰수준(90.0%)**은 $t_{\alpha/2}(n-1)\,s/\sqrt{n}$ $(\alpha = 0.1)$을 계산한 것이다. 따라서 D3 셀에 있는 평균과 함께 원하는 셀에 "= D3 + D16"과 "= D3 − D16"을 입력하면 각각 μ에 대한 90% 신뢰구간의 상한과 하한을 구할 수 있다.

F	G
신뢰구간(90%)	
상한	=D3+D16
하한	=D3-D16

F	G
신뢰구간(90%)	
상한	42.11969
하한	38.38031

그림 5.4 μ에 대한 90% 신뢰구간

만약 [기술 통계법]을 이용하지 않고 신뢰구간을 엑셀 함수를 이용하여 구하기 위해서는 다음과 같이 t-분포로부터 $t_{\alpha/2}(n-1)$를 구해야 한다.

F	G	H
신뢰구간(90%)		
상한	=D3+D16	
하한	=D3-D16	
	=TINV(0.1,15)*D4	

F	G	H
신뢰구간(90%)		
상한	42.11969	
하한	38.38031	
	1.869692	

그림 5.5 신뢰구간

모표준편차 σ에 대한 신뢰구간 추정은 [기술 통계법]을 이용해서는 구할 수 없으므로, 카이제곱분포의 누적 역함수를 구하는 CHIINV(probability, deg_freedom)을 이용하여 다음과 같이 신뢰구간을 구한다.

	A	B	C	D	E	F	G	H	I
1	자료		Column1			μ에 대한 신뢰구간(90%)			
2	31					상한	42.11969		
3	35		평균	40.25		하한	38.38031		
4	37		표준 오차	1.066536					
5	38		중앙값	40			1.869692		
6	38		최빈값	38					
7	38		표준 편차	4.266146		σ에 대한 신뢰구간(90%)			
8	39		분산	18.2		상한	=SQRT(15*D8/CHIINV(0.95,15))		
9	40		첨도	0.332192		하한	=SQRT(15*D8/CHIINV(0.05,15))		
10	40		왜도	-0.214901					
11	41		범위	17					
12	42		최소값	31					
13	43		최대값	48					
14	44		합	644					
15	44		관측수	16					
16	46		신뢰 수준(90.0%)	1.869692					
17	48								

	A	B	C	D	E	F	G	H
1	자료		Column1			μ에 대한 신뢰구간(90%)		
2	31					상한	42.11969	
3	35		평균	40.25		하한	38.38031	
4	37		표준 오차	1.066536				
5	38		중앙값	40			1.869692	
6	38		최빈값	38				
7	38		표준 편차	4.266146		σ에 대한 신뢰구간(90%)		
8	39		분산	18.2		상한	6.131755	
9	40		첨도	0.332192		하한	3.304821	
10	40		왜도	-0.214901				
11	41		범위	17				
12	42		최소값	31				
13	43		최대값	48				
14	44		합	644				
15	44		관측수	16				
16	46		신뢰 수준(90.0%)	1.869692				
17	48							

그림 5.6 모표준편차 σ의 신뢰구간

위의 결과로 모표준편차 σ에 대한 90% 신뢰구간은 (3.3048, 6.1318)이 구해진다.

예제 5.15 예제 5.14에서 모표준편차가 4라고 할 때, 모평균 μ에 대한 90% 신뢰구간을 구하라.

풀이 모표준편차가 주어진 경우에 모평균 μ에 대한 신뢰구간을 구할 때는 표준정규분포를 이용하여 오차범위 $(z_{\alpha/2} \cdot \sigma/\sqrt{n})$를 구하면 된다. 따라서 신뢰구간을 구하는 식을 엑셀함수로 다음과 같이 표현할 수 있다.

	A	B	C	D	E	F	G	H	I
1	자료		Column1			μ에 대한 신뢰구간(90%)			
2	31					상한	=D3+G5		
3	35		평균	40.25		하한	=D3-G5		
4	37		표준 오차	1.066536					
5	38		중앙값	40			=NORMSINV(0.95)*4/SQRT(16)		
6	38		최빈값	38					
7	38		표준 편차	4.266146					
8	39		분산	18.2					
9	40		첨도	0.332192					
10	40		왜도	-0.214901					
11	41		범위	17					
12	42		최소값	31					
13	43		최대값	48					
14	44		합	644					
15	44		관측수	16					
16	46		신뢰 수준(90.0%)	1.869692					
17	48								

그림 5.7 모평균 μ에 대한 신뢰구간

위 식의 결과에 의해 모평균 μ에 대한 신뢰구간은 (38.605, 41.895)으로 다음과 같이 구해진다.

F	G	H
μ에 대한 신뢰구간(90%)		
상한	41.89485	
하한	38.60515	
	1.644854	

모표준편차(σ)가 알려져 있는 경우 신뢰구간이 알려져 있지 않은 경우보다 줄어드는 것을 알 수 있다. 이는 모집단의 정보가 많을수록 추정의 정밀도가 높아지는 것을 의미한다.

예제 5.16 어느 도시에서 청소년기의 성장에 관한 연구를 하기 위하여 중학교 1학년 남학생 30명을 임의 추출하여 키를 측정한 결과가 다음의 표와 같이 주어졌다.

163	161	168	161	157	162	153	159	164	170
152	160	157	168	150	165	156	151	162	150
156	152	161	165	168	167	165	168	159	156

엑셀을 이용하여 중학교 1학년 남학생의 평균키에 대한 95% 신뢰구간을 구하라.

풀이 먼저 주어진 자료가 들어 있는 셀 범위를 지정한 후에 표시된 이름상자 부분에 "height"라는 이름을 입력하여 주어진 범위를 height라는 이름으로 정의한다.

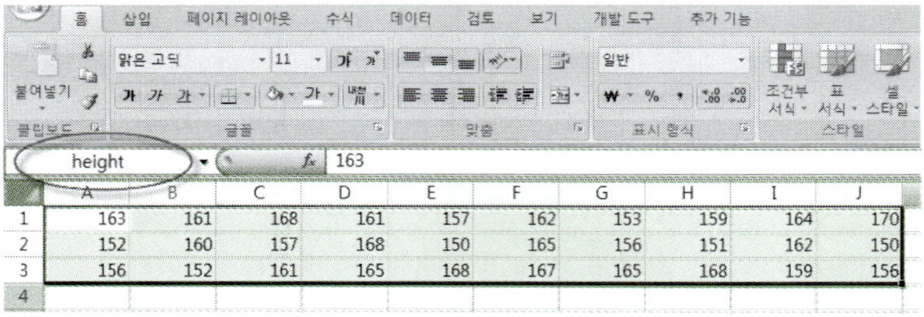

▮ 그림 5.8 ▮ 이름상자의 사용법

다음과 같이 엑셀 함수를 이용하여 모평균 μ에 대한 95% 신뢰구간을 구한다. 주어진 자료의 수가 30으로 크므로 모표준편차 (σ)가 주어지지 않았더라도 중심극한정리를 적용하여 표준정규분포를 이용하여 오차범위를 구할 수 있다. 따라서 다음과 같은 엑셀 함수를 이용하여 구한다.

	A	B	C	D	E	F	G	H	I	J
1	163	161	168	161	157	162	153	159	164	170
2	152	160	157	168	150	165	156	151	162	150
3	156	152	161	165	168	167	165	168	159	156
4										
5	평균	=AVERAGE(height)								
6	표준오차	=STDEV(height)/SQRT(COUNT(height))								
7		=NORMSINV(0.975)*B6								
8										
9	신뢰구간(95%)									
10	상한	=B5+B7								
11	하한	=B5-B7								

	A	B	C	D	E	F	G	H	I	J
1	163	161	168	161	157	162	153	159	164	170
2	152	160	157	168	150	165	156	151	162	150
3	156	152	161	165	168	167	165	168	159	156
4										
5	평균	160.2								
6	표준오차	1.093765								
7		2.14374								
8										
9	신뢰구간(95%)									
10	상한	162.3437								
11	하한	158.0563								

▮ 그림 5.9 ▮ 함수를 이용한 모평균 μ의 신뢰구간

모평균 μ에 대한 95% 신뢰구간은 (158.0563, 162.3437)이 된다.

정규분포를 따르며 분산이 같은 두 모집단의 모평균 차에 대한 신뢰구간을 구하기 위해서는 [기술 통계법]을 이용하여 구할 수 있다. 이 방법은 6장의 검정에서 다루는 것이지만 두 모집단의 모평균 차에 대한 신뢰구간을 구하는데도 사용할 수 있다.

예제 5.17 예제 5.6의 자료에 대해 엑셀을 이용하여 두 모평균의 차에 대한 95% 신뢰구간을 구하라.

예제 5.6의 풀이에서 볼 수 있는 것처럼 두 모집단의 모분산은 주어져 있지 않지만 차이가 있는 것처럼 보이므로 (5-9)의 식을 이용하여 모평균 차에 대한 신뢰구간을 구할 수 있다. 먼저 [데이터] ➡ [데이터 분석] 의 [t-검정: 이분산 가정 두집단]을 선택한다.

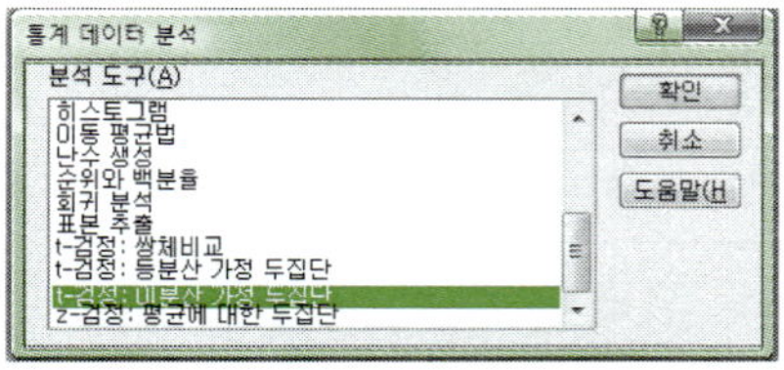

그림 5.10 통계 데이터 분석 대화창

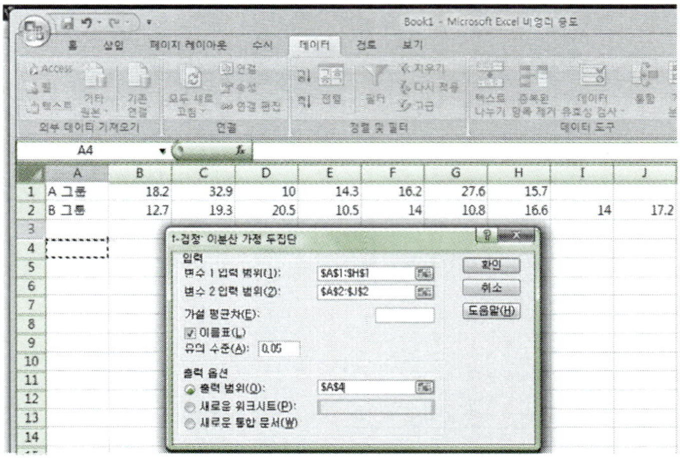

그림 5.11 [t-검정 : 이분산 가정 두집단]의 대화상자

주어진 대화상자에 A 그룹과 B 그룹의 입력 범위를 마우스를 이용하여 지정한 후, 가설 평균차는 "0", 유의수준은 0.05로 놓고, 출력범위는 A4 셀을 지정한다. 그리고 [확인]을 누르면 다음과 같은 결과가 나타난다.

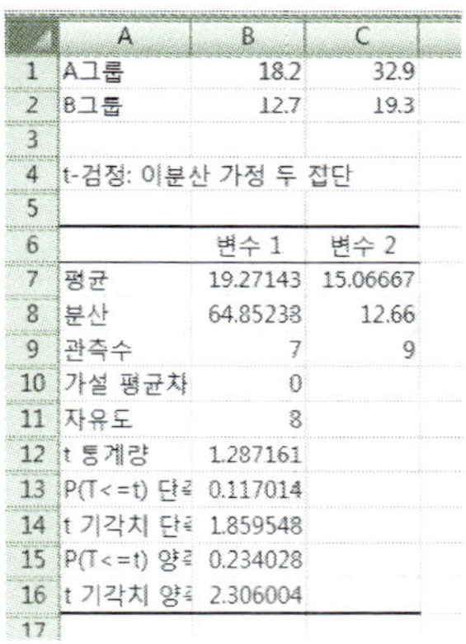

	A	B	C
1	A그룹	18.2	32.9
2	B그룹	12.7	19.3
3			
4	t-검정: 이분산 가정 두 집단		
5			
6		변수 1	변수 2
7	평균	19.27143	15.06667
8	분산	64.85238	12.66
9	관측수	7	9
10	가설 평균차	0	
11	자유도	8	
12	t 통계량	1.287161	
13	P(T<=t) 단측	0.117014	
14	t 기각치 단측	1.859548	
15	P(T<=t) 양측	0.234028	
16	t 기각치 양측	2.306004	
17			

그림 5.12 *t*-검정의 결과

A 그룹과 B 그룹에 대한 평균과 분산이 얻어졌으므로 이를 이용하여 두 모평균의 차 $\mu_1 - \mu_2$에 대한 95% 신뢰구간을 구하기 위한 오차범위는 다음과 같이 t-분포의 TINV 함수를 이용하여 구한다.

	A	B	C	D	E	F	G	H	I	J
1	A 그룹	18.2	32.9	10	14.3	16.2	27.6	15.7		
2	B 그룹	12.7	19.3	20.5	10.5	14	10.8	16.6	14	17.2
3										
4	t 검정: 이분산 가정 두 집단				두 모평균의 차(μ1 μ2)에 대한 95% 신뢰구간					
5					신뢰상한	=(B7-C7)+F8				
6		A 그룹	B 그룹		신뢰하한	=(B7-C7)-F8				
7	평균	19.27143	15.06667							
8	분산	64.85238	12.66			=TINV(0.05,6)*SQRT(B8/B9+C8/C9)				
9	관측수	7	9							
10	가설 평균차	0								
11	자유도	8								
12	t 통계량	1.287161								
13	P(T<=t) 단측	0.117014								
14	t 기각치 단측	1.859548								
15	P(T<=t) 양측	0.234028								
16	t 기각치 양측	2.306004								

	A	B	C	D	E	F	G	H	I	J
1	A 그룹	18.2	32.9	10	14.3	16.2	27.6	15.7		
2	B 그룹	12.7	19.3	20.5	10.5	14	10.8	16.6	14	17.2
3										
4	t 검정: 이분산 가정 두 집단				두 모평균의 차(μ1 μ2)에 대한 95% 신뢰구간					
5					신뢰상한	12.19808				
6		A 그룹	B 그룹		신뢰하한	-3.78855				
7	평균	19.27143	15.06667							
8	분산	64.85238	12.66			7.993313				
9	관측수	7	9							
10	가설 평균차	0								
11	자유도	8								
12	t 통계량	1.287161								
13	P(T<=t) 단측	0.117014								
14	t 기각치 단측	1.859548								
15	P(T<=t) 양측	0.234028								
16	t 기각치 양측	2.306004								

▌그림 5.13 ▌ 평균 차에 대한 신뢰구간

따라서 평균 차에 대한 신뢰구간은 (−3.7886, 12.1981)이다. ■

모비율에 대한 신뢰구간은 정규분포의 분위수를 이용하여 직접 구할 수 있다. 표준정규분포에서 누적 확률값이 P인 분위수를 구하는 엑셀 함수는 NORMSINV(P)이다.

예제 5.18 예제 5.9의 자료에서 모비율에 대한 95% 신뢰구간을 구하라.

풀 이 먼저 시행횟수(n)와 성공의 수(x)를 입력한 후에 다음과 같은 엑셀 함수를 이용하여 모비율에 대한 신뢰구간을 구한다.

	A	B	C	D	E
1	n	500			
2	x	41			
3	p	=B2/B1			
4					
5		=NORMSINV(0.975)*SQRT(B3*(1-B3)/B1)			
6	신뢰상한	=B3+B5			
7	신뢰하한	=B3-B5			

▌그림 5.14 ▌ 모비율에 대한 신뢰구간

앞의 식을 통해 구한 모비율에 대한 신뢰구간은 다음과 같이 계산된다.

	A	B
1	n	500
2	x	41
3	p	0.082
4		
5		0.024049
6	신뢰상한	0.106049
7	신뢰하한	0.057951

그림 5.15 모비율에 대한 신뢰구간

위의 결과로부터 모비율의 추정치 $\hat{p} = 0.082$이고, 모비율의 95% 신뢰구간은 (0.058, 0.106)임을 알 수 있다.

연·습·문·제

5.1 한 엔지니어는 고속도로의 파손된 부분을 수리할 때 쓰이는 새로운 혼합 시멘트가 굳기까지 걸리는 시간을 측정하려고 한다. 100군데의 파손된 부분을 수리하여 굳기까지의 시간을 조사해 보니, 표본의 평균과 표준편차가 각각 32분과 4분으로 조사되었다. 시멘트가 굳기까지의 평균시간(μ)에 대한 99% 신뢰구간을 구하라.

5.2 어느 회사에서 생산된 전자레인지 65개를 임의로 선택한 후 전자파 양을 측정하여 $\bar{X} = 0.11$, $S = 0.06$을 얻었다. 모집단의 평균 전자파 양의 95% 신뢰구간을 구하라.

5.3 표본의 크기가 144일 때 μ에 대한 신뢰구간을 $(\bar{X} - 0.12S, \bar{X} + 0.12S)$라 하자. 이때 신뢰수준은 얼마인가?

5.4 어떤 화학실험에서 생성되는 구리침전물의 양은 표준편차가 4.5그램이라 하자. 이때 모평균에 대한 표본평균의 오차가 1.86그램 이하가 될 확률이 최소한 99%가 되도록 하려면 몇 번의 실험을 반복해야 하는가?

5.5 알래스카에 있는 다비산의 13개 지역에서 우라늄의 농도를 측정하였더니 그 측정치들이 다음과 같았다.

7.92	10.29	19.89	17.73	10.36	13.50	8.81
6.18	7.02	11.71	8.33	9.32	14.61	

이 지역에서 우라늄의 평균 농도에 대한 95% 신뢰구간을 구하라.

5.6 크기가 12인 표본으로부터 모평균 μ에 대한 95% 신뢰구간을 계산하여 (18.6, 26.2)의 결과를 얻었다.

(1) 표본의 평균 $\bar{X}$와 표준편차 S의 값은 얼마인가?

(2) 모평균 μ에 대한 98% 신뢰구간을 구하라.

5.7 80마리의 쥐에게 특정한 음식을 준 후에 체중 증가량을 측정하여 $\bar{X}$ = 35g이고 S = 4g인 결과를 얻었다.

(1) 평균 증가량에 대한 90% 신뢰구간을 구하라.

(2) (1)에서 구한 신뢰구간은 실제평균을 포함하는지 설명하여라.

5.8 크기가 큰 어떤 표본으로부터 μ에 대한 95% 신뢰구간이 (6.8, 14.2)임을 알아내었다고 하자. 이 사실을 이용하여 μ에 대한 90% 신뢰구간을 구하라.

5.9 큰 규모의 생활비 조사에서는 지난 1월의 주당 식료품 지출비용을 4인 가족을 대상으로 조사하여 평균이 70,000원이고 표준편차가 12,000원이라는 것을 알아내었다. 현재의 상황을 연구하기 위해서 4인 가족의 임의추출된 표본으로부터 지난 주의 식료품 지출비용을 기록하였다.

(1) 4인 가족의 주당 식료품 지출비용의 모평균을 추정하는데 오차가 3,000원 이하일 확률이 최소한 95%가 되기를 원한다면 표본의 크기를 얼마로 해야 하겠는가? (σ에 대한 추정치로 지난 1월의 표준편차를 사용하라.)

(2) 임의추출된 100가구의 지난주 식료품 청구서 자료로부터 평균과 표준편차를 구하였더니 각각 7만3천 원과 9천 원이었다. 4인 가족의 주당 식료품 지출비용의 모평균에 대한 98% 신뢰구간을 구하라.

5.10 정규모집단에서 크기가 11인 표본을 추출하여 모평균 μ에 대한 99% 신뢰구간을 계산하였더니 (62.5, 86.9)이었다. 이 결과를 이용하여 다음을 구하라.

(1) μ의 추정치와 추정량의 표준오차

(2) μ의 90% 신뢰구간

5.11 특정 지질형성에서 생긴 바위의 견본을 발굴해서 카드뮴 함유량을 알아보기 위해 화학분석을 하고자 한다. 25개의 견본을 대상으로 조사한 결과 카드뮴 함유량의 평균과 표준편차가 각각 10.2와 3.1로 나타났다고 한다. 이 지질형성에서 카드뮴의 평균 함유량에 대한 95% 신뢰구간을 구하라.

5.12 두 개의 처리를 비교하기 위한 실험에 141개의 실험재료를 사용하였다. 79개의 실험재료를 임의로 추출하여 처리 1을 행하고, 나머지 62개의 실험재료에 대하여 처리 2를 행하였다. 두 처리에 대한 반응의 평균과 표준편차는 다음과 같다.

	집 단 1	집 단 2
평 균	46.3	38.5
표준편차	5.0	5.8

처리효과의 평균의 차에 대한 98% 신뢰구간을 구하라.

5.13 두 개의 모집단으로부터 서로 독립이고 크기가 52와 67인 표본을 얻어서 $\mu_1 - \mu_2$에 대한 95% 신뢰구간을 계산하니 (6.88, 9.26)이었다. 이 결과를 이용하여 다음을 결정하라.

(1) $\mu_1 - \mu_2$에 대한 추정량과 표준오차

(2) $\mu_1 - \mu_2$에 대한 90% 신뢰구간

5.14 사람이 격렬한 운동을 할 때에 필요한 단위체중당 산소흡입량(산소흡입력)은 노동능력의 측도가 된다. 페루의 고지대에 살고 있는 20명의 원주민으로 구성된 집단 1과 성인이 되어서 고지대 환경에 적응된 저지대인 10명으로 구성된 집단 2의 산소흡입력 비교를 위해서 두 집단을 측정하였으며, 기록된 자료들로부터 다음과 같은 통계량의 값이 계산되었다.

	처 리 1	처 리 2
평 균	109	128
표준편차	46.2	53.4

두 집단 간 평균 산소흡입력의 차에 대한 98% 신뢰구간을 구하라.

5.15 호르몬의 투여가 새끼를 밴 쥐의 체중 증가에 미치는 효과를 연구하기 위한 실험 계획에 대한 의뢰를 받았다고 하자. 실험에 활용할 수 있는 12마리의 쥐 중 6마리에게 호르몬을 투여하고, 나머지 6마리는 정상집단으로 한다고 하자.

(1) 12마리의 쥐를 임의로 두 집단으로 나누는 것의 중요성에 대해 간단히 설명하라. 만약에 임의로 6마리의 쥐에게 호르몬을 투여하지 않고 꺼내기 쉬운 6마리의 쥐에 호르몬을 투여할 경우 실험 결과에 나타날 오류를 지적하라.

(2) 12마리의 쥐에게 1부터 12의 일련번호를 달게 하고 외형상 동일한 12개의 구슬에도 1부터 12의 일련번호를 달도록 하자. 어떻게 이 구슬들을 이용하여 12마리의 쥐를 비교집단과 정상집단으로 임의로 분류시킬 수 있는가?

5.16 두 모집단으로부터 서로 독립인 두 개의 표본에 대한 통계량들이 다음과 같이 4번 주어졌다. 각 경우에 모평균의 차에 대한 98% 신뢰구간을 구하고 실험에 필요한 가정을 말하라.

	표 본 1			표 본 2		
	n_1	$\overline{X}$	S_1	n_2	$\overline{Y}$	S_2
(1)	15	28.1	3.6	11	30	5.2
(2)	130	410	26	96	390	42
(3)	12	1.25	0.082	14	1.32	0.326
(4)	60	75.6	17.6	50	62.5	6.8

5.17 약품 A가 약품 B보다 수술 후 통증 경감의 시간이 더 오래 지속되는지를 알아보기 위한 연구가 있었다. 약품 A를 투여한 55명 환자와 약품 B를 투여한 58명 환자의 통증 경감의 시간을 기록하였고 다음과 같은 통계량이 주어졌다.

	A	B
평 균	5.64	5.03
표준편차	1.25	1.82

다음 물음에 답하라.

(1) $\mu_A - \mu_B$에 대한 90% 신뢰구간을 구하라.

(2) 약품 A만의 자료를 이용하여 평균 μ_A에 대한 95% 신뢰구간을 구하라.

5.18 밧줄을 만드는 두 가지 방법을 비교하기 위해 5번의 실험을 하였다. 각 1회분의 원료에는 2개의 밧줄을 만들 수 있는 삼(대마)이 있다. 장력 강도의 측정값들은 다음과 같다.

	실 험				
	1회	2회	3회	4회	5회
방 법 1	14	12	18	16	15
방 법 2	16	15	17	16	14

(1) 5쌍의 관측값으로부터 두 가지 방법에 의해 만들어진 밧줄 간의 평균 장력강도의 차에 대한 95% 신뢰구간을 구하라.

(2) 자료를 독립인 임의의 표본으로 생각하고 95% 신뢰구간을 구하라.

(3) 두 가지 형태의 분석에 필요한 가정을 기술하라.

5.19 어떤 사람이 A 상표 세제의 시장점유율을 조사한다고 하자. 즉, 모든 상표들의 총 판매량에 대한 A 상표의 판매량의 비율을 조사하려 한다. 그 사람은 몇 개의 상점으로부터 425 상자의 세제가 판매된 가운데 120 상자가 A 상표의 세제였다는 것을 알아냈다고 하자.

(1) A 상표 세제의 시장 점유율을 추정하라.

(2) 표준오차를 추정하라.

(3) A 상표의 시장점유율에 대한 95% 신뢰구간을 구하라.

5.20 3년 동안 한 산업지대의 표준종 층층나무 중 90%가 죽은 것으로 밝혀졌다. 공해에 저항력이 강한 새로운 종이 현재 연구 중에 있는데, 첫 실험의 반응을 관찰한 결과, 같은 지역에서 3년 동안 새로운 종 45개체의 묘목 중에 28개체가 죽었다고 한다. 새로운 종의 3년간의 고사율(p)을 추정하고 90% 신뢰구간을 구하라.

5.21 연습문제 5.20에서 95% 신뢰를 가지고 추정의 오차가 0.08 안에 들게 하려면, 3년 동안 재배되고 관찰될 새로운 나무의 수는 최소한 얼마가 되어야 하는가? (p는 처음 연구에서 얻은 결과를 이용하라.)

5.22 당뇨병, 심장질환, 간질 등의 병을 가지고 있는 운전자들 집단과 질환을 갖지 않은 운전자들 집단에 대한 운전기록이 다음과 같이 주어져 있다.

상 태	교통 위반		합 계
	없 음	1회 이상	
당 뇨	119	41	160
심장병	121	39	160
간 질	72	78	150
질환 없음	157	43	200

p_1, p_2, p_3, p_4를 위의 네 집단(당뇨병, 심장질환, 간질, 질환 없음)에 대한 1회 이상 교통 위반을 한 모비율이라고 하자.

(1) $p_3 - p_2$에 대한 95% 신뢰구간을 구하라.

(2) $p_2 - p_4$에 대한 95% 신뢰구간을 구하라.

5.23 인공강우를 위해 구름에 뿌리는 약품이 우박의 발생빈도를 줄일 수 있는지에 대한 실험을 하였다. 우박이 잦은 지형의 지역에서 구름이 많은 날 중에서 50일은 구름에 약품을 뿌리고, 165일은 구름에 아무 것도 뿌리지 않고 관측하였다.

	약품을 뿌린 날 수	약품을 뿌리지 않은 날 수
우박이 내린 날	7	43
우박이 내리지 않은 날	43	122

구름에 약품을 뿌리는 경우와 뿌리지 않은 경우에 우박의 발생비율의 차에 대한 90% 신뢰구간을 구하라.

5.24 새로 만들어지는 플라스틱의 두께를 주기적으로 측정하는데, 액체 주형의 점성에 의한 이물질이 플라스틱의 두께를 재는데 영향을 주어 어느 정도 변동이 생기게 된다고 한다. 10개의 견본을 뽑아 두께를 재었더니 다음과 같은 결과가 얻어졌다 (단위 : mm) .

226 228 226 225 232 228 227 229 225 230

생산된 제품 두께의 표준편차에 대한 95% 신뢰구간을 구하라.

5.25 표본의 크기가 n = 10인 자료로부터 표준편차 S에 대한 95% 신뢰구간을 구하였더니 결과가 (0.81, 2.15)로 얻어졌다.

(1) 표본의 표준편차 S를 구하라 (힌트: 신뢰구간을 구하는 공식을 이용하라) .

(2) 모표준편차 σ에 대한 90% 신뢰구간을 구하라.

5.26 연습문제 5.11에서 카드뮴 함유량의 모표준편차 σ에 대한 98% 신뢰구간을 구하라.

5.27 공장 노동자들이 숙련작업을 수행하기 위해 교육받는 2개의 프로그램을 비교하기 위해 20명의 노동자들이 실험에 임했다. 그들 중 10명을 임의로 뽑아서 방법 1에 의해 교육을 받게 하고, 나머지 10명은 방법 2에 의해 교육을 받게 하였다. 교육을 끝내고 난 후 모든 노동자들을 대상으로 숙련작업 수행에 필요한 시간을 측정하여 다음과 같은 자료를 얻었다 (단위 : 분) .

방 법 1	15	20	11	23	16	21	18	16	27	24
방 법 2	23	31	13	19	23	17	28	16	25	28

(1) 두 방법 사이에 작업 시간의 모평균 차에 대한 95% 신뢰구간을 구하고 필요한 가정을 기술하라.

(2) 두 방법 간의 모표준편차 비(σ_1/σ_2)에 대한 90% 신뢰구간을 구하라.

5.28 다음은 코팅을 한 경우와 하지 않은 경우의 연결부위 구부러짐 강도에 관한 실험의 요약 자료이다.

	표본크기	표본평균	표본표준편차
코팅 함	10	80.95	9.59
코팅 안함	9	63.24	5.96

(1) 두 집단 간의 모표준편차 비에 대한 90% 신뢰구간을 구하고 이에 필요한 가정을 기술하라.

(2) 위 문제의 결과(모표준편차 비의 신뢰구간이 1 포함여부)에 따라서 두 집단의 모평균의 차에 대한 95% 신뢰구간을 구하라.

5.29 다음 자료는 병실에 카펫의 유무에 따른 공기 중 박테리아 수(덩어리 수/ft^3)의 측정 자료이다.

있 음	11.8	8.2	7.1	13.0	10.8	10.1	14.6	14.0
없 음	12.1	8.3	3.8	7.2	12.0	11.1	10.1	13.7

(1) 두 집단의 모표준편차 비의 90% 신뢰구간이 1을 포함하는가? 필요한 가정도 기술하라.

(2) 위 문제의 결과에 따라서 두 집단의 모평균 차에 대한 95% 신뢰구간을 구하라.

(3) 만약 카펫이 있는 곳은 군인 병원의 병실 자료이고 카펫이 없는 곳은 어린이 병원의 병실 자료라면 위의 분석에서 달라지는 것이 있나?

제 6 장 검정

앞의 제5장에서는 모수에 대한 추정의 문제를 다루었는데, 모수에 대한 추론에는 추정 이외에도 **가설검정(testing of statistical hypothesis)**이 있다. 가설검정이란 모수에 대한 가설이 적합한지를 표본을 이용하여 판단하는 것이다. 이 장에서는 가설검정의 개념을 설명하고, 제5장에서 고려한 다양한 경우의 모수에 대하여 검정방법을 소개하고자 한다. 검정과정에서 필요한 개념과 용어는 1절에서 모평균의 검정방법을 소개하면서 설명하고자 한다.

제 1 절 한 모집단에서의 모평균에 대한 검정

이 절에서는 모평균 μ에 대한 검정방법을 소개하고자 한다. 다음의 예는 검정이 필요한 하나의 상황을 보여주는데, 이 예를 통해서 검정의 기본적인 개념을 설명하고자 한다.

어느 도시의 보건당국은 성인병을 유발하는 콜레스테롤 수치를 낮춤으로써 그 도시의 의료비용을 절감하려고 한다. 이를 위해 지난 1년 간 콜레스테롤 수치를 줄이는데 효과적인 여러 방안을 소개하는 등 대대적인 콜레스테롤 낮추기 캠페인을 하였다. 이 캠페인이 콜레스테롤 수치를 낮추는데 효과가 있었는지 검증하고자 한다면 어떠한 과정을 거쳐야 하겠는가? 이 문제에 답하기 위한 한 가지 방법은 통계적 가설검정을 이용하는 것이다.

캠페인을 시작할 당시 그 도시 성인의 콜레스테롤 수치는 평균적으로 200(mg/dL)이고, 표준편차는 24(mg/dL)인 분포를 따른다고 알려져 있다고 하자. 캠페인을 실시한 이후 그 도시 성인의 콜레스테롤 수치의 모평균을 μ라 하면 검증하고자 하는 것은 μ가 200보다 작아졌는가 하는 것이다. 만약 이 사실을 입증할 충분한 근거가 없다면 캠페인

시작 당시의 평균값, $\mu = 200$을 받아들여야 한다. 여기서 제시된 μ에 대한 두 표현은 검정에서는 두 개의 가설로 나타낼 수 있다. 이와 같이 가설검정에는 두 개의 가설이 있는데 그 하나는 우리가 주장하고자 하는 가설이고, 다른 하나는 그 주장을 입증할 수 없을 때 주장을 무효화하는 가설이다. 이때 전자, 즉 주장하고자 하는 가설을 **대립가설 (alternative hypothesis, H_1)**이라 하고, 후자의 가설을 **귀무가설 (null hypothesis, H_0)** 이라 한다. 이를 정리하면 다음과 같다.

대립가설 (H_1) : 입증하고자 하는 가설
귀무가설 (H_0) : 대립가설의 반대 가설로 대립가설을 입증할 수 없을 때 대립가설을 무효화하면서 받아들이는 가설

위의 예의 경우를 보면 캠페인으로 인해 성인의 평균 콜레스테롤 수치(μ)가 200(mg/dL)보다 작다는 것을 보이고자 하므로 대립가설은 $H_1 : \mu < 200$으로 나타낼 수 있고, 캠페인의 효과를 입증할 수 없을 때 받아들이는 가설은 캠페인이 효과가 없어서 콜레스테롤의 수치에 변화가 없다는 것이므로 귀무가설은 $H_0 : \mu = 200$으로 나타낼 수 있다. 일반적으로 귀무가설은 대립가설의 반대의 가설이므로 대립가설의 여집합으로 표현되는 경우가 많다. 즉, 위의 경우에도 $H_0 : \mu \geq 200$으로 나타낼 수 있다. 그러나 이 두 경우에 검정방법이나 그 결과에 전혀 차이가 없으므로, 여기서는 간단한 표현인 $H_0 : \mu = 200$을 사용하기로 한다. 또한 두 개의 가설 H_1과 H_0을 쓸 때 H_0을 먼저 쓰고 H_1을 나중에 쓴다. 그 관례에 따라 위에서 기술된 가설을 표현해 보면 다음과 같다.

$$H_0 : \mu = 200 \qquad \text{대} \qquad H_1 : \mu < 200$$

모평균(μ)에 대한 판단을 위해서는 표본의 평균($\overline{X}$)을 이용한다. 표본평균 $\overline{X}$의 분포는 μ에 영향을 받으므로 역으로 $\overline{X}$의 값으로부터 μ에 대한 판단이 가능할 수 있다. 위 예에서 캠페인이 성인의 콜레스테롤 수치를 낮추는데 효과가 있었는지 검증하고자, 그 도시 성인 40명을 대상으로 콜레스테롤 수치를 측정하여 그 평균($\overline{X}$)을 계산한다고 하자. 우선 캠페인이 효과가 없었다(H_0)고 가정하면 40명으로 이루어진 표본의 평균 $\overline{X}$는 중심극한정리에 의하여 $N(200, 24^2/40)$를 따르고, 이를 표준화하면 다음과 같은 분포를 따른다.

$$Z = \frac{\overline{X} - 200}{24/\sqrt{40}} \sim N(0,\ 1)$$

통계량 Z는 실제의 μ값에 따라 분포가 달라진다. μ의 값이 200보다 작으면 Z의 분포의 중심도 0보다 작은 값이 된다. 그런데 $\mu < 200$이라면 Z의 값은 $N(0, 1)$의 분포에서는 나오기 어려운 작은 값을 가질 가능성이 높다. 따라서 표본으로부터 Z의 값을 계산하고

그 값이 '충분히' 작은 값을 갖는 경우에는 이를 단순히 우연하게 얻어진 값이라고 생각하기보다는, H_0이 틀리고 H_1이 맞다고 결론을 내리게 된다. 이와 같은 결론을 통계적 검정에서는 'H_0을 기각한다' 라고 표현한다. 반대로 Z의 값이 '충분히' 작은 값이 아닌 경우에는 H_0이 틀리고 H_1이 맞다고 할 충분한 근거가 없다고 할 수 있다. 즉, H_0을 기각하지 못한다.

그러나 이와 같은 결론은 모집단의 일부인 표본만을 관측하고 내리는 것이기 때문에 항상 오류를 범할 가능성이 있다. 즉, 실제로 H_0이 맞는데 H_0을 기각하거나, 실제로 H_0이 틀리는데 H_0을 기각하지 못하는 경우가 그것이다. 이 두 종류의 오류를 각각 **제1종 오류 (type I error)**와 **제2종 오류 (type II error)** 라 부르는데 이를 정리하여 표로 만들면 다음과 같다.

검정의 결론 \ 실제의 상태	H_0을 기각하지 않는다. (H_1을 채택하지 않는다.)	H_0을 기각한다. (H_1을 채택한다.)
H_0이 맞다.(H_1이 틀리다.)	옳은 결론	잘못된 결론(제1종 오류)
H_0이 틀리다.(H_1이 맞다.)	잘못된 결론(제2종 오류)	옳은 결론

앞의 예에서 보면 캠페인이 콜레스테롤 수치를 줄이는데 효과가 없을 때, 즉 $\mu = 200$일 때 캠페인이 콜레스테롤 수치를 줄이는데 효과가 있다고 주장하게 되면 이는 제1종 오류를 범하는 것이다. 한편, 캠페인이 콜레스테롤 수치를 줄이는데 효과가 있을 때, 즉 $\mu < 200$일 때 효과가 있다고 결론을 내리지 못하는 것이 제2종 오류를 범하는 것이다.

이 예에서 보듯이 제1종 오류는 H_1이 틀리는데도 이를 맞다고 주장하는 오류이고, 제2종 오류는 H_1이 맞는데도 이를 맞다고 주장하지 않는 오류이다. 일반적으로 우리가 무엇인가를 주장할 때는 좀 더 확실한 근거가 있을 때 주장을 할 수 있다. 이는 제2종 오류보다는 제1종 오류를 범하지 않으려고 하기 때문인데, 통계적 검정에서도 대개의 경우 제1종 오류에 더 주의를 기울이게 된다.

위에서 우리는 통계량 Z의 값으로부터 H_0을 기각하거나 기각하지 않는 결론을 내린다고 설명하였다. 이와 같이 검정의 결론을 내리는데 이용되는 통계량을 **검정통계량 (test statistic)** 이라 한다. 앞의 콜레스테롤을 다룬 예의 경우 검정통계량 Z가 작은 값을 가질 때 귀무가설을 기각하게 되는데, 이와 같이 검정통계량이 취하는 값 중에서 H_0을 기각하게 하는 값들의 집합을 **기각역 (rejection region)** 이라 한다. 앞의 예에서 기각역은 적절한 상수 c에 대해서 $R : Z \leq c$로 나타낼 수 있다.

앞에서도 언급하였듯이 우리는 모집단 전체가 아닌 표본만을 관측하여 결정을 내리기 때문에 항상 오류를 범할 가능성이 존재한다. 이 가능성을 확률로 표현할 때, 제1종 오류를 범할 확률을 보통 α로 쓰고, 제2종 오류를 범할 확률을 보통 β로 쓴다. 가장 바람직한 기각역이란 이 두 확률을 최소화시키는 것이 될 것이다. 그러나 α를 줄이려면 β가 커지고, β를 줄이려면 α가 커진다. 따라서 어느 선에서 타협점을 찾아야 하는데, 대개의 경우에 제1종 오류가 제2종 오류보다 심각하기 때문에 α가 0.05, 0.1 또는 0.01 등의 작은 값을 갖도록 상한선을 두고 β를 작게 하는 기각역을 선택한다. 이때 H_0하에서 검정통계량이 기각역에 속할 확률(α)을 **유의수준 (significance level)** 이라고 한다.

앞의 콜레스테롤의 예에서 유의수준 α일 때의 기각역을 구하여 보자. 기각역의 형태는 $R : Z \le c$이므로 H_0하에서 $Z \sim N(0, 1)$이라는 사실로부터 적절한 c는 $P(Z \le c) = \alpha$를 만족시키는 상수이어야 한다. 그러므로 구하고자 하는 기각역은 $P : Z \le -z_\alpha$이 된다.

앞의 콜레스테롤의 예에서 우리는 모집단에 대하여 σ가 알려져 있다고 가정하였다. 그러나 표본의 크기가 큰 경우에는 이러한 가정이 없더라도 σ를 표본표준편차(S)로 추정하여 대신 사용하여도 $\overline{X}$가 근사적으로 정규분포를 따른다. 따라서 $H_0 : \mu = \mu_0$대 $H_1 : \mu < \mu_0$의 가설검정에서 검정통계량은 H_0가 맞을 때

$$Z = \frac{\overline{X} - \mu_0}{S/\sqrt{n}} \sim N(0,\ 1) \tag{6.1}$$

이 성립하고, 기각역은 $R : Z \le -z_\alpha$이다.

이제까지는 귀무가설 $H_0 : \mu = \mu_0$에 대하여 대립가설이 $H_1 : \mu < \mu_0$인 경우만을 고려하였는데, 만약 모집단의 평균이 μ_0보다 크다고 주장하고 싶을 때는 대립가설이 $H_1 : \mu > \mu_0$의 형태를 갖게 된다. 이 경우 검정통계량은 위 (6.1)을 만족하고 기각역의 형태는 $R : Z \ge d$가 되는데, 유의수준이 α일 때 $R(Z \ge d) = \alpha$이어야 하므로 기각역은 $R : Z \ge z_\alpha$가 된다.

한편 모평균이 어떤 값과 다르다. 즉, $\mu \ne \mu_0$라는 주장을 하고 싶을 때는 대립가설이 $H_1 : \mu \ne \mu_0$의 형태를 갖게 된다. 이 경우에도 검정통계량은 위 (6.1)을 만족하고, Z가 음수이든 양수이든 0으로부터 상당히 멀리 떨어져 있는 경우에 H_0을 기각하게 된다. 따라서 기각역의 형태는 $R : |Z| \ge b$이고, 유의수준이 α일 때의 b는 양쪽에서 기각할 확률이 똑같이 $\alpha/2$가 되도록 정한다. 즉, $R(|Z| \ge b) = \alpha$로부터 $b = z_{\alpha/2}$가 되므로 기각역은 $R : |Z| \ge z_{\alpha/2}$가 된다. 이와 같이 Z가 크거나 작은 모든 경우에 기각하는 검정을 **양측검정 (two-sided test)** 이라 하고, 앞에서 언급한 두 경우, 즉 Z가 클 때만 기각하거나 작을 때만 기각하는 검정을 **단측검정 (one-sided test)** 이라고 한다. 다음은 정규모집단이 아닐 때 표본의 크기가 큰 경우에 적용할 수 있는 검정방법을 정리한 것이다. 이와 같은 검정을 표준정규분포를 갖는 확률변수 Z를 붙여서 ***Z* - 검정 (*Z* - test)** 이라고 부르기도 한다.

$H_0 : \mu = \mu_0$에 대한 검정 (Z - 검정)

모집단이 정규모집단이 아니고 표본의 크기가 클 때 가설 $H_0 : \mu = \mu_0$에 대한 검정통계량은 다음과 같다.

$$Z = \frac{\overline{X} - \mu_0}{S/\sqrt{n}}$$

귀무가설이 참일 때 위의 검정통계량은 $N(0, 1)$을 따른다. 유의수준이 α일 때 대립가설에 대하여 기각역은 다음과 같다.

$H_1 : \mu < \mu_0$일 때 $R : Z \le -z_\alpha$ (단측검정)

$H_1 : \mu > \mu_0$일 때 $R : Z \ge z_\alpha$ (단측검정)

$H_1 : \mu \ne \mu_0$일 때 $R : |Z| \ge z_{\alpha/2}$ (양측검정)

단, 두 모집단의 표준편차 σ가 알려져 있을 때는 S를 σ로 대체한다.

한편 모집단이 정규분포를 따르고 표본의 크기가 작은 경우에는 제5장의 (5 - 2)에 주어진 바와 같이 표준화된 $\overline{X}$가 t - 분포를 따른다. 따라서 모평균에 대한 검정도 표준정규분포가 아니라 t - 분포를 이용하고 이를 ***t* - 검정 (*t* - test)** 이라고 한다. 다음은 t - 검정의 과정을 정리한 것이다.

$H_0 : \mu = \mu_0$에 대한 검정 (t - 검정)

모집단이 정규모집단일 때 가설 $H_0 : \mu = \mu_0$에 대한 검정통계량은 다음과 같다.

$$t = \frac{\overline{X} - \mu_0}{S/\sqrt{n}}$$

귀무가설이 참일 때 위의 검정통계량은 자유도가 $(n - 1)$인 t - 분포를 따른다. 유의수준이 α일 때 대립가설에 대하여 기각역은 다음과 같다.

$H_1 : \mu < \mu_0$일 때 $R : t \le -t_\alpha(n - 1)$ (단측검정)

$H_1 : \mu > \mu_0$일 때 $R : t \ge t_\alpha(n - 1)$ (단측검정)

$H_1 : \mu \ne \mu_0$일 때 $R : |t| \ge t_{\alpha/2}(n - 1)$ (양측검정)

단, σ가 알려져 있는 경우 S를 σ로 대체하고 표준정규분포를 이용한 Z - 검정을 한다.

예제 6.1 자동차를 생산하는 어느 회사에서는 새로 개발된 엔진을 장착할 경우 특정한 차종의 연비가 기존 엔진을 장착했을 때의 연비인 11.50(*km*/*L*)보다 높은지 검정하고자 한다. 새로운 엔진이 장착된 해당 차종 56대로부터 연비를 조사하였더니 평균은 11.59(*km*/*L*), 표준편차는 0.28(*km*/*L*)이었다. 이로부터 새로운 엔진이 평균 연비를 높인다고 할 수 있는지 유의수준 1%에서 검정하라.

풀이 새로운 엔진을 장착한 차량의 평균연비를 μ라 하면 검정하고자 하는 가설은

$$H_0 : \mu = 11.5 \qquad \text{대} \qquad H_1 : \mu > 11.5$$

이다. 표본의 크기가 크므로 Z-검정을 이용하면 검정통계량은

$$Z = \frac{\overline{X} - 11.5}{S/\sqrt{56}}$$

이고, 기각역은 $R : Z \geq z_{0.01} = 2.33$이다. 주어진 통계량의 값으로부터 검정통계량의 값을 구하면 $Z = \sqrt{56}(11.59 - 11.5)/0.28 = 2.405$이고, 이 값이 기각역에 포함되므로 유의수준 1%로 H_0을 기각할 수 있다. 즉, 새로운 엔진이 평균 연비를 높인다고 할 수 있다.

예제 6.2 어느 도시의 보건복지과에서는 그 도시의 상수원인 어느 호수의 수질을 관리하고 있다. 수질을 나타내는 하나의 수치로 단위부피당 평균 세균수가 있는데, 그 수가 200 이상이면 상수원으로 적합하지 않다고 한다. 호수의 열 군데에서 물을 떠서 조사한 결과 단위부피당 세균수가 다음과 같았다.

175	190	215	198	184
207	210	193	196	180

이 자료로부터 호수의 단위부피당 평균 세균수(μ)가 200 미만이라고 주장할 수 있는지 유의수준 5%에서 검정하라. 단, 단위부피당 세균수는 정규분포를 따른다고 가정한다.

풀이 검정하고자 하는 적절한 가설은

$$H_0 : \mu = 200 \qquad \text{대} \qquad H_1 : \mu < 200$$

이다. 이 자료는 표본의 크기도 작고 모표준편차도 알려져 있지 않으므로 t-검정을 해야 한다. 따라서 검정통계량은

$$t = \frac{\overline{X} - 200}{S/\sqrt{10}}$$

이고, 검정통계량 t는 H_0하에서 자유도가 9인 t-분포를 따른다. 유의수준 0.05에서 기각역은 $R : t \leq -t_{0.05}(9) = -1.833$이 된다. 자료로부터 검정통계량 t의 관측값을 구하면 $\overline{X} = 194.8$, $S = 13.14$이므로

$$t = \frac{194.8 - 200}{13.14/\sqrt{10}} = -1.251$$

이 된다. 따라서 유의수준 0.05에서 귀무가설을 기각할 수 없다. 즉, 주어진 자료로부터 호수의 단위부피당 평균세균수가 200 미만이라고 할 수는 없다. ■

앞에서 우리는 주어진 유의수준에서 기각역을 구하는 방법을 공부하였다. 일단 기각역이 구해지면 표본으로부터 검정통계량의 값을 구하여 그 값이 기각역에 포함되면 H_0을 기각하고, 그 값이 기각역에 포함되지 않으면 H_0을 기각하지 않는다. 위의 콜레스테롤 수치의 예에서 유의수준 5%일 때 기각역은 $R : Z \leq -1.645$이다. 만약 표본으로부터 Z를 계산하여 $Z = -1.95$를 얻었다면 이는 기각역에 포함되므로 H_0을 기각할 수 있다. 또한 $Z = -2.22$를 얻었을 때에도 -1.95를 얻었을 때와 마찬가지로 H_0을 기각한다. 그러나 이 두 수치가 주는 정보에는 차이가 있다. 즉, $Z = -1.95$일 때보다는 $Z = -2.22$일 때 더 확실히 H_0을 기각할 수 있다. 왜냐하면 $Z = -2.22$일 때는 상대적으로 더 작은 유의수준에서도 기각이 가능하기 때문이다. 상대적으로 작은 유의수준을 갖기 위해서는 기각역이 줄어들어야 하고, Z의 값이 이렇게 줄어든 기각역에 포함되었다면, H_0하에서는 일어나기 어려운 일이 발생한 것이므로 H_0이 틀리다는 확신을 크게 해준다.

이를 앞에서 언급한 콜레스테롤의 예에서 살펴보자. 만약 유의수준을 $\alpha = 0.05$에서 $\alpha = 0.025$로 줄인다면 그에 맞는 기각역도 $R : Z \leq -1.645$에서 $R : Z \leq -1.96$으로 줄어들게 된다. 이때 $Z = -2.22$인 경우는 두 개의 기각역에 다 포함되어 여전히 H_0을 기각할 수 있지만, $Z = -1.95$인 경우는 줄어든 기각역에 포함되지 않으므로 H_0을 기각하지 못하게 된다. 이와 같이 $Z = -2.22$인 경우는 $Z = -1.95$일 때보다 더 작은 유의수준하에서도 H_0을 기각하게 한다. 따라서 $Z = -2.22$일 때 좀 더 확실하게 H_0을 기각할 수 있다. 일반적으로 자료로부터 얻어진 Z의 값에 대하여 H_0을 기각할 수 있게 하는 최소의 유의수준이 작을수록 더욱 확실하게 H_0을 기각하게 되는데, 이 최소의 유의수준을 **유의확률 (significance probability)** 또는 ***P* - 값 (*P* - value)** 이라고 한다.

> ***P* - 값(혹은 유의확률)**: 주어진 검정통계량의 관측치로부터 H_0을 기각하게 하는 최소의 유의수준

주어진 자료에 대한 P - 값이란 H_0을 기각할 수 있게 하는 최소의 유의수준이라 하였다. 따라서 계산된 P - 값이 원하는 유의수준보다 작으면 H_0을 기각할 수 있고, 유의수준보다 크면 H_0을 기각할 수 없다. 이와 같이 주어진 자료의 P - 값을 이용하면 기각역을 구하지 않고도 원하는 유의수준과 비교하여 기각여부를 결정할 수 있다. 실제로 많은 통계 소프트웨어들이 P - 값을 구해주며, 이로부터 여러 유의수준에 대하여 매번 기각역을 구하지 않고 검정의 기각여부를 판단한다. 예를 들어, 자료로부터 계산된 P - 값이 0.024

일 때 원하는 유의수준이 0.01이라면 H_0을 기각할 수 없으나, 유의수준이 0.05라면 H_0을 기각할 수 있다.

또한, 자료로부터 계산된 P - 값은 H_1을 채택하는 근거의 척도로 사용된다. 만약 P - 값이 0.002라면 위의 0.024일 때와는 달리 유의수준이 0.05일 때 뿐 아니라 0.01일 때에도 기각할 수 있다. 즉, P - 값이 0.024인 경우보다 0.002일 때 좀 더 확실히 H_0을 기각할 수 있다. 일반적으로 P - 값이 유의수준보다 작은 경우에 그 값이 작을수록 H_1을 채택할 근거가 충분하다고 판단하고, P - 값이 유의수준보다 큰 경우에 그 값이 클수록 H_0을 기각할 근거가 부족하다고 판단한다.

예제 6.3 앞의 콜레스테롤 수치의 예에서 관측값이 $Z = -1.95$일 때와 $Z = -2.22$일 때의 P - 값을 계산하라.

풀 이 P - 값은 주어진 관측값에서 H_0을 기각하게 하는 최소의 유의수준이므로 관측값을 포함하는 가장 작은 기각역을 찾아야 한다. 관측값 $Z = -1.95$를 포함하는 최소의 기각역은 $R : Z \leq -1.95$이므로 관측값 $Z = -1.95$에 대한 P - 값은 H_0하에서 기각역의 확률인 $P(Z \leq -1.95) = 0.0256$이다. 마찬가지로 $Z = -2.22$에 대한 P - 값은 $P(Z \leq -2.22) = 0.0132$이다.

제 2 절 두 모집단의 모평균의 차에 대한 검정

이제까지는 하나의 모집단의 평균에 대한 검정 방법을 공부하였다. 이 절에서는 두 모집단의 평균의 차에 대한 검정방법을 다루고자 한다. 서로 독립인 두 모집단의 평균이 각각 μ_1, μ_2일 때 모평균의 차에 대한 가설검정에서 귀무가설은 $H_0 : \mu_1 - \mu_2 = \delta_0$의 형식으로 표현된다.

표본 $X_1, \cdots, X_{n_1}$이 평균이 μ_1이고 표준편차가 σ_1인 모집단으로부터 추출된 랜덤샘플이고, $Y_1, \cdots, Y_{n_2}$이 평균이 μ_2이고 표준편차가 σ_2인 모집단으로부터 추출된 랜덤샘플이라고 하자. 이 경우 제5장의 두 모집단의 차에 대한 추정과 마찬가지로, 여러 가지 경우(정규모집단일 때와 아닐 때, 표본의 수가 클 때와 작을 때, 모표준편차가 같을 때와 다를 때)에 따라서 서로 다른 검정통계량을 사용하게 된다.

다음은 정규모집단이 아니고 표본의 크기 n_1, n_2가 모두 큰 경우(30 이상일 때)에 적용할 수 있는 검정방법을 정리한 것이다.

$H_0 : \mu_1 - \mu_2 = \delta_0$에 대한 검정 (두 표본 Z - 검정)

두 모집단이 정규분포를 따르지 않고 표본의 크기 n_1과 n_2가 모두 30 이상일 때 귀무가설 H_0 : $\mu_1 - \mu_2 = \delta_0$에 대한 검정통계량은 다음과 같다.

$$Z = \frac{(\overline{X} - \overline{Y}) - \delta_0}{\sqrt{S_1^2/n_1 + S_2^2/n_2}}$$

귀무가설이 참일 때 위의 검정통계량은 $N(0, 1)$을 따른다. 유의수준이 α일 때 대립가설에 대하여 기각역은 다음과 같다.

$H_1 : \mu_1 - \mu_2 < \delta_0$일 때 $\quad R : Z \leq -z_\alpha$

$H_1 : \mu_1 - \mu_2 > \delta_0$일 때 $\quad R : Z \geq z_\alpha$

$H_1 : \mu_1 - \mu_2 \neq \delta_0$일 때 $\quad R : |Z| \geq z_{\alpha/2}$

단, 두 모집단의 표준편차 σ_1과 σ_2가 알려져 있을 때는 S_1과 S_1를 각각 σ_1과 σ_2로 대체한다.

이와 같은 검정을 표준정규분포를 갖는 확률변수 Z를 붙여서 **두 표본 Z - 검정 (two sample Z - test)** 이라고 부르기도 한다.

예제 6.4 자동차 타이어의 안전성 검사를 위하여 두 종류의 타이어 A, B의 제동거리를 비교하고자 한다. 각각 50개의 타이어 표본을 조사한 결과 A형 타이어의 평균 제동거리와 표준편차는 12.8m와 1.43m이고, B형 타이어의 평균 제동거리와 표준편차는 13.2m와 1.27m이었다. 이 경우 두 종류 타이어의 평균 제동거리는 서로 다르다고 주장할 수 있는가? 유의수준 10%에서 검정하라.

풀이 A형 타이어의 평균 제동거리를 μ_1, B형 타이어의 평균 제동거리를 μ_2라고 하면 검정하고자 하는 가설은

$$H_0 : \mu_1 = \mu_2 \qquad \text{대} \qquad H_1 : \mu_1 \neq \mu_2$$

이다. 표본의 크기 n_1, n_2가 모두 크므로 두 표본 Z - 검정을 이용하면 검정통계량은

$$Z = \frac{(\overline{X} - \overline{Y})}{\sqrt{S_1^2/n_1 + S_2^2/n_2}}$$

이고, 기각역은 $R : |Z| \geq z_{0.05} = 1.645$이다. 한편 주어진 자료를 정리하면 다음과 같다.

$$\text{A} : n_1 = 50, \overline{X} = 12.8, S_1 = 1.43$$
$$\text{B} : n_2 = 50, \overline{Y} = 13.2, S_2 = 1.27$$

이로부터 점정통계량의 값을 구하면

$$Z = \frac{(12.8 - 13.2)}{\sqrt{1.43^2/50 + 1.27^2/50}} = -1.479$$

이고, 이 값이 기각역에 포함되지 않으므로 유의수준 10%에서 H_0을 기각할 수 없다. 즉, 주어진 자료로부터 두 종류의 타이어의 평균 제동거리가 다르다고 주장할 수 없다. ▣

한편 두 모집단이 정규분포를 따르는 경우, 두 모평균의 차에 대한 검정은 t-분포를 이용하고, 두 모집단의 표준편차가 같을 때와 다를 때로 나누어 생각한다. 제5장의 (5-5)와 (5-6)에 주어진 바와 같이 표준화된 $\overline{X} - \overline{Y}$가 적당한 t-분포를 따른다. 따라서 두 모평균의 차에 대한 검정도 표준정규분포가 아니라 t-분포를 이용하여야 하고, 이를 **두 표본 t-검정(two sample t-test)**이라고 한다. 다음은 두 표본 t-검정의 과정을 모표준편차가 같을 때와 다를 때를 구분하여 정리한 것이다.

$H_0 : \mu_1 - \mu_2 = \delta_0$에 대한 검정 (두 표본 t-검정, $\sigma_1 = \sigma_2 = \sigma$)

두 모집단이 모두 정규분포를 따르고 두 모표준편차가 같을 때 귀무가설 $H_0 : \mu_1 - \mu_2 = \delta_0$에 대한 검정통계량은 다음과 같다.

$$t = \frac{(\overline{X} - \overline{Y}) - \delta_0}{S_p\sqrt{\frac{1}{n_1} + \frac{1}{n_2}}}$$

귀무가설이 참일 때 위의 검정통계량은 자유도가 $(n_1 + n_2 - 2)$인 t-분포를 따른다. 유의수준이 α일 때 대립가설에 대하여 기각역은 다음과 같다.

$H_1 : \mu_1 - \mu_2 < \delta_0$일 때	$R : t \leq -t_\alpha(n_1 + n_2 - 2)$
$H_1 : \mu_1 - \mu_2 > \delta_0$일 때	$R : t \geq t_\alpha(n_1 + n_2 - 2)$
$H_1 : \mu_1 - \mu_2 \neq \delta_0$일 때	$R : \|t\| \geq t_{\alpha/2}(n_1 + n_2 - 2)$

단, σ가 알려져 있을 때는 S_p를 σ로 대체하고 표준정규분포를 사용한다.

$H_0 : \mu_1 - \mu_2 = \delta_0$에 대한 검정 (두 표본 t-검정, $\sigma_1 \neq \sigma_2$)

두 모집단이 정규분포를 따르고 두 모표준편차가 다를 때 귀무가설 $H_0 : \mu_1 - \mu_2 = \delta_0$에 대한 검정통계량은 다음과 같다.

$$t^* = \frac{(\overline{X} - \overline{Y}) - \delta_0}{\sqrt{\frac{S_1^2}{n_1} + \frac{S_1^2}{n_2}}}$$

귀무가설이 참일 때 위의 검정통계량은 근사적으로 t-분포를 따르는데 자유도는 $(n_1 - 1)$과 $(n_2 - 1)$ 중 작은 값으로 정한다. 각 대립가설에 대한 기각역은 앞과 같다. 단, σ_1과 σ_2가 알려져 있을 때에는 S_1과 S_2를 각각 σ_1과 σ_2로 대체하고 표준정규분포를 사용한다.

예제 6.5 어느 대학의 A, B 두 학과 학생들의 토익성적을 비교하기 위하여, 각 과에서 표본을 추출해서 조사한 자료가 다음과 같다. 두 학과 학생들의 토익성적의 평균이 같은지에 대해서 유의수준 5%에서 검정하라(두 학과의 토익성적은 서로 독립인 정규분포를 따르고, 두 모집단의 표준편차는 같다고 가정한다).

A 학과	780	690	815	898	784	650	590
B 학과	535	710	693	770	580	780	675

풀 이 A학과의 토익 평균 점수를 μ_1, B학과의 토익 평균 점수를 μ_2라고 하면 검정하고자 하는 가설은

$$H_0 : \mu_1 = \mu_2 \qquad \text{대} \qquad H_1 : \mu_1 \neq \mu_2$$

이다. 두 학과의 토익성적이 독립인 정규분포를 따르고 표준편차가 같다고 가정하므로 적절한 검정통계량은

$$t = \frac{(\overline{X} - \overline{Y})}{S_p\sqrt{\frac{1}{n_1} + \frac{1}{n_2}}}$$

이다. 귀무가설이 맞을 때 검정통계량 t는 자유도가 12인 t-분포를 따른다. 따라서 기각역은 $R : |t| \geq t_{0.025}(12) = 2.179$이다. 자료를 정리하면

$$A : n_1 = 7, \overline{X} = 743.86, S_1 = 105.77$$

$$B : n_2 = 7, \overline{Y} = 677.57, S_2 = 91.45$$

이고, 공통분산의 합동추정량의 값은

$$S_p^2 = \frac{(7-1)105.77^2 + (7-1)91.45^2}{7+7-2} = 9775.20$$

이다. 검정통계량 t의 관측값을 구하면

$$t = \frac{743.86 - 677.57}{\sqrt{9775.20\left(\frac{1}{7} + \frac{1}{7}\right)}} = 1.254$$

이고, 이 값이 기각역에 포함되지 않으므로 유의수준 5%에서 귀무가설을 기각할 수

없다. 즉, 주어진 자료로부터 두 학과의 평균 토익점수가 다르다고 할 수 없다. ■

예제 6.6 어느 컴퓨터 모니터 제조회사 A는 새로 개발한 19인치 평면 LCD 모니터가 경쟁회사 B의 모니터보다 사용 전력이 더 적다고 주장하려고 한다. 이를 위하여 다음과 같은 실험 자료를 얻었다. 12대의 A사의 LCD 모니터의 평균 사용 전력은 73와트이고 표준편차는 2.4와트이고, 15대의 B사의 모니터의 평균 사용 전력은 74와트이고 표준편차는 5와트였다. A사가 새로 개발한 LCD 모니터가 경쟁회사 B의 모니터보다 사용 전력이 더 적은지에 대해서 유의수준 5%에서 검정하라(두 회사 모니터의 사용 전력은 서로 독립인 정규분포를 따른다고 가정한다).

풀이 자료를 정리하면

$$A : n_1 = 12, \overline{X} = 73, S_1 = 2.4$$
$$B : n_2 = 15, \overline{Y} = 74, S_2 = 5$$

와 같다. A사의 LCD 모니터의 평균 사용 전력을 μ_1, B사의 모니터의 평균 사용 전력을 μ_2라고 하면 검정하고자 하는 가설은

$$H_0 : \mu_1 = \mu_2 \qquad \text{대} \qquad H_1 : \mu_1 < \mu_2$$

이다. 두 모니터의 사용전력이 정규분포를 따른다고 가정했으므로 두 모집단의 표준편차가 같은지 다른지에 따라 적당한 t-검정을 사용해야 한다. 두 모집단의 표준편차가 같은지 판단하기 위해서 두 표본표준편차의 비율 S_1/S_2을 계산하면 $2.4/5 = 0.48$이다. 이 값은 1/2보다 작으므로 두 표준편차가 같다는 가설이 적절치 못하다. 따라서 두 모평균의 차에 대한 검정을 위하여 근사적인 t-분포를 사용해야 하며 검정통계량은

$$t^* = \frac{(\overline{X} - \overline{Y})}{\sqrt{\dfrac{S_1^2}{n_1} + \dfrac{S_2^2}{n_2}}}$$

이고, 귀무가설하에서 근사적으로 자유도가 11인 t-분포를 따른다. 이 경우 기각역은 $R : t \leq -t_{0.05}(11) = -1.796$이다. 자료로부터 검정통계량 t^*의 관측값을 구하면

$$t^* = \frac{73 - 74}{\sqrt{\dfrac{2.4^2}{12} + \dfrac{5^2}{15}}} = -0.683$$

이고, 이 값이 기각역에 포함되지 않으므로 유의수준 5%에서 귀무가설을 기각할 수 없다. 즉, 주어진 자료로부터 새로 개발한 A사의 LCD 모니터의 사용전력이 경쟁사 모니터의 사용전력보다 작다고 할 수는 없다. ■

제 3 절 짝비교

앞 절에서는 두 모집단이 서로 독립인 경우 두 모평균의 차에 대한 검정을 다루었다. 이 절에서는 두 표본이 서로 짝지어진 경우에 두 모평균의 차를 검정하는 문제에 관하여 다루도록 한다.

예를 들어, 콜레스테롤 수치를 낮추는 기존의 약과 새로운 약의 효과를 비교하고자 한다. 환자들의 외적인 조건, 즉 나이, 성별, 건강상태 등이 다르면 약에 대하여 반응하는 것도 많은 차이가 날 수 있다. 그럴 경우 두 약의 효과에 차이가 있더라도 그 차이를 쉽게 알아낼 수 없는 경우가 많이 있다. 이럴 때는 우선 외적인 조건과 콜레스테롤의 수치 등을 고려하여, 비교적 비슷한 조건을 갖는 환자끼리 짝을 지어 비교하는 것이 효과적이다. 즉, 각 쌍 내의 환자들은 서로 비슷한 조건을 갖도록 하고, 각 쌍의 환자 중에서 임의로 한 환자를 추출하여 그 환자에게는 기존의 약을, 다른 한명의 환자에게는 새로운 약을 투약한 후 치료효과를 비교한다.

이와 같은 방법으로 치료효과를 비교하는 방법을 **짝비교 (matched pair comparison)** 라고 하고 그에 따른 자료의 형태는 다음과 같다.

환자	기존 약(X)	신약(Y)	차이($D=X-Y$)
1	X_1	Y_1	$(D_1=X_1-Y_1)$
2	X_2	Y_2	$(D_2=X_2-Y_2)$
⋮	⋮	⋮	⋮
n	X_n	Y_n	$(D_n=X_n-Y_n)$

위에서 각 쌍 (X_i, Y_i)는 서로 독립이지만 각 쌍 내에서 X_i와 Y_i는 서로 독립이 아니다. 이와 같이 실험하는 이유는 약품 이외의 효과가 개입되는 것을 방지하고자 하는데 있다. 만약에 환자의 조건을 고려하지 않고 두 그룹의 환자들에게 두 약을 투약하여 콜레스테롤 수치를 측정하였다면 자료는 서로 독립인 두 표본이 되고, 두 모평균의 차는 비교하고자 하는 특성 이외의 개인별 특성의 차이에 영향을 받을 수 있다. 이와 같이 비교하고자 하는 특성 이외의 모든 조건을 동일하게 하고 실험을 하기 위해 짝비교가 필요하다.

짝비교에서는 반응값의 차이를 나타내는 D_i를 평균이 δ이고 분산이 σ_D^2인 모집단으로부터 추출한 표본이라고 가정한다. δ에 대한 추정과 검정은 앞에서 설명한 한 모집단에서의 모평균에 대한 추론방법을 사용하면 된다. 따라서 구체적인 추정과 검정방법에 대한 설명은 생략하고, 다음의 두 예제를 통해 짝비교에서의 검정과 독립인 두 모집단의 두 모평균의 차에 대한 검정이 어떻게 다른지 알아보도록 한다.

예제 6.7 전국에서 임의추출한 8곳의 농장에서 A와 B 두 종류 밀의 생산량을 비교하는 실험을 하였다. 각 농장마다 밀 A와 B를 같은 면적에서 재배하였고, 단위면적당 수확량의 결과는 다음과 같다. 두 모집단이 정규분포를 따른다고 가정하자.

	농 장							
	1	2	3	4	5	6	7	8
밀 A	23	39	19	43	33	29	28	42
밀 B	18	33	21	34	33	20	21	40

밀 A의 평균 생산량이 밀 B보다 더 높다고 할 수 있는지 유의수준 $\alpha = 0.05$에서 검정하라.

풀 이 짝비교에 의한 처리효과 (밀 A, 밀 B)의 차이이므로 처리효과의 차이를 설명하는 D_i에서 i는 농장 1에서부터 8을 의미하며 D_i는 i번째 농장에서의 밀 A와 밀 B의 생산량의 차를 의미한다. 또한 모집단이 정규분포를 따른다고 가정했으므로 D_i는 평균이 δ이고 분산이 σ_D^2인 정규분포를 따른다.

여기서 입증하고자 하는 것은 $\delta > 0$이므로 적절한 가설은

$$H_0 : \delta = 0 \qquad \text{대} \qquad H_1 : \delta > 0$$

이다. 주어진 자료는 표본의 크기도 작고 모표준편차도 알려져 있지 않으므로 t-검정을 해야 한다. 따라서 검정통계량은

$$t = \frac{\overline{D}}{S_D/\sqrt{8}}$$

이고, 검정통계량 t는 귀무가설하에서 자유도가 7인 t-분포를 따른다. 유의수준 0.05에서 기각역은 $R : t \geq t_{0.05}(7) = 1.895$이다. 자료로부터 검정통계량 t의 관측값을 구하면 $\overline{D} = 4.5$, $S_D = 4.11$이므로

$$t = \frac{4.50}{4.11/\sqrt{8}} = 3.10$$

이고, 이 값이 기각역에 포함되므로 귀무가설을 기각할 수 있다. 따라서 밀 A의 평균 생산량이 밀 B보다 더 높다는 주장을 뒷받침한다고 할 수 있다. ■

예제 6.8은 예제 6.7의 자료를 독립인 두 모집단으로부터 추출했다고 가정했을 때 그 결과가 어떻게 달라지는가를 보여 준다.

예제 6.8 예제 6.7에서 이번에는 16곳의 농장을 선택해서 임의추출한 8곳의 농장에는 밀 A를, 나머지 농장에는 밀 B를 심었다고 하자. 단위면적당 수확량은 다음과 같다. 두 모집단은 서로 독립이고 정규분포를 따른다고 가정하자.

밀 A	23	39	19	28	42	43	33	29
밀 B	20	21	40	34	33	18	33	21

밀 A의 평균 생산량이 밀 B보다 더 높다고 할 수 있는지 유의수준 $\alpha = 0.05$에서 검정하라.

풀 이 자료로부터 밀 A의 평균 생산량 μ_1이 밀 B의 평균 생산량 μ_2보다 큰가를 판단하고자 하는 것이므로 적절한 가설은

$$H_0 : \mu_1 - \mu_2 = 0 \qquad \text{대} \qquad H_1 : \mu_1 - \mu_2 > 0$$

이다. 주어진 자료는 표본의 크기도 작고 모표준편차도 알려져 있지 않으므로 독립인 두 모집단의 모평균의 차에 대한 t-검정을 해야 한다. 두 모집단의 표준편차가 같은지 판단하기 위해서 두 표본표준편차의 비를 계산하면 자료로부터 $S_1 = 8.83$, $S_2 = 8.37$이므로 $S_1/S_2 = 1.05$이다. 이 값이 1/2과 2 사이에 있으므로 두 표준편차가 같다고 가정할 수 있다. 따라서 검정통계량은

$$t = \frac{(\overline{X} - \overline{Y})}{S_p\sqrt{\dfrac{1}{n_1} + \dfrac{1}{n_2}}}$$

이고, 귀무가설이 맞을 때 자유도가 14인 t-분포를 따르므로 유의수준 0.05에서 기각역은 $R : t \geq t_{0.05}(14) = 1.761$이다. 자료로부터 $\overline{X} = 32.0$, $\overline{Y} = 27.5$이고 분산의 합동추정량은

$$S_p^2 = \frac{(8-1)8.83^2 + (8-1)8.37^2}{8+8-2} = 74.01$$

이므로 검정통계량 t의 관측값을 구하면

$$t = \frac{32 - 27.5}{\sqrt{74.01\left(\dfrac{1}{8} + \dfrac{1}{8}\right)}} = 1.05$$

이다. 이 값이 기각역에 포함되지 않으므로 귀무가설을 기각할 수 없다. 따라서 주어진 자료가 밀 A의 평균 생산량이 밀 B보다 더 높다는 주장을 뒷받침한다고 할 수 없다. ■

두 밀의 생산량의 차이를 비교하고자 하는 경우 농장들의 생육조건, 즉 토질, 기후 등이 아주 다양하여 밀의 생산량에 많은 차이가 날 수 있다. 따라서 이러한 다양한 조건을 상쇄하는 짝비교를 시행하여 밀의 생산량의 차이만을 비교하는 것이 바람직하다.

제 4 절 한 모집단에서의 모비율에 대한 검정

이 절에서는 모집단의 비율(모비율)에 대한 가설검정을 다루고자 한다. 모비율에 대한 추정에서와 같이 여기서 다루는 모비율에 대한 검정은 표본의 크기가 큰 경우이다. 일반적으로 모비율 p에 대한 가설검정에서 귀무가설은 $H_0 : p = p_0$의 형식으로 표현된다.

모비율 p에 대한 가설검정은 표본비율 $\hat{p} = \dfrac{X}{n}$를 이용할 수 있다. 제5장에서 설명한 것처럼 표본의 크기 n이 충분히 클 때, 표준화한 표본비율 $\hat{p}$은 다음과 같이 표준정규분포를 따른다.

$$Z = \frac{\hat{p} - p}{\sqrt{\dfrac{p(1-p)}{n}}} \sim N(0,\ 1)$$

이 사실을 이용하여 모비율에 대한 검정방법을 정리하면 다음과 같다.

$H_0 : p = p_0$에 대한 검정 (Z - 검정)

표본의 크기가 클 때 모비율 p에 대한 가설 $H_0 : p = p_0$을 검정하기 위한 검정통계량은 다음과 같다.

$$Z = \frac{\hat{p} - p_0}{\sqrt{\dfrac{p_0(1-p_0)}{n}}}$$

귀무가설이 참일 때 위의 검정통계량은 표준정규분포 $N(0, 1)$을 따른다. 유의수준이 α일 때 대립가설에 대하여 기각역은 다음과 같다.

$H_1 : p < p_0$일 때	$R : Z \le -z_\alpha$
$H_1 : p > p_0$일 때	$R : Z \ge z_\alpha$
$H_1 : p \ne p_0$일 때	$R : \lvert Z\rvert \ge z_{\alpha/2}$

모비율에 대한 검정에서 한 가지 유의할 점은 추정에서와 달리 분모의 p대신에 $\hat{p}$을 사용하지 않고 귀무가설하에서의 모비율인 p_0을 사용한다는 점이다.

예제 6.9 어느 회사의 이직률은 20%라고 한다. 이 회사는 이직률을 낮추기 위해 새로운 복지제도를 실시하려고 한다. 이 회사의 근로자 중에서 추출한 80명을 대상으로 새로운 복지제도를 실시한 결과 그중에서 이직한 직원의 수는 14명이었다고 한다. 새로운 복지제도가 이직률을 낮추는지 유의수준 5%에서 검정하라.

풀 이 새로운 복지제도를 실시할 때 이직률 p가 0.2보다 낮은지를 판단하고자 하므로 검정하고자 하는 가설은 다음과 같다.

$$H_0 : p = 0.2 \qquad \text{대} \qquad H_1 : p < 0.2$$

표본의 크기 $n = 80$은 충분히 크므로 검정통계량은

$$Z = \frac{\hat{p} - 0.2}{\sqrt{\dfrac{0.2 \times 0.8}{80}}}$$

이고, 귀무가설이 참일 때 검정통계량 Z는 표준정규분포를 따른다. 따라서 유의수준 0.05에서 기각역은 $R : Z \leq -z_{0.05} = -1.645$이다. 자료로부터 검정통계량 Z의 관측값을 구하면

$$Z = \frac{0.175 - 0.2}{\sqrt{\dfrac{0.2 \times 0.8}{80}}} = -0.56$$

이고 이 값이 기각역에 포함되지 않으므로 유의수준 0.05에서 귀무가설을 기각할 수 없다. 즉, 새로운 복지제도가 이직률을 낮춘다고 할 수 없다. ■

제 5 절 두 모집단의 모비율의 차에 대한 검정

이 절에서는 표본의 크기가 클 때 서로 독립인 두 모집단의 비율의 차에 대한 검정방법을 알아보도록 하자. 각 모집단에서 관심의 대상인 어떤 특성의 비율을 각각 p_1과 p_2라 하고, 각 모집단에서 크기 n_1과 n_2인 표본을 추출하였을 때 특성을 갖는 개체의 수를 X와 Y라고 하자. 각 모집단에서 얻은 표본의 비율이 $\hat{p}_1 = \dfrac{X}{n_1}$와 $\hat{p}_2 = \dfrac{Y}{n_2}$일 때, 표본의 크기가 충분히 크면 $\hat{p}_1 - \hat{p}_2$을 표준화한 다음, 확률변수는 표준정규분포를 따름을 제5장에서

설명하였다.

$$\frac{(\hat{p}_1 - \hat{p}_2) - (p_1 - p_2)}{\sqrt{\frac{p_1(1-p_1)}{n_1} + \frac{p_2(1-p_2)}{n_2}}} \sim N(0,\ 1)$$

모비율의 차에 대한 일반적인 검정은 두 모비율이 서로 같은지에 대한 것이다. 즉, 귀무가설은 $H_0 : p_1 = p_2$로 나타낼 수 있다. 귀무가설하에서 공통인 모비율을 $p\,(= p_1 = p_2)$라고 할 때, $\hat{p}_1 - \hat{p}_2$에 대한 확률분포는 다음과 같이 나타낼 수 있다.

$$Z = \frac{\hat{p}_1 - \hat{p}_2}{\sqrt{p(1-p)}\sqrt{\frac{1}{n_1} + \frac{1}{n_2}}} \sim N(0,\ 1)$$

한편 귀무가설이 참일 때 $X + Y$는 시행횟수가 $n_1 + n_2$이고 성공의 확률이 p인 이항분포를 따르므로 공통의 비율 p에 대한 추정량으로 다음 통계량을 사용할 수 있다.

$$\hat{p} = \frac{(X+Y)}{n_1 + n_2}$$

이를 이용하여 $H_0 : p_1 = p_2$에 대한 검정방법을 정리하면 다음과 같다.

$H_0 : p_1 = p_2$에 대한 검정 (두 표본 Z-검정)

표본의 크기 n_1과 n_2가 모두 클 때 가설 $H_0 : p_1 = p_2$를 검정하기 위한 검정통계량은 다음과 같다.

$$Z = \frac{\hat{p}_1 - \hat{p}_2}{\sqrt{\hat{p}(1-\hat{p})}\sqrt{\frac{1}{n_1} + \frac{1}{n_2}}}$$

단, $\hat{p} = \frac{X+Y}{n_1+n_2}$은 귀무가설하에서의 공통비율 p의 추정량이다. 귀무가설이 참일 때 위의 검정통계량은 표준정규분포 $N(0, 1)$을 따른다. 유의수준이 α일 때 대립가설에 대하여 기각역은 다음과 같다.

$H_1 : p_1 < p_2$일 때	$R : Z \le -z_\alpha$
$H_1 : p_1 > p_2$일 때	$R : Z \ge z_\alpha$
$H_1 : p_1 \ne p_2$일 때	$R : \lvert Z \rvert \ge z_{\alpha/2}$

예제 6.10 제5장의 예제 5.11에서 기존의 공법과 새로운 공법에 의한 불량률에 차이가 있는지 유의수준 5%에서 검정하라.

풀 이 기존의 공법에 의한 불량률을 p_1, 새로운 공법에 의한 불량률을 p_2라고 하자. 검정하고자 하는 가설은

$$H_0 : p_1 = p_2 \qquad \text{대} \qquad H_1 : p_1 \neq p_2$$

이다. 검정통계량

$$Z = \frac{\hat{p}_1 - \hat{p}_2}{\sqrt{\hat{p}(1-\hat{p})}\sqrt{\dfrac{1}{n_1} + \dfrac{1}{n_2}}}$$

이고, 귀무가설이 참일 때 표준정규분포를 따른다. 유의수준 0.05에서 기각역은 $R : |Z| \geq z_{0.025} = 1.96$이다. 자료로부터 필요한 통계량의 값을 구하면 다음과 같다.

$$\hat{p}_1 = \frac{48}{1000} = 0.048,\ \hat{p}_2 = \frac{54}{1500} = 0.036,\ \hat{p} = \frac{48+54}{1000+1500} = 0.0408$$

이를 이용하여 검정통계량 Z의 관측값을 구하면

$$Z = \frac{0.048 - 0.036}{\sqrt{0.0408 \times 0.9592}\sqrt{\dfrac{1}{1000} + \dfrac{1}{1500}}} = 1.49$$

이고, 이 값은 기각역에 포함되지 않으므로 유의수준 0.05에서 귀무가설을 기각할 수 없다. 즉, 기존의 공법과 새로운 공법의 불량률은 차이가 있다고 할 수 없다. ■

제 6 절 한 모집단에서의 모표준편차에 대한 검정

모표준편차에 대한 추정에서와 같이 모표준편차에 대한 가설검정에서도 모집단이 정규분포를 따르는 경우만 다루도록 한다. 검정의 경우는 모표준편차에 대한 검정이나 모분산에 대한 검정의 과정이 완전히 일치한다. 왜냐하면, 가설 $H_0 : \sigma = \sigma_0$와 $H_0 : \sigma^2 = \sigma_0^2$은 같은 의미이고, 따라서 이 가설을 검정하는 방법도 완전히 같기 때문이다. 여기서는 가설을 표준편차를 써서 표현하기로 한다. 제5장에서 설명한 것처럼 모집단이 정규분포를 따르면

$$\chi^2 = \frac{\Sigma(X_i - \overline{X})^2}{\sigma^2} = \frac{(n-1)S^2}{\sigma^2}$$

은 자유도가 $(n-1)$인 χ^2-분포를 따른다. 모집단의 표준편차가 클 때 표본의 표준편차도 커지는 경향이 있으므로, 귀무가설 $H_0 : \sigma = \sigma_0$에 대하여 $H_1 : \sigma > \sigma_0$를 입증하기 위

한 기각역은 $R: \chi^2 = (n-1)S^2/\sigma_0 \geq \chi_\alpha(n-1)$이 된다. 마찬가지 방법으로 각 대립가설에 대한 적절한 기각역을 얻을 수 있다. 다음은 모표준편차에 대한 검정방법을 정리한 것이다.

$H_0: \sigma = \sigma_0$에 대한 검정(정규모집단)

모표준편차가 σ인 정규모집단에서 가설 $H_0: \sigma = \sigma_0$에 대한 검정통계량은 다음과 같다.

$$\chi^2 = \frac{(n-1)S^2}{\sigma_0^2}$$

귀무가설이 참일 때 위의 검정통계량은 자유도가 $(n-1)$인 χ^2-분포를 따른다. 유의수준이 α일 때 대립가설에 대하여 기각역은 다음과 같다.

$H_1: \sigma < \sigma_0$일 때	$R: \chi^2 \leq \chi^2_{1-\alpha}(n-1)$
$H_1: \sigma > \sigma_0$일 때	$R: \chi^2 \geq \chi^2_\alpha(n-1)$
$H_1: \sigma \neq \sigma_0$일 때	$R: \chi^2 \leq \chi^2_{1-\alpha/2}(n-1)$ 또는 $\chi^2 \geq \chi^2_{\alpha/2}(n-1)$

예제 6.11 제5장의 예제 5.12에서 σ가 0.2보다 크다고 할 수 있는지 유의수준 5%에서 검정하라.

풀이 이 검정에 대한 적절한 가설은

$$H_0: \sigma = 0.2 \qquad \text{대} \qquad H_1: \sigma > 0.2$$

이다. 표본의 크기는 $n = 10$이고 표본표준편차는 0.4이다. 위 가설에서 $\sigma_0 = 0.2$이므로 검정통계량은

$$\chi^2 = \frac{9S^2}{0.2^2}$$

이고, 귀무가설하에서 자유도가 9인 χ^2-분포를 따른다. 기각역은 $R: \chi^2 \geq \chi^2_{0.05}(9) = 16.92$이고 검정통계량의 관측값은

$$\chi^2 = \frac{(10-1) \times 0.4^2}{0.2^2} = 36$$

이므로 유의수준 5%에서 귀무가설을 기각한다. 따라서 주어진 자료로부터 σ가 0.2보다 크다고 할 수 있다.

제 7 절 두 모집단의 모표준편차의 비에 대한 검정

두 모표준편차의 비에 대한 추정에서 표본분산의 비와 F-분포를 이용한 것처럼 모표준편차에 대한 가설검정에서도 같은 방법을 사용한다. 또한 가설 $H_0 : \sigma_1^2/\sigma_2^2 = 1$이나 가설 $H_0 : \sigma_1/\sigma_2 = 1$이 동일하므로 여기서는 모표준편차를 이용하여 표현기기로 한다. 제5장에서 설명한 바와 같이 두 모집단이 정규분포를 따를 때

$$F = \frac{S_1^2/\sigma_1^2}{S_1^2/\sigma_2^2}$$

는 자유도가 $(n_1 - 1, n_2 - 1)$인 F-분포를 따른다. 모집단의 표준편차의 비 σ_1/σ_2가 클 때 표본의 표준편차의 비 S_1/S_2도 커지는 경향이 있으므로, 귀무가설 $H_0 : \sigma_1/\sigma_2 = 1$에 대하여 $H_1 : \sigma_1/\sigma_2 > 1$를 입증하기 위한 기각역은 $R : F = S_1^2/S_2^2 > F_\alpha(n_1 - 1, n_2 - 1)$이 된다. 마찬가지 방법으로 각 대립가설에 대한 적절한 기각역을 얻을 수 있다. 다음은 모표준편차의 비에 대한 검정방법을 정리한 것이다.

$H_0 : \sigma_1/\sigma_2 = 1(\sigma_1 = \sigma_2)$에 대한 검정

독립인 두 모집단이 모두 정규분포를 따르고 각각의 모표준편차를 σ_1과 σ_2라 하자. 크기가 n_1과 n_2인 두 임의표본의 표본표준편차를 S_1과 S_2라 할 때, 가설 $H_0 : \sigma_1/\sigma_2 = 1$에 대한 검정통계량은 다음과 같다.

$$F = \frac{S_1^2}{S_2^2}$$

귀무가설이 참일 때 위의 검정통계량은 자유도가 $(n_1 - 1, n_2 - 1)$인 F-분포를 따른다. 유의수준이 α일 때 대립가설에 대하여 기각역은 다음과 같다.

$H_1 : \sigma_1/\sigma_2 > 1$일 때 $\quad R : F \geq F_\alpha(n_1 - 1, n_2 - 1)$

$H_1 : \sigma_1/\sigma_2 < 1$일 때 $\quad R : F \leq F_{1-\alpha}(n_1 - 1, n_2 - 1)$

$H_1 : \sigma_1/\sigma_2 \neq 1$일 때 $\quad R : F \geq F_{\alpha/2}(n_1 - 1, n_2 - 1)$ 또는 $F \leq F_{1-\alpha/2}(n_1 - 1, n_2 - 1)$

여기서 $F_{1-\alpha/2}(n_1 - 1, n_2 - 1)$은 제4장에서 설명한 바와 같이 $1/F_{\alpha/2}(n_2 - 1, n_1 - 1)$로 구한다.

예제 6.12 앞 절의 예제 6.8에서 두 종류의 밀의 단위면적당 수확량의 모표준편차가 다르다고 할 수 있는지 유의수준 $\alpha = 0.1$로 검정하라(단, 각 밀의 수확량은 서로 독립인 정규분포를 따른다고 가정하라).

풀이 이 검정에 대한 적절한 가설은

$$H_0 = \frac{\sigma_1}{\sigma_2} = 1 \qquad \text{대} \qquad H_1 = \frac{\sigma_1}{\sigma_2} \neq 1$$

이다. 검정통계량은

$$F = \frac{S_1^2}{S_2^2}$$

이고, 기각역은 $F_0 \geq F_{0.05}(7,7) = 3.79$ 또는 $F_0 \leq F_{0.95}(7,7) = 1/F_{0.05}(7,7) = 1/3.79 = 0.264$이다. 자료로부터 $S_1 = 8.83$, $S_2 = 8.37$이므로 검정통계량의 관측값은

$$F_0 = \frac{S_1^2}{S_2^2} = \frac{8.83^2}{8.37^2} = 1.113$$

이다. 이 값이 기각역에 포함되지 않으므로 유의수준 0.1에서 두 모표준편차가 다르다고 할 수 없다. 이 결과는 두 표본표준편차의 비 $S_1/S_2 = 1.05$가 1/2과 2 사이의 값이라는 것을 이용하여 등분산성을 판단한 것과 동일한 결과를 준다. ■

제 8 절 엑셀을 이용한 분석

엑셀을 이용하여 검정을 하기 위해서는 검정통계량의 값을 직접 계산하고 이로부터 P-값을 계산할 수 있고, ZTEST나 TTEST 함수를 이용할 수도 있다.

먼저 정규분포를 따르는 모집단의 모평균에 대한 검정방법을 알아보도록 하자. 엑셀에서 모표준편차가 알려져 있지 않을 때 t-분포를 이용하여 모평균에 대한 검정을 하는 함수는 없다. 따라서 이러한 검정을 위해서는 검정통계량을 계산하고, P-값은 t-분포의 확률값을 계산할 수 있는 함수인 TDIST를 이용하면 된다.

예제 6.13 예제 6.2의 자료에 대하여 단위부피당 평균 세균 수(μ)가 200보다 적다고 주장할 수 있는지 유의수준 5%로 검정하라.

풀이 평균과 표준편차를 구하는 함수는 AVERAGE와 STDEV이다. 주어진 자료를 입력하고 이를 이용하여 평균과 표준편차를 다음과 같이 구할 수 있다.

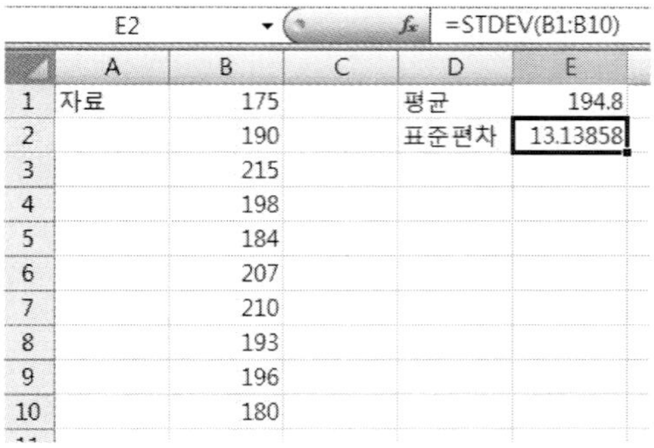

▌▌ 그림 6.1 ▌▌ 평균과 표준편차

이 값을 이용하여 모평균이 200인지에 대한 검정통계량의 값 $\sqrt{N} = \dfrac{\overline{X} - 200}{S}$ 은 다음에서와 같이 구할 수 있다.

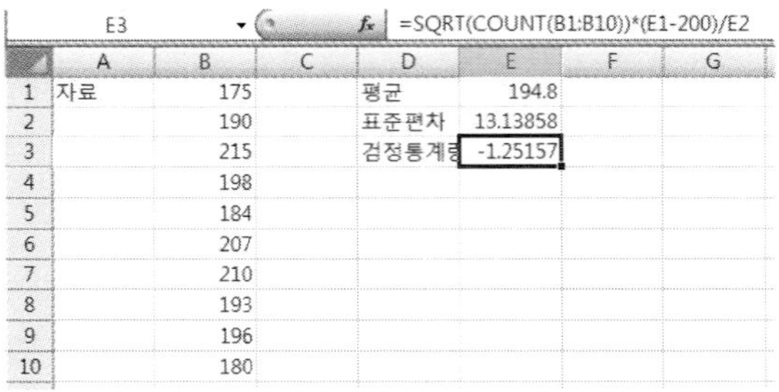

▌▌ 그림 6.2 ▌▌ 검정통계량

이 검정통계량으로부터 단측검정에 대한 P-값은 TDIST 함수를 이용하여 구한다. TDIST 함수의 사용법은 다음과 같다.

TDIST(x, deg_freedom, tails)

여기에서 x는 분포의 확률을 구하려는 값, deg_freedom은 자유도, tails은 1 또는 2의 값을 가지며 1은 단측확률, 2는 양측확률을 나타낸다. 한 가지 주의할 사항은 이 함수에서 x는 양수이어야 한다. 음수인 경우는 t-분포의 대칭성을 이용하여 구하면 된다. 이 자료로부터 모평균이 200보다 작은지에 대한 단측검정의 P-값은 다음과 같이 구할 수 있다.

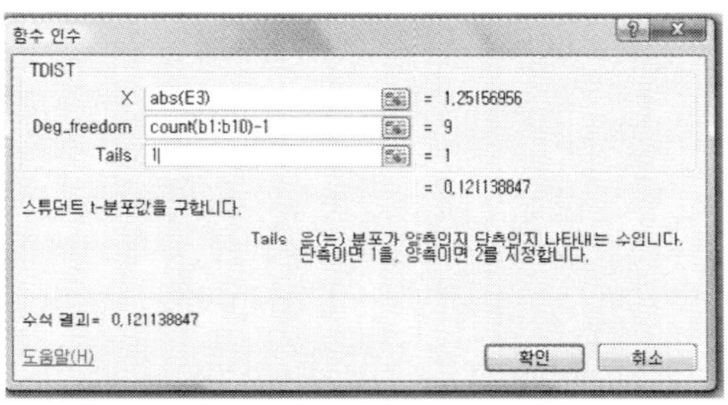

▌▌ 그림 6.3 ▌▌ [함수 인수] 대화상자

E4 =TDIST(ABS(E3),COUNT(B1:B10)-1,1)

	A	B	C	D	E	F	G
1	자료	175		평균	194.8		
2		190		표준편차	13.13858		
3		215		검정통계량	-1.25157		
4		198		P-값	0.121139		
5		184					
6		207					
7		210					
8		193					
9		196					
10		180					

‖ 그림 6.4 ‖ *P*-값

위의 결과로부터 검정통계량의 값은 -1.25157이며, 주어진 자료에 대한 *P*-값은 0.121139이다. ■

모표준편차 σ가 알려진 정규모집단의 모평균에 대한 검정이나 표본의 크기가 큰 자료의 모평균에 대한 검정은 다음 함수를 이용하여 검정을 할 수 있다.

ZTEST(array, μ_0, sigma)

위 함수에서 array는 자료, x는 귀무가설에 참일 때의 모평균, sigma는 모표준편차를 나타낸다. 이 함수에서 sigma를 생략하면 자료의 표본표준편차를 사용하여 계산한다. 이 함수값은 단측검정에 대한 *P*-값을 구해주며, 양측검정의 *P*-값은 이 값에 두 배를 해주면 된다.

예제 6.14 예제 5.16의 자료에 대하여 그 도시의 중학교 1학년 남학생의 평균 키가 다른 도시의 중학교 1학년 남학생의 평균키인 159cm와 차이가 있다고 할 수 있는지 엑셀을 이용하여 유의수준 5%에서 검정하라.

풀 이 표본의 크기가 크므로 *Z*-검정을 할 수 있다. 30개의 자료를 B1부터 B30에 입력한 후 모평균에 대한 양측검정을 하는 과정은 다음과 같다.

E1 =2*ZTEST(B1:B30,159)

	A	B	C	D	E	F
1	자료	163		검정	0.272586	
2		161				
3		168				
4		161				
5		157				
6		162				
7		153				
8		159				
9		164				
10		170				
11		152				
12		160				
13		157				
14		168				
15		150				

‖ 그림 6.5 ‖ 함수 ZTEST의 결과

위의 결과로부터 주어진 자료에 대한 P-값은 0.272586이다. ■

정규분포를 따르는 두 모집단의 모평균의 차에 대한 t-검정은 TTEST 함수를 이용할 수 있다. 이 함수는 다음과 같이 사용한다.

TTEST(array1, array2, tails, type)

여기서 array1은 첫 번째 자료, array2는 두 번째 자료, tails은 1 또는 2의 값을 가지며 1은 단측검정, 2는 양측검정을 나타낸다. 또한 type은 1, 2, 또는 3의 값을 가지며 1은 짝비교, 2는 두 모집단의 분산이 같은 경우의 검정, 3은 두 모집단이 분산이 다를 경우의 검정을 나타낸다.

예제 6.15 예제 6.5의 자료에 대하여 두 학과 학생들의 토익성적의 평균이 같은지 유의수준 5%에서 검정하라.

풀 이 예제 6.5에서처럼 두 모집단의 분산은 같다고 가정할 때 모평균의 차에 대한 검정은 다음과 같이 할 수 있다.

E2 　 f_x =TTEST(B2:B8,C2:C8,2,2)

	A	B	C	D	E	F
1		x	y		P-값	
2		780	535		0.233619	
3		690	710			
4		815	693			
5		898	770			
6		784	580			
7		650	780			
8		590	675			
9						

그림 6.6 함수 TTEST의 결과

위의 결과로부터 P-값은 0.233619임을 알 수 있으며 두 학과 학생들의 토익성적의 평균이 같다는 귀무가설을 유의수준 5%에서 기각하지 못한다. ■

표본의 크기가 클 때 모비율에 대한 검정은 NORMDIST를 이용하여 P-값을 구할 수 있다. 함수 NORMSDIST(x)는 표준정규분포에서 x까지의 누적확률을 구해주는 함수이다.

예제 6.16 예제 6.9에서 새로운 복지제도가 이직률을 낮추는지 유의수준 5%에서 검정하라.

풀 이 시행횟수와 성공의 수를 이용하여 모비율에 대한 검정을 구하는 과정은 다음과 같다.

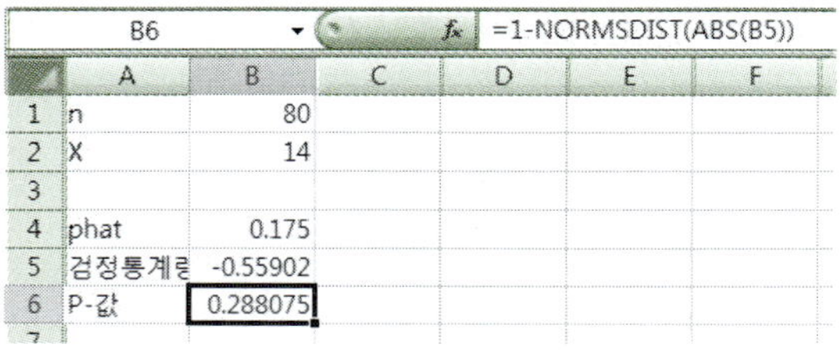

B6 | f_x =1-NORMSDIST(ABS(B5))

	A	B	C	D	E	F
1	n	80				
2	X	14				
3						
4	phat	0.175				
5	검정통계량	-0.55902				
6	P-값	0.288075				
7						

▌그림 6.7 ▌ 모비율의 검정

위의 결과로부터 검정통계량의 값은 -0.5590이고 P-값은 0.288075임을 알 수 있다. 따라서 유의수준 5%에서 새로운 복지제도가 이직률을 낮추지는 않는다는 귀무가설을 기각할 수 없다.

연 · 습 · 문 · 제

6.1 표본에 의해 옳고 그름이 판단될 여러 가지의 주장이 제시되었다. 각 경우에 모평균 μ에 대한 귀무가설(H_0)과 대립가설(H_1)을 나타내어라.

(1) 새로운 쓸개낭 수술에 따르는 집중치료에 필요한 평균 시간은 13.5시간보다 작다.

(2) 유명상표 초코 아이스크림의 지방 함유량은 표지에 적힌 2%보다 많다.

(3) 모터의 평균 무게는 제조회사의 목표치인 6kg과 차이가 있다.

6.2 표본으로부터 귀무가설을 기각하는 결정을 했다고 하자. 그러한 결정이 잘못된 것이었을 때, 어떠한 종류의 오류가 행해졌는가? 또한 연습문제 6.1의 각 경우에 대하여 어떤 상황에서 그 결정(귀무가설을 기각하는 결정)은 옳은 것인가?

6.3 연습문제 6.1의 각 경우에 모평균이 다음과 같이 주어졌다. 검정을 시행할 때 어떤 결정이 옳은 결정인가? 그 결정을 하지 못했을 때 어떤 오류를 범할 수 있는지 판단하라.

(1) 새로운 쓸개낭 수술에 따르는 집중치료에 필요한 평균 시간은 12시간이다.

(2) 유명상표 초코 아이스크림의 지방 함유량은 1.8%이다.

(3) 모터의 평균 무게는 6.3kg이다.

6.4 연습문제 6.1의 (1)–(3)과 같은 각각의 상황에서 정규분포를 이용하여 검정을 실시한다고 할 때 다음과 같은 3가지 형태의 기각역 중 어느 것이 적당한지를 설명하라.

(a) $R : |Z| > z_{\alpha/2}$

(b) $R : Z \geq z_{\alpha}$

(c) $R : Z \leq z_{\alpha}$

6.5 다음의 각 항에는 모표준편차 σ, 모평균 μ에 대한 주장, 표본크기 n, 그리고 유의수준 α가 주어져 있다. (i) 가설을 세우고, (ii) 검정통계량 Z로 정하고, (iii) 기각역을 구하라 ((1)의 답은 예로서 주어져 있다).

(1) $\sigma = 2$, $\mu > 30$, $n = 55$, $\alpha = 0.05$

답 : (i) $H_0 : \mu = 30$ 대 $H_1 : \mu > 30$

(ii) $Z = \dfrac{\overline{X} - 30}{2/\sqrt{55}}$

(iii) $R : Z \geq 1.645$

(2) $\sigma = 0.085$, $\mu < 0.15$, $n = 150$, $\alpha = 0.025$

(3) $\sigma = 8.6$, $\mu \neq 75$, $n = 38$, $\alpha = 0.01$

(4) $\sigma = 1.62$, $\mu \neq 0$, $n = 40$, $\alpha = 0.06$

6.6 연습문제 6.5의 각 경우에 표본평균의 관측값이 다음과 같이 주어졌다고 하자. 검정통계량 Z를 계산하고, 주어진 유의수준이 α일 때 결론을 밝혀라.

(1) $\overline{X} = 30.54$ (2) $\overline{X} = 0.142$ (3) $\overline{X} = 72.35$ (4) $\overline{X} = -0.79$

6.7 가설 $H_0 : \mu = 1100$ 대 $H_1 : \mu \neq 1100$에 대한 검정을 하기 위하여 80개의 측정값으로 이루어진 표본을 얻었다. 표본평균과 표본표준편차는 각각 1060과 210으로 나타났다.

(1) 유의수준 1%에서 가설검정을 시행하라.

(2) 유의확률(P - 값)을 계산하고 그 결과에 대하여 해석하라.

6.8 주어진 상황하에서, 귀무가설 H_0은 유의수준 $\alpha = 0.02$에서 기각되지 않았다고 하자. 아래 질문에 대하여 '예', '아니오', '판단할 수 없다' 중 하나로 답하라.

(1) 귀무가설 H_0은 유의수준 $\alpha = 0.01$에서 계속 유지될 수 있는가?

(2) 귀무가설 H_0은 유의수준 $\alpha = 0.05$에서 계속 유지될 수 있는가?

(3) P - 값은 0.02보다 작은가?

6.9 한 회사에서는 땅콩, 호두, 마카다미아 등을 혼합하여 캔으로 판매하고 있는데, 내용물의 25%가 값비싼 마카다미아라는 표지를 붙이고 있다고 한다. 이 표지가 과대선전일지도 모른다고 생각한 검사자가 35개의 캔을 임의로 추출하여 마카다미아의 혼합비율을 측정하였다. 이들 측정치들의 평균과 표준편차는 각각 23.5와 3.1로 밝혀졌다. 이들 결과들은 검사자의 신념을 지지할 수 있는 강한 증거를 제시하는가? P - 값을 계산하고 결과를 해석하라.

6.10 제지공장에서 처리된 폐수의 오염지표로 생화학적 산소 요구량(BOD)을 사용한다. 한 제지공장에

서 2008년 봄과 여름 사이에 43번에 걸쳐 BOD를 측정하였는데 평균과 표준편차가 각각 3246과 757로 나타났다. 그 회사는 BOD의 평균치가 하루당 3000이 되도록 설정하였다면 제시된 표본자료로부터 BOD의 실제량이 심각하게 그 회사의 목표 설정치와 차이가 있다고 할 수 있는가? P-값을 계산하고 결과를 해석하라.

6.11 뿌리는 페인트의 평균 건조시간은 90초로 알려져 있다. 이 페인트를 생산하는 회사의 연구실에서는 새로운 화학요소를 이 페인트에 첨가시키면 페인트의 건조시간을 줄일 수 있다고 예상하였다. 이러한 예상을 검증하기 위해 새로운 화학요소가 추가된 페인트를 15군데의 표면에 뿌리고 건조시간을 기록하였다. 이들 측정치들로부터 계산된 평균과 표준편차는 각각 86초와 4.5초이었다. 이들 자료는 새로운 화학품의 추가가 페인트의 평균 건조시간을 줄인다는 증거를 제시하는지 유의수준 5%로 검정하라. 필요한 가정이 있으면 기술하라.

6.12 오수침전물을 비료로 사용한 6개의 농장에서 양상추 잎을 대상으로 중금속인 카드뮴(Cd)과 아연(Zn)의 농도를 측정하여 다음과 같은 값을 얻었다. 두 중금속의 농도는 정규분포를 따른다고 가정한다.

카드뮴	21	38	12	15	14	8
아 연	140	190	130	150	160	140

(1) 카드뮴의 평균 농도가 12보다 크다고 할 수 있는지 유의수준 10%로 검정하라.

(2) 아연의 평균 농도가 180보다 작다고 할 수 있는지 유의수준 5%로 검정하라.

6.13 비타민 알약의 공급자는 열과 습기에 노출될 경우에도 이 약품의 효능은 65시간 넘게 지속된다고 주장한다. 이 약품을 구입하기 전에 판매자는 공급자의 주장이 유효한 것인지를 검사하기 위해 9개의 알약을 임의로 추출하여 열과 습기에 노출시킨 후 그 효능을 측정하였다.

(1) 평균 효능유지 시간 μ에 대한 가설을 세워라.

(2) 유의수준 $\alpha = 0.05$에서 가설에 대한 기각역을 결정하고 모집단에 대한 가정이 있으면 기술하라.

(3) 자료가 63, 72, 64, 69, 59, 65, 66, 64, 65일 때, 가설검정의 결론을 말하라.

6.14 두 모집단으로부터 얻은 서로 독립인 표본들에 대한 통계량이 주어졌다. 각 경우에 $\mu_1 - \mu_2$에 대한 가설검정에 이용되는 적절한 방법을 기술하라. 즉, (i) Z-검정, (ii) 합동분산을 이용한 t-검정, (iii) 합동분산을 이용하지 않은 t-검정 중 하나를 선택하라. 또한, 모집단에 대한 가정이 필요하면 기술하라.

(1) $n_1 = 45,\ S_1 = 12.2$
$n_2 = 53,\ S_2 = 8.6$

(2) $n_1 = 9,\ S_1 = 0.86$
$n_2 = 7,\ S_2 = 1.12$

(3) $n_1 = 8, S_1 = 1.65$
$n_2 = 12, S_2 = 5.22$

(4) $n_1 = 70, S_1 = 6.2$
$n_2 = 62, S_2 = 2.3$

6.15 제5장의 연습문제 5.12의 자료에 대하여 한 검사자는 처리 2가 처리 1보다 더 높은 효과가 있기를 기대한다고 하자.

(1) 귀무가설 H_0와 대립가설 H_1을 세워라.
(2) 검정통계량을 구하고 유의수준 5%에서 기각역을 구하라.
(3) 유의수준 5%에서 가설을 검정하고 P - 값을 계산하고 결론을 밝혀라.

6.16 성장 호르몬 투약이 새끼를 밴 쥐의 체중 증가에 미치는 영향에 대하여 조사를 하였다. 6마리의 정상인 쥐(집단 1)와 성장 호르몬을 주입한 6마리 쥐(집단 2)에 대하여 체중 증가에 대한 자료로부터 다음과 같은 통계량의 값이 주어졌다.

	집 단 1	집 단 2
평 균	41.8	60.8
표준편차	7.6	16.4

(1) 모집단에 대한 가정을 기술하라.
(2) 호르몬 투약을 한 쥐가 정상인 쥐보다 평균 체중 증가가 크다고 할 수 있는지에 대한 가설을 유의수준 5%로 검정하라.

6.17 한 조립공장에 적용 가능한 두 개의 실험계획을 실시하였다. 실험계획 1에 10명의 근로자, 실험계획 2에 12명의 근로자가 작업한 후 조립시간을 기록하였다. 조립시간에 대한 평균과 표준편차는 다음과 같다.

	실험계획 1	실험계획 2
평 균	78.3	85.6
표준편차	4.8	6.5

모집단에 필요한 가정을 기술하고, 실험계획 2에서의 조립시간이 실험계획 1에서 보다 많이 소요된다고 할 수 있는지 유의수준 5%로 검정하라.

6.18 한 과일 재배자는 새로운 살충제가 곤충으로 인한 손해를 줄일 수 있다는 주장을 확인하고자 한다. 따라서 과일 재배자는 그의 과수원에서 나무 27그루를 이용하여 실험을 하였는데, 나무 12그루에는 새로운 살충제로 처리하고, 15그루에는 기존의 살충제로 처리하였다. 그 결과 과일 생산량의 자료가 다음과 같이 얻어졌다고 하자.

	새로운 살충제	기존의 살충제
평 균	73.9	62.4
표준편차	3.7	5.5

이들 자료는 새로운 살충제로 사용하는 것이 더 많은 산출량을 보이고 있음을 증명하는가? 필요한 가정에 대해 언급하고 유의수준 0.01에서 검정을 실시하라.

6.19 어느 운송회사는 한 보관소에서 다른 보관소까지 상품을 운송하는데 두 개의 노선 중 하나를 선택하려고 한다. 주요 관심사는 운송시간이다. 이때 12명의 기사 중에서 임의로 6명을 뽑아서 노선 A를, 나머지 6명은 노선 B를 운행하도록 하여 운행시간을 정리한 아래의 자료를 얻었다. (단위 : 시간)

노선 A	1.8	2.4	3.0	2.1	3.2	1.5
노선 B	2.2	2.9	3.4	2.5	3.5	1.6

(1) 두 노선 간의 운송시간에 차이가 있는가? 검정을 실시하면서 필요한 가정을 언급하라 $(\alpha = 0.05)$.

(2) 이 연구에 대한 비교를 더 효율적으로 할 수 있는 실험계획을 제시하라.

6.20 제5장의 연습문제 5.27의 자료로부터 방법 1의 교육을 받은 후의 평균 작업 시간이 방법 2 보다 적다고 할 수 있는가? 유의수준 10%로 검정하라.

6.21 어떤 산업안전 프로그램이 공장에서 일어나는 사건으로 인한 작업시간의 손실을 줄이는데 효과적이라고 주장하고 있다. 다음의 자료는 6곳의 공장에서 산업 안전 프로그램을 실시하기 전과 후의 사고로 인한 주당 작업시간의 손실을 기록한 것이다.

실시 전	12	29	16	37	28	15
실시 후	10	28	17	35	25	16

자료로부터 그 주장이 맞다고 결론을 내릴 수 있겠는가? 필요한 가정을 기술하고 $\alpha = 0.05$로 검정하라.

6.22 어려운 것을 기억하는 두 가지 방법이 있는데 어떤 방법이 더 효과적인가를 결정하고자 한다. IQ와 성적을 기준으로 해서 짝지은 9쌍의 학생들을 대상으로 두 방법을 각 쌍에서 임의로 배정하여 기억력 실험을 시행하였다. 결과는 다음과 같이 얻어졌다.

방법 A	90	86	72	65	44	52	46	38	43
방법 B	85	87	70	62	44	53	42	35	46

유의수준 α = 0.05에서 두 가지 방법의 효과의 차이가 유의한지를 검정하라.

6.23 어떤 생산공정에서 생산품의 불량률이 0.5%를 초과하면 관리이탈로 간주된다. 어떤 한 주 동안 생산된 제품 중 500개의 제품을 검사하였더니 5개가 불량이었다고 하자. 이 결과가 그 주 동안 관리이탈상태였다고 주장할 수 있는지 유의수준 10%로 검정하고, 유의확률을 계산하라.

6.24 전화 인터뷰를 통한 설문조사에서 980명의 성인 중 78%가 공해방지를 위한 새로운 법률 제정을 지지하는 것으로 나타났다. 이 결과가 75%보다 많은 성인 인구가 새로운 공해방지 법안을 지지한다고 하는 추측을 잘 실증하고 있는가? 유의확률을 계산하여 설명하라.

6.25 높은 반응능력(HRL)을 가진 49명 여자 고등학생과 낮은 반응능력(LRL)을 가진 54명 여자 고등학생의 정신적인 압력에 대한 저항 정도를 조사하였더니 결과가 다음과 같았다.

	순 종	저 항
HRL	33	16
LRL	12	42

LRL 집단보다 HRL 집단이 정신적인 압력에 대한 저항이 낮다고 할 수 있는지 유의수준 1%로 검정하라.

6.26 대중적으로 인기가 있는 살균제 리스터린(Listerine)은 영국의 내과의사로서 방부제 사용의 개척자인 리스터(Joseph Lister)의 이름을 따서 명명한 것이다. 다년간 그는 75명의 절단수술을 하였는데 40명에 대하여 살균제로 리스터린을 사용하고, 35명에 대하여 어떤 살균제도 사용하지 않았다. 그 결과는 다음과 같이 얻어졌다.

	생존자수	사망자수
리스터린 사용	34	6
살균제 사용하지 않음	19	16

두 집단 사이에 생존율의 차이가 존재한다고 할 수 있는가? P-값을 계산하고 유의수준 α = 0.05에서 검정하라.

6.27 제5장의 연습문제 5.23의 자료는 구름에 약품을 뿌리는 것이 우박의 발생빈도를 줄일 수 있다는 추측을 증명하는지 유의수준 5%로 검정하라.

6.28 제5장의 연습문제 5.24의 자료에 대하여 플라스틱 두께의 실제 표준편차가 1.5mm를 초과하면 생산되는 상품의 품질에 영향을 준다고 한다. 주어진 자료로부터 품질에 영향을 줄 만큼의 변동이 일

어난다고 할 수 있는가? ($\alpha = 0.05$로 검정하라.) 모집단에 대한 가정을 세워라.

6.29 정규모집단으로부터 크기가 25인 표본을 얻어서 모평균에 대한 95% 신뢰구간을 구하였더니 (106.8, 115.2)이었다. 이 결과를 이용하여 다음 물음에 답하라.

(1) 표본표준편차의 값을 구하라.

(2) 가설 $H_0 : \sigma = 8$ 대 $H_1 : \sigma > 8$에 대하여 유의수준 $\alpha = 0.05$로 검정하라.

6.30 연습문제 6.16에서 집단 2의 표준편차가 집단 1의 표준편차보다 크다고 할 수 있는지 유의수준 10%로 검정하라.

6.31 연습문제 6.20에서 두 모집단의 표준편차가 차이가 있다고 할 수 있는지 유의수준 10%로 검정하라.

제 7 장 분산분석

앞에서 우리는 두 모집단의 평균을 비교하는 방법을 배웠다. 이 장에서 공부하게 될 내용은 셋 이상의 모집단 간의 평균을 비교하는 방법으로서 널리 사용되는 **분산분석** (**analysis of variance, ANOVA**) 이라는 통계분석방법이다. 분산분석은 여러 모집단에서 관측한 자료를 효과적으로 분석하고 해석할 수 있는 아주 유용한 분석방법이다. 예를 들어, 소비자 단체에서는 세 종류의 건전지(A, B, C) 중에서 어느 건전지의 수명이 오래 가는지 또는 어느 공정과정에서 온도와 압력의 몇 가지 조건(조합)에 따라 수율이 다른지 등에 관심이 있을 수 있다. 이와 같은 궁금증을 해결하기 위한 통계적 방법이 바로 분산분석이다. 첫 번째 예의 경우 건전지 종류를 **요인**이라고 하고, A, B, C를 **요인의 수준** (**level**)이라 한다. 요인의 각 수준을 서로 다른 **처리** (**treatment**) 라고도 한다.

분산분석은 관측값들로부터 처리효과(건전지 종류에 따라 수명이 다른지)를 비교하는 것이다. 이 장에서는 요인이 한 가지인 경우(일원배치 분산분석모형)와 두 가지인 경우(이원배치 분산분석모형)를 다루도록 한다.

제 1 절 일원배치 분산분석법 : 완전랜덤화 설계

이 절에서는 요인이 한 가지인 경우에 사용하는 일원배치 분산분석법을 알아보도록 하자. 하나의 요인에 I개의 수준이 있는 경우, 즉 I개의 처리가 있는 경우, 이를 두 처리씩 여러 번 비교하는 것은 적절하지 않을 수 있다. 분산분석에서는 I개 처리효과를 동시에 비교할 수 있다.

완전랜덤화 설계라는 용어는 여러 모집단(여기에서 모집단이란 어떤 특정한 처리하에서 나타날 수 있는 반응값(실험값)들의 전체 모임을 의미함)에서 독립적으로 표본을 추출하는 것과 동의어로 쓰인다. 처리의 수가 I이고 각 처리마다 n번씩 실험하도록 설계된 경우 모두 $N = n \times I$번의 실험을 하게 된다. 여기에서 완전랜덤화 설계라 함은 한 처리에서 n번의 실험을 연속적으로 수행하지 않고, N번의 실험의 순서를 랜덤화하는 것을 말한다. 예를 들어, 네($I = 4$) 가지 처리의 효과를 비교하기 위하여 다섯($n = 5$) 번씩의 실험을 하기로 결정하였다면, 난수를 생성하여 실험의 순서를 정할 수 있다. 예를 들어, 1~4에서 각 숫자가 5개가 나올 때까지 복원추출한 난수가 1, 2, 4, 4, 2, 2, 1, 2, 3, 1, 1, 3, 4, 4, 1, 3, 4, 3, 3, 2라면 다음의 순서에 따라서 실험하는 설계를 완전랜덤화 설계라 한다.

표 7.1 4개의 처리가 있는 완전랜덤화 설계의 실험 순서

	실험 순서
처리 1	#1, #7, #10, #11, #15
처리 2	#2, #5, #6, #8, #20
처리 3	#9, #12, #16, #18, #19
처리 4	#3, #4, #13, #14, #17

다음의 표 7.2는 처리의 수가 I이고 각 처리에서 n번씩 실험한 반응값들로 이루어진 자료의 구조를 보여 준다. 여기에서 Y_{ij}는 i번째 처리의 j번째 반응값을 나타낸다.

표 7.2 I개의 처리가 있는 완전랜덤화 설계의 자료구조

	관측자료	평 균	제곱합
처리 1	$Y_{11}, Y_{12}, ..., Y_{1n}$	$\overline{Y}_{1.}$	$\sum_{k=1}^{n}(Y_{1k} - \overline{Y}_{1.})^2$
처리 2	$Y_{21}, Y_{22}, ..., Y_{2n}$	$\overline{Y}_{2.}$	$\sum_{k=1}^{n}(Y_{2k} - \overline{Y}_{2.})^2$
⋮	⋮	⋮	⋮
처리 I	$Y_{I1}, Y_{I2}, ..., Y_{In}$	$\overline{Y}_{I.}$	$\sum_{k=1}^{n}(Y_{Ik} - \overline{Y}_{I.})^2$

$$\text{총평균 } \overline{Y} = \frac{\text{관측값들의 총합계}}{\text{총 자료의 수}} = \frac{\sum_{i=1}^{I}\sum_{k=1}^{n} Y_{ik}}{n \times I}$$

표 7.2에서 $\overline{Y}_{i\cdot} = \frac{1}{n}\sum_{j=1}^{n} Y_{ij}$를 의미한다.

일원배치 분산분석을 위한 모형을 생각해 보자. 처리 i의 모평균을 μ_i라 하면, i번째 처리에서의 j번째 관측값 Y_{ij}는 다음과 같이 나타낼 수 있다.

$$Y_{ij} = \mu_i + \varepsilon_{ij},\ i = 1,\ ...,\ I,\ j = 1,\ ...,\ n$$

이때 오차 ε_{ij}는 서로 독립이고 평균이 0, 분산이 σ^2인 정규분포를 따른다고 가정한다.

여기서 처리 i의 모평균 μ_i를 전체 모평균 μ와 i번째 처리효과 $\alpha_i(=\mu_i-\mu)$의 합으로 표현하여 다음과 같이 나타내기도 한다.

$$Y_{ij}=\mu+\alpha_i+\varepsilon_{ij},\ i=1,\ ...,\ I,\ j=1,\ ...,\ n$$

우리가 분산분석을 이용하여 밝히고자 하는 것은 다음의 가설

$$H_0:\alpha_1=\alpha_2=\cdots=\alpha_I=0 \quad \text{대} \quad H_1: \text{적어도 하나의 } i\text{에 대하여 } \alpha_i\neq 0$$

에 대한 검정의 결과이다. 즉, 처리효과가 있는지를 알아보고자 하는 것이다. 위 가설을 검정하기 위해서는 기본적으로 반응값의 분산을 두 가지 변동요인으로 나누어 이를 비교한다. 여기서는 자세한 설명은 생략하고 이 두 가지 변동요인과 관계 있는 다음의 관계식을 이용하여 검정통계량을 유도하고자 한다.

$$\sum_{i=1}^{I}\sum_{j=1}^{n}(Y_{ij}-\overline{Y})^2=\sum_{i=1}^{I}n(\overline{Y}_{i.}-\overline{Y})^2+\sum_{i=1}^{I}\sum_{j=1}^{n}(Y_{ij}-\overline{Y}_{i.})^2$$

위의 관계식에서 각 항은 제곱합의 형태를 이루는데, 각 항을 풀어 쓰면 다음과 같다.

- 총제곱합(total sum of squares, SST) :

$$SST=\sum_{i=1}^{I}\sum_{j=1}^{n}(Y_{ij}-\overline{Y})^2=\sum_{i=1}^{I}\sum_{j=1}^{n}Y_{ij}^2-\frac{\left(\sum_{i=1}^{I}\sum_{j=1}^{n}Y_{ij}\right)^2}{I\times n}$$

- 처리제곱합(treatment sum of squares, $SStr$) :

$$SStr=n\sum_{i=1}^{I}(\overline{Y}_{i.}-\overline{Y})^2=n\sum_{i=1}^{I}\overline{Y}_{i.}^2-\frac{\left(\sum_{i=1}^{I}\sum_{j=1}^{n}Y_{ij}\right)^2}{I\times n}$$

- 오차제곱합(error sum of squares, SSE) :

$$SSE=\sum_{i=1}^{I}\sum_{j=1}^{n}(Y_{ij}-\overline{Y}_{i.})^2=\sum_{i=1}^{I}\sum_{j=1}^{n}Y_{ij}^2-n\sum_{i=1}^{I}\overline{Y}_{i.}^2$$

따라서 위의 관계식은 다음과 같이 표현된다.

$$SST=SStr+SSE$$

귀무가설하에서는 각 처리의 모평균이 같으므로 각 처리에서의 표본평균도 총평균에 가까운 값을 갖는다. 한편 귀무가설이 맞지 않다면 처리효과가 존재하므로, 즉 모든 처리의 모평균이 같지는 않으므로 표본평균들이 총평균과 차이가 나게 되어 $SStr$은 큰 값을 갖게 된다. 검정통계량은 이런 $SStr$을 포함하는 통계량으로 다음과 같이 정의된다.

$$F=\frac{SStr/(I-1)}{SSE/I(n-1)}$$

검정통계량 F는 귀무가설하에서 자유도가 $(I-1, I(n-1))$인 F-분포를 따름이 알려져 있다. 대립가설하에서 검정통계량 F는 $SStr$에 의해 큰 값을 가지므로, 기각역은 $R : F \geq F_{\alpha}(I-1, I(n-1))$가 된다. 이를 정리하면 다음과 같다.

F-분포를 이용한 모평균의 동일성 검정

- 가설 : $H_0 : \alpha_1 = \alpha_2 = \cdots = \alpha_I = 0$ 대 H_1 : 적어도 하나의 i에 대하여 $\alpha_i \neq 0$
- 검정통계량 : $F = \dfrac{SStr/(I-1)}{SSE/I(n-1)} \sim F(I-1, I(n-1))$ (귀무가설(H_0)이 옳을 때)
- 기각역 : $P : F \geq F_{\alpha}(I-1, I(n-1))$

위와 같은 검정을 보통 **F-검정(F- test)** 이라 부른다. 검정통계량 F를 좀 더 자세히 살펴보면 분모와 분자의 제곱합은 각각 χ^2-분포와 관계가 있고, 제곱합을 나누는 값 $(I-1)$과 $I(n-1)$은 각 제곱합의 자유도이다. 이렇게 제곱합을 그 자유도로 나눈 통계량을 **평균제곱**이라 하는데, 처리제곱합을 그 자유도로 나눈 것을 **평균처리제곱($MStr$)** 이라 하고, 오차제곱합을 그 자유도로 나눈 것을 **평균오차제곱(MSE)** 이라 한다. 따라서 검정통계량 F는 간단히 $MStr/MSE$로 표현할 수 있다. 다음의 표 7.3은 I개의 처리효과를 비교하는데 필요한 검정과정의 값을 표로 정리한 것으로, 이와 같은 표를 **분산분석표 (ANOVA table)** 라 한다.

표 7.3 I개의 처리를 비교하기 위한 분산분석표

요 인	제곱합	자유도	평균제곱	F-비
처 리	$SStr = n\sum_i (\overline{Y}_{i.} - \overline{Y})^2$	$I-1$	$MStr = \dfrac{SStr}{I-1}$	$\dfrac{MStr}{MSE}$
오 차	$SSE = \sum_i \sum_j (Y_{ij} - \overline{Y}_{i.})^2$	$I(n-1)$	$MSE = \dfrac{SSE}{I(n-1)}$	
합 계	$SST = \sum_i \sum_j (Y_{ij} - \overline{Y})^2$	$nI-1$		

예제 7.1 CD의 음질에 영향을 미치는 네 종류의 코팅방법 ①, ②, ③, ④가 음질의 재생에 얼마나 차이를 유발하는지를 비교하려고 한다. 다음의 표 7.4는 네 종류의 방법으로 코팅 처리된 CD로부터 소리의 일그러짐을 5회씩 측정하여 얻은 자료이다. 이 자료로부터 네 종류의 코팅방법에 따라 음질에 차이가 있다고 할 수 있는지 유의수준 5%로 검정하라.

표 7.4 네 종류의 코팅에 의한 소리의 일그러짐

코 팅	관측자료	평 균	제곱합
①	10, 14, 10, 12, 14	$\overline{Y}_{1.} = 12.0$	$\sum_{k=1}^{5}(Y_{1k} - \overline{Y}_{1.})^2 = 16$
②	18, 17, 18, 19, 18	$\overline{Y}_{2.} = 18.0$	$\sum_{k=1}^{5}(Y_{2k} - \overline{Y}_{2.})^2 = 2$
③	13, 13, 14, 15, 15	$\overline{Y}_{3.} = 14.0$	$\sum_{k=1}^{5}(Y_{3k} - \overline{Y}_{3.})^2 = 4$
④	12, 15, 17, 15, 16	$\overline{Y}_{4.} = 15.0$	$\sum_{k=1}^{5}(Y_{4k} - \overline{Y}_{4.})^2 = 14$
총평균 $\overline{Y} = 14.75$			

풀 이 코팅의 종류가 4가지이므로 처리의 개수는 $I = 4$이고, 각 처리마다 5번씩 관측값을 얻었으므로 $n = 5$이다. 표 7.4에 주어진 정보를 이용해서 제곱합을 계산하면

$$SSE = \sum_{i=1}^{4}\sum_{j=1}^{5}(Y_{ij} - \overline{Y})^2 = 16 + 2 + 4 + 14 = 36$$

$$SStr = 5\sum_{i=1}^{4}(\overline{Y}_{i.} - \overline{Y})^2 = 5((-2.75)^2 + (3.25)^2 + (-0.75)^2 + (0.25)^2) = 93.75$$

$$SST = SStr + SSE = 93.75 + 36 = 129.75$$

이다. 이 값들을 사용하여 분산분석표를 작성하면 다음과 같다.

표 7.5 예제 7.1의 자료의 분산분석표

요 인	제곱합	자유도	평균제곱	F-비
처 리	93.75	3	31.25	31.25/2.25 = 13.889
오 차	36	16	2.25	
합 계	129.75	19		

이 예제의 검정통계량은 귀무가설하에서 자유도가 (3, 16)인 F-분포를 따르므로 기각역은 $R : F \geq F_{0.05}(3, 16) = 3.24$이다. 표 7.5의 분산분석표에서 계산된 검정통계량의 관측값이 $F = 13.889$로 기각역에 속하므로 귀무가설을 유의수준 5%에서 기각한다. 즉, 코팅방법에 따른 CD의 소리 일그러짐의 정도는 다르다고 결론을 내릴 수 있다. ■

제 2 절 이원배치 분산분석법

앞 절에서는 CD의 음질에 영향을 미치리라 생각되는 네 종류의 코팅방법을 분산분석을 통해 비교하여 보았다. 그러나 이처럼 제품의 특성(여기서는 CD의 음질)에 영향을 미치는 요인이 코팅방법 한 가지만 있는 것이 아닐 수도 있다. 즉, 여러 가지의 요인들이 복합적으로 작용하여 CD의 음질을 결정지을 수 있다. 이처럼 여러 가지의 요인이 반응값에 미치는 영향을 분석하는 통계적 기법을 **다요인 분산분석법 (multifactor ANOVA)** 이라 하는데, 여기에서는 두 가지 요인을 대상으로 하는 경우를 알아보기로 한다. 예를 들어, CD의 음질을 결정짓는 중요한 요인으로 코팅방법과 코팅물질의 두 가지가 있을 때 두 요인의 처리효과를 알아보기 위한 분석방법이 이원배치 분산분석이다.

반복이 없는 이원배치 분산분석법

먼저 반복이 없는 이원배치 분산분석 모형을 알아보도록 하자. 다음의 표 7.6은 반복이 없는 이원배치법으로 실험된 반응값들로 이루어진 자료의 구조를 보여 준다. 여기에서 Y_{ij}는 첫 번째 요인의 i번째 수준, 두 번째 요인의 j번째 수준의 반응값을 나타낸다.

표 7.6 반복이 없는 이원배치법의 자료구조
(두 요인 A, B : 요인 A에 I개의 수준, 요인 B에 J개의 수준이 있는 경우)

요인 A \ 요인 B	수준 1	수준 2	…	수준 J	평 균
수 준 1	Y_{11}	Y_{12}	…	Y_{1J}	$\overline{Y}_{1.}$
수 준 2	Y_{21}	Y_{22}	…	Y_{2J}	$\overline{Y}_{2.}$
⋮	⋮	⋮	⋱	⋮	⋮
수 준 I	Y_{I1}	Y_{I2}	…	Y_{IJ}	$\overline{Y}_{I.}$
평 균	$\overline{Y}_{.1}$	$\overline{Y}_{.2}$	…	$\overline{Y}_{.J}$	$\overline{Y}$

위의 표에서 $\overline{Y}_{i.} = \dfrac{1}{J}\sum_{j=1}^{J} Y_{ij}, \overline{Y}_{.j} = \dfrac{1}{I}\sum_{i=1}^{I} Y_{ij}$를 의미한다.

반복이 없는 이원배치 분산분석모형에서 첫 번째 요인(요인 A)의 수준 i와 두 번째 요인(요인 B)의 수준 j에서의 관측값 Y_{ij}는 다음과 같이 나타낼 수 있다.

$$Y_{ij} = \mu + \alpha_i + \beta_j + \varepsilon_{ij},\ i = 1, ..., I,\ j = 1, ..., J$$

이때 오차 ε_{ij}는 서로 독립이고 평균이 0, 분산이 σ^2인 정규분포를 따른다고 가정한다.

여기서 α_i는 요인 A의 처리효과이고 β_j는 요인 B의 처리효과이다.

우리가 이원배치 분산분석기법을 이용하여 밝히고자 하는 것은 다음의 두 가설

$H_0(A): \alpha_1 = \alpha_2 = \cdots = \alpha_I = 0$ 대 H_1 : 적어도 하나의 i에 대하여 $\alpha_i \neq 0$

$H_0(B): \beta_1 = \beta_2 = \cdots = \beta_J = 0$ 대 H_1 : 적어도 하나의 j에 대하여 $\beta_j \neq 0$

에 대한 검정 결과이다. 즉, 각 요인에서 처리효과가 있는지를 알아보고자 하는 것이다. 위 가설을 검정하기 위해서는 기본적으로 반응값의 분산을 세 가지 변동요인으로 나누어 비교한다. 여기에서는 자세한 설명은 생략하고 이 세 가지 변동요인과 관련된 다음의 관계식을 이용하여 검정통계량을 유도하고자 한다.

$$\sum_{i=1}^{I}\sum_{j=1}^{J}(Y_{ij}-\overline{Y})^2 = \sum_{i=1}^{I} J(\overline{Y}_{i.}-\overline{Y})^2 + \sum_{j=1}^{J} I(\overline{Y}_{.j}-\overline{Y})^2 + \sum_{i=1}^{I}\sum_{j=1}^{J}(Y_{ij}-\overline{Y}_{i.}-\overline{Y}_{.j}+\overline{Y})^2$$

위의 관계식에서 각 항은 제곱합의 형태를 이루는데, 각 항을 풀어 쓰면 다음과 같다.

- 총제곱합 (total sum of squares, SST) :

$$SST = \sum_{i=1}^{I}\sum_{j=1}^{J}(Y_{ij}-\overline{Y})^2 = \sum_{i=1}^{I}\sum_{j=1}^{J} Y_{ij}^2 - \frac{\left(\sum_{i=1}^{I}\sum_{j=1}^{J} Y_{ij}\right)^2}{IJ}$$

- 요인 A 제곱합 (sum of squares due to A, SS(A)) :

$$SS(A) = J\sum_{i=1}^{I}(\overline{Y}_{i.}-\overline{Y})^2 = \sum_{i=1}^{I}\frac{\left(\sum_{j=1}^{J} Y_{ij}\right)^2}{J} - \frac{\left(\sum_{i=1}^{I}\sum_{j=1}^{J} Y_{ij}\right)^2}{IJ}$$

- 요인 B 제곱합 (sum of squares due to B, SS(B)) :

$$SS(B) = I\sum_{j=1}^{J}(\overline{Y}_{.j}-\overline{Y})^2 = \sum_{j=1}^{J}\frac{\left(\sum_{i=1}^{I} Y_{ij}\right)^2}{I} - \frac{\left(\sum_{i=1}^{I}\sum_{j=1}^{J} Y_{ij}\right)^2}{IJ}$$

- 오차제곱합 (error sum of squares, SSE) :

$$SSE = \sum_{i=1}^{I}\sum_{j=1}^{J}(Y_{ij}-\overline{Y}_{i.}-\overline{Y}_{.j}-\overline{Y})^2$$

$$= \sum_{i=1}^{I}\sum_{j=1}^{J} Y_{ij}^2 - \sum_{i=1}^{I}\frac{\left(\sum_{j=1}^{J} Y_{ij}\right)^2}{J} - \sum_{j=1}^{J}\frac{\left(\sum_{i=1}^{I} Y_{ij}\right)^2}{I} + \frac{\left(\sum_{i=1}^{I}\sum_{j=1}^{J} Y_{ij}\right)^2}{IJ}$$

따라서 위의 관계식은 다음과 같이 표현된다.

$$SST = SS(A) + SS(B) + SSE$$

일원배치 분산분석에서 설명한 것처럼 앞의 두 가지 가설에 대한 검정은 해당하는 제곱합과 오차제곱합을 이용한다. 즉, 귀무가설 $H_0(A): \alpha_1 = \alpha_2 = \cdots = \alpha_I = 0$이 맞다면 요인 A의 각 수준에 따른 표본평균은 비슷한 값을 가질 것이다. 반대로 귀무가설이 틀리고 요인 A의 처리효과가 존재한다면, 즉 각 수준에서의 모평균이 같지 않다면 표본평균이 총평균과 차이가 나게 되어 $SS(A)$는 큰 값을 가질 것이다. 가설 $H_0(A)$에 대한 검정통

계량은 이런 $SS(A)$를 포함하는 통계량으로 다음과 같이 정의된다.

$$F = \frac{SS(A)/(I-1)}{SSE/[(I-1)(J-1)]}$$

검정통계량 F는 귀무가설하에서 자유도 $(I-1, (I-1)(J-1))$인 F-분포를 따름이 알려져 있다. 대립가설하에서 F는 $SS(A)$에 의해 큰 값을 가지므로 기각역은 $R : F \geq F_\alpha(I-1, (I-1)(J-1))$이다. 또한 귀무가설 $H_0(B) : \beta_1 = \beta_2 = \cdots = \beta_J = 0$에 대해서도 유사한 방법으로 검정할 수 있고, 이를 정리하면 다음과 같다.

반복이 없는 이원배치 분산분석에 대한 *F*-검정

- 두 가지 가설 :
  - (i) $H_0(A) : \alpha_1 = \alpha_2 = \cdots = \alpha_I = 0$ 대 H_1 : 적어도 하나의 i에 대하여 $\alpha_i \neq 0$
  - (ii) $H_0(B) : \beta_1 = \beta_2 = \cdots = \beta_J = 0$ 대 H_1 : 적어도 하나의 j에 대하여 $\beta_j \neq 0$
- 각 가설에 대한 검정통계량 :
  - (i) $F = \dfrac{SS(A)/(I-1)}{SSE/[(I-1)(J-1)]} \sim F(I-1, (I-1)(J-1))$ ($H_0(A)$가 옳을 때)
  - (ii) $F = \dfrac{SS(B)/(J-1)}{SSE/[(I-1)(J-1)]} \sim F(J-1, (I-1)(J-1))$ ($H_0(B)$가 옳을 때)
- 기각역 :
  - (i) $R : F \geq F_\alpha(I-1, (I-1)(J-1))$
  - (ii) $R : F \geq F_\alpha(J-1, (I-1)(J-1))$

일원배치 분산분석에서 정의하였듯이 각 요인의 제곱합을 그 자유도로 나눈 것을 평균제곱 ($MS(A)$, $MS(B)$) 이라 하고, 오차제곱합을 그 자유도로 나눈 것을 평균오차제곱 (MSE) 이라 한다. 다음의 표 7.7은 반복이 없는 이원배치에 대한 분산분석표를 나타낸 것이다.

표 7.7 반복이 없는 두 요인의 각 수준을 비교하기 위한 분산분석표

요 인	제곱합	자유도	평균제곱	*F*-비
요인 A	$SS(A) = J\sum_{i=1}^{I}(\overline{Y}_{i.} - \overline{Y})^2$	$I-1$	$MS(A) = \dfrac{SS(A)}{I-1}$	$\dfrac{MS(A)}{MSE}$
요인 B	$SS(B) = I\sum_{j=1}^{J}(\overline{Y}_{.j} - \overline{Y})^2$	$J-1$	$MS(B) = \dfrac{SS(B)}{J-1}$	$\dfrac{MS(B)}{MSE}$
오 차	$SSE = \sum_{i=1}^{I}\sum_{j=1}^{J}(\overline{Y}_{ij} - \overline{Y}_{i.} - \overline{Y}_{.j} - \overline{Y})^2$	$(I-1)(J-1)$	$MSE = \dfrac{SSE}{(I-1)(J-1)}$	
합 계	$SST = \sum_{i=1}^{I}\sum_{j=1}^{J}(Y_{ij} - \overline{Y})^2$	$IJ-1$		

예제 7.1에서는 CD의 음질에 영향을 미치는 네 종류의 코팅방법이 음질의 재생에 얼마나 차이가 있는지 비교하여 보았다. 예제 7.2에서는 코팅물질과 코팅방법이라는 두 가지 요인이 CD의 음질에 미치는 영향을 반복이 없는 이원배치법을 통해서 알아본다.

예제 7.2 코팅물질(요인 A)과 코팅방법(요인 B)이 음질에 미치는 영향을 알아보기 위하여 반복이 없는 이원배치모형의 실험을 하였다. 실험은 12회를 완전랜덤화하여 실시한 후 다음과 같은 자료를 얻었다.

코팅물질 \ 코팅방법	B_1	B_2	B_3	B_4	평 균
A_1	10	14	17	12	13.25
A_2	15	18	17	17	16.75
A_3	14	19	19	22	18.50
평 균	13	17	17.67	17	16.17

이 자료로부터 다음의 두 가지 경우에 유의수준 5%에서 검정하라.

(1) 세 종류의 코팅물질에 따라 음질에 차이가 있다고 할 수 있는가?

(2) 네 종류의 코팅방법에 따라 음질에 차이가 있다고 할 수 있는가?

풀 이 코팅물질이 3가지, 코팅방법이 4가지이므로 $I=3$, $J=4$이다. 위 표에 주어진 정보를 이용해서 제곱합을 계산하면 다음과 같다.

$$SST = \sum_{i=1}^{I}\sum_{j=1}^{J}(Y_{ij} - \overline{Y})^2 = 121.7$$

$$SS(A) = J\sum_{i=1}^{I}(\overline{Y}_{i.} - \overline{Y})^2 = 57.2$$

$$SS(B) = I\sum_{j=1}^{J}(\overline{Y}_{.j} - \overline{Y})^2 = 41.0$$

$$SSE = \sum_{i=1}^{I}\sum_{j=1}^{J}(Y_{ij} - \overline{Y}_{i.} - \overline{Y}_{.j} + \overline{Y})^2 = 23.5$$

이 값들을 사용하여 분산분석표를 작성하면 다음과 같다.

요 인	제곱합	자유도	평균제곱	F-비
요인 A	57.2	2	28.6	7.30
요인 B	41.0	3	13.7	3.49
오 차	23.5	6	3.92	
합 계	121.7	11		

첫 번째 가설에 대한 검정통계량은 자유도가 (2, 6)인 F-분포를 따르므로 기각역은 $R : F \geq F_{0.05}(2,\ 6) = 5.14$이다. 위의 분산분석표에서 검정통계량의 관측값이 $F = 7.3094$로서 기각역에 속하므로 귀무가설 $H_0(A)$를 유의수준 5%에서 기각하게 된다. 즉, 각 코팅물질에 따라 CD의 음질에 차이가 있다고 결론을 내릴 수 있다.

두 번째 가설에 대한 검정통계량은 자유도가 (3, 6)인 F-분포를 따르므로 기각역은 $R : F \geq F_{0.05}(3,\ 6) = 4.76$이다. 위의 분산분석표에서 검정통계량의 관측값이 $F = 3.49$로서 기각역에 속하지 않으므로 귀무가설 $H_0(B)$를 유의수준 5%에서 기각할 수 없다. 즉, 각 코팅방법에 따라 CD의 음질에 차이가 있다고 결론을 내릴 수 없다.

반복이 있는 이원배치 분산분석법

앞에서는 두 가지 요인의 각 조건에서 자료의 수가 하나인 경우만 다루었다. 이제부터는 각 조건에서 자료를 여러 번 관측하는 반복이 있는 이원배치 분산분석법을 다루어보도록 하자.

반복이 있는 이원배치 분산분석법의 장점은 두 요인이 서로 영향을 주는 경우에 이를 추정할 수 있다는 것이다. 두 요인이 서로 영향을 준다는 것은 요인 A의 각 수준에서 요인 B의 효과가 다를 수 있다는 것을 말한다. 예를 들어, CD의 음질에 영향을 주는 경우에 코팅 물질이 A_1이면 가장 좋은 음질을 주는 코팅방법은 B_1인 반면, 코팅 물질이 A_2면 가장 좋은 음질을 주는 코팅방법은 B_3일 수 있다. 이처럼 두 요인이 서로 연관성을 가지고 있을 때, 이를 **교호작용 (interaction)** 이 있다고 한다.

다음의 표 7.8은 반복이 있는 이원배치법으로 실험을 한 반응값들로 이루어진 자료의 구조를 보여 준다. 여기에서 Y_{ijk}는 첫 번째 요인의 i번째 수준, 두 번째 요인의 j번째 수준에서 k번째 반복 측정한 반응값을 나타낸다.

표 7.8 반복이 있는 이원배치법의 자료구조
(요인 A에 I개의 수준, 요인 B에 J개의 수준이 있고 반복수가 n인 경우)

요인 A \ 요인 B	수준 1	수준 2	…	수준 J	평 균
수준 1	$Y_{111}, \dots, Y_{11n}$	$Y_{121}, \dots, Y_{12n}$	…	$Y_{1J1}, \dots, Y_{1Jn}$	$\overline{Y}_{1..}$
수준 2	$Y_{211}, \dots, Y_{21n}$	$Y_{221}, \dots, Y_{22n}$	…	$Y_{2J1}, \dots, Y_{1Jn}$	$\overline{Y}_{2..}$
⋮	⋮	⋮	⋱	⋮	⋮
수준 I	$Y_{I11}, \dots, Y_{I1n}$	$Y_{I21}, \dots, Y_{I2n}$	…	$Y_{IJ1}, \dots, Y_{1Jn}$	$\overline{Y}_{I..}$
평 균	$\overline{Y}_{.1.}$	$\overline{Y}_{.2.}$	…	$\overline{Y}_{.J.}$	$\overline{Y}$

앞의 표에서 $\overline{Y}_{i..} = \frac{1}{nJ}\sum_{j=1}^{J}\sum_{k=1}^{n} Y_{ijk}$, $\overline{Y}_{.j.} = \frac{1}{nI}\sum_{i=1}^{I}\sum_{k=1}^{n} Y_{ijk}$이다. 또한 첫 번째 요인의 i번째 수준, 두 번째 요인의 j번째 수준에서의 반응값의 평균은 $\overline{Y}_{ij.} = \frac{1}{n}\sum_{k=1}^{n} Y_{ijk}$이다.

반복이 있는 이원배치 분산분석의 모형은 다음과 같다. 첫 번째 요인(요인 A)의 수준 i와 두 번째 요인(요인 B)의 수준 j에서 k번째 반복 측정한 관측값 Y_{ijk}는 다음과 같이 나타낼 수 있다.

$$Y_{ijk} = \mu + \alpha_i + \beta_j + \gamma_{ij} + \varepsilon_{ijk},\ i = 1, ..., I,\ j = 1, ..., J,\ k = 1, 2, ..., n$$

이때 오차 ε_{ijk}는 서로 독립이고 평균이 0이고 분산이 σ^2인 정규분포를 따른다고 가정한다. 여기서 α_i는 요인 A의 처리효과, β_j는 요인 B의 처리효과, γ_{ij}는 두 요인의 교호작용효과를 나타낸다.

반복이 있는 이원배치 분산분석에서 주된 관심 사항은 다음의 세 가지 가설에 대한 검정의 결과이다.

$H_0(A) : \alpha_1 = \alpha_2 = \cdots = \alpha_I = 0$ 대 H_1 : 적어도 하나의 i에 대하여 $\alpha_i \neq 0$

$H_0(B) : \beta_1 = \beta_2 = \cdots = \beta_J = 0$ 대 H_1 : 적어도 하나의 j에 대하여 $\beta_j \neq 0$

$H_0(AB) : \gamma_{11} = \gamma_{12} = \cdots = \gamma_{IJ} = 0$ 대 H_1 : 적어도 하나의 (i, j)에 대하여 $\gamma_{ij} \neq 0$

위의 첫 번째 가설은 요인 A의 처리효과가 있는지를 검정하며, 두 번째와 세 번째 가설은 요인 B의 처리효과와 두 요인의 교호작용효과가 있는지를 검정한다. 위 가설을 검정하기 위해서는 기본적으로 반응값의 분산을 네 가지 변동요인으로 나누어 이를 비교한다. 여기서는 자세한 설명은 생략하고, 이 네 가지 변동요인과 관계있는 다음의 관계식을 이용하여 검정통계량을 유도하고자 한다.

$$\sum_{i=1}^{I}\sum_{j=1}^{J}\sum_{k=1}^{n}(Y_{ijk} - \overline{Y})^2$$

$$= \sum_{i=1}^{I} nJ(\overline{Y}_{i..} - \overline{Y})^2 + \sum_{j=1}^{J} nI(\overline{Y}_{.j.} - \overline{Y})^2 + \sum_{i=1}^{I}\sum_{j=1}^{J} n(\overline{Y}_{ij.} - \overline{Y}_{i..} - \overline{Y}_{.j.} + \overline{Y})^2 + \sum_{k=1}^{n}(Y_{ij} - \overline{Y}_{ij.})^2$$

위의 관계식에서 각 항은 제곱합의 형태를 이루는데, 각 항을 풀어 쓰면 다음과 같다.

- 총제곱합(total sum of squares, SST) :

$$SST = \sum_{i=1}^{I}\sum_{j=1}^{J}\sum_{k=1}^{n}(Y_{ijk} - \overline{Y})^2 = \sum_{i=1}^{I}\sum_{j=1}^{J}\sum_{k=1}^{n} Y_{ijk}^2 - \frac{\left(\sum_{i=1}^{I}\sum_{j=1}^{J}\sum_{k=1}^{n} Y_{ijk}\right)^2}{IJn}$$

- 요인 A 제곱합(sum of squares due to A, $SS(B)$) :

$$SS(A) = nJ\sum_{i=1}^{I}(\overline{Y}_{i..} - \overline{Y})^2 = \sum_{i=1}^{I}\frac{\left(\sum_{j=1}^{J}\sum_{k=1}^{n} Y_{ijk}\right)^2}{Jn} - \frac{\left(\sum_{i=1}^{I}\sum_{j=1}^{J}\sum_{k=1}^{n} Y_{ijk}\right)^2}{IJn}$$

- 요인 B 제곱합 (sum of squares due to B, $SS(B)$) :

$$SS(B) = nI\sum_{j=1}^{J}(\overline{Y}_{.j.} - \overline{Y})^2 = \sum_{j=1}^{J}\frac{\left(\sum_{i=1}^{I}\sum_{k=1}^{n}Y_{ijk}\right)^2}{In} - \frac{\left(\sum_{i=1}^{I}\sum_{j=1}^{J}\sum_{k=1}^{n}Y_{ijk}\right)^2}{IJn}$$

- 교호제곱합 (interaction sum of squares, $SS(AB)$) :

$$SS(AB) = \sum_{i=1}^{I}\sum_{j=1}^{J}N(\overline{Y}_{ij.} - \overline{Y}_{i..} - \overline{Y}_{.j.} + \overline{Y})^2$$

$$= \sum_{i=1}^{I}\sum_{j=1}^{J}\frac{\left(\sum_{k=1}^{n}Y_{ijk}\right)^2}{n} - \sum_{i=1}^{I}\frac{\left(\sum_{j=1}^{J}\sum_{k=1}^{n}Y_{ijk}\right)^2}{Jn} - \sum_{j=1}^{J}\frac{\left(\sum_{i=1}^{I}\sum_{k=1}^{n}Y_{ijk}\right)^2}{In} + \frac{\left(\sum_{i=1}^{I}\sum_{j=1}^{J}\sum_{k=1}^{n}Y_{ijk}\right)^2}{IJn}$$

- 오차제곱합 (error sum of squares, SSE) :

$$SSE = \sum_{i=1}^{I}\sum_{j=1}^{J}\sum_{k=1}^{n}(Y_{ijk} - \overline{Y}_{ij.})^2 = \sum_{i=1}^{I}\sum_{j=1}^{J}\sum_{k=1}^{n}Y_{ijk}^2 - \sum_{i=1}^{I}\sum_{j=1}^{J}\frac{\left(\sum_{k=1}^{n}Y_{ijk}\right)^2}{n}$$

따라서 위의 관계식은 다음과 같이 표현된다.

$$SST = SS(A) + SS(B) + SS(AB) + SSE$$

일원배치 분산분석이나 반복이 없는 분산분석에서 설명한 것처럼 앞의 세 가지 가설에 대한 검정은 해당하는 제곱합과 오차제곱합을 이용한다. 즉, 귀무가설 $H_0(A) : \alpha_1 = \alpha_2 = \cdots = \alpha_I = 0$이 맞다면 요인 A의 각 수준에 따른 표본평균은 비슷한 값을 가질 것이다. 반대로 귀무가설이 틀리고 요인 A의 처리효과가 존재한다면, 즉 각 수준에서의 모평균이 같지 않다면 표본평균이 총평균과 차이가 나게 되어 $SS(A)$는 큰 값을 가질 것이다. 가설 $H_0(A)$에 대한 검정통계량은 이런 $SS(A)$를 포함하는 통계량으로 다음과 같이 정의된다.

$$F = \frac{SS(A)/(I-1)}{SSE/[IJ(n-1)]}$$

검정통계량 F는 귀무가설하에서 자유도 $(I-1, IJ(n-1))$인 F-분포를 따름이 알려져 있다. 대립가설하에서 F는 $SS(A)$에 의해 큰 값을 가지므로 기각역은 $R : F \geq F_\alpha(I-1, IJ(n-1))$이다. 다른 가설에 대해서도 유사한 방법으로 검정할 수 있고, 이를 정리하면 다음과 같다.

반복이 있는 이원배치 분산분석에 대한 F-검정

- 세 가지 가설 :
  - (i) $H_0(A): \alpha_1 = \alpha_2 = \cdots = \alpha_I = 0$ 대 H_1 : 적어도 하나의 i에 대하여 $\alpha_i \neq 0$
  - (ii) $H_0(B): \beta_1 = \beta_2 = \cdots = \beta_J = 0$ 대 H_1 : 적어도 하나의 j에 대하여 $\beta_j \neq 0$
  - (iii) $H_0(AB): \gamma_{11} = \gamma_{12} = \cdots = \gamma_{IJ} = 0$ 대 H_1 : 적어도 하나의 (i, j)에 대하여 $\gamma_{ij} \neq 0$
- 각 가설에 대한 검정통계량 :
  - (i) $F = \dfrac{SS(A)/(I-1)}{SSE/[IJ(n-1)]} \sim F(I-1, IJ(n-1))$ ($H_0(A)$가 옳을 때)
  - (ii) $F = \dfrac{SS(B)/(J-1)}{SSE/[IJ(n-1)]} \sim F(J-1, IJ(n-1))$ ($H_0(B)$가 옳을 때)
  - (iii) $F = \dfrac{SS(AB)/[(I-1)(J-1)]}{SSE/[IJ(n-1)]} \sim F(IJ-I-J+1, IJ(n-1))$ ($H_0(AB)$가 옳을 때)
- 기각역 :
  - (i) $R: F \geq F_\alpha(I-1, IJ(n-1))$
  - (ii) $R: F \geq F_\alpha(J-1, IJ(n-1))$
  - (iii) $R: F \geq F_\alpha((I-1)(J-1), IJ(n-1))$

각 요인의 제곱합을 그 자유도로 나눈 것을 **평균제곱** (**$MS(A)$, $MS(B)$, $MS(AB)$**) 이라 하고, 오차제곱합을 그 자유도로 나눈 것을 **평균오차제곱** (**MSE**) 이라 한다. 다음의 표 7.9는 반복이 있는 이원배치 분산분석에 대한 분산분석표를 나타낸 것이다.

표 7.9 반복이 있는 두 요인의 각 수준을 비교하기 위한 분산분석표

요 인	제곱합	자유도	평균제곱	F-비
요인 A	$SS(A) = nJ\sum_{i=1}^{I}(\overline{Y}_{i..} - \overline{Y})^2$	$I-1$	$MS(A) = \dfrac{SS(A)}{I-1}$	$\dfrac{MS(A)}{MSE}$
요인 B	$SS(B) = nI\sum_{j=1}^{J}(\overline{Y}_{.j.} - \overline{Y})^2$	$J-1$	$MS(B) = \dfrac{SS(B)}{J-1}$	$\dfrac{MS(B)}{MSE}$
교호작용	$SS(AB) = \sum_{i=1}^{I}\sum_{j=1}^{J} n(\overline{Y}_{ij.} - \overline{Y}_{i..} - \overline{Y}_{.j.} - \overline{Y})^2$	$(I-1)(J-1)$	$MS(AB) = \dfrac{SS(AB)}{(I-1)(J-1)}$	$\dfrac{MS(AB)}{MSE}$
오 차	$SSE = \sum_{i=1}^{I}\sum_{j=1}^{J}\sum_{k=1}^{n}(Y_{ijk} - \overline{Y}_{ij.})^2$	$IJ(n-1)$	$MSE = \dfrac{SSE}{IJ(n-1)}$	
합 계	$SST = \sum_{i=1}^{I}\sum_{j=1}^{J}\sum_{k=1}^{n}(Y_{ijk} - \overline{Y})^2$	$nIJ-1$		

예제 7.3 실리콘 웨이퍼에 감광제(photoresist)를 코팅하는 과정에서 코팅 두께는 여

러 요인의 영향을 받을 수 있다. 어느 공정관리자는 코팅하는 기계의 회전 속도와 감광제의 용량에 따라 코팅 두께에 차이가 있는지를 알아보기 위하여 두 가지 회전 속도(7500rpm, 6500rpm)와 두 가지 감광제 용량(3cc, 5cc)에서 5번씩 반복 실험하여 다음과 같은 자료를 얻었다.

		감광제 용량		평 균
		3	5	
회전	7500	432, 430, 449, 422, 454	453, 445, 426, 452, 430	439.3
속도	6500	447, 466, 448, 447, 450	449, 454, 463, 463, 445	453.2
평 균		444.5	448.0	446.25

이 자료를 이용하여 회전 속도와 감광제의 용량이 두께에 영향을 주는지 유의수준 5%에서 검정하라. 또 회전 속도와 감광제의 용량 사이에 교호작용이 있는지 유의수준 5%에서 검정하라.

풀이 회전 속도와 감광제의 용량이 각각 2가지이므로 $I=2$, $J=2$이고, 각 실험조건에서 5번씩 관측값을 얻었으므로 $n=5$이다. 표 7.9에 제시된 식을 이용해서 제곱합을 계산하면 다음과 같다.

$$SST=\sum_{i=1}^{I}\sum_{j=1}^{J}\sum_{k=1}^{n}(Y_{ijk}-\overline{Y})^2=2915.75$$

$$SS(A)=nJ\sum_{i=1}^{I}(\overline{Y}_{i..}-\overline{Y})^2=966.05$$

$$SS(B)=nI\sum_{j=1}^{J}(\overline{Y}_{.j.}-\overline{Y})^2=61.25$$

$$SS(AB)=\sum_{i=1}^{I}\sum_{j=1}^{J}n(\overline{Y}_{ij.}-\overline{Y}_{i..}-\overline{Y}_{.j.}-\overline{Y})^2=0.45$$

$$SSE=\sum_{i=1}^{I}\sum_{j=1}^{J}\sum_{k=1}^{n}(Y_{ijk}-\overline{Y}_{ij.})^2=1888.0$$

이 값들을 사용하여 분산분석표를 작성하면 다음과 같다.

요 인	제곱합	자유도	평균제곱	F-비
요인 A	966.05	1	966.05	8.1869
요인 B	61.25	1	61.25	0.5191
교호작용	0.45	1	0.45	0.0038
오 차	1888.0	16	118.0	
합 계	2915.75	19		

유의수준 5%에서 검정할 때 F-비의 값을 $F_{0.05}(1, 16) = 4.49$와 비교하여 판단할 수 있다. 먼저 요인 A에 대한 F-비의 값은 8.1869로서 4.49보다 크므로 귀무가설 $H_0(A) : \alpha_1 = \alpha_2 = \cdots = \alpha_I = 0$을 기각할 수 있다. 즉, 회전 속도는 코팅 두께에 영향을 준다고 할 수 있다. 반면 요인 B와 교호작용에 대한 F-비의 값은 모두 4.49보다 작으므로 귀무가설 $H_0(B) : \beta_1 = \beta_2 = \cdots = \beta_J = 0$과 $H_0(AB) : \gamma_{11} = \gamma_{12} = \cdots = \gamma_{IJ} = 0$을 모두 기각할 수 없다. 즉, 유의수준 5%에서 감광제의 용량은 코팅 두께에 영향을 주지 않으며, 회전 속도와 감광제의 용량 사이에 교호작용은 없다고 결론지을 수 있다. ■

제 3 절 엑셀을 이용한 분석

예제 7.4 예제 7.1의 자료에 대하여 엑셀을 이용하여 분산분석을 수행하라.

풀 이 먼저 자료를 입력한다. 이때 열과 행을 바꾸어도 다음의 대화상자에서 지정할 수 있으므로 결과에는 지장이 없다.

코팅 A	10	14	10	12	14
코팅 B	18	17	18	19	18
코팅 C	13	13	14	15	15
코팅 D	12	15	17	15	16

[데이터] ➡ [데이터 분석도구]를 선택한 후 열리는 통계데이터 분석의 대화상자에서 [분산 분석 : 일원 배치법]을 클릭하여 나타나는 대화상자에서 아래와 같이 입력하고 확인을 누르면

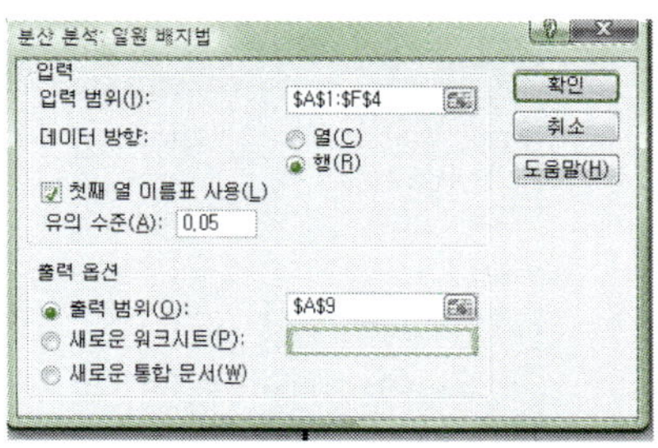

그림 7.1 [분산 분석 : 일원배치법]의 대화상자

다음의 결과를 얻는다.

분산 분석: 일원 배치법

요약표

인자의 수준	관측수	합	평균	분산
코팅 A	5	60	12	4
코팅 B	5	90	18	0.5
코팅 C	5	70	14	1
코팅 D	5	75	15	3.5

분산 분석

변동의 요인	제곱합	자유도	제곱 평균	F 비	P-값	F 기각치
처리	93.75	3	31.25	13.88889	0.000102	3.238872
잔차	36	16	2.25			
계	129.75	19				

그림 7.2 [분산 분석 : 일원 배치법]의 결과

위의 결과는 대화상자에서 유의 수준을 0.05로 지정하였기 때문에 F 기각치가 3.238872로 주어졌다. 대화상자에서 유의수준을 0.001로 지정하면 F 기각치가 9.005937로 주어질 것이다. 그러나 *P*-값은 어느 경우라도 항상 0.000102로 같음을 알 수 있다. 즉, 이 자료로부터 유의수준이 0.1% 이내(매우 드문 경우) 에서는 코팅 방법에 따른 CD의 소리 일그러짐의 정도는 차이가 있다는 결론을 내릴 수 있다.

예제 7.5 예제 7.2의 자료에 대하여 엑셀을 이용하여 분산분석을 수행하라.

풀 이 물질 A와 방법 B에 대하여 자료를 다음과 같이 입력한다.

	B1	B2	B3	B4
A1	10	14	17	12
A2	15	18	17	17
A3	14	19	19	22

[데이터] ➡ [데이터 분석도구]를 선택한 후 열리는 통계 데이터 분석 대화상자에서 [분산 분석 : 반복 없는 이원 배치법]을 클릭하여 자료의 범위와 유의수준, 출력 범위를 그림 7.3과 같이 지정하면

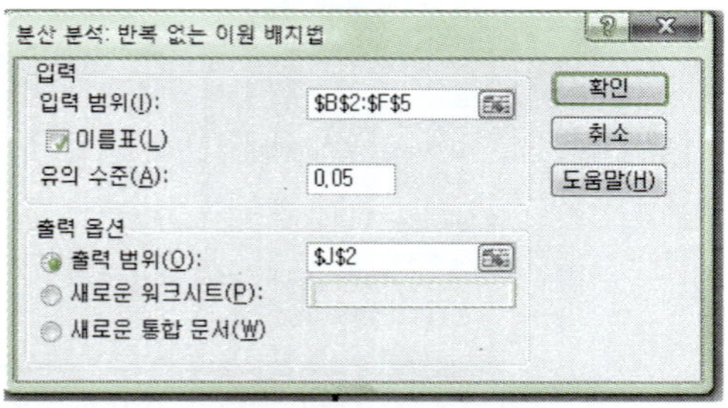

그림 7.3 [반복 없는 이원 배치법]의 대화상자

그림 7.4의 결과를 얻을 수 있다

분산 분석: 반복 없는 이원 배치법

요약표	관측수	합	평균	분산
A1	4	53	13.25	8.916667
A2	4	67	16.75	1.583333
A3	4	74	18.5	11
B1	3	39	13	7
B2	3	51	17	7
B3	3	53	17.66667	1.333333
B4	3	51	17	25

분산 분석

변동의 요인	제곱합	자유도	제곱 평균	F 비	P-값	F 기각치
인자 A(행)	57.16667	2	28.58333	7.297872	0.024724	5.143253
인자 B(열)	41	3	13.66667	3.489362	0.090088	4.757063
잔차	23.5	6	3.916667			
계	121.6667	11				

|| 그림 7.4 || 반복 없는 이원 배치법의 결과

예제 7.6 예제 7.3의 자료에 대하여 엑셀을 이용하여 분산분석을 수행하라.

풀 이 엑셀에서는 반복의 방향을 행으로 정하고 있다. 따라서 자료는 다음과 같이 입력하여야 한다.

	용량3	용량5
속도7500	432	453
	430	445
	449	426
	422	452
	454	430
속도6500	447	449
	466	454
	448	463
	447	463
	450	445

[데이터] ➡ [데이터 분석도구]를 선택한 후 열리는 통계 데이터 분석 대화상자에서 [분산 분석 : 반복 있는 이원 배치법]을 클릭하고 자료가 입력되어 있는 범위와 반복수(표본 당 행수) 유의수준, 출력 범위를 지정한 후 확인을 클릭하면 아래와 같은 결과를 얻을 수 있다.

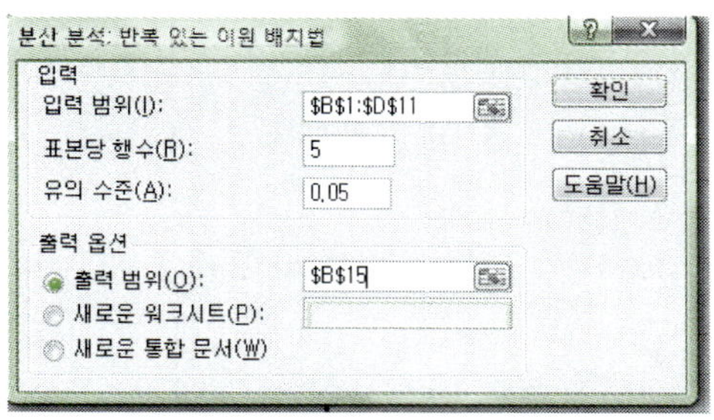

|| 그림 7.5 || [반복 있는 이원 배치법]의 대화상자

분산 분석: 반복 있는 이원 배치법

요약표	용량3	용량5	계
속도7500			
관측수	5	5	10
합	2187	2206	4393
평균	437.4	441.2	439.3
분산	182.8	156.7	154.9
속도6500			
관측수	5	5	10
합	2258	2274	4532
평균	451.6	454.8	453.2
분산	66.3	66.2	61.73333
계			
관측수	10	10	
합	4445	4480	
평균	444.5	448	
분산	166.7222	150.4444	

분산 분석

변동의 요인	제곱합	자유도	제곱 평균	F 비	P-값	F 기각치
인자 A(행)	966.05	1	966.05	8.186864	0.011314	4.493998
인자 B(열)	61.25	1	61.25	0.519068	0.481634	4.493998
교호작용	0.45	1	0.45	0.003814	0.951524	4.493998
잔차	1888	16	118			
계	2915.75	19				

그림 7.6 반복 있는 이원 배치법의 결과

연·습·문·제

7.1 제곱합과 자유도의 관계를 이용하여 다음 표를 완성하라.

요 인	제곱합	자유도	평균제곱
처 리	36		
오 차		25	
합 계	92	30	

7.2 다음은 세 가지 처리에 대한 표본을 요약한 통계량이다. 분산분석표를 작성하라.

$$n_1 = 10,\ \overline{Y}_1 = 5,\ (n_1 - 1)S_1^2 = \sum_{j=1}^{10} (Y_{1j} - \overline{Y}_1)^2 = 30$$

$$n_2 = 6,\ \overline{Y}_2 = 2,\ (n_2 - 1)S_2^2 = \sum_{j=1}^{9} (Y_{2j} - \overline{Y}_2)^2 = 16$$

$$n_3 = 10,\ \overline{Y}_3 = 7,\ (n_3 - 1)S_3^2 = \sum_{j=1}^{9} (Y_{3j} - \overline{Y}_3)^2 = 25$$

7.3 다음은 아동학대가 IQ에 미치는 영향을 조사한 결과이다. 분산분석표를 작성하라.

학 대	무관심	대조 집단
$\overline{Y}_1 = 81.06$	$\overline{Y}_2 = 78.56$	$\overline{Y}_3 = 87.81$
$S_1 = 17.05$	$S_2 = 15.43$	$S_3 = 14.36$
$n_1 = 32$	$n_2 = 16$	$n_3 = 16$
$S_i^2 = \sum_{j=1}^{n_i}(Y_{ij} - \overline{Y}_i)^2/(n_i - 1)$		

7.4 다음 분산분석표에서 $\alpha = 0.10$일 때 평균의 동일성에 대한 F-검정을 시행하라.

요 인	제곱합	자유도
처 리	104	5
오 차	109	20
합 계	213	25

7.5 다음 분산분석표에서 $\alpha = 0.05$일 때 평균의 동일성에 대한 F-검정을 시행하라.

요 인	제곱합	자유도
처 리	24	5
오 차	57	35
합 계	81	40

7.6 빵의 밀도의 관점에서 세 가지의 빵 만드는 방법을 비교하려고 한다. 다섯 개씩의 빵이 각각의 방법으로 만들어졌다.

(1) 만약 빵을 한 번에 하나씩 만들 수 있다면, 그 차례를 어떻게 정하는 것이 좋겠는가?

(2) 다음에 주어진 자료를 가지고 $\alpha = 0.05$에서 평균의 동일성 검정을 시행하라.

방 법	관측값
1	0.95, 0.86, 0.71, 0.72, 0.74
2	0.71, 0.85, 0.62, 0.72, 0.64
3	0.69, 0.68, 0.51, 0.73, 0.44

7.7 연습문제 7.3의 자료를 이용하여 $\alpha = 0.05$에서 평균의 동일성 검정을 시행하라.

7.8 다음의 표는 세 개의 처리군이 있는 완전랜덤화 설계에 의한 자료이다. 주어진 자료에 대하여 제곱합을 구하고 분산분석표를 작성하라.

처 리1	처 리2	처 리3
19	6	13
18	11	16
21	13	18
18	14	11
	11	15
		11

7.9 국제 표준협회에서는 네 가지 직물에 대한 인화성을 검사하였다. 다음 표는 각 직물로 만든 옷에서 잘라낸 조각에 불을 붙여 인화되는 시간을 초 단위로 기록한 것이다. 통계적 모형을 제시하고, 분산분석표를 작성하라. 직물 네 종류의 인화성이 모두 같다는 귀무가설을 세우고 $\alpha = 0.05$에서 검정하라.

직 물1	직 물2	직 물3	직 물4
17.8	11.2	11.8	14.9
16.2	11.4	11.0	10.8
17.5	15.8	10.0	12.8
17.4	10.0	9.2	10.7
15.0	10.4	9.2	10.7

7.10 어떤 화학공장에서 제품의 수율(%)에 영향을 미칠 것으로 생각되는 반응 온도와 원료를 함께 비교하기 위하여 반복이 없는 이원배치 실험을 하였다. 실험은 12회를 완전랜덤화하여 실시한 후 다음과 같은 자료를 얻었다. 이 자료로부터 다음의 두 가지 가설을 유의수준 5%에서 검정하라.

(1) 네 종류의 반응 온도가 수율에 영향을 미친다고 할 수 있는가?

(2) 세 종류의 원료가 수율에 영향을 미친다고 있다고 할 수 있는가?

원 료 \ 반응 온도	A_1(180°C)	A_2(190°C)	A_3(200°C)	A_4(210°C)	평 균
B_1	97.6	98.6	99.0	98.0	98.3
B_2	97.3	98.2	98.0	97.7	97.8
B_3	96.7	96.8	97.9	96.5	97.0
평 균	97.2	97.9	98.3	97.4	97.7

7.11 세 종류의 기계 (A_1, A_2, A_3)와 세 사람의 엔지니어 (B_1, B_2, B_3)이 제품 품질에 미치는 영향을 알아보기 위하여 2회 반복이 있는 이원배치법에 의해 생산성을 측정한 결과 다음과 같은 자료를 얻었다. 이때, 각 인자와 교호작용의 효과에 대하여 유의수준 5%에서 검정하라.

기 계 \ 엔지니어	B_1	B_2	B_3	평 균
A_1	9, 14	14, 16	19, 22	15.67
A_2	13, 16	18, 26	14, 18	17.5
A_3	11, 12	11, 17	15, 16	13.67
평 균	12.5	17	17.33	15.61

7.12 어떤 직물의 가공 시 처리액의 농도가 직물의 인장강도에 영향을 미치는지의 여부를 조사하기 위해, 네 가지 농도 A_1 : 4.0%, A_2 : 4.5%, A_3 : 5%, A_4 : 5.5%에서 5회 반복하여, 총 20회를 완전랜덤화 설계로 실험한 후 인장 강도를 측정한 결과가 아래와 같다. 분산분석표를 작성하고 적절한 가설을 유의수준 5%에서 검정하라.

A_1	A_2	A_3	A_4
47	51	50	22
58	62	38	23
51	31	47	28
61	46	27	42
46	49	23	25

7.13 세 종류의 공정에서 생산된 철선의 인장강도에 차이가 있는지를 알아보기 위해 공정 1에서 4회, 공정 2에서 5회, 공정 3에서 6회, 총 15회를 완전랜덤화 설계로 실험한 후 인장강도를 측정하여 아래와 같은 표를 얻었다. 공정에 따른 인장강도가 차이가 있는지 유의수준 5%에서 검정하라.

공정1	공정2	공정3
2	4	6
3	5	5
4	6	7
5	4	4
	3	6
		8

7.14 어떤 제품의 강도에 영향을 미칠 것으로 생각되는 원료(A)를 5종류 선택하고 특정 화학물질의 첨가량(B)을 4수준 택하여 반복이 없는 이원배치 실험을 하였다. 실험은 20회를 완전랜덤화하여 실시한 후 다음과 같은 자료를 얻었다. 이 자료로부터 원료 A의 종류와 특정물질의 첨가량 B가 강도에 영향을 미치는가의 여부를 유의수준 5%에서 검정하라.

첨가량 \ 원료 A	A_1	A_2	A_3	A_4	A_5	평 균
B_1	79	72	51	58	68	65.6
B_2	75	66	48	56	65	62
B_3	69	64	44	51	61	57.8
B_4	65	62	41	45	58	54.2
평 균	72	66	46	52.5	63	59.9

7.15 다음 표에 나타난 자료에 대하여 분산분석표를 작성하고 $\alpha = 0.05$에서 평균의 동일성 검정을 시행하라.

처 리	관측치
1	35, 24, 28, 21
2	19, 14, 14, 13
3	21, 16, 21, 14

7.16 귤의 비타민 함량이 생산된 지역에 따라, 그리고 품종에 따라 차이가 있는가를 알아보기 위하여 임의로 표본을 추출하여 비타민 함량을 조사한 결과 다음의 자료를 얻었다. 분산분석표를 만들어서 지역과 품종에 따른 비타민 함량에 차이가 있는지를 유의수준 5%에서 검정하라.

지 역 \ 품 종	A_1	A_2	A_3	A_4	평 균
B_1	79	72	51	58	65.6
B_2	75	66	48	56	62
B_3	69	64	44	51	57.8
평 균	72	66	46	52.5	59.9

7.17 다음 표에 나타난 자료에 대하여 분산분석표를 작성하고 $\alpha = 0.05$에서 각 인자와 교호작용의 효과에 대하여 검정하라.

	B_1	B_2	B_3	B_4	평 균
A_1	2.5, 3.3	2.6, 3.0	2.9, 3.2	3.0, 3.4	2.99
A_2	2.6, 3.2	2.5, 3.1	3.1, 2.8	2.9, 3.5	2.96
A_3	1.9, 2.1	2.0, 2.3	2.7, 3.2	4.2, 4.0	2.80
평 균	2.60	2.58	2.98	6.50	2.92

제 8 장 회귀분석

많은 공학문제에서 여러 변수간의 관계를 규정하기 위하여 수리적 모형을 사용하는 경우가 자주 일어난다. 예를 들면, 전기공학 분야에서는 어느 발전소의 일일 최고전력부하량을 예측하기 위해서 그날의 최고기온이 사용고객수의 함수로 최고전력부하량을 표현하는 모형을 사용할 수 있다. 화학공학 분야에서는 어떤 화학반응의 생성량이 반응시점의 온도나 압력에 의해 변화하는 모형을 세우고자 할 수 있다. 한편 큰 호수의 생태계에 관심이 있는 환경공학자는 호수의 단위부피당 용해산소량이 수조량이나 질소량의 함수로 표시되는 모형을 사용할 수 있다.

이와 같은 변수간의 관계를 설명하는데 유용한 통계적 기법으로 **회귀분석 (regression analysis)** 이 있다. 이 장에서는 회귀분석의 가장 기본적인 형태인 두 변수 간의 직선 관계를 설명하는 단순선형회귀모형과 여러 개의 변수로 하나의 변수를 설명하는 중회귀모형에 대하여 공부한다.

제 1 절 단순선형회귀모형

앞에서도 언급한 바와 같이 두 개의 변수가 주어진 경우에 한 변수로부터 다른 변수를 예측하거나, 두 변수 사이의 관계를 규명하는데 회귀분석이 이용된다. 회귀분석에서는 두 개의 변수를 보통 x, y로 나타내는데, x와 y의 관계를 규명하거나 x로부터 y를 예측하게 된다. 예를 들면, 발전소의 일일 최고전력부하량(y)을 그날의 최고기온(x)로 예측하거나, 화학반응의 생성량(y)을 반응시점의 온도(x)에 따라 어떻게 변하는가를 설명하는 것 등이 회귀분석의 주요 내용이다. 이때 변수 x는 보통 실험하는 사람에 의하여 통제되어 독립적으로 주어지므로 **독립변수 (independent variable)** 또는 **설명변수 (explanatory variable)** 라 하고, 변수 y는 독립변수의 영향을 받으므로 **종속변수 (dependent variable)**

또는 **반응변수 (response variable)** 라고 한다. 독립변수가 하나이고 종속변수와 독립변수의 관계가 직선인 모형을 **단순선형회귀모형 (simple linear regression model)** 이라 한다.

다음의 예제는 전형적인 단순선형회귀 문제이다.

예제 8.1 다음의 표 8.1은 전력수요가 가장 높은 여름에 10일 동안 일일 최고기온과 어느 발전소의 최고전력부하량을 조사하여 기록한 자료이다. 이 자료에 대한 산점도를 그려라.

표 8.1 10일간의 일일 최고기온과 어느 발전소의 최고전력부하량

최고 기온(x)	35	28	31	27	37	38	34	35	33	29
최고전력부하량(y)	214	152	176	129	254	266	210	204	213	150

풀 이 이 자료를 이용하여 그린 산점도는 그림 8.1과 같다. 그림 8.1에서 점들이 어떤 직선 주위로 흩어져 나타나므로 두 변수 사이에 근사적인 직선관계가 있음을 알 수 있다. 여기에서 주목해야 할 것은 두 변수 간의 관계가 완벽한 직선관계는 아니라는 사실이다.

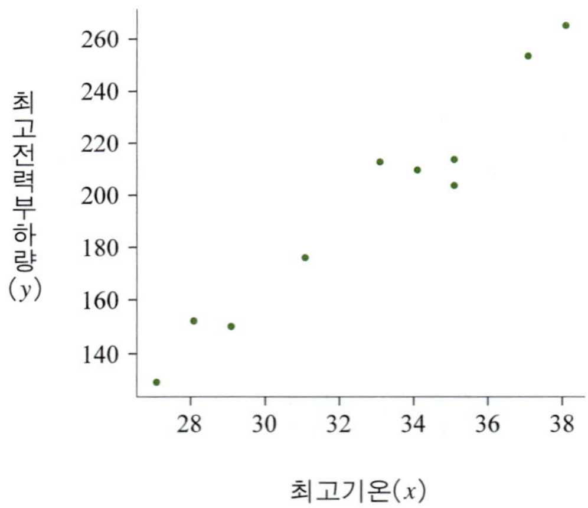

그림 8.1 예제 8.1 자료의 산점도

예제 8.1에서처럼 두 변수의 관계를 규명하기 위해서는 먼저 산점도를 그려보는 것이 적절하다. 산점도로부터 두 변수의 대략적인 관계를 예상할 수 있다. 그림 8.1의 산점도로부터 우리는 두 변수 간에 대략적으로 직선의 관계가 있음을 알 수 있는데, 이 직선의 관계는 회귀분석에서 많이 나타나는 관계이다. 또한 직선관계가 아닌 경우에도 변수의 적절한 변환을 통하여 직선의 관계가 되도록 만들 수 있다.

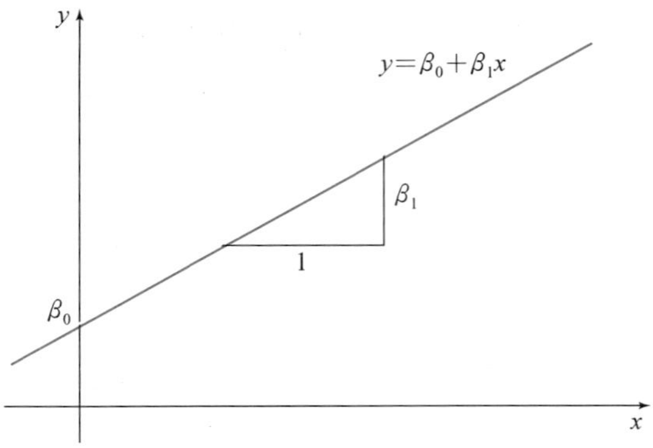

▌그림 8.2▐ 직선 $y = \beta_0 + \beta_1$의 그래프

우선 x와 y의 관계가 오차가 전혀 없는 직선관계를 이루는 경우를 고려해 보자. 만약 완벽한 직선의 관계를 이룬다면 두 변수는 그림 8.2와 같이 절편 β_0과 기울기 β_1을 갖는 직선관계식

$$y = \beta_0 + \beta_1 x$$

로서 완벽하게 표현될 것이다. 이때 두 변수의 관계는 변수 x가 1 단위 증가하면 변수 y의 값은 변수 x값의 위치에 상관없이 β_1만큼 증가하는 것을 의미한다. 그러나 그림 8.1에서 볼 수 있듯이 산점도의 점들이 모두 하나의 직선 위에 놓이는 경우는 거의 일어나지 않는다. 이와 같이 직선 위에만이 아니라 직선 주변에 관측값들이 놓이는 경우에 두 변수 사이의 관계를 밝히기 위해서는 통계적 개념을 적용해야 한다. 좀 더 구체적으로 표현하면, 실제 관측된 두 변수의 자룟값은 오차와 같은 설명될 수 없는 요인에 의하여 직선에서 벗어난 것으로 볼 수 있다. 이 오차부분은 관측될 수는 없지만 어떤 확률적 성질을 갖는다고 가정하고 문제에 접근하려는 것이다. 따라서 종속변수 y는 독립변수 x와의 직선관계에 의하여 설명되는 부분과 독립변수 x로는 설명되지 않는 부분의 합으로 나타낼 수 있다. 이때 독립변수에 의해서 설명되지 않는 부분을 오차로 나타내며, 이 오차는 확률분포를 가지는 확률변수로 가정한다. 따라서 확률변수를 포함하는 종속변수도 독립변수와 달리 확률변수이므로, 이를 나타내기 위해서 지금부터는 종속변수를 대문자 Y로 표현하기로 한다. 이러한 관점을 구체화한 단순선형회귀모형은 다음과 같이 요약된다.

단순선형회귀모형

확률변수 Y를 독립변수 x와 오차라는 확률변수 ε에 의해 설명되는 종속변수라 하면 그 직선의 관계는 다음과 같이 표현될 수 있다.

$$Y_i = \beta_0 + \beta_1 x_i + \varepsilon_i, \qquad i = 1, 2, \cdots, n$$

조건 :

(1) β_0과 β_1은 직선식을 결정하는 미지의 회귀모수이다.

(2) 오차 ε_i 들은 서로 독립이며 평균이 0, 분산이 σ^2인 정규분포를 따르는 확률변수이다.

(3) Y_i는 독립변수를 x_i로 고정시켰을 때의 종속변수의 값이다.

그림 8.3에서 표현된 바와 같이, 위의 회귀모형으로부터 독립변수가 x_i일 때 종속변수 Y_i는 평균이 $\beta_0 + \beta_1 x_i$이고 분산이 σ^2인 정규분포를 따른다는 것을 알 수 있다. 즉,

$$Y_i \sim N(\beta_0 + \beta_1 x_i,\ \sigma^2)$$

이다. 이 모형으로부터 실제 관측값은 직선상의 점 $\beta_0 + \beta_1 x_i$가 정규분포를 따르는 오차 ε_i에 의하여 변동된 것으로 해석할 수 있다.

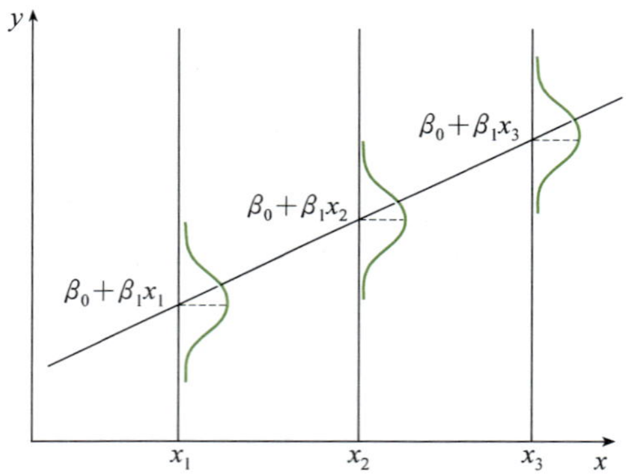

그림 8.3 직선상의 점이 평균인 확률변수 Y의 정규분포

제 2 절 최소제곱추정법을 이용한 모수의 추정

이제 산점도로부터 직선관계가 확인된 자료를 이용하여 단순선형회귀직선을 추정하는 문제를 살펴보자. 두 변수 사이에 **모회귀직선(population regression line)**이라 불리는

미지의 직선관계 $y = \beta_0 + \beta_1 x$를 가정하고, 두 변수의 자료 $(x_1, Y_1), \cdots, (x_n, Y_n)$을 이용하여 미지의 회귀모수 β_0와 β_1을 추정한 후에 이들을 이용하여 회귀직선을 추정하게 된다. 회귀모수를 추정하는 방법으로 가장 많이 쓰이는 방법은 최소제곱추정법이다.

예를 들어, 그림 8.1의 산점도 자료를 가장 잘 설명하는 직선을 찾아가는 과정을 살펴보자. 그림 8.1 의 자료를 설명하는 후보 직선의 하나로 $y = b_0 + b_1 x$를 그리면 그림 8.4와 같다.

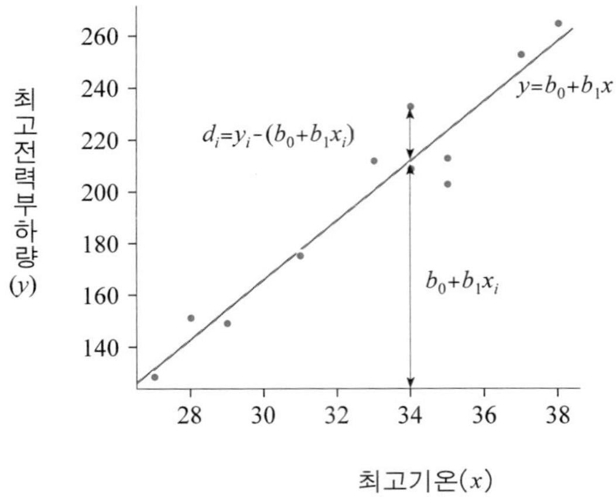

그림 8.4 직선 $y = b_0 + b_1 x$로부터 관측값의 편차

이 직선을 추정회귀직선이라고 가정한다면 독립변수가 x_i일 때 x_i에 대응하는 종속변수의 관측값은 Y_i이고, 주어진 직선에 의하여 예측된 값은 $b_0 + b_1 x_i$가 된다. 이때 실제 관측값과 예측된 값의 차이 $d_i = Y_i - (b_0 + b_1 x_i)$를 편차라 하고, n개의 관측값이 있다고 할 때 n개의 편차를 전체적으로 최소화시키는 직선을 찾는 것이 추정의 과제이다. 편차의 전체적인 크기를 최소화시키는 방법으로 가장 많이 사용되는 것이 **최소제곱법 (least squares method)** 이다. 최소제곱법은 편차의 제곱합을 최소화하는 모수의 값을 찾아 모수의 추정값으로 사용하는 방법이다. 편차제곱합

$$D = \sum_{i=1}^{n} d_i^2 = \sum_{i=1}^{n} (Y_i - (b_0 + b_1 x_i))^2$$

은 예측값이 관측값으로부터 떨어진 정도를 설명해주는 측도 중 하나이며, 많이 떨어져 있을수록 D의 값이 커진다. 자료가 주어지면 D의 식에서 (x_i, Y_i)는 고정된 값이므로 D는 직선의 절편 b_0와 기울기 b_1의 함수가 된다. 이때, $D(b_0, b_1)$를 최소화하는 b_0와 b_1을 **최소제곱추정량 (least squares estimator)** 이라 하고, 이를 $\hat{\beta}_0$과 $\hat{\beta}_1$으로 나타낸다. 이때 최소제곱법에 의한 추정직선은

$$\hat{Y} = \hat{\beta}_0 + \hat{\beta}_1 x$$

이며 이것을 **추정회귀직선 (estimated regression line)** 이라 한다.

단순선형회귀모형에서 β_0와 β_1의 최소제곱추정량은 D를 편미분하여 얻을 수 있다. 즉,

$$\frac{\partial D(b_0, b_1)}{\partial b_0} = -2\sum_{i=1}^{n}(Y_i - b_0 - b_1x_i) = 0$$

$$\frac{\partial D(b_0, b_1)}{\partial b_1} = -2\sum_{i=1}^{n}x_i(Y_i - b_0 - b_1x_i) = 0$$

을 만족하는 b_0와 b_1이 $\hat{\beta}_0$과 $\hat{\beta}_1$이 된다.

단순회귀모형에서의 추정량을 구하기 전에 계산의 편의를 위하여 이 장에서는 다음과 같이 기호를 정의하여 쓰기로 한다.

$$\bar{x} = \frac{1}{n}\Sigma x_i,\ \bar{Y} = \frac{1}{n}\Sigma Y_i$$

$$S_{xx} = \Sigma(x_i - \bar{x})^2 = \Sigma x_i^2 - n\bar{x}^2 = \Sigma x_i^2 - \frac{(\Sigma x_i)^2}{n}$$

$$S_{yy} = \Sigma(Y_i - \bar{Y})^2 = \Sigma Y_i^2 - n\bar{Y}^2 = \Sigma Y_i^2 - \frac{(\Sigma Y_i)^2}{n}$$

$$S_{xy} = \Sigma(x_i - \bar{x})(Y_i - \bar{Y}) = \Sigma x_iY_i - n\bar{x}\,\bar{Y} = \Sigma x_iY_i - \frac{(\Sigma x_i)(\Sigma Y_i)}{n}$$

위에 주어진 두 개의 편미분식을 풀어서 단순회귀모형의 추정량을 구하여 정리하면 다음과 같다.

최소제곱추정량 : $\hat{\beta}_1 = \dfrac{\Sigma x_i(Y_i - \bar{Y})}{\Sigma x_i(x_i - \bar{x})} = \dfrac{\Sigma(x_i - \bar{x})(Y_i - \bar{Y})}{\Sigma(x_i - \bar{x})^2} = \dfrac{S_{xy}}{S_{xx}}$,

$\hat{\beta}_0 = \bar{Y} - \hat{\beta}_1\bar{x}$

추정회귀직선 : $\hat{Y} = \hat{\beta}_0 + \hat{\beta}_1x$

예제 8.2 단순선형회귀모형을 이용하여 예제 8.1에 주어진 자료의 일일 최고기온과 발전소의 일일 최고전력부하량의 관계를 설명하는 추정회귀직선을 구하라.

풀이 주어진 자료에서 최소제곱법을 적용하여 모수의 추정값을 구하기 위하여 먼저 $\bar{x}$, $\bar{Y}$, S_{xx}, S_{xy}를 구하면 다음과 같다.

$$\bar{x} = \frac{327}{10} = 32.7$$

$$\bar{Y} = \frac{1968}{10} = 196.8$$

$$S_{xy} = \Sigma x_i Y_i - \frac{(\Sigma x_i)(\Sigma Y_i)}{n} = 65,850 - \frac{(327)(1,968)}{10} = 1496.4$$

$$S_{xx} = \Sigma x_i^2 - \frac{(\Sigma x_i)^2}{n} = 10,823 - \frac{(327)^2}{10} = 130.1$$

따라서 모수 β_0와 β_1의 추정값은

$$\hat{\beta}_1 = \frac{S_{xy}}{S_{xx}} = \frac{1,496.4}{130.1} = 11.502$$

$$\hat{\beta}_0 = \bar{Y} - \hat{\beta}_1 \bar{x} = 196.8 - \frac{1,496.4}{130.1}(32.7) = -179.313$$

이고 추정회귀직선은

$$\hat{Y} = -179.313 + 11.502x$$

가 되고 이 직선을 산점도 위에 그리면 그림 8.5와 같다. 여기서 한 가지 언급할 것은 위의 식에서 보면 $\hat{\beta}_0$을 구하기 위해서는 $\hat{\beta}_1$의 값을 이용하는데, 이때 정확한 값 1,496.4/130.1 대신에 근사적으로 구한 최종값 11.502를 사용하는 경우 약간의 오차가 발생한다는 사실이다. 따라서 오차를 줄이기 위해서는 최종값을 얻기 전까지 계산과정의 값들을 정확히 유지하는 것이 바람직하다는 것을 염두에 둘 필요가 있다.

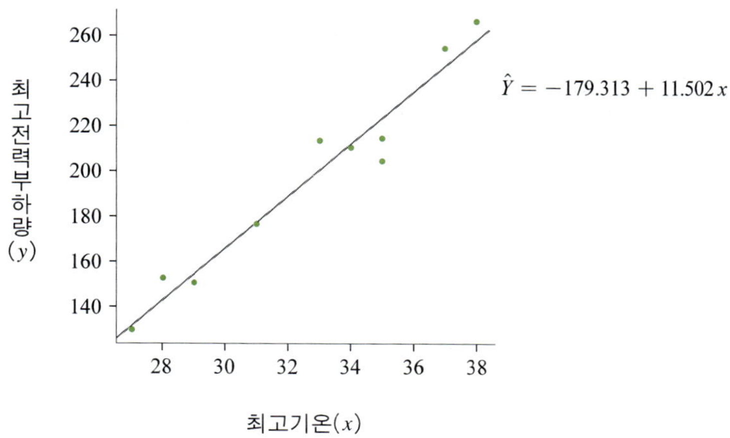

그림 8.5 예제 8.1의 자료에 대한 추정회귀직선

이 추정회귀직선으로부터 추정할 수 있는 것은 여름철에는 최고기온이 섭씨 1도 올라

갈 경우 평균 최고전력부하량이 11.502정도 늘어난다는 것이다. 그러나 이런 추론이 의미가 있기 위해서는 이 추정회귀직선이 통계적으로 의미가 있어야 한다. 우리가 이용한 선형회귀모형이 적합하다고 판단할 수 있어야 한다. 추정회귀직선이 통계적으로 의미가 있는지를 판단하기 위해서는 우리는 오차에 대한 가정이 적절한지 검토해야 한다.

단순회귀모형에서 오차는 $\varepsilon_i = Y_i - (\beta_0 + \beta_1 x_i)$이고 이 값은 관측되지 않는 미지의 확률변수이다. 한편, 관측값 Y_i와 추정량 $\hat{Y}_i$ 차는 $e_i = Y_i - \hat{Y}_i = Y_i - (\hat{\beta}_0 + \hat{\beta}_1 x_i)$로 주어지는데 이것을 **잔차(residual)** 라 한다. 오차와 잔차를 비교해 보면 오차에서 미지의 모수 β_0와 β_1 대신에 최소제곱추정량 $\hat{\beta}_0$과 $\hat{\beta}_1$을 대입하면 잔차를 얻을 수 있다. 따라서 잔차는 오차의 추정량으로 해석할 수 있다. 다음 절에서는 오차에 대한 가정을 검토하기 위해서 잔차를 이용하게 된다.

- **예측값 :** $\hat{Y}_i = \hat{\beta}_0 + \hat{\beta}_1 x_i$
- **잔 차 :** $e_i = Y_i - \hat{Y}_i = Y_i - (\hat{\beta}_0 + \hat{\beta}_1 x_i)$

제 3 절 선형회귀모형의 적합성 검토

회귀모형에서의 추론은 가정한 모형이 타당할 때 그 추론에 대한 이론적 근거가 성립한다. 그러므로 회귀모형에서의 통계적 추론은 가정된 모형이 타당한 경우에만 적절할 것이다. 따라서 모형의 가정에 대한 타당성의 검토가 필요하다.

단순선형회귀모형

$$Y_i = \beta_0 + \beta_1 x_i + \varepsilon_i,\ i = 1,\ 2,\ \cdots,\ n$$

에서 오차 ε_i에 대한 가정은 다음과 같다.

(i) ε_i의 평균이 0이다.
(ii) ε_i들은 서로 독립이다(독립성).
(iii) ε_i의 분산은 σ^2이다(등분산성).
(iv) ε_i는 정규분포 $N(0, \sigma^2)$을 따른다(정규성).

이들 조건 중에서 (i)은 모형에 절편이 있으므로 우리는 항상 오차의 평균이 0이라고 가정할 수 있다. 그러나 모형에서 (ii), (iii), (iv)는 언제나 성립하는 것이 아니다. 만약 이들 조건들이 만족되지 않는다면 이 모형을 이용한 추론은 잘못된 결론을 유도할 수도 있다. 따라서 이들 조건이 틀린 것은 아닌지 점검할 필요가 있다. 앞 절에서 언급한 바와 같이 오차는 관측되지 않으므로 오차에 대한 가정을 점검하기 위해서는 오차의 추정량인 잔차 e_i를 살펴볼 필요가 있다. 잔차 e_i를 이용하여 오차항들이 위의 (ii), (iii), (iv)에서 언급된 독립성, 등분산성, 정규성을 만족하는지를 조사하여 그 모형의 타당성을 확인할 필요가 있다.

이 절에서는 잔차들에 대한 그림으로 그 모형의 타당성을 대략적으로 파악하는 방법을 소개하고자 한다. 잔차를 그림으로 표현하는 방법은 모형에 대한 가정 중에서 어떤 것을 조사하는가에 따라 여러 가지 방법이 있다. 여기에서는 몇 가지 방법만 알아보기로 한다.

잔차와 예측값의 산점도

잔차와 예측값의 산점도는 수평축에 예측값, 수직축에 잔차로 하여 좌표평면에 그려 넣어 작성한다. 이렇게 작성된 잔차 e_i와 예측값 $\hat{Y}_i$의 산점도는 가정된 함수관계의 부적당함이나 등분산성의 부적당함을 판단하는데 도움이 된다. 예를 들어, 그림 8.6(a)에서 산점도는 $e = 0$을 중심으로 특별한 경향이 없이 수평축을 기준으로 무작위로 나타나는 전형적인 형태를 보여주는 경우로서, 이 그림에서 특별한 비정상을 발견할 수 없으므로 모형이 잘못되었다는 것을 발견할 수 없다. 그림 8.6(b)의 산점도에서는 $\hat{Y}$의 값이 증가함에 따라 잔차의 퍼진 정도가 증가함을 알 수 있다. 이것은 종속변수의 값이 커짐에 따라 오차의 분산이 증가하는 경향이 있으므로, 등분산의 가정이 위배된다고 짐작된다. 그림 8.6(c)의 산점도는 잔차들이 처음에는 양의 값으로 증가하지만, 다음에는 다시 음의 값으로 감소하는 경향을 나타내고 있다. 이런 경우 선형모형이 부적합한 것으로 짐작되며, 독립변수의 제곱항이나 비선형의 항이 고려되어야 할 것으로 생각된다.

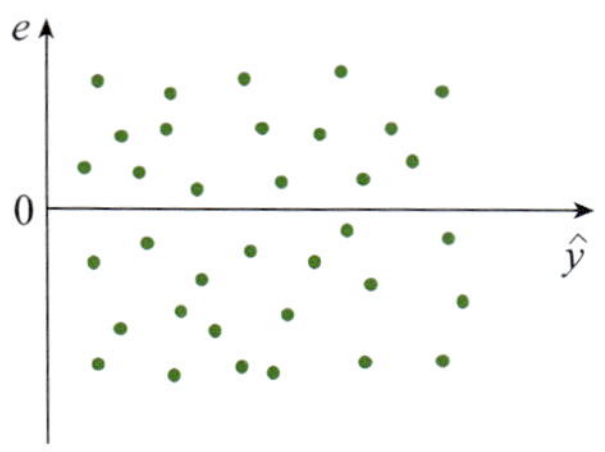

(a)

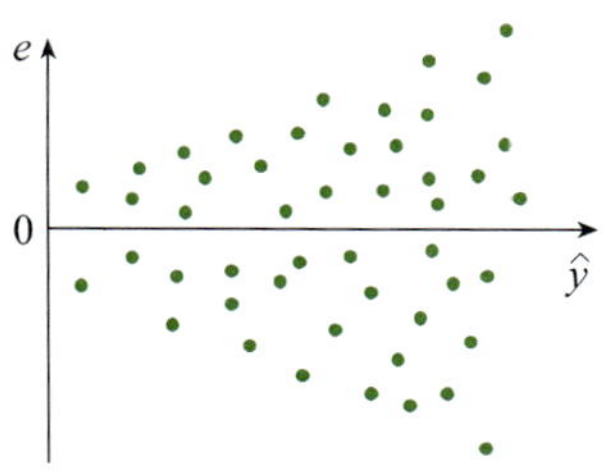

(b)

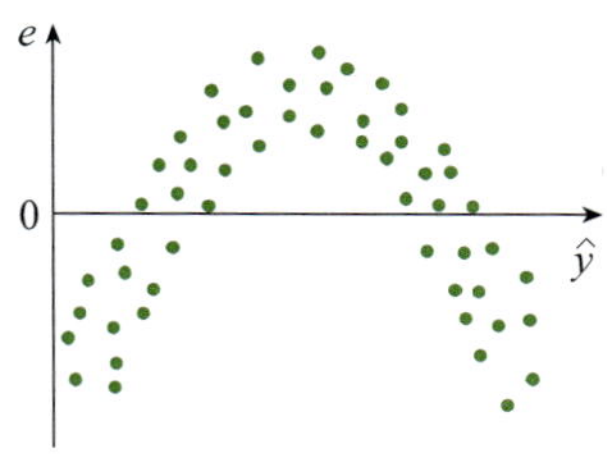

(c)

그림 8.6 잔차와 예측값의 산점도

오차의 정규성 검정

오차의 분포를 파악하기 위한 한 가지 방법으로, 잔차의 히스토그램을 이용할 수 있다. 정규분포는 대칭이므로 만약 잔차의 히스토그램에서 분포의 모양이 종모양의 대칭이 아니라면 오차가 정규분포를 따른다고 보기 힘들다. 그러나 분포가 대칭이라고 하여 반드시 정규분포를 따른다고 할 수는 없다. 히스토그램 대신에 정규확률그림을 이용하여 잔차의 정규성을 점검할 수 있다. 잔차에 대한 정규확률그림에서 점들이 직선에 가깝게 위치하여 있으면 잔차는 정규분포를 따른다고 할 수 있으나, 곡선의 형태를 가지고 있거나 직선으로부터 많이 벗어나 있으면 잔차가 정규분포를 따른다는 가정은 옳다고 할 수 없다. 이런 경우에는 변수변환, 모형변환 등과 같은 대안을 통하여 개선하는 방법을 고려해야 한다.

오차의 독립성 검정

회귀모형의 중요한 가정 중 하나는 오차 ε_i가 서로 독립이라는 것이다. 실제에서 오차의 독립성을 보장하기 위하여 관측값을 얻는 순서를 임의로 정하는 등의 방법을 사용함으로써 실험을 할 때, 각 추출 단위가 독립이 되도록 실험을 설계하기도 한다. 그러나 물가, 주식가격과 같이 시간에 따라 관측값을 얻는 경우 관측값의 순서를 임의로 정할 수 없으므로, 오차 ε_i가 독립이라는 가정이 위배되는 경우가 흔하다. 또한 실험자료의 경우와 같이 연속적인 시점에서 자료가 수집될 때 독립의 가정이 위배되기 쉽다. 예를 들어, 그림 8.7의 산점도는 시간의 흐름 또는 관측의 순서에 따라 잔차의 값들이 처음에는 양수의 값들로 나타나다가, 다음에는 음수의 값들로 나타나고 다시 양수가 되는 체계적인 경향을 보이고 있다. 이러한 잔차는 시간의 흐름 또는 관측의 순서에 영향을 받는다고 볼 수 있으므로 독립의 가정이 위배되는 경우로 짐작된다. 이런 경우는 종속적인 자료를 분석하는 방법인 시계열 분석과 같은 방법을 고려하는 것이 바람직하다.

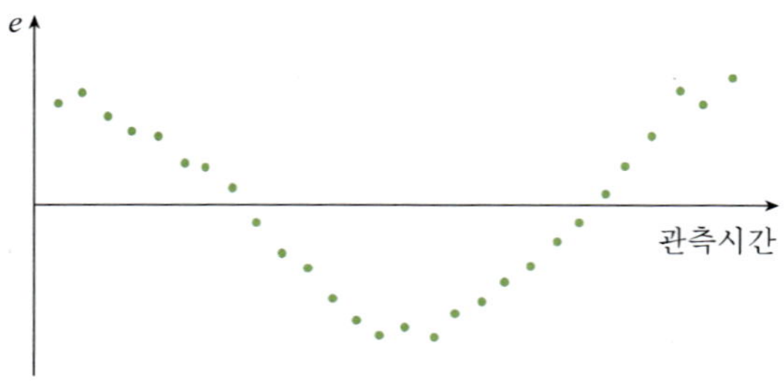

그림 8.7 관측시간에 따른 잔차의 변화 예

지금까지 잔차를 이용하여 모형의 타당성을 검토하는 방법을 알아보았다. 만약 잔차의 검토 단계에서 모형의 가정이 심각하게 위배되지 않는다면, 우리는 그 모형이 타당하다고 평가하고 관련된 추론을 행하게 된다. 그렇지 않은 경우에는 더 적절한 모형을 찾아야 할 것이다. 이러한 과정에서 꼭 기억해야 할 것은 모형의 가정이 심각하게 위배될 때 그것을 고려하지 않는 추론은 잘못된 결론으로 유도하기 쉽다는 것이다.

예제 8.3 예제 8.1에 주어진 자료에 대하여 단순선형회귀모형이 적합한지에 검토하라.

풀 이 그림 8.8(a)는 잔차와 Y의 추정값에 대하여 산점도를 그린 것이다. 이 그림에 의하면 다른 관측값에 비해서 잔차가 큰 관측값(8번째 관측값)이 존재하지만, 가정 (ii)의 등분산성에 대한 심각한 위반은 발견할 수 없다. 그림 8.8(b)는 R이라는 통계소프트웨어로 그린 정규확률그림이다. 위에서 언급한 8번째 관측값 때문에 직선에서 약간 위로 둥근 형태를 보인다. 그러나 대체적으로 직선의 형태에서 크게 벗어났다고 볼 수 없으므로, 가정 (iv)의 정규성 가정에 큰 문제는 없는 것으로 판단한다. 그림 8.8(c)는 관측순서 i에 따라 잔차를 그린 것인데, 어떤 특별한 경향을 발견하기 어렵다. 따라서 가정 (iii)의 독립성 가정에 무리가 없다고 할 수 있다. 위에서 언급한 바와 같이 가정에 대한 심각한 위반은 없으나 약간의 문제점은 발견할 수 있다. 이와 같은 일은 실제 데이터에서 흔히 만날 수 있는 정도인데, 이와 같은 경우에는 변수변환 등을 시도하여 좀 더 나은 모형을 고려해 볼 수도 있다. 그러나 그 내용은 이 책의 수준을 넘어가므로 생략하기로 한다.

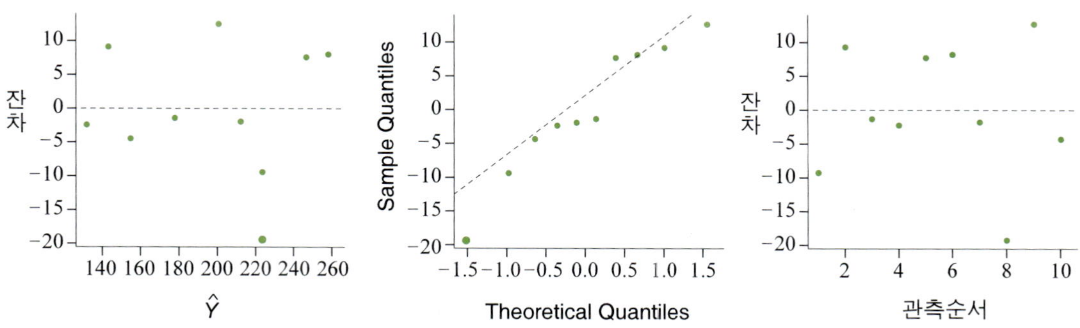

(a) (b) (c)

그림 8.8 예제 8.3의 그림

제 4 절 단순선형회귀모형에서의 추론

이 절에서는 앞에서 구한 추정량들을 이용하여 추정회귀직선이 통계적으로 의미가 있는지를 판단하고자 한다. 예를 들어, 앞의 예제 8.1에서 발전소의 어느 하루 최고전력부하량을 예측하기 위해서 그날의 최고기온을 이용하는 것이 적합한지, 최고기온이 섭씨 30도일 때 최고전력부하량은 평균적으로 어느 정도일 것으로 예상할 수 있는지 등을 판단해야 한다. 물론 이와 같은 판단은 앞 절에서도 언급된 바와 같이 추론에 이용된 회귀모형의 타당성이 전제된 상태에서 이루어져야 한다.

우선 위에서 언급한 발전소의 문제를 살펴보자. 만약 발전소에서 최고전력부하량을 추정하는데 그날의 최고기온을 이용하지 않는다면, 우리가 사용하게 되는 모형은

$$Y = \beta_0 + \varepsilon$$

이 된다. 따라서 추정량 $\hat{Y}$은 $\hat{\beta}_0$이 되고 이것은 한 모집단의 평균을 추정하는 문제에서와 같이 표본평균이 될 것이다. 그림 8.9(a)는 이 모형에서 실제 관측치와 추정치의 차이(잔차)를 보여주는데, 이 모형에서 잔차의 크기들은 최고기온을 독립변수로 이용하는 단순선형회귀모형의 잔차 크기(그림 8.9(b))와 비교할 때 훨씬 큰 경향이 있다는 것을 알 수 있다.

이로부터 우리는 하루의 최고기온이 발전소의 최고전력부하량을 추정하는데 어느 정도 유용하다는 판단을 할 수 있는데, 좀 더 객관적인 판단을 위해서는 통계적 추론의 절차를 따를 필요가 있다. 이 절에서는 회귀모형의 유의성검정과 추정량들의 분포를 이용하여 관심 있는 모수들에 대한 추론방법을 공부하고자 한다.

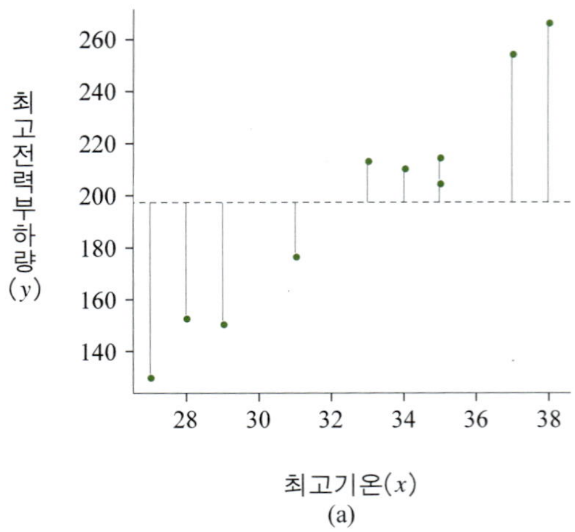

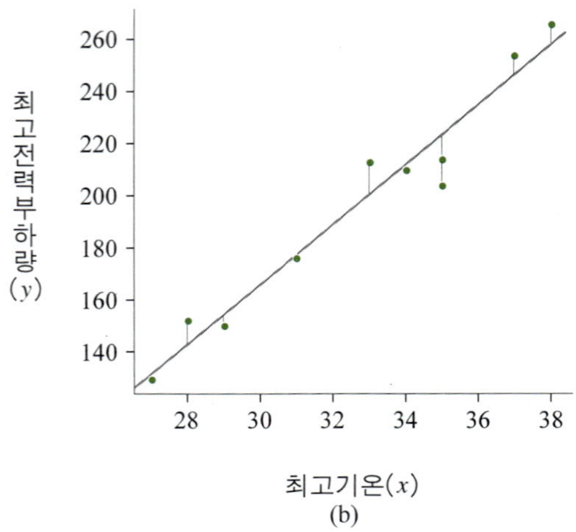

그림 8.9 (a) $\hat{Y} = \overline{Y}$일 때의 잔차, (b) $\hat{Y} = \hat{\beta}_0 + \hat{\beta}_1 x$일 때의 잔차

회귀모형의 유의성 검정

우선 회귀모형이 의미가 있는지, 즉 독립변수가 반응변수에 영향을 주는지 검정하는 문제를 살펴보자. 이 검정의 가설은 다음과 같이 표현할 수 있다.

$$H_0 : \beta_1 = 0 \text{ 대 } H_1 : \beta_1 \neq 0$$

앞에서 우리는 독립변수 x가 Y를 설명하는데 의미가 있다는 것을 보이기 위해서 모형에 x가 포함되지 않았을 때보다 x가 포함되어 있을 때 잔차의 크기가 많이 줄어드는 것을 보였다. 일반적으로 독립변수가 없는 경우의 잔차의 제곱합, 즉 관측치 Y_i로부터 독립변수가 없는 경우의 추정값인 $\bar{Y}$까지의 거리의 제곱합, S_{yy}를 Y의 **총제곱합 (total sum of squares)** 이라 하고 이를 SST로 표기한다. 회귀모형에 독립변수 x를 포함하면 잔차의 제곱합이 줄어드는데, 그 차이는 독립변수 x에 의해 설명되는 Y의 제곱합, 또는 x를 포함하는 회귀모형에 의해 설명되는 제곱합이라 할 수 있다. 따라서 이 차이를 **회귀제곱합 (regression sum of squares)** 이라 하고 SSR로 표기한다. 한편 독립변수가 있는 회귀모형에서의 잔차의 제곱합을 **잔차제곱합 (residual sum of squres)** 또는 오차에 기인한 제곱합 (sum of squares due to error) 이라 하고 보통 $\boldsymbol{SSE}$로 표기한다.

위의 설명을 이용하면 총제곱합은 다음과 같이 분할할 수 있다.

SST	$=$	SSR	$+$	SSE
Y의 총제곱합		선형관계로 설명되는 제곱합		선형관계로 설명되지 않는 제곱합

따라서 선형모형이 어느 정도 적합한가의 측도로서 Y의 총제곱합 중 선형회귀모형에 의하여 설명되는 제곱합의 비율 SSR/SST을 이용할 수 있다. 이때 이 비율을 **결정계수 (coefficient of determination)** 라 부르고 이를 R^2으로 표기한다.

앞에서 언급한 바와 같이 총제곱합은 S_{yy}와 같고, 회귀제곱합과 잔차제곱합은 다음과 같이 구할 수 있다.

$$SSE = \Sigma e_i^2 = \Sigma(Y_i - \hat{\beta}_0 - \hat{\beta}_1 x_i) = S_{yy} - \frac{S_{xy}^2}{S_{xx}}$$

$$SSR = SST - SSE = S_{yy} - SSE = \frac{S_{xy}^2}{S_{xx}}$$

예제 8.4 예제 8.1의 자료에서 결정계수 R^2의 값을 구하라.

풀 이 예제 8.2로부터,

$$S_{xx} = 130.1,\ S_{xy} = 1{,}496.4$$

이고, $S_{yy} = 405{,}374 - 1{,}968^2/10 = 18{,}071.6$이므로 결정계수의 값은

$$R^2 = \frac{SSR}{SST} = \frac{S_{xy}^2}{S_{xx}S_{yy}} = \frac{1{,}496.4^2}{130.1 \times 18{,}071.6} = 0.9524$$

이 된다. 따라서 종속변수 y의 변동의 약 95.24%가 단순선형회귀모형에 의해 설명이 되므로 이 모형이 관측결과를 매우 잘 설명해 준다고 할 수 있다. ■

한편 각 제곱합을 제곱합의 자유도로 나눈 값을 **평균제곱(mean squares, *MS*)**이라 한다. 일반적으로 자유도는 제곱합에서 더해지는 항의 개수에서 제약조건의 수를 뺀 값을 의미한다. 따라서 *SST*의 자유도는 편차의 합이 0이어야 한다는 제약조건으로 인해 자유도가 하나 줄어서 $n-1$이 된다. *SSE*의 자유도는 n개의 자료로부터 두 개의 모수($\hat{\beta}_0$, $\hat{\beta}_1$)를 추정하기 위해 이용한 두 개의 식이, 두 개의 제한조건으로 작용하여 자유도가 2만큼 줄어들어서 $n-2$가 된다. *SSE*를 자유도 $n-2$로 나눈 것을 **평균잔차제곱(*MSE*)**이라 한다. 한편 *SSR*의 자유도는 *SST*의 자유도와 *SSE*의 자유도의 차이인 1이 되고, *SSR*을 자유도 1로 나눈 것을 **평균회귀제곱(*MSR*)**이라 한다. 일반적으로 *SSR*의 자유도는 회귀모형에 포함된 독립변수의 개수와 같다. 자유도에 대한 자세한 설명은 이 책의 수준을 넘어가므로 생략하기로 한다.

회귀모형의 유의성을 검정하기 위한 검정통계량은 *MSE*에 대한 *MSR*의 비로 얻어지는데, 그 통계량의 분포는 H_0가 맞을 때 자유도가 $(1, n-2)$인 F-분포를 따른다고 알려져 있다. 회귀모형이 의미가 있는 경우 *SSR*이 커지는 경향이 있으므로 기각역의 형태는 *MSR*/*MSE*가 큰 값을 갖는 쪽이 될 것이다. 검정의 절차를 정리하면 다음과 같다.

회귀모형의 유의성 검정

- 가설 : $H_0 : \beta_1 = 0$ 대 $H_1 : \beta_1 \neq 0$
- 검정통계량 : $F = \dfrac{SSR/1}{SSE/(n-2)} = \dfrac{MSR}{MSE}$
- 귀무가설이 옳을 때 : $F \sim F(1, n-2)$
- 기각역 : $F \geq F_\alpha(1, n-2)$

앞 장의 분산분석에서와 같이 검정통계량의 값을 얻는 과정을 다음과 같이 분산분석표로 작성하기도 한다.

요 인	제곱합	자유도	평균제곱합	F-비
회 귀	$SSR = S_{xy}^2/S_{xx}$	1	$MSR = \frac{SSR}{1}$	$\frac{MSR}{MSE}$
오 차	$SSE = S_{yy} - S_{xy}^2/S_{xx}$	$n-2$	$MSE = \frac{SSE}{n-2}$	
합 계	$SST = S_{yy}$	$n-1$		

예제 8.5 예제 8.1에 주어진 자료로부터 분산분석표를 작성하고, 최고전력부하량을 하루 최고기온의 단순회귀식으로 표현하는 것이 의미가 있는지 유의수준 5%로 검정하라.

풀 이 우선 검정하고자 하는 가설은

$$H_0 : \beta_1 = 0 \text{ 대 } H_1 : \beta_1 \neq 0$$

이고 예제 8.2와 예제 8.4에서 계산한 S_{xx}, S_{xy}, S_{yy}의 값을 이용하여 분산분석표로 정리하면 다음과 같다.

요 인	제곱합	자유도	평균제곱합	F-비
회 귀	17,211.5	1	17,211.5	160.08
오 차	860.1	8	107.5	
합 계	18,071.6	9		

검정통계량의 값이 160.08로 $F_{0.05}(1, 8) = 5.32$값보다 크므로 귀무가설을 기각할 수 있다. ■

기울기 β_1에 관한 추론

기울기 β_1에 대한 추론은 그 추정량인 $\hat{\beta}_1$의 확률분포를 이용하여 이루어진다. 추정량 $\hat{\beta}_1$은 정규분포를 따르고 평균은 β_1, 분산은 σ^2/S_{xx}이 된다고 알려져 있다. 오차의 분산 σ^2의 추정량은 잔차제곱합, SSE를 자유도로 나눈 MSE를 사용하고 이를 S^2으로 표현한다.

오차의 분산 σ^2 의 추정량 : $S^2 = MSE = \frac{SSE}{n-2}$

모평균의 추론과정에서와 마찬가지로 추정량을 이용하여 표준화된 확률변수를 만들어 이용하기 위해, 최소제곱추정량을 (추정량 − 모수) / (추정량의 추정된 표준오차)의 형태로 표준화하면 다음과 같은 분포를 얻는다.

$\hat{\beta}_1$의 표본분포 :

$$t = \frac{(\hat{\beta}_1 - \beta_1)}{\frac{S}{\sqrt{S_{xx}}}} \sim t(n-2)$$

이를 이용한 β_1에 관한 추론은 다음에 요약된 바와 같이 앞의 모평균에 관한 추론과 유사한 과정을 따르게 된다.

기울기 β_1에 관한 추론

β_1의 $100(1-\alpha)\%$ 신뢰구간 : $\hat{\beta}_1 \pm t_{\alpha/2}(n-2) \times \frac{S}{\sqrt{S_{xx}}}$

가설 $H_0 : \beta_1 = \beta_{10}$에 대한 검정(유의수준 α) :

검정통계량 : $t = \frac{\hat{\beta}_1 - \beta_{10}}{\frac{S}{\sqrt{S_{xx}}}}$

이 t 통계량은 H_0가 맞을 때 자유도가 $n-2$인 t-분포를 따른다.

각 대립가설에 대한 기각역 :

$H_1 : \beta_1 > \beta_{10}$ $\quad R : t \geq t_\alpha(n-2)$

$H_1 : \beta_1 < \beta_{10}$ $\quad R : t \leq -t_\alpha(n-2)$

$H_1 : \beta_1 \neq \beta_{10}$ $\quad R : |t| \geq t_{\alpha/2}(n-2)$

예제 8.6 예제 8.1의 자료에 대하여 기울기 β_1의 95% 신뢰구간을 구하라.

풀이 t 분포표로부터 $t_{0.025}(8) = 2.306$이고, 예제 8.2로부터 $\hat{\beta}_1 = 11.502$, $S_{xx} = 130.1$이고, 예제 8.5로부터 $S = \sqrt{107.5} \approx 10.368$이므로 β_1의 95% 신뢰구간은

$$11.502 \pm 2.306 \times \frac{10.368}{\sqrt{130.1}} = 11.502 \pm 2.096 \text{ 혹은 } (9.406,\ 13.598)$$

이 된다. ■

다음의 예제 8.7은 조금 더 구체적인 상황에 대한 검정결과를 필요로 한다.

예제 8.7 예제 8.1에서 온도가 올라가는데 따라 최고전력부하량도 증가하는지 유의수준 1%로 검정하라.

풀 이 만약 증가하는 관계가 있다면 $\beta_1 > 0$이 된다. 따라서 검정하고자 하는 가설은

$$H_0 : \beta_1 = 0 \text{ 대 } H_1 : \beta_1 > 0$$

가 된다. 이때 검정통계량은

$$t = \frac{\hat{\beta}_1}{S/\sqrt{S_{xx}}}$$

이고, t는 귀무가설이 맞을 때 자유도가 8인 t-분포를 따른다. 따라서 유의수준 0.01에서의 기각역은 $R : t \geq t_{0.01}(8) = 2.896$이다. 예제 8.2로부터 $\hat{\beta}_1 = 11.502$, $S_{xx} = 130.1$이고, 예제 8.5로부터 $S = \sqrt{107.5} \approx 10.368$이므로 검정통계량의 관측값은

$$t = \frac{\hat{\beta}_1}{S/\sqrt{S_{xx}}} = \frac{11.502}{10.368/\sqrt{130.1}} = 12.654$$

이다. 이 값이 기각역에 포함되므로 유의수준 1%로 H_0를 기각할 수 있다. 즉, 자료에서 나타난 하루최고기온의 범위 내에서는 최고기온이 올라감에 따라 최고전력부하량이 증가한다는 뚜렷한 증거가 있다고 할 수 있다. ■

귀무가설 $H_0 : \beta_1 = 0$의 검정결과를 해석할 때 유의하여야 할 점이 있다. 그것은 귀무가설이 기각되지 않는 경우 종속변수 Y가 독립변수 x에 의해 설명될 수 없다고 잘못된 결론을 내리기 쉽다는 것이다. 만약 두 변수 사이에 곡선 관계가 존재한다면, 위의 검정은 부적절한 모형을 바탕으로 검정한 것이 된다. 따라서 귀무가설 $H_0 : \beta_1 = 0$이 기각되지 않는 경우 산점도를 통하여 곡선관계가 있는지를 확인해야 할 것이다. 따라서 H_0를 기각하지 않는 경우에도 두 변수 사이에 관계가 없다기보다는 직선관계가 없다고 해석해야 할 것이다.

평균반응 $\beta_0 + \beta_1 x^*$에 관한 추론

선형회귀모형에서 설명변수 x가 반응변수 Y를 설명하는데 의미가 있다고 판단하는 경우, 우리는 주어진 회귀모형을 이용하여 특정한 설명변수의 값에 대한 종속변수의 값을 추정(예측)하는 것이 가능하다. 위의 발전소의 예제에서와 같이 최고전력부하량을 설명하는데 그날의 최고기온은 의미있는 설명변수가 된다. 따라서 최고기온이 x^*인 날의 평

균 최고전력부하량을 추정하거나 혹은 최고기온이 x^*인 어느 날의 최고전력부하량을 예측하는 일이 가능하다. 우선 설명변수의 특정한 값 x^*에 대응되는 반응변수의 기댓값 $\beta_0 + \beta_1 x^*$에 대한 추정 및 그에 관련된 추론을 알아보자.

설명변수의 값이 x^*일 때, 평균반응 $\beta_0 + \beta_1 x^*$에 대한 추론은 추정량 $\hat{\beta}_0 + \hat{\beta}_1 x^*$을 바탕으로 이루어진다. 우선 $\hat{\beta}_0 + \hat{\beta}_1 x^*$의 표집분포를 알 필요가 있는데, 다음은 그 결과를 요약한 것이다.

$\hat{\beta}_0 + \hat{\beta}_1 x^*$의 추정된 표준오차와 표본분포

추정된 표준오차 : $S\sqrt{\dfrac{1}{n} + \dfrac{(x^* - \bar{x})^2}{S_{xx}}}$

표본분포 : $t = \dfrac{(\hat{\beta}_0 + \hat{\beta}_1 x^*) - (\beta_0 + \beta_1 x^*)}{S\sqrt{\dfrac{1}{n} + \dfrac{(x^* - \bar{x})^2}{S_{xx}}}} \sim t(n-2)$

$\beta_0 + \beta_1 x^*$에 대한 추론 방법은 β_1에 대한 추론방법과 기본적으로 같다. 다음은 추론 방법을 요약한 것이다.

평균반응 $\beta_0 + \beta_1 x^*$에 관한 추론

$100(1-\alpha)\%$ 신뢰구간 : $(\hat{\beta}_0 + \hat{\beta}_1 x^*) \pm t_{\alpha/2}(n-2) \times S\sqrt{\dfrac{1}{n} + \dfrac{(x^* - \bar{x})^2}{S_{xx}}}$

귀무가설 $H_0 : \beta_0 + \beta_1 x^* = \mu_0$에 대한 검정(유의수준 α)

검정통계량 : $t = \dfrac{(\hat{\beta}_0 + \hat{\beta}_1 x^*) - \mu_0}{S\sqrt{\dfrac{1}{n} + \dfrac{(x^* - \bar{x})^2}{S_{xx}}}}$

이 t 통계량은 H_0가 맞을 때 자유도가 $n-2$인 t-분포를 따른다.

여기서 $x^* = 0$인 경우는 $\beta_0 + \beta_1 x^* = \beta_0$로 절편에 대한 추론이 된다.

예제 8.8 예제 8.1의 자료에 대하여 독립변수의 값이 각각 $x^* = 33$일 때와 $x^* = 35$일 때의 평균 최고전력부하량에 대한 95% 신뢰구간을 구하라.

풀 이 예제 8.2의 결과로부터 추정회귀직선은

$$\hat{Y} = -179.313 + 11.502x$$

이다. 따라서 $x^* = 33$일 때의 평균 최고전력부하량의 추정치는

$$\hat{\beta}_0 + \hat{\beta}_1 x^* = -179.313 + 11.502 \times 33 = 200.25$$

이다. 또한 예제 8.2와 예제 8.5의 결과로부터 $\bar{x} = 32.7$, $S_{xx} = 130.1$, $S = 10.368$이므로 표준오차의 추정값을 구하면

$$S\sqrt{\frac{1}{n} + \frac{(x^* - \bar{x})^2}{S_{xx}}} = 10.368\sqrt{\frac{1}{10} + \frac{(33 - 33.7)^2}{130.1}} = 3.29$$

이 된다. 따라서, $x^* = 33$에서의 평균 최고전력부하량의 95% 신뢰구간은

$$\hat{\beta}_0 + \hat{\beta}_1 x^* \pm t_{0.025}(8) S\sqrt{\frac{1}{n} + \frac{(x^* - \bar{x})^2}{S_{xx}}} = 200.25 \pm 2.306 \times 3.29 = 200.25 \pm 7.59$$

이 된다. 같은 방법으로 $x^* = 35$인 경우의 평균 최고전력부하량에 대한 95% 신뢰구간을 구해보자. 우선 $x^* = 35$일 때의 평균 최고전력부하량의 추정치는

$$\hat{\beta}_0 + \hat{\beta}_1 x^* = -179.313 + 11.502 \times 35 = 223.257$$

이고 표준오차의 추정값은

$$S\sqrt{\frac{1}{n} + \frac{(x^* - \bar{x})^2}{S_{xx}}} = 10.368\sqrt{\frac{1}{10} + \frac{(35 - 32.7)^2}{130.1}} = 3.89$$

이다. 따라서, $x^* = 35$에서의 평균 최고전력부하량의 95% 신뢰구간은 다음과 같다.

$$223.25 \pm 2.306 \times 3.89 = 223.25 \pm 8.97$$

최고 기온이 $x^* = 33$일 때와 $x^* = 35$일 때의 신뢰구간은 중심도 다르고 구간의 길이도 다르다. 설명변수의 평균인 32.7에 가까운 $x^* = 33$일 때보다 $x^* = 35$일 때 신뢰구간의 폭은 더 넓다. ■

그림 8.10은 예제 8.8에서 x값의 변화에 따라 평균반응값에 대한 95% 신뢰구간의 폭이 변하는 것을 보여 준다. 평균반응의 추정값 $\beta_0 + \hat{\beta}_1 x$에 대한 신뢰구간의 식과 그림 8.10에서 알 수 있듯이 x가 $\bar{x}$에 가까울수록 신뢰구간의 폭은 좁아지고, x가 $\bar{x}$에서 멀어질수록 신뢰구간의 폭은 넓어지게 된다. 이것은 평균반응 추정량에 대한 표준오차는 x가 $\bar{x}$에 가까울수록 작아지고, x가 $\bar{x}$에서 멀어질수록 커지기 때문이다. 따라서 x값이 $\bar{x}$에 가까울수록 예측이 더 정확해짐을 알 수 있다.

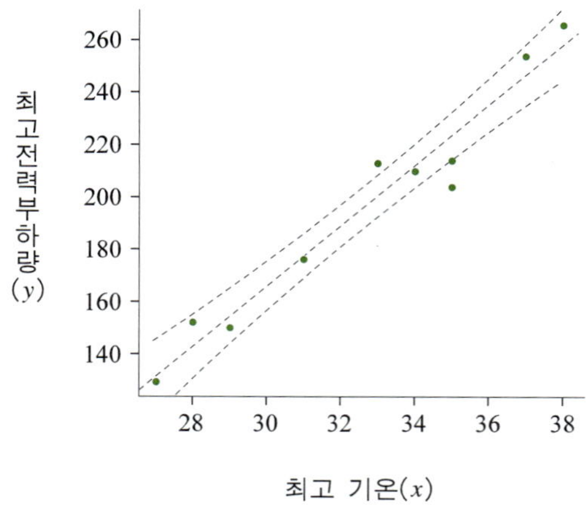

그림 8.10 표 8.1 자료의 산점도, 추정회귀직선과 평균반응 추정값의 95% 신뢰구간

반응변수값 Y의 예측

앞에서는 평균반응값에 대한 추론을 공부하였다. 만약 반응값의 평균이 아니라 하나의 반응값에 대한 추론을 원한다면 이 경우는 평균반응값의 경우와 약간 다르다. 예를 들어, 표 8.1의 자료를 이용하여 어느 날 최고기온이 섭씨 x^*도가 되리라는 예보가 있을 때 그날의 최고전력부하량 Y^*를 예측하는 문제를 생각해 보자. 이 문제는 앞에서 살펴본 최고전력부하량의 평균, 즉 섭씨 x^*도인 경우의 최고전력부하량의 평균 $\beta_0 + \beta_1 x^*$를 예측하는 문제와 다르다. 왜냐하면, 최고전력부하량의 평균은 최고기온이 x^*인 모든 날들의 최고전력부하량의 평균을 의미하는 것이고, 이 문제에서의 Y^*는 최고기온이 x^*인 어느 하루의 최고전력부하량을 의미하는 것이기 때문이다. 즉, 특정한 어느 하루의 최고전력부하량은 평균 최고전력부하량에 오차를 더한 값, 즉 $Y^* = \beta_0 + \beta_1 x^* + \varepsilon$을 의미하게 된다. 이때 오차 ε의 기대값이 0이기 때문에 반응변수값 Y^*를 예측하는 추정량은 평균반응 $\beta_0 + \beta_1 x^*$의 추정량과 같이 $\hat{\beta}_0 + \hat{\beta}_1 x^*$이지만, 오차 ε이 더해지므로 예측값의 분산은 다음과 같다.

$$Var(\hat{\beta}_0 + \hat{\beta}_1 x^*) + Var(\varepsilon)$$

다음은 반응변수값 Y^*의 예측값의 표준오차를 정리한 것이다.

$x = x^*$에서의 반응변수값 Y 예측값의 추정된 표준오차 : $S\sqrt{1 + \frac{1}{n} + \frac{(x^* - \bar{x})^2}{S_{xx}}}$

독립변수의 값 x^*에서의 반응값 Y^*에 관한 추론은 앞에서 요약한 평균반응 $\beta_0 + \beta_1 x^*$에 관한 추론의 공식에서 표준오차 부분만 바꾸면 된다. 다음의 예를 통하여 알아보기로 하자.

예제 8.9 표 8.1에 대한 예제 8.2와 예제 8.8의 결과를 이용하여 어느 날 기온이 섭씨 33도가 되리라는 예보가 있었다고 할 때, 그날의 최고전력부하량을 예측하고, 그 값의 95% 예측구간을 구하라.

풀이 예측값은 추정회귀직선식에 의하여

$$\hat{\beta}_0 + \hat{\beta}_1 x^* = -179.313 + 11.502 \times 33 = 200.25$$

로 예제 8.8과 같다. 그러나 이 예측값의 표준오차에 대한 추정값은

$$S\sqrt{1 + \frac{1}{n} + \frac{(x^* - \bar{x})^2}{S_{xx}}} = 10.368\sqrt{1 + \frac{1}{10} + \frac{(33 - 32.7)^2}{130.1}} = 10.88$$

이므로 이 값을 이용하여 95% 예측구간을 계산하면

$$\hat{\beta}_0 + \hat{\beta}_1 x^* \pm t_{0.025}(8) S\sqrt{1 + \frac{1}{n} + \frac{(x^* - \bar{x})^2}{S_{xx}}}$$
$$= 200.253 \pm 2.306 \times 10.88 = 200.25 \pm 25.09$$

또는 (175.16, 225.34)가 된다. 따라서 어느 날 최고기온이 섭씨 33도일 때의 최고전력부하량은 신뢰수준 95%에서 175.16과 225.34 사이의 값이라고 예측할 수 있다. 이 예측구간은 예제 8.8에서 구한 신뢰구간에 비해 훨씬 길다는 것을 알 수 있다. ■

여기서 한 가지 언급할 것은 독립변수의 자료 범위를 크게 벗어나는 x값에 대하여 평균반응이나, 다음 절에 나오는 반응변수값에 대한 추정은 매우 조심하여야 한다는 것이다. 이것은 자료의 범위를 크게 벗어난 독립변수값(x)에서 평균반응($E(Y|x)$)에 대한 추정은 표준편차가 커짐으로써, 정확도가 떨어진다는 것 이외에도 추정하는 모형 자체에도 문제가 있을 수 있다. 그림 8.11에서 볼 수 있듯이 단순선형회귀모형을 적합시킬 때 주어진 자료의 범위에서는 직선 관계라고 볼 수 있지만, 그 범위를 벗어나면 직선이 아닌 관계일 수 있다. 따라서, 직선에 의한 추정과 추론은 실제와 크게 벗어날 수 있다. 또한 예제 8.2의 결과를 보면 $x^* = 0$일 때 평균반응의 추정값이 -179.313이 되는데 이것은 비현실적이다. 이와 같이 범위를 크게 벗어날 경우 전체적인 경향이 직선이 아닐 것이라고 생각되는 경우도 있다. 만약 자료의 범위를 크게 벗어나는 독립변수값의 평균반응에 대하여 추정을 원하면 더 많은 자료를 얻어 해당 독립변수값을 포함하거나, 그 값에 가깝도록 자료의 범위를 넓혀주는 등의 작업이 필요하다.

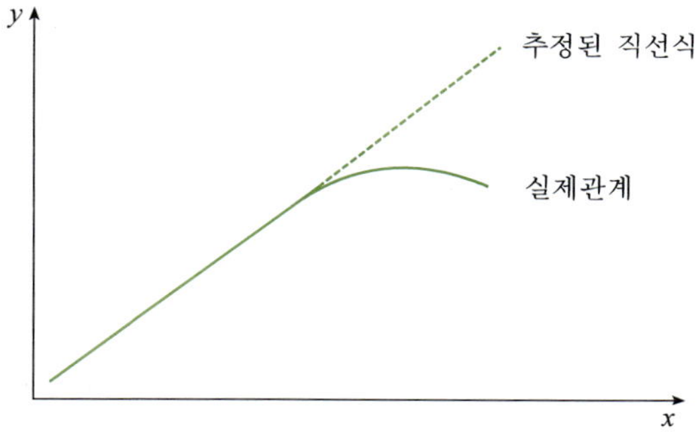

그림 8.11 자료의 범위를 크게 벗어난 예측의 위험성

제 5 절 중회귀모형

이 절에서는 반응변수 Y가 한 개의 독립변수에 의해서가 아니라 여러 개의 독립변수의 선형결합에 의해 설명되는 회귀모형에 대하여 간략히 설명하고자 한다. 예를 들어, 예제 8.1에서 일일최고전력부하량이 하루 중의 최고기온뿐 아니라 하루의 평균 습도에도 영향을 받는다고 한다면, 이 경우에는 두 개의 독립변수가 포함되는 회귀모형을 고려해야 한다. 일반적으로 k개의 독립변수를 포함하는 회귀모형은 다음과 같이 요약할 수 있다.

중회귀모형

확률변수 Y를 독립변수 $x_1, \cdots, x_k$의 선형결합과 오차의 합으로 설명되는 종속변수라 하면 그 관계는 다음과 같이 표현될 수 있다.

$$Y_i = \beta_0 + \beta_1 x_{i1} + \cdots + \beta_k x_{ik} + \varepsilon_i,\ i = 1, 2, \cdots, n$$

조건 :

1. $\beta_0, \beta_1, \cdots, \beta_k$는 미지의 회귀모수이다.
2. 오차 ε_i들은 서로 독립이며 평균이 0, 분산이 σ^2인 정규분포를 따르는 확률변수이다.

여기서 β_0는 모든 독립변수들이 0일 때의 Y의 기댓값이고, β_j는 x_j 이외의 모든 독립변수들이 고정되어 있을 때, x_j가 1 증가할 때 Y의 기댓값의 변화량이다.

중회귀모형에서 관심 있는 사항은 회귀모수에 대한 추론 외에도 모형에 포함해야 할 변수의 선택방법, 독립변수들 간의 선형관계 때문에 발생하는 문제의 해결 방법 등 다양하다. 그러나 여기서는 가장 기본적인 회귀모수에 대한 추론과 대부분의 통계 소프트웨어가 제공하는 결과를 해석하는 방법만을 알아보고자 한다.

중회귀모형의 유의성 검정

우선 회귀모형이 의미가 있는지 판단하는 유의성 검정이 있다. 이는 Y를 설명하는데 k개의 독립변수 중 적어도 하나의 변수는 유의한지 검정하는 문제이다. 검정의 가설은 다음과 같이 표현할 수 있다.

$$H_0 : \beta_1 = \cdots = \beta_k = 0 \text{ 대 } H_1 : \text{적어도 하나의 } j\text{에 대해서 } \beta_j \neq 0$$

이를 판단하기 위해서는 위의 단순선형회귀모형의 유의성 검정과 같이 Y의 총제곱합을 모형에 의해서 설명되는 회귀제곱합과 회귀모형에 의해 설명되지 않는 잔차제곱합으로 분할하고, 이를 각각의 자유도로 나눈 평균제곱을 이용하여 F-검정을 시행해야 한다. 이 과정에서 필요한 계산식은 너무 복잡하므로 여기서는 통계 소프트웨어를 사용하여 얻어지는 분산분석표를 이용하고자 한다. 대부분의 소프트웨어가 제시하는 분산분석표의 형태는 다음과 같다.

요 인	자유도	제곱합	평균제곱합	F-비	P-값
회 귀	k	SSR	$MSR = \dfrac{SSR}{k}$	$\dfrac{MSR}{MSE}$	
오 차	$n-k-1$	SSE	$MSE = \dfrac{SSE}{n-k-1}$		
합 계	$n-1$	$SST = S_{yy}$			

여기서 회귀제곱합의 자유도 k는 회귀모형에 포함된 설명변수의 개수와 일치한다. 이에 대한 설명은 이 책의 수준을 넘어가므로 생략하기로 한다. 통계 소프트웨어를 이용하여 얻는 분산분석표는 대개의 경우 F-비 값의 오른쪽에 P-값이 제시되어 있다. 따라서 검정의 결과는 이 P-값으로부터 쉽게 얻어질 수 있다. 즉, P-값이 원하는 유의수준보다 작은 경우에는 귀무가설을 기각하고 큰 경우에는 기각하지 않는다. 또한 이 분산분석표로부터 결정계수의 값 SSR/SST도 얻을 수 있다.

예제 8.10 예제 8.1의 주어진 최고전력부하량 자료에 다음과 같이 하루의 평균습도도 함께 관측되었다고 하자. 최고전력부하량이 그날의 최고기온과 평균습도의 선형식으로 표현할 때 최소한 하나의 변수는 유의한지 검정하라. 또한 결정계수의 값을 구하고 이를 예제 8.4에서 구한 값과 비교하라.

최고기온(x_1)	35	28	31	27	37	38	34	35	33	29
평균습도(x_2)	74	79	63	67	82	80	66	59	72	65
최고전력부하량(y)	214	152	176	129	254	266	210	204	213	150

풀 이 여기서 고려하는 회귀모형은 $Y_i = \beta_0 + \beta_1 x_1 + \beta_2 x_2 + \epsilon_i$이고, 모형의 유의성 검정의 가설은 다음과 같다.

$$H_0 : \beta_1 = \beta_2 = 0 \text{ 대 } H_1 : \beta_1 \neq 0 \text{ 혹은 } \beta_2 \neq 0$$

위의 자료에 대하여 통계 소프트웨어 SAS를 이용하여 얻은 분산분석표는 다음과 같다.

Source	DF	Sum of Squares	Mean Square	F Value	Pr > F
Model	2	17718	8858.78921	175.16	<.0001
Error	7	354.02158	50.57451		
Corrected Total	9	18072			

이 표로부터 $SSR = 17{,}718$, $SSE = 354.02158$, $SST = 18{,}072$이고, 평균제곱은 $MSR = 8{,}858.78921$, $MSE = 50.57451$임을 알 수 있다. 'F Value' 는 검정통계량의 관측값이고, 'Pr > F' 로 표현되어 있는 것이 P-값인데, 그 값이 0.0001보다 작으므로 귀무가설을 기각할 수 있다. 따라서 최고전력부하량을 그날의 최고기온과 평균습도의 선형식으로 표현할 때 최소한 하나의 변수는 유의하다고 할 수 있다. 또한 $R^2 = SSR/SST = 17{,}718/18{,}072 = 0.9804$로 예제 8.4에서 구한 $R^2 = 0.9524$에 비해 약간 증가한 것을 알 수 있다. ■

설명변수의 회귀모수 β_j에 대한 검정

위의 유의성 검정에서 귀무가설을 기각하는 경우 회귀모형에 포함되는 설명변수 중 적어도 하나는 반응변수를 설명하는데 의미가 있다고 할 수 있다. 이와 같이 회귀모형에 포함된 설명변수 중에서 의미 있는 설명변수를 알아내기 위해서 개별 설명변수가 유의한지 검정할 필요가 있다. 예를 들어, k개의 설명변수가 포함된 회귀모형에서 j번째 변수 x_j가 다른 $(k-1)$개의 변수들이 모형에 들어 있는 상황에서 추가적으로 모형에 포함될 정도로 의미가 있는 변수인지, 혹은 j번째 이외의 다른 변수의 값들이 고정되어 있을 때

x_j가 1 증가할 때 Y의 기댓값이 어떤 변화를 갖는지에 대하여 알아보기 위해서는, x_j의 회귀계수인 β_j에 대하여 추론을 해야 한다. 회귀계수 β_j에 대한 추론은 앞에서 단순선형회귀모형에서 시행한 β_1에 대한 추론방법과 같이 추정량 $\hat{\beta}_j$를 추정량의 표준오차로 표준화한 확률변수가 t-분포를 따른다는 사실을 이용한다.

$$t = \frac{\hat{\beta}_j - \beta_j}{\widehat{S.E.}(\hat{\beta}_j)} \sim t(n-k-1)$$

이때 t-분포의 자유도는 위의 SSE의 자유도와 일치하고, 위의 식에서 $\widehat{S.E.}(\hat{\beta}_j)$는 추정된 표준오차를 의미한다. 이 사실로부터 우리는 β_j에 대한 신뢰구간과 검정을 할 수 있는데 이를 요약하면 다음과 같다.

β_j에 대한 추론

- β_j의 $100(1-\alpha)\%$ 신뢰구간 : $\hat{\beta}_j \pm t_{\alpha/2}(n-k-1) \times \widehat{S.E.}(\hat{\beta}_j)$
- $H_0 : \beta_j = \beta_{j0}$에 대한 검정통계량 : $t = \dfrac{\hat{\beta}_j - \beta_{j0}}{\widehat{S.E.}(\hat{\beta}_j)} \sim t(n-k-1)$ (H_0가 맞을 때)
- 각 대립가설에 대한 기각역 :

$H_1 : \beta_j > \beta_{j0}$　　$R : t \geq t_\alpha(n-k-1)$

$H_1 : \beta_j < \beta_{j0}$　　$R : t \leq -t_\alpha(n-k-1)$

$H_1 : \beta_j \neq \beta_{j0}$　　$R : |t| \geq t_{\alpha/2}(n-k-1)$

추정량 $\hat{\beta}_j$와 $\widehat{S.E.}(\hat{\beta}_j)$는 통계 소프트웨어를 이용하여 구할 수 있다.

예제 8.11 예제 8.10에 주어진 자료를 이용하여 유의수준 5%로 다음을 검정하라.

(1) 하루의 평균습도가 같을 때 최고기온이 1도 올라가면 평균 최고전력부하량이 10보다 많이 증가한다고 할 수 있는지 검정하라.

(2) 일일 최고전력부하량을 설명하는 회귀모형에 당일의 최고기온이 포함되어 있을 때 추가적으로 평균습도라는 변수를 포함할 필요가 있는지 검정하라.

풀이 다음 결과표는 통계소프트웨어 SAS를 이용하여 얻은 것이다.

Variable	DF	Parameter Estimate	Standard Error	t Value	Pr > |t|
Intercept	1	−227.95671	25.63560	−8.89	<.0001
x1	1	10.81226	0.66050	16.37	<.0001
x2	1	1.00701	0.31833	3.16	0.0159

위 결과표로부터 $\hat{\beta}_0 = -227.95671$, $\hat{\beta}_1 = 10.81226$, $\hat{\beta}_2 = 1.00701$이고, 각각의 추정량의 추정된 표준오차 $\widehat{S.E.}(\hat{\beta}_j)$는 25.63560, 0.66050, 0.31833임을 알 수 있다. 't Value'는 $H_0 : \beta_j = 0$일 때의 검정통계량 t의 관측값이고, 'Pr > |t|' 는 대립가설이 $H_1 : \beta_j \neq 0$일 때의 P-값이다.

(1) 하루의 평균습도가 같은 경우 최고기온이 1도 올라갈 때 평균 최고전력부하량이 10보다 많이 증가하려면 $\beta_1 > 10$이어야 하므로 검정하고자 하는 가설은 다음과 같다.

$$H_0 : \beta_1 = 10 \text{ 대 } H_1 : \beta_1 > 10$$

위의 결과표로부터 추정량과 표준오차의 값을 이용하여 검정통계량의 값을 구하면

$$t = \frac{10.81226 - 10}{0.66050} = 1.230$$

이고 $t_{0.05}(7) = 1.895$이므로 귀무가설을 기각할 수 없다. 즉, 평균습도가 고정되어 있는 상황에서 최고기온이 1도 올라갈 때 평균 최고전력부하량이 10보다 많이 증가한다고 할 수 없다.

(2) 회귀모형에 최고기온이 포함되어 있을 때 추가적으로 평균습도가 의미있는 변수가 되기 위해서는 $\beta_2 \neq 0$이어야 하므로 검정하고자 하는 가설은

$$H_0 : \beta_2 = 0 \text{ 대 } H_1 : \beta_2 \neq 0$$

이다. 위의 결과표에서 $H_0 : \beta_2 = 0$에 대한 검정통계량의 값이 3.16이고, 그에 대한 P-값이 0.0159로 유의수준 5%보다 작으므로 귀무가설을 기각할 수 있다. 즉, 일일 최고전력부하량을 설명하는 회귀모형에 최고기온이 포함되어 있는 상황에서 평균습도라는 변수를 추가하는 것이 의미가 있다고 할 수 있다. ■

제 6 절 엑셀을 이용한 분석

엑셀에서는 [수식] ➡ [함수삽입]의 LINEST를 이용하여 회귀분석을 할 수 있다(엑셀 2007버전에서는 [데이터] ➡ [데이터분석] 범주의 [회귀분석]을 사용하면 된다). LINEST를 사용하는 기본적인 명령어는 다음과 같다.

```
LINEST(known_y's, known_x's, const, stats)
```

위 명령어에서 known_y's는 종속변수, known_x's는 독립변수, const는 논리값으로 TRUE로 지정하면 회귀직선이 절편을 포함하며, FALSE로 지정하면 절편을 포함하지 않는 직선을 이용한다. 또한 stats는 논리값으로 TRUE로 지정하면 회귀계수 외의 기타 통계량을 구하여 준다.

또한 산점도를 그리기 위해서는 [분산형 차트]를 이용하여 그릴 수 있다.

예제 8.12 예제 8.1의 자료에 대하여 산점도를 그리고 회귀분석을 하라.

풀 이 먼저 설명변수(x)와 종속변수(y)를 오른쪽과 같이 입력한다. 산점도를 그리기 위해서는 자료가 입력된 셀을 선택한 후 차트에서 [분산형]을 선택하면 된다.

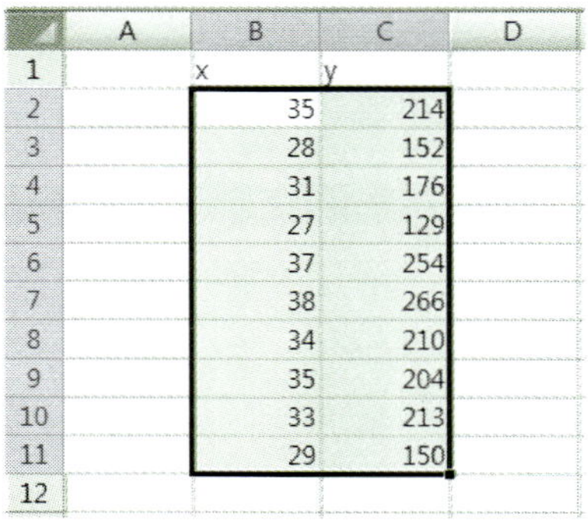

	A	B	C	D
1		x	y	
2		35	214	
3		28	152	
4		31	176	
5		27	129	
6		37	254	
7		38	266	
8		34	210	
9		35	204	
10		33	213	
11		29	150	
12				

그림 8.12 산점도 자료

그림 8.13 분산형 차트

이때 주어진 자료에 대한 산점도는 그림 8.14와 같다.

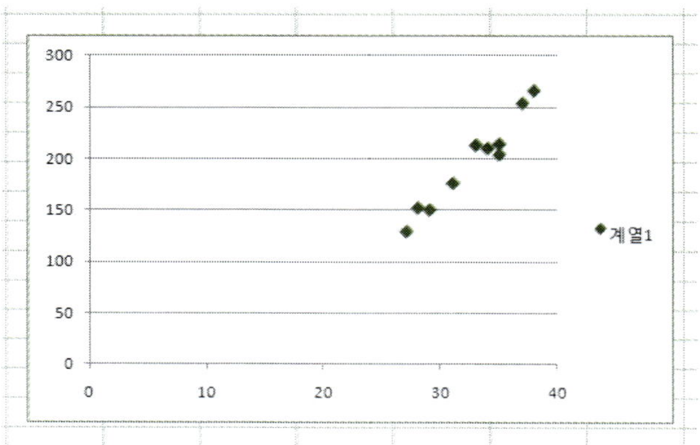

그림 8.14 산점도

이 자료에 대한 회귀분석은 함수마법사의 [LINEST]를 이용할 수 있다. 먼저 회귀분석의 결과를 나타낼 위치를 정해야 한다. 한 가지 주의할 사항은 회귀분석의 결과가 5행, (독립변수의 수+1)열로 나타나므로, 해당하는 만큼 셀의 위치를 정하여야 한다. 회귀분석의 결과에서 첫 번째 행은 추정된 회귀계수, 두 번째 행은 표준오차, 세 번째 행은 결정계수와 평균잔차제곱(MSE), 네 번째 행은 F-통계량과 자유도, 다섯 번째 행은 제곱합을 나타낸다.

[함수마법사]에서 통계 범주에서 [LINEST]를 선택한 후, known_y's는 종속변수의 위치, known_x's는 독립변수의 위치를 지정하고 const와 stats의 값은 TRUE로 설정한다.

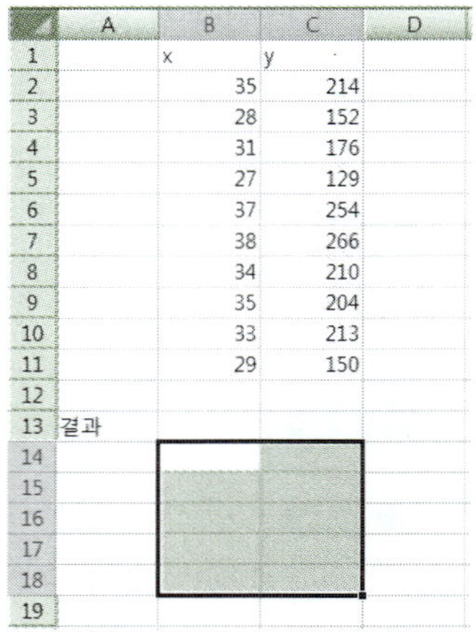

▮ 그림 8.15 ▮ LINEST의 결과영역

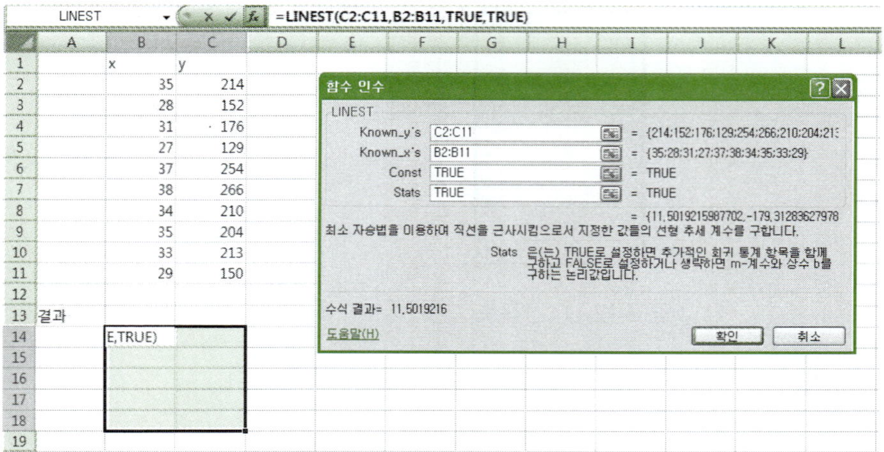

▮ 그림 8.16 ▮ 함수 [LINEST]의 대화상자

[확인]을 누른 후 셀의 위치에서 F2를 선택한 후 [Ctrl]+[Shift]+[Enter]를 누르면 회귀분석 결과를 볼 수 있다. 그러나 이 방법보다는 [데이터] ➡ [데이터 분석]에서 회귀분석을 이용하는것이 쉽다.

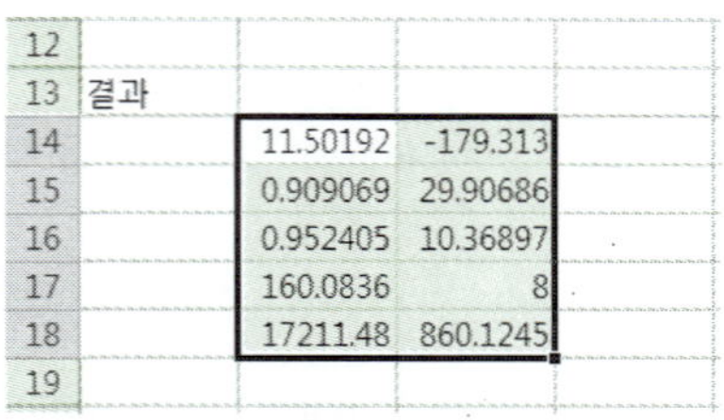

▮ 그림 8.16 ▮ [LINEST]의 결과

첫 번째 행은 추정된 회귀직선의 절편과 기울기를 나타낸다. 즉, 기울기는 11.50192이고 절편은 −179.313임을 알 수 있다. 또한 기울기 추정량의 표준오차는 0.909069이고, 절편 추정량의 표준오차는 29.90686이다. 세 번째 행의 결과로부터 결정계수는 0.952405이며, 평균잔차제곱은 10.36897이다. 모형의 유의성에 대한 F-검정통계량의 값은 160.0836이며, 잔차의 자유도는 8이다. 또 회귀제곱합은 17,211.48, 오차제곱합은 860.1245임을 알 수 있다.

위의 분석결과를 이용하여 다음과 같이 종속변수의 추정값과 잔차를 구할 수 있다.

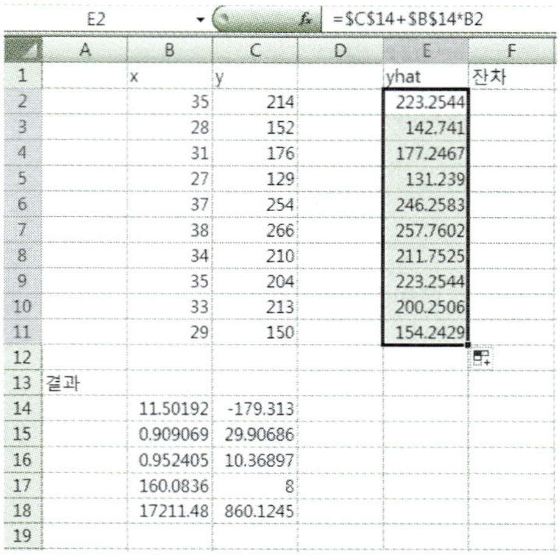

E2 =$C$14+$B$14*B2

	A	B	C	D	E	F
1		x	y		yhat	잔차
2		35	214		223.2544	
3		28	152		142.741	
4		31	176		177.2467	
5		27	129		131.239	
6		37	254		246.2583	
7		38	266		257.7602	
8		34	210		211.7525	
9		35	204		223.2544	
10		33	213		200.2506	
11		29	150		154.2429	
12						
13	결과					
14		11.50192	-179.313			
15		0.909069	29.90686			
16		0.952405	10.36897			
17		160.0836	8			
18		17211.48	860.1245			
19						

|| 그림 8.18 || 추정값 $\hat{y}$

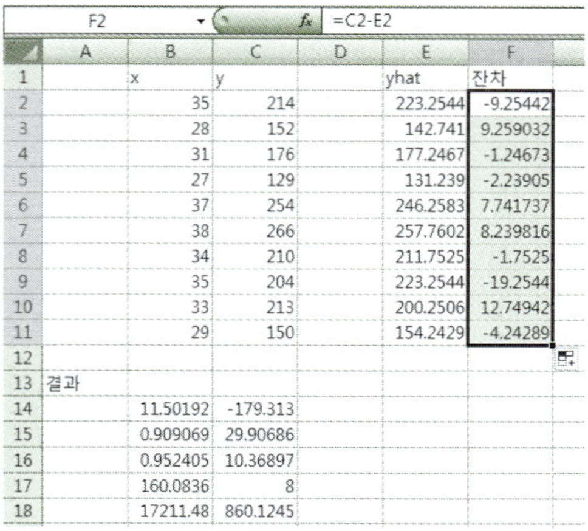

F2 =C2-E2

	A	B	C	D	E	F
1		x	y		yhat	잔차
2		35	214		223.2544	-9.25442
3		28	152		142.741	9.259032
4		31	176		177.2467	-1.24673
5		27	129		131.239	-2.23905
6		37	254		246.2583	7.741737
7		38	266		257.7602	8.239816
8		34	210		211.7525	-1.7525
9		35	204		223.2544	-19.2544
10		33	213		200.2506	12.74942
11		29	150		154.2429	-4.24289
12						
13	결과					
14		11.50192	-179.313			
15		0.909069	29.90686			
16		0.952405	10.36897			
17		160.0836	8			
18		17211.48	860.1245			

|| 그림 8.13 || 잔차의 계산

위의 값들을 이용하여 잔차그림을 그릴 수 있다. 다음 그림은 x-축에 종속변수의 추정값을, x-축에 잔차를 나타낸 것이다.

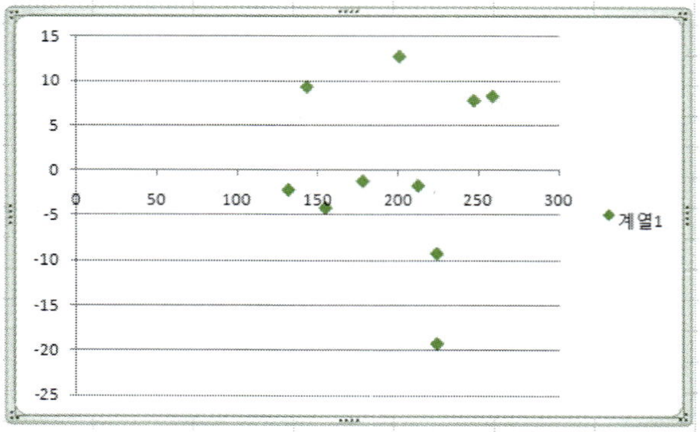

|| 그림 8.20 || 잔차그림

독립변수가 여러 개인 중회귀분석도 LINEST를 이용할 수 있다.

예제 8.13 예제 8.10의 자료에 대하여 중회귀분석을 하라.

풀 이 먼저 설명변수(x1과 x2)와 종속변수(y)를 다음과 같이 입력하고, 회귀분석 결과를 나타낼 위치를 정한다. 이 예에서는 독립변수가 2개이므로 결과를 나타내기 위해서 세 개의 열을 지정하였다.

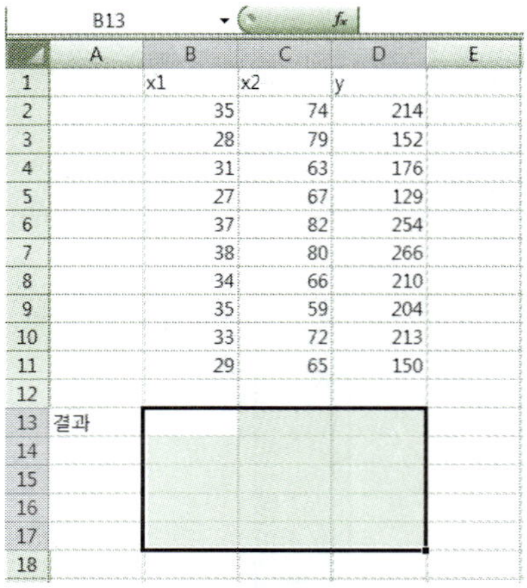

	A	B	C	D	E
1		x1	x2	y	
2		35	74	214	
3		28	79	152	
4		31	63	176	
5		27	67	129	
6		37	82	254	
7		38	80	266	
8		34	66	210	
9		35	59	204	
10		33	72	213	
11		29	65	150	
12					
13	결과				
14					
15					
16					
17					
18					

‖ 그림 8.21 ‖ 중회귀의 결과 영역

[함수마법사]에서 통계 범주에서 [LINEST]를 선택한 후, known_y's는 종속변수의 위치, known_x's는 독립변수의 위치를 지정하고 const와 stats의 값은 TRUE로 설정한다.

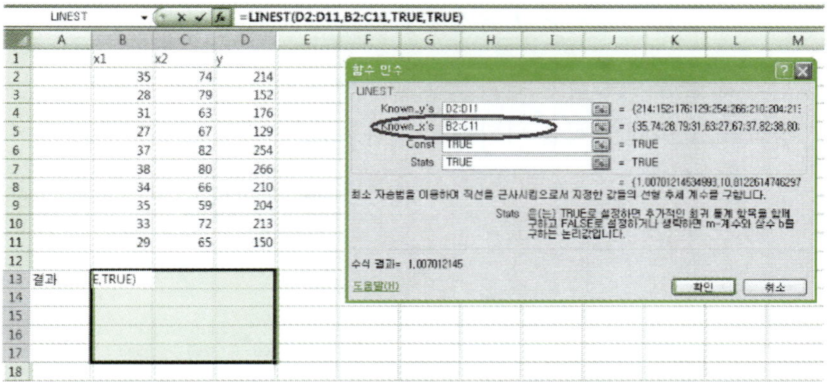

‖ 그림 8.22 ‖ known_x's의 영역에 두 개의 열이 지정되어 있다.

[확인]을 누른 후 셀의 위치에서 F2를 선택한 후 [Ctrl]+[Shift]+[Enter]를 누르면 회귀분석 결과를 볼 수 있다.

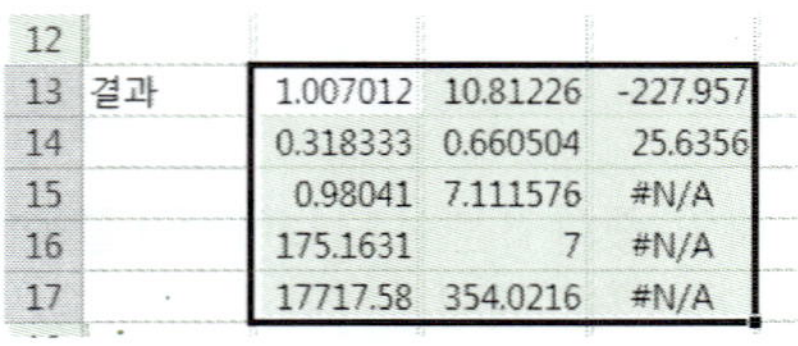

12				
13	결과	1.007012	10.81226	-227.957
14		0.318333	0.660504	25.6356
15		0.98041	7.111576	#N/A
16		175.1631	7	#N/A
17		17717.58	354.0216	#N/A

이 결과로부터 회귀계수의 추정값은 $\hat{\beta}_0 = -227.957$, $\hat{\beta}_1 = 10.81226$, $\hat{\beta}_2 = 1.007012$임을 알 수 있다. 또 결정계수의 값은 0.98041, 가설

$$H_0 : \beta_1 = \beta_2 = 0 \text{ 대 } H_1 : \beta_1 \neq 0 \text{ 혹은 } \beta_2 \neq 0$$

에 대한 F-비 값은 175.1631 등임을 알 수 있다.

연 · 습 · 문 · 제

8.1 다음의 각 경우에 대하여 설명변수와 반응변수를 찾아라.

(1) 한 신입사원 연수 담당관이 신입사원의 연수 기간과 일의 숙련도 관계를 연구하려 한다.

(2) 흡연자로부터 추출한 혈액의 평균 일산화탄소량과 그 흡연자의 하루 평균 흡연 횟수의 관계가 어떤 연구의 목적이다.

(3) 큰 호수의 단위부피당 용해산소량이 질소량에 의해 어떻게 변화하는지 알고자 한다.

(4) 자동차의 연비가 자동차 무게에 따라 어떻게 변화하는지 연구한다.

8.2 어느 자동차 정비업소의 주인은 월별 이익(y)이 자동차 배터리 판매와 다음과 같은 관계를 가지고 있음을 알아냈다.

$$y = 10x + 145$$

여기서, x는 한 달에 팔리는 배터리의 수를 나타낸다.

(1) 한 달에 41개의 배터리가 팔렸다면, 이익은 얼마인가?

(2) 적어도 몇 개의 배터리가 팔려야 이익인가?

8.3 두 변수의 자료로부터 계산된 통계량들의 값이 다음과 같다고 한다.

$$n = 14, \quad \overline{x} = 3.5, \quad \overline{Y} = 2.32$$
$$S_{xx} = 10.82, \quad S_{yy} = 1.035, \quad S_{xy} = 2.677$$

(1) 위 자료를 최적으로 적합하는 직선식을 구하라.

(2) 잔차제곱합 SSE를 계산하라.

(3) 오차분산 σ^2의 추정값을 구하라.

8.4 한 공정의 중요한 반응현상에 대해 화학반응물의 생성량 Y(g)와 설정온도 x(°C)의 관계를 연구하기 위해 한 실험을 하여 다음과 같은 통계량들을 얻었다.

$$n = 8, \quad \Sigma x_i = 1278, \quad \Sigma Y_i = 396$$
$$S_{xx} = 840, \quad S_{yy} = 1628, \quad S_{xy} = 935$$

(1) 최소제곱 회귀직선식을 구하라.

(2) 적합된 직선을 이용하여 온도가 170°C로 맞추었을 때의 생성량을 예측하라.

8.5 페니실린을 생산하는데 있어 포도당에 의해 발생되는 중요한 화학약품의 양을 14번 실험을 통해 얻었다. 다음은 앞서 구한 단순선형회귀모형으로부터 계산된 예측값과 잔차이다 (괄호 안의 값은 실험 순서).

예측값	2.2(9)	3.1(6)	2.5(13)	3.3(1)	2.3(7)	3.6(14)	2.6(8)
잔 차	−1	−2	3	−3	−1	5	0
예측값	2.5(3)	3.0(12)	3.2(4)	2.9(11)	3.3(2)	2.7(10)	3.2(5)
잔 차	0	3	−2	2	−5	0	1

(1) 잔차와 예측값의 산점도와 잔차와 관측순서의 산점도를 그려라.

(2) 위의 두 산점도 중에서 가정에 위배된 것이 있으면 지적하라.

8.6 식물학자들은 단풍나무에서 열매의 크기와 무게의 함수인 디스크 로딩(disk loading)이라는 값과 열매의 떨어지는 속도와의 관계를 연구하고 있다 (단풍나무 열매는 날개를 가지고 있어 헬리콥터처럼 돌면서 땅으로 떨어진다. 디스크 로딩은 헬리콥터의 기체역학과 관련된 수치이며, 열매의 크기와 무게에 비례한다). 단풍나무에서 13개의 열매를 임의로 수집하여, 실험실에서 각 열매의 디스크 로딩(x)과 떨어지는 속도(Y)를 측정하였다.

디스크 로딩	0.257	0.295	0.284	0.272	0.277	0.245	0.255	0.284
떨어지는 속도	1.35	1.50	1.33	1.39	1.28	1.06	1.32	1.23
디스크 로딩	0.265	0.302	0.241	0.310	0.239			
떨어지는 속도	1.15	1.35	1.08	1.20	1.15			

(1) 산점도를 그리고, 추정회귀직선식을 구하라.

(2) 위의 자료는 떨어지는 속도가 디스크 로딩에 의해 영향을 받는다는 주장을 뒷받침할만한가? (유의수준 0.05로 검정하라.)

(3) 잔차와 예측값의 산점도를 그리고 선형회귀모형의 가정 중에서 위배되는 것이 있으면 지적하라.

8.7 연습문제 8.6에서 다음 물음에 답하라.

(1) 표본상관계수를 구하라.

(2) Y의 총변동부분 중 회귀모형에 의해 설명되는 변동부분의 비율을 구하라.

8.8 어떤 혼합비료의 시비량(x)과 어떤 농작물의 생산량(Y)의 관계를 파악하기 위한 실험으로부터 다음의 값들이 구해졌다고 한다.

$$n = 15, \quad \bar{x} = 10.8, \quad \bar{Y} = 122.7$$

$$S_{xx} = 70.6, \quad S_{yy} = 98.5, \quad S_{xy} = 68.3$$

두 변수 사이에 직선관계를 가정하고 다음의 각 항에 답하라.

(1) 추정회귀직선의 식을 구하라.

(2) 오차제곱합 SSE를 계산하고, σ^2을 추정하라.

(3) 자료의 x범위 내에서 혼합비료 1단위를 증가할 때 평균생산량이 0.6보다 더 많이 증가한다고 할 수 있는가?

8.9 연습문제 8.8의 자료에 대하여 다음 물음에 답하라.

(1) x = 12일 때, 평균생산량의 95% 신뢰구간을 구하라.

(2) x = 15일 때, 평균생산량의 95% 신뢰구간을 구하라.

(3) 문제 (1)과 (2)에서 구한 신뢰구간의 폭을 서로 비교하고, 그 이유를 간단히 기술하라.

8.10 다음은 어떤 해양 박테리아에 X－선을 일정한 시간동안 노출시킨 후 생존한 박테리아 수를 기록한 자료이다.

노출시간	1	2	3	4	5	6	7	
생존 수(100마리)	355	211	197	166	142	106	104	
노출시간	8	9	10	11	12	13	14	15
생존 수(100마리)	60	56	38	36	32	21	19	15

(1) 노출시간을 가로축, 생존 수를 세로축으로 하여 산점도를 그려라.

(2) 최소제곱추정값과 회귀직선을 구하라.

(3) 노출시간이 19시간된 생존박테리아의 수를 예측하라. 예측값이 어떠한 위험성을 내포하고 있는가?

8.11 다양한 온도하에서 실행된 어떤 실험에서 생성된 설탕의 양이 다음과 같이 정리되었다.

온 도	1.0	1.1	1.2	1.3	1.4	1.5	1.6	1.7	1.8	1.9	2.0
설탕의 양	8.1	7.8	8.5	9.8	9.5	8.9	8.6	10.2	9.3	9.2	10.5

(1) 추정회귀직선을 구하고, 온도가 1.75일 때 생성된 설탕의 기대량을 추정하고 추정량의 표준오차를 추정하라.

(2) 온도가 증가하면서 생성되는 설탕의 양이 증가한다고 할 수 있는지 유의수준 5%로 검정하라.

(3) 온도 1.45에서 같은 실험을 한다고 할 때 생성될 설탕의 양에 대한 95% 예측구간을 구하라.

(4) Y의 총변동부분 중 회귀모형에 의해 설명되는 변동부분의 비율은 얼마인가?

8.12 다음은 어떤 특정한 금속 표본 위에 가해지는 압력에 따라 표면저항이 어떻게 변화하는지 조사한 자료이다.

압 력	26.8	25.4	28.9	23.6	27.7	23.9	24.7	28.1	26.9	27.4	22.6
저 항	26.5	27.3	24.2	27.1	23.6	25.9	26.3	22.5	21.7	21.4	25.8

(1) 추정회귀직선을 구하라.

(2) 표면의 저항을 설명하는데, 가해진 압력이 의미가 있는지 유의수준 1%로 판단하라.

(3) 압력이 증가하면 저항이 감소한다고 할 수 있는지 유의수준 5%로 판단하라.

(4) Y값들의 변동 중에서 단순선형회귀모형에 의하여 설명되는 부분의 비율을 구하라.

8.13 100그램의 다양한 온도의 물에 녹아있는 어떤 화학물질의 양을 측정하여 정리한 자료가 다음과 같다.

온 도	0	15	30	45	60	75
물질의 양	8	12	25	31	44	48
	6	10	21	33	39	51
	8	14	24	28	42	44

(1) 물의 온도가 50도일 때 100그램의 물에 녹아있는 화학물질의 기대량에 대한 99% 신뢰구간을 구하라.

(2) 온도가 15도 증가하면서 녹아있는 화학 물질의 양이 4보다 많이 증가한다고 할 수 있는지 유의수준 1%로 검정하라.

(3) 선형회귀모형에 의하여 설명되는 Y 변수의 총변동 부분의 비율을 구하라.

8.14 빗방울이 공기 중의 오염물질을 제거하는데 효과가 있는지 연구하는 과정에서 강우량(0.01cm)과 오염물질의 감소량($\mu g/m^3$)에 대한 다음과 같은 자료가 얻어졌다.

강우량	4.3	4.5	5.9	5.6	6.1	5.2	3.8	2.1	7.5
오염물질감소량	126	121	116	118	114	118	132	141	108

(1) 추정회귀직선을 구하라.

(2) 강우량이 1단위 증가할 때 오염량이 10단위보다는 적게 줄어든다고 할 수 있는지 유의수준 5%로 검정하라.

(3) 어느 날의 강우량이 0.055cm라고 할 때 그날의 오염물질 감소량의 99% 예측구간을 구하라.

8.15 어느 화학자가 플루토늄이 온도에 따라 용해되는 성질을 실험하여 적당한 단위로 기록하였다고 한다. 다음의 자료는 그 실험의 결과를 다음의 식으로 변환한 값들이다.

$Y = -\log_{10}$(용해도) $x = 1000/$(온도(°C))

x_i	1.68	1.74	1.85	1.92	1.99	1.82	1.69	1.60	1.52
Y_i	0.33	0.41	0.57	0.65	0.77	0.57	0.35	0.18	0.14

(1) 직선관계를 최소제곱법으로 추정하라.

(2) 직선관계의 기울기 β_1에 대한 95% 신뢰구간을 구하라. 이 실험의 범위에서 용해도가 온도에 따라 변한다고 할 수 있는가?

(3) 온도 714°C일 때, Y의 평균값을 추정하고, 95% 신뢰구간을 구하라.

(4) $x = 1.8$에서 또 한 번 실험을 한다고 할 때, 관측될 측정값에 대한 95% 예측구간을 구하라.

8.16 쇳물을 식혀 주물을 만들 때, 주물 각 부분의 탄소 알갱이의 양에 따라 그 부분의 시간당 냉각비율(Y : °F)이 각기 다르다. 다음은 어느 금속공학자가 실험에서 얻은 자료이다 (x = 단위면적당 탄소 알갱이의 개수).

x_i	346	272	276	350	345	304	311	338	344	346	272
Y_i	45	20	20	65	65	20	30	30	55	55	30
x_i	276	239	254	238	304	311	338	344	346	272	276
Y_i	30	20	20	20	30	45	45	65	65	45	40

다음과 같은 모형을 가지고 먼저 모형의 적합성을 분석한다.

$$Y = \beta_0 + \beta_1 x_1 + \varepsilon$$

모형에 대하여 다음 물음에 답하라.

(1) 산점도를 그려라.

(2) 추정회귀직선식을 구하라.

(3) 잔차와 예측값의 산점도를 그리고 선형회귀모형의 가정 중에서 위배되는지를 검토하라.

8.17 연습문제 8.16의 자료를 이용하여 다음 물음에 답하라.

(1) 위의 자료가 단위면적당 탄소 알갱이수가 많을수록 열전도율이 커진다는 주장을 뒷받침해 줄 수 있을지 검정하라.

(2) $x = 300$일 때, 평균 열전도율에 대한 95% 신뢰구간을 구하라.

(3) 총제곱합의 분해를 제시하고, 선형회귀모형의 적합성에 대하여 평가하라.

8.18 벼의 파종기에 뿌려진 비료의 양과 강수량이 쌀의 수확량에 어떤 영향을 주는지 알아보고자 25곳의 단위 논에서 비료의 양(x_1), 강수량(x_2), 수확량(Y)을 측정한 후 통계패키지를 이용하여 회귀모형 $Y = \beta_0 + \beta_1 x_1 + \beta_2 x_2 + \varepsilon$을 적합시킨 결과를 다음과 같이 얻었다.

Source	DF	Sum of Squares	Mean Square	F Value	Pr > F
Model	2	246.61246	123.30623	24.32	<.0001
Error	22	111.54754	5.07034		
Corrected Total	24	358.16000			

Variable	DF	Parameter Estimate	Standard Error	t Value	Pr > |t|
Intercept	1	−0.25690	5.13378	−0.05	0.9605
x1	1	8.84665	1.34470	6.58	<.0001
x2	1	0.51661	0.14820	3.49	0.0021

(1) Y가 x_1과 x_2의 선형식으로 표현할 수 있는지 유의수준 5%로 판단하라.

(2) 강수량이 30이고, 비료의 양이 2.0인 논에서의 평균 수확량을 추정하라.

(3) 사용한 비료의 양이 같을 때 강수량이 쌀의 수확량에 영향을 준다고 할 수 있는지 유의수준 1%로 검정하라.

8.19 다음은 종속변수 Y를 설명하는 3개의 설명변수를 이용하여 통계패키지를 이용한 중회귀모형을 적합시킨 결과를 정리한 것이다.

Source	DF	SS	MS	*F*-ratio	*P*-value
Model	3	248.46213	82.82071	15.85	<.0001
Error	21	109.69787	5.22371		
Corrected Total	24	358.15990			

Variable	DF	$\hat{\beta}$	S.E.	t	*P*-value
Intercept	1	0.35460	5.31121	0.07	0.9474
x1	1	−0.03208	0.05391	−0.60	0.5582
x2	1	8.99931	1.38879	6.48	<.0001
x3	1	0.51273	0.15056	3.41	0.0027

(1) 결정계수를 계산하라.

(2) Y를 설명하는데 3개의 설명변수 중 최소한 하나의 변수는 유의한지 유의수준 5%로 검정하라.

(3) $H_0 : \beta_2 = 10$ 대 $H_0 : \beta_2 < 10$에 대하여 유의수준 5%로 검정하라.

8.20 다음은 자동차의 연비(마일/갤런)가 자동차의 배기량(세제곱인치)과 무게(파운드)에 어떻게 영향을 받는지 알아보고자 32대의 차량을 대상으로 조사한 후 중회귀모형을 적합시켜 얻은 결과이다.

Source	DF	Sum of Squares	Mean Square	F Value	Pr > F
Mode	2	855.64079	427.82039	32.49	<.0001
Error	29	381.90330	13.16908		
Corrected Total	31	1237.54409			

Variable	DF	Parameter Estimate	Standard Error	t Value	Pr > |t|
Intercept	1	37.62878	2.29990	16.36	<.0001
배기량	1	−0.09076	0.01856	−4.89	<.0001
무게	1	−0.00144	0.00073784	−1.95	0.0613

(1) 결정계수를 계산하라.

(2) 귀무가설 $H_0 : \beta_1 = \beta_2 = 10$에 대하여 유의수준 1%로 검정하라.

(3) 자동차의 배기량이 같을 때 차의 무게가 증가하면서 연비가 낮아진다고 할 수 있는지 유의수준 5%로 검정하라.

제 9 장

범주형 자료분석

범주형 자료는 관측 결과가 몇 개의 범주(category) 또는 항목의 형태로 나타나는 자료를 말한다. 이와 같은 자료는 사회과학 분야를 비롯해서 여러 분야에 걸쳐 나타나는데, 사람들의 종교별 분류, 직업의 만족도, 식물의 유전자 형태, 생산 방법, 불량의 종류 등의 자료가 범주형 자료에 속한다. 이와 같이 범주형 자료에서는 각 범주들이 어떤 특성으로 표현된다. 한편 수량 자료도 값에 따라 몇 개의 작은 구간 또는 범주로 나누어서 범주형 자료로 표현하는 경우도 있다. 예를 들어, 사람들을 연간 소득에 따라 고소득층, 중간층, 저소득층으로 분류한다든가 또는 강수량에 따라 우기, 건기로 분류하여 범주형 자료로 나타낼 수 있다.

다음 세 예제를 통하여 범주형 자료 분석에서 다루게 되는 전형적인 문제들을 소개해 보고자 한다.

예제 **9.1** **(몇 개의 범주로 분류된 한 표본의 문제)** 어떤 나무의 자가수정의 결과로 나올 수 있는 유전자의 형태는 세 종류로 분류된다고 한다. 이 세 종류를 각각 A, B, C라 할 때 생물학에서의 한 이론에 의하면 비율이 1 : 2 : 1로 나타난다고 하자. 이를 입증하기 위하여 자가 수정의 결과로 생겨난 나무 100그루를 유전자의 형태별로 분류하여 다음과 같은 표를 얻었다.

표 9.1 유전자에 따른 나무의 분류

유전자 형태	A	B	C	합 계
관측도수	18	55	27	100

각 유전자 형태에 대응되는 모집단의 비율을 p_A, p_B, p_C라 할 때 위에서 얻어진 자료로부터 생물학 이론이 제시하는 가설이 틀리는지 판단하기 위해서 다음과 같은 귀무가설

$$H_0 : p_A = \frac{1}{4},\ p_B = \frac{1}{2},\ p_C = \frac{1}{4}$$

을 검정하고자 한다. 이와 같은 검정을 **적합도 검정 (goodness-of-fit test)** 이라 부르고 1절에서 공부하기로 한다. ■

예제 9.2 **(몇 개의 범주로 분류된 두 개의 독립인 표본의 문제)** 어느 회사의 두 공장 A와 B에 대한 직원들의 만족도를 조사하였다. 공장 A에서 80명, 공장 B에서는 70명을 임의로 추출하여 회사에 대한 만족도를 조사한 후 다음 표 9.2와 같이 정리하였다.

표 9.2 두 공장에서의 만족도 결과 (관측도수)

	만 족	보 통	불만족	표본의 크기
공장 A	37	24	19	80
공장 B	17	33	20	70
합 계	54	57	39	150

각 공장에서 만족도의 모비율을 다음과 같이 표현해 보자.

표 9.3 두 공장에서의 만족도 모비율

	만 족	보 통	불만족	합 계
공장 A	p_{A1}	p_{A2}	p_{A3}	1
공장 B	p_{B1}	p_{B2}	p_{B3}	1

이처럼 비율로 나타내면 두 공장에서의 직원들의 만족도에 차이가 없다는 가설을 손쉽게 표현할 수 있다. 즉, 위의 자료로부터 두 공장 간에 차이가 있는지를 알아보기 위해 다음의 귀무가설

$$H_0 :\ p_{A1} = p_{B1},\ p_{A2} = p_{B2},\ p_{A3} = p_{B3}$$

을 검정하게 된다. 이와 같이 독립인 두 그룹이 범주에 따른 분포에서 차이가 있는지 검정하는 것을 **동질성 검정 (homogeneity test)** 이라 하고, 이를 2절에서 다루어 보고자 한다. ■

예제 9.3 **(한 표본을 두 가지 특성에 따라 분류하는 문제)** 텔레비전에서 방영되는 오락물에 대한 사람들의 의견이 성별과 어떤 관계가 있는지 조사하기 위해서, 1,250명의 사람을 임의추출하여 성별과 오락물 방영에 대한 의견을 조사한 후 다음 표 9.4와 같이 분류하였다.

표 9.4 성별과 오락물 방영에 대한 의견의 분류

	오락물 방영이			행의 합계
	너무 많다	적당하다	너무 적다	
남 자	378	237	26	641
여 자	388	196	25	609
열의 합계	766	433	51	1,250

예제 9.2와 달리 여기에서는 각 표본단위에 대하여 두 가지 특성(성별과 오락물방영에 대한 의견)을 조사하였다. 이 자료로부터 오락물 방영에 대한 의견이 개인의 성별과 관계가 있는지 검정할 수 있다. 이와 같이 두 가지의 특성이 서로 관련이 없다는, 즉 독립이라는 귀무가설을 검정하는 것을 **독립성 검정 (independence test)** 이라 하고, 이를 3절에서 다루어 보고자 한다.

표본의 관측치를 둘이나 그 이상의 특성에 따라 분류하여 도수로 나타내는 표를 **분할표 (contingency table)** 라고 부른다. 만일 두 가지 특성에서 분할표가 r개의 행과 c개의 열로 이루어져 있다면 우리는 이를 $r \times c$ 분할표라고 부른다. 따라서 표 9.2와 표 9.4는 모두 2×3 분할표이다.

비록 표 9.2와 표 9.4가 같은 모양을 하고 있지만 표본추출에 있어서 근본적으로 다른 점을 가지고 있다. 표 9.2에서의 행의 합 80이나 70 등은 미리 정해진 값이나 열의 합은 임의추출의 결과로서 미리 정해진 값이 아니다. 반면에 표 9.4의 경우에는 열의 합이나 행의 합 중 어느 것도 표본추출 이전에 미리 정해지지 않는다. 이를 구별하기 위하여 때론 표 9.2를 열과 행 중 한쪽이 고정된 분할표라고도 부른다. 이와 같이 적합도 검정, 동질성 검정, 독립성 검정은 유사한 면이 있으나 주어진 상황에 따라 검정통계량의 자유도, 귀무가설, 검정결과의 해석 등이 달라지므로, 상황에 맞게 유의해서 사용하여야 한다.

제 1 절 적합도 검정

이 절에서는 예제 9.1에서와 같이 자료가 몇 개의 범주에 대한 관측도수 형태로 주어지는 문제를 다뤄보고자 한다. 우리의 주된 관심사는 귀무가설에서 제시한 각 범주의 비율이 실제 자료에 적합한지를 알아보는 것이다. 따라서 이러한 형태의 가설검정을 적합도 검정이라 한다.

크기가 n인 표본을 k개의 범주로 분류할 때 각 범주의 관측도수를 $n_1, \cdots, n_k$라 하자. 그리고 각 범주에 대응되는 모집단의 비율을 $p_1, \cdots, p_k$라 하면 귀무가설은 각 p_i가 어떤 정해진 값 p_{i0}와 같다는 형태를 지닌다. 즉, 귀무가설은

$$H_0: \ p_1 = p_{10}, \ \cdots, \ p_k = p_{k0}$$

로 나타낼 수 있다. 귀무가설 H_0하에서 범주 i의 기대도수는 표본의 크기 n에 귀무가설에서 제시한 범주 i의 비율인 p_{i0}를 곱하여 np_{k0}가 된다. 이와 마찬가지로 모든 범주에서의 기대도수를 계산하여 정리하면 표 9.5와 같다.

표 9.5 범주별 관측도수와 H_0하에서 기대도수

범 주	1	2	$\cdots$	k	합 계
관측도수(O)	n_1	n_2	$\cdots$	n_k	n
H_0하에서 기대도수(E)	np_{10}	np_{20}	$\cdots$	np_{k0}	n

이때 관측도수는 O(영어의 Observed의 약자로부터)로 기대도수는 E(영어의 Expected의 약자로부터)로 나타낸다. 귀무가설이 맞는다면 표 9.5에서 각 범주별로 관측도수와 기대도수의 차이가 작을 것이므로 두 도수의 차이가 클 때 귀무가설을 기각하게 된다. 이처럼 관측도수와 기대도수의 차이를 측정하는 도구로서 영국의 통계학자 피어슨(Karl Pearson(1857 ~ 1936))이 제안한 다음의 검정통계량

$$\chi^2 : \Sigma \frac{(O-E)^2}{E} = \sum_{i=1}^{k} \frac{(n_i - np_{i0})^2}{np_{i0}}$$

이 사용되는데 이 검정통계량은 제안자의 이름을 따서 보통 피어슨의 χ^2 검정통계량이라 부르며, 이 검정통계량은 표본의 크기가 클 때 자유도가 (범주의 개수)$-1 = k-1$인 χ^2-분포를 따른다고 알려져 있다. 이를 정리하면 다음과 같다.

피어슨의 χ^2 적합도 검정

가설 : $H_0 : p_1 = p_{10}, p_2 = p_{20}, \cdots, p_k = p_{k0}$

검정통계량 : $\chi^2 : \Sigma \frac{(O-E)^2}{E} = \sum_{i=1}^{k} \frac{(n_i - np_{i0})^2}{np_{i0}} \sim \chi^2(k-1)$($H_0$가 맞을 때)

기각역 : $R : \chi^2 \geq \chi^2_\alpha(k-1)$

예제 9.4 예제 9.1에 주어진 자료에 대하여 유의수준 0.05로 적합도 검정을 실시하라.

풀 이 범주의 개수 k는 3으로 검정통계량 χ^2는 자유도가 2인 χ^2-분포를 따른다. 그러므로 기각역은 $R : \chi^2 \geq \chi^2_{0.05}(2) = 5.99$가 된다. 검정통계량의 값을 계산하기 위해 정리해보면 표 9.6과 같다.

‖ 표 9.6 ‖ 예제 9.4의 χ^2 검정통계량값 계산

범 주	A	B	C	합 계
관측도수(O)	18	55	27	100
H_0하에서 기대도수(E)	25	50	25	100
$(O-E)^2/E$	1.96	0.50	0.16	$\chi^2 = 2.62$

검정통계량 χ^2의 관측값이 2.62이므로 유의수준 $\alpha = 0.05$에서 귀무가설을 기각할 수 없다. 즉, 표 9.1에 주어진 자료로부터 생물학의 이론이 제안한 모집단의 비율이 틀리다는 결론을 내릴 수 없다. ■

피어슨의 χ^2-검정은 표본의 크기가 큰 경우에만 적합한 근사적인 검정방법이다. 일반적으로 통용되는 규칙으로는 각 범주의 기대도수가 5 이상이면 위 검정법을 사용해도 좋다고 알려져 있다. 만약에 기대도수가 5보다 작은 범주가 많은 경우에는 가능하다면 여러 범주를 합하여 기대도수를 크게 하여 위의 검정방법을 사용하도록 한다.

제 2 절 동질성 검정

여러 모집단으로부터 미리 정한 수만큼의 표본을 뽑아서 각 범주의 도수를 조사하였다고 하자. 이때 우리의 목적은 모집단들의 각 범주에 따른 분포에 차이가 있는지를 검정하는 것이다. 이를 위하여 우리는 각 범주에서 관측된 비율을 가지고 모집단들의 비율이 차이가 있는지를 조사한다.

예제 9.2의 자료에서 두 공장에서 직원 만족도에 차이가 있다고 할 수 있는지를 유의수준 $\alpha = 0.05$로 검정하는 방법을 알아보자. 표 9.2에서 보면 모집단은 각 공장의 직원을 나타내고 만족도는 3개의 범주로 나뉘어 있다. 행의 합 80과 70은 미리 정해진 두 표본의 크기이다. 두 공장에서 직원 만족도에 차이가 없다는 귀무가설은 각 범주(만족, 보통, 불만족)의 비율이 두 모집단(공장 A, 공장 B)에 대하여 동일하다는 것이다. 이를 식으로 표현하면 다음과 같다.

$$H_0: \ p_{A1} = p_{B1},\ p_{A2} = p_{B2},\ p_{A3} = p_{B3}$$

만일 귀무가설 H_0하에서의 공통 확률들을 p_1, p_2, p_3로 나타내면, 즉 $p_{A1} = p_{B1} = p_1, p_{A2} = p_{B2} = p_2,\ p_{A3} = p_{B3} = p_3$라 하면, 각 행마다 칸별 기대도수는 표본의 크기를 각 확률에 곱하면 얻어진다. 즉, 첫 번째 행에서의 기대도수는 $80 \times p_1, 80 \times p_2, 80 \times p_3$가 되고, 두 번째 행에서의 기대도수는 $70 \times p_1, 70 \times p_2, 70 \times p_3$가 된다. 그러나 각 p_1, p_2, p_3의 값은 H_0에서 주어지지 않았으므로 기대도수의 값을 구하려면 표본으로부터 p_1, p_2, p_3를 추정한 다음에 해당되는 표본의 크기(80이나 70)를 곱하여 구해야 한다. 전체 150명 중에서 만족의 범주에 속하는 직원은 54명이므로 귀무가설하에서의 첫 번째 범주(만족)에 속하는 예상 비율 p_1의 추정값은 54/150로 주어진다. 따라서 공장 A에서 만족의 범주에 속하는 기대도수는 $80 \times \frac{54}{150}$가 된다. 이와 같이 각 칸별로 기대도수를 구하면 표 9.7(a)와 같다. 여기에서 기대도수를 구한 과정을 살펴보면 일관된 형태가 드러나는데, 예를 들어 첫 번째 행의 기대도수 계산식을 나열해 보면

$$\frac{80 \times 54}{150},\ \frac{80 \times 57}{150},\ \frac{80 \times 39}{150}$$

가 되고, 두 번째 행도 이와 유사하게 된다. 위 식을 살펴보면 추정된 기대도수를 계산하는 식이 다음과 같음을 알 수 있다.

$$\text{칸의 추정된 기대도수} = \frac{\text{칸이 속한 행의 합계} \times \text{칸이 속한 열의 합계}}{\text{전체 합계}}$$

다음의 표 9.7(a)는 관측도수(O)와 괄호 안에 기대도수(E)를 계산한 것이고, 표 9.7(b)는 각 칸마다 '표준화된 차이'를 나타내는 $(O-E)^2/E$를 계산한 것이다. 이 값들을 더하면 검정통계량 χ^2의 값을 얻을 수 있다. 검정통계량 χ^2는 표본의 크기가 클 때 자유도가 ((행의 수) − 1)×((열의 수) − 1) = 2인 χ^2-분포를 따른다. 따라서 유의수준 5%에서 기각역은 $R: \chi^2 \geq \chi^2_{0.05}(2) = 5.99$이다.

‖ 표 9.7(a) ‖ 예제 9.2 자료의 관측도수(기대도수)

	만 족	보 통	불만족
공장 A	37(28.8)	24(30.4)	19(20.8)
공장 B	17(25.2)	33(26.6)	20(18.2)

표 9.7(b) 예제 9.2 자료의 $(O-E)^2/E$의 값

	만 족	보 통	불만족	
공장 A	2.335	1.347	0.156	
공장 B	2.668	1.540	0.178	$\chi^2 = 8.224$

표 9.7(b)에서 검정통계량 χ^2의 값은 8.224로 5.99보다 크므로 유의수준 $\alpha = 0.05$에서 귀무가설을 기각할 수 있다. 따라서 두 공장에서 직원 만족도의 차이는 통계적으로 유의하다고 할 수 있다. 통계적으로 유의한 χ^2값을 얻었으므로 유의한 차이를 유발시킨 부분을 찾아내기 위하여 표 9.7(a)와 표 9.7(b)를 조사하여 보면, 만족의 범주에서 공장 A가 공장 B보다 월등함을 알 수 있다.

위에서 사용하였던 방법을 r개의 모집단에서 독립적으로 추출한 표본을 c개의 반응범주로 분류하는 일반적인 $r \times c$ 분할표로 확장하여 보자. 여기에서 달라지는 것은 행과 열의 수뿐이므로 각 칸에서의 추정된 기대도수는 전과 같이 ((행의 합)×(열의 합))/(전체 합)의 형태로 주어진다. 여기서 검정통계량 χ^2의 자유도는 다음과 같이 주어진다.

$$\begin{aligned} \chi^2\text{의 자유도} &= ((\text{행의 수}) - 1)\times((\text{열의 수}) - 1) \\ &= (r-1)(c-1) \end{aligned}$$

이를 정리하면 다음과 같다.

분할표에서의 χ^2 동질성 검정

귀무가설 : 각각의 범주에 대한 비율이 모든 모집단에 대하여 동일하다.

검정통계량 : $\chi^2 = \sum_{\text{칸}} \frac{(O-E)^2}{E} \sim x^2(m)$ (H_0가 맞을 때)

$m = ((\text{행의 수}) - 1) \times ((\text{열의 수}) - 1),$

$O = \text{관측도수}, E = \text{기대도수} = \frac{\text{행의 합} \times \text{열의 합}}{\text{전체 합}}$

기각역 : $R : \chi^2 \geq \chi^2_\alpha(m)$

예제 9.5 직업별로 알코올 중독자의 비율을 비교하기 위해 사무원, 교육자, 기업가, 상인들의 집단에서 임의로 표본을 추출하여 알코올 중독자의 수를 조사한 후 표 9.8과 같이 정리하였다. 알코올 중독자의 발생비율이 모든 4개의 직업별로 차이가 있는지 검정하라.

표 9.8 알코올 중독과 직업과의 분할표

	알코올 중독	정 상	표본크기
사무원	32	268	300
교육자	51	199	250
기업인	67	233	300
상 인	83	267	350
전 체	233	967	1200

풀이 각 직업별 모집단에서 알코올 중독자의 비율을 각각 p_1, p_2, p_3, p_4로 나타내어 보자. 이것은 각 직업인의 집단에서 알코올 중독자를 추출할 확률이 동일한지를 검정하는 것이 된다. 귀무가설은 다음과 같다.

$$H_0: \; p_1 = p_2 = p_3 = p_4$$

기대도수는 각 칸마다 행의 합과 열의 합의 곱을 전체 표본의 크기인 1200으로 나누어 구할 수 있고, 그 결과가 표 9.9에 주어져 있다. 괄호 안에는 검정통계량을 구하기 위한 $(O-E)^2/E$ 값들이 계산되어 있는데. 이 괄호 안의 값들을 더하면 χ^2의 값이 얻어진다. 자유도 $= (4-1) \times (2-1) = 3$이므로 유의수준 5%에서 기각역은 $R: \chi^2 \geq \chi^2_{0.05}(3) = 7.81$이다. 주어진 자료에 대해 검정통계량의 값은 20.60으로 기각역에 포함되므로 유의수준 $\alpha = 0.05$에서 귀무가설을 기각한다. 또한 $\chi^2_{0.01}(3) = 11.34$이므로 유의수준 $\alpha = 0.01$에서도 귀무가설이 기각된다.

표 9.9 기대도수(E)와 $(O-E)^2/E$의 값

	알코올 중독	정 상	
사무직	58.25(11.83)	241.75(2.85)	
교육자	48.54(0.12)	201.46(0.03)	
기업가	58.25(1.31)	241.75(0.32)	
상 인	67.96(3.33)	282.04(0.80)	$\chi^2 = 20.60$

표 9.9를 보면 첫째 행이 χ^2값에 가장 많은 기여를 하였는데, 이는 다른 집단에 비하여 사무직 사람의 알코올 중독자의 상대도수(32/300)가 상당히 작기 때문이다. ■

예제 9.6 씨앗에 화학적인 처리를 하는 것이 싹이 트는데 효과가 있는지를 알아보기 위하여, 100개의 화학적으로 처리된 씨앗과 150개의 처리되지 않은 씨앗을 파종하여 표 9.10과 같은 결과를 얻었다. 이 자료를 이용하여 처리를 한 것과 처리를 하지 않은 것에 차이가 있다고 할 수 있는지 유의수준 5%에서 검정하라.

풀 이 여기에서 p_1, p_2를 각각 화학적으로 처리된 것과 처리되지 않은 씨에서 싹이 틀 확률을 나타낸다고 하자. 우리가 검정하고자 하는 가설은

$$H_0 : p_1 = p_2 \text{ 대 } H_1 : p_1 \neq p_2$$

이다. 기대도수는 전과 같은 방법으로 계산되어 표 9.10의 괄호 안에 주어져 있다.

표 9.10 씨앗에 관한 관측도수와 기대도수

	싹이 틈	싹이 트지 않음	전 체
처리함	84(86.4)	16(13.6)	100
처리안함	132(129.6)	18(20.4)	150
전 체	216	34	250

검정통계량 χ^2의 값과 자유도는 다음과 같다.

$$\begin{aligned}\chi^2 &= (84-86.4)^2/86.4 + (16-13.6)^2/13.6 + (132-129.6)^2/129.6 + (18-20.4)^2/20.4 \\ &= 0.067 + 0.424 + 0.044 + 0.282 \\ &= 0.817\end{aligned}$$

자유도 $= (2-1)(2-1) = 1$

유의수준 5%에서 기각역은 $R : \chi^2 \geq \chi^2_{0.05}(1) = 3.84$이고, 검정통계량 χ^2의 값은 0.817로 기각역에 포함되지 않으므로 유의수준 $\alpha = 0.05$에서 귀무가설을 기각할 수가 없다. 즉, 싹이 트는 비율이 화학 처리를 한 것과 하지 않은 것에서 차이가 난다고 할 수 없다.

제 3 절 독립성 검정

한 임의표본의 각 원소에 대하여 두 가지의 특성을 관찰한다면 자료들은 이 두 가지의 특성에 따라 동시에 분류될 수가 있다. 이러한 경우에 행이나 열 어느 쪽의 합도 고정되지 않은 분할표를 얻게 되는데, 이 분할표에서의 추론은 주로 두 가지의 특성이 서로 연관이 있는지를 조사하거나 혹은 한 변수의 특정한 범주가 다른 변수의 어떤 범주와 연관성이 있는지를 조사하는 모습으로 나타난다.

예제 9.3에 주어진 자료를 분석하여 보자. 이 자료는 하나의 임의표본 1,250명을 6개의 칸으로 분류한 것이다. 각 칸의 도수를 표본의 크기 1,250으로 나누면 상대도수가 되고

이 값을 정리한 것이 표 9.11(a)이다.

표 9.11(a) 관측치의 비율

	너무 많다	적당하다	너무 적다	합 계
남 자	0.3024	0.1896	0.0208	0.5128
여 자	0.3104	0.1568	0.0200	0.4872
합 계	0.6128	0.3464	0.0408	1.0000

행의 합계인 0.5128과 0.4872는 전체에서의 남자와 여자의 비율을 나타내며, 마찬가지로 열의 합들은 오락물 방영에 대한 의견의 각 범주가 전체에서 차지하는 비율을 나타낸다.

전체의 모집단을 분류하는 것을 생각해 보자. 미지의 모비율(각 칸의 확률)을 두 가지의 첨자로 표현한다고 할 때, 첫째 첨자의 경우 M은 남자 F는 여자를 나타내고, 두 번째 첨자의 경우 1, 2, 3은 각각 오락물 방영이 많음, 적당함, 적음을 나타낸다고 하자. 예를 들면,

첫 번째 칸의 확률 $p_{M1} = P$(남자이면서 오락물의 방영이 많다는 의견을 가진 사람)
첫 번째 행의 합 확률 $p_M = p_{M1} + p_{M2} + p_{M3} = P$(남자)
첫 번째 열의 합 확률 $p_1 = p_{M1} + p_{F1} = P$(오락물의 방영이 많다는 의견을 가진 사람)

을 의미한다.

표 9.11(b) 예제 9.3의 모비율

	너무 많다	적당하다	너무 적다	합 계
남 자	p_{M1}	p_{M2}	p_{M3}	p_M
여 자	p_{F1}	p_{F2}	p_{F3}	p_F
합 계	p_1	p_2	p_3	1

표 9.11(b)는 표 9.11(a)의 모집단에서의 모양을 나타낸다고 할 수 있다. 다시 말하면 표 9.11(a)는 표 9.11(b)의 구조를 가진 모집단에서 추출한 하나의 임의표본의 결과라고 생각할 수 있다.

우리가 관심 있는 것은 두 가지 특성이 서로 독립이라는 귀무가설을 검정하는 것이다. 제 2장에서 설명한 것처럼 두 개의 사건이 서로 독립이려면 두 사건의 곱사건의 확률이 각 사건의 확률의 곱으로 나타나야 한다. 따라서 두 가지의 특성이 서로 독립이려면, $p_{M1} = p_M \times p_1$, $p_{M2} = p_M \times p_2$ 등이 성립해야 한다. 즉

H_0 : 행의 변수와 열의 변수는 서로 독립이다.

라는 귀무가설은 '각 칸의 확률은 그 칸이 속한 열과 행의 주변확률의 곱이다' 라고 할 수 있다.

독립성 검정을 하려면 동질성 검정과 같이 기대도수를 계산해야 한다. 각 칸의 기대도수는 표본의 수 1,250에 각 칸의 확률을 곱하여 얻을 수 있는데, 예를 들어 남자이면서 오락물의 방영이 많다고 생각하는 범주의 기대도수는 $1{,}250 \times p_{M1}$이다. 이때 귀무가설이 맞는다면 기대도수는 $1{,}250 \times p_M \times p_1$으로 주어진다. 여기에서 미지의 확률은 자료로부터 추정을 해야 한다. 남자의 비율인 p_M의 추정값은 전체 표본에서 남자의 비율이 될 것이다. 즉, $\frac{641}{1{,}250}$이 된다. 마찬가지로 오락물의 방영이 많다고 생각하는 사람의 비율 p_1의 추정값은 표본에서의 비율, 즉 $\frac{766}{1{,}250}$이다. 따라서 귀무가설하에서의 표 9.11(a)의 첫 번째 칸의 추정된 기대도수는 $1{,}250 \times \frac{641}{1{,}250} \times \frac{766}{1{,}250} = \frac{641 \times 766}{1{,}250}$으로 주어진다. 마찬가지 방법으로 다른 칸의 기대도수를 구할 수 있는데 이를 정리하여 괄호 안에 적은 것이 표 9.12(a)에 주어져 있다. 독립성 검정에서도 추정 기대도수를 구한 식을 보면 동질성 검정에서처럼

$$\text{칸의 추정기대도수} = \frac{\text{칸이 속한 열의 합} \times \text{칸이 속한 행의 합}}{\text{전체 합}}$$

의 형태가 된다. 표 9.12(b)는 각 칸마다 '표준화된 차이' 를 나타내는 $(O-E)^2/E$를 계산한 것이다. 이 값들을 더하면 검정통계량 χ^2의 값을 얻을 수 있다. 검정통계량 χ^2는 표본의 크기가 클 때 자유도가 ((행의 수) − 1)×((열의 수) − 1) = 2인 χ^2 - 분포를 따른다. 따라서 유의수준 5%에서 기각역은 $R : \chi^2 \geq \chi^2_{0.05}(2) = 5.99$이다.

표 9.12(a) 예제 9.3 자료의 관측도수(기대도수)

	너무 많다	적당하다	너무 적다
남 자	378(392.8)	237(222)	26(26.2)
여 자	388(373.2)	196(211)	25(24.8)

표 9.12(b) 예제 9.3 자료의 $(O-E)^2/E$의 값

	너무 많다	적당하다	너무 적다	
남 자	0.56	1.01	0.00	
여 자	0.59	1.06	0.00	$\chi^2 = 3.22$

주어진 자료에 대한 χ^2의 값은 3.22로 5.99보다 작으므로 귀무가설을 기각할 수 없다. 즉,

오락물 방영에 대한 의견과 성별과는 어떤 관계가 있다고 말할 수 없다.

일반적인 $r \times c$ 분할표에서 독립성 검정은 행과 열의 수만 달라지고 검정 방법은 동일하다. 추정된 기대도수의 형태도

$$\text{추정기대도수} = \frac{\text{칸이 속한 열의 합} \times \text{칸이 속한 행의 합}}{\text{전체 합}}$$

로 동질성 검정에서 구한 것과 같고, 또한 검정통계량의 형태도

$$\chi^2 : \sum_{\text{칸}} \frac{(O-E)^2}{E}$$

으로 동일하다. 또한, χ^2의 자유도 역시 $(r-1) \times (c-1) = (\text{행의 수} - 1) \times (\text{열의 수} - 1)$로 동질성 검정의 자유도와 일치한다. 결론적으로 말해서 독립성 검정은 동질성 검정과 검정통계량, 자유도, 기각역이 모두 동일하지만, 검정하고자 하는 가설이 다르므로 검정결과에 대한 해석은 달라야 한다.

예제 9.7 스트레스를 받는 직종에 근무하는 185명을 조사하여 다음과 같은 표를 얻었다. 우울증의 유무와 알코올 중독과 관계가 있는가? 유의수준 5%에서 검정하라.

	알코올 중독	정 상	합 계
우울증 증세를 보임	54	27	81
우울증 증세를 보이지 않음	22	82	104
합 계	76	109	185

풀 이 우리가 검정하고자 하는 가설은 다음과 같다.

H_0 : 우울증과 알코올 중독은 서로 독립이다

이 가설을 검정하기 위하여 기대도수는 전과 같이 계산되어 표 9.13의 괄호 안에 주어져 있다.

표 9.13 예제 9.7 자료의 관측도수와 기대도수

	알코올 중독	정 상	합 계
우울증 증세를 보임	54(33.3)	27(47.7)	81
우울증 증세를 보이지 않음	22(42.7)	82(61.3)	104
합 계	76	109	185

검정통계량 χ^2의 자유도는 $= (2-1)(2-1) = 1$이므로 유의수준 5%에서 기각역은 $R : \chi^2 \geq \chi^2_{0.05}(1) = 3.84$이다. 주어진 자료의 검정통계량값은

$$\chi^2 = (54-33.3)^2/33.3 + (27-47.7)^2/47.7 + (22-42.7)^2/42.7 + (82-61.3)^2/61.3$$
$$= 12.9 + 9.0 + 10.1 + 7.0$$
$$= 39.0$$

이고 기각역에 포함되므로 유의수준 $\alpha = 0.05$에서 귀무가설을 기각할 수 있다. 즉, 알코올 중독과 우울증 유무는 관계가 있다고 할 수 있다.

제 4 절 엑셀을 이용한 분석

예제 9.8 예제 9.1의 자료를 이용하여 예제 9.4를 엑셀을 이용하여 분석하라.

풀이 엑셀의 함수 CHITEST를 이용하여 적합도 검정을 할 수 있다. 먼저 그림 9.1과 같이 자료를 입력한다.

	A	B	C	D
1	유전자 형태	A	B	C
2	관측도수	18	55	27
3	기대도수	25	50	25

그림 9.1 범주형 자료 입력

메뉴에서 [삽입] ➡ [함수 삽입] ➡ [통계] ➡ [CHITEST]를 선택하면 그림 9.2와 같은 대화상자가 나타난다.

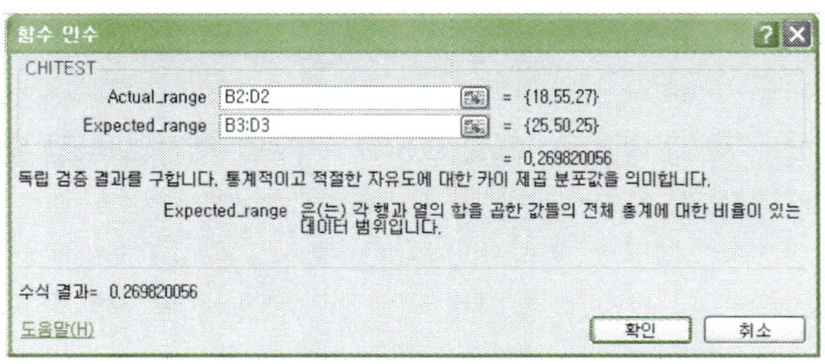

그림 9.2 [CHITEST] 대화상자

적합도 검정을 하기 위해서는 대화상자에서 Actual_range에 관측도수, Expected_range에 기대도수를 입력하고 [확인]을 선택하면 된다. 이 예제의 경우 $P-$값이 0.2698로 상당히 커서 귀무가설을 기각할 수 없으므로 유의수준 5%에서 생물학의 이론이 제안한 모집단의 비율이 틀리다는 결론을 내릴 수 없다.

예제 9.9 예제 9.5를 엑셀을 이용하여 분석하라.

풀 이 먼저 그림 9.3과 같이 자료를 입력하고 함수 SUM을 이용하여 행과 열의 합을 구하면 그림 9.4와 같은 결과를 얻을 수 있다. 여기서 수식의 입력내용은 각 셀을 입력한 때마다 계산이 실행되어 실제로 그림 9.4와 같은 모양으로 나타나지는 않는다. 합을 구하기 위해서는 각 행과 열의 첫 번째만 입력한 후 이 셀을 복사하면 된다.

	A	B	C	D
1	관측값	알코올 중독	정상	합계
2	사무원	32	268	=SUM(B2:C2)
3	교육자	51	199	=SUM(B3:C3)
4	기업인	67	233	=SUM(B4:C4)
5	상인	83	267	=SUM(B5:C5)
6	합계	=SUM(B2:B5)	=SUM(C2:C5)	=SUM(D2:D5)

그림 9.3 자료의 입력 및 주변 합 계산의 직접 입력

	A	B	C	D
1	관측값	알코올 중독	정상	합계
2	사무원	32	268	300
3	교육자	51	199	250
4	기업인	67	233	300
5	상인	83	267	350
6	합계	233	967	1200

그림 9.4 주변 합 직접 입력 결과

각 셀의 기대도수를 구하기 위하여 B9 셀에 "= B$6*$D2/$D$6"를 입력하고(절대 주소를 뜻하는 $기호의 위치에 조심할 것) 나머지 셀은 B9 셀을 복사한다. 이 결과는 그림 9.6과 같다.

8	기대도수	알코올 중독	정상
9	사무원	=B$6*$D2/$D$6	=C$6*$D2/$D$6
10	교육자	=B$6*$D3/$D$6	=C$6*$D3/$D$6
11	기업인	=B$6*$D4/$D$6	=C$6*$D4/$D$6
12	상인	=B$6*$D5/$D$6	=C$6*$D5/$D$6

그림 9.5 기댓값 계산의 직접 입력

8	기대도수	알코올 중독	정상
9	사무원	58.25	241.75
10	교육자	48.54	201.46
11	기업인	58.25	241.75
12	상인	67.96	282.04

그림 9.6 기댓값 계산의 직접 입력 결과

검정통계량의 값을 구하기 위하여 $(O-E)^2/E$를 계산하여야 하는데 이것은 그림 9.7과 같이 "= (B2 − B9)^2/B9" 와 같이 직접 입력하여 얻을 수 있다.

14	(O-E)^2/E	알코올 중독	정상
15	사무원	=(B2-B9)^2/B9	=(C2-C9)^2/C9
16	교육자	=(B3-B10)^2/B10	=(C3-C10)^2/C10
17	기업인	=(B4-B11)^2/B11	=(C4-C11)^2/C11
18	상인	=(B5-B12)^2/B12	=(C5-C12)^2/C12

그림 9.7 $(O - E)^2 / E$의 계산 직접 입력

14	(O-E)^2/E	알코올 중독	정상
15	사무원	11.83	2.85
16	교육자	0.12	0.03
17	기업인	1.31	0.32
18	상인	3.33	0.80

그림 9.8 $(O - E)^2 / E$의 계산 직접 입력 결과

검정통계량은 그림 9.8에서의 $(O - E)^2 / E$값의 합을 구하면 된다. P-값은 함수 CHDIST를 이용하면 되는데 첫 번째 인자에는 검정통계량의 값을, 두 번째 인자에는 자유도를 그림 9.9와 같이 입력하면 된다.

20	Chi-square	=SUM(B15:C18)
21	p-값	=CHIDIST(B20,3)

그림 9.9 검정통계량과 P-값의 직접 입력

20	Chi-square	20.60
21	p-값	0.000127458

그림 9.10 직접 입력 결과

P-값은 0.000127로서 매우 작으므로 유의수준 $\alpha = 0.05$ 또는 $\alpha = 0.01$에서도 귀무가설이 기각된다.

연·습·문·제

9.1 어느 대학의 매년 졸업생의 취업 현황을 조사한 결과 45%는 대기업에, 20%는 중소기업에, 20%는 은행에, 나머지 15%는 자영업을 한다고 하자. 어느 해의 졸업생 중 235명을 임의로 선택하여 조사한 결과가 다음의 표와 같다. 예년과 다르게 취업이 이루어졌다고 할 수 있는가? 유의수준 $\alpha = 0.025$로 검정하라.

	대기업	중소기업	은 행	자영업	합 계
명 수	92	69	32	42	235

9.2 멘델의 유전 법칙에 의하면 어떤 종의 꽃에서 순종의 빨간 꽃과 순종의 흰 꽃을 교배시키면 두 개의 유전자를 하나씩 가지는 잡종인 분홍 꽃이 핀다고 한다. 그리고 그 분홍 꽃을 교배시키면 세 가지 꽃이 생기는데, 각각의 색의 꽃이 발생할 확률은 빨간 꽃과 흰 꽃이 각각 1/4, 분홍 꽃이 1/2이라고 한다. 실제로 교배시켜서 나온 꽃의 수가 빨간색이 141, 분홍색이 291, 흰색이 132이다. 이 실험 결과가 멘델의 유전법칙에서 벗어난 것이라고 할 수 있는가? 유의수준 0.05로 검정하라.

9.3 난수 발생기의 성능을 점검하기 위해 0부터 9까지의 500개 난수를 생성하여 아래의 표와 같이 정리하였다. 유의수준 5%로 χ^2 - 검정을 통하여 난수 발생기의 성능을 점검하라.

난 수	0	1	2	3	4	5	6	7	8	9	합 계
빈 도	43	58	51	59	39	56	45	37	60	52	500

9.4 사형제도 폐지에 대한 대규모 여론조사 결과가 아래와 같다.

절대적으로 지지한다	지지한다	관심 없다	반대한다	절대적으로 반대한다
20%	30%	20%	20%	10%

같은 조사를 임의로 선택한 100명의 법집행관들에게 질문한 결과가 아래와 같다.

절대적으로 지지한다	지지한다	관심 없다	반대한다	절대적으로 반대한다
14	18	18	26	24

이 두 자료로부터 법집행관의 사형제도 폐지에 대한 견해가 일반인과 차이가 있다고 할 수 있는지 유의수준 5%로 검정하라.

9.5 대기오염은 식물에 악영향을 미친다. 특히 황화산화물은 식물의 잎을 손상시킨다. 다음은 3종류의 채소들이 각각 40개씩 재배되고 있는 온실에 황화산화물을 투입하여 식물의 잎의 손상상태를 기록한 표이다. 심하게 손상된 잎의 비율이 식물의 종류에 따라 차이가 있는지 유의수준 10%로 검정하라.

식 물	나뭇잎의 손상 정도		합 계
	심각하다	없거나 심각하지 않다	
양상추	32	8	40
시금치	28	12	40
토마토	19	21	40
합 계	79	41	120

9.6 새로운 상품이 시장에 소개되고 일정기간이 지난 후, 제조업자는 그 상품이 시장에서 어떤 위치를 차지하고 있는지 알고 싶어, 다음 세 개의 도시를 선택하여 각각 200명, 150명, 300명을 임의로 선택하여 새로운 상품에 대한 질문을 한 결과가 아래와 같았다. 새로운 상품의 시장에서의 위치는 도시에 따라 차이가 있는가? ($\alpha = 0.05$)

	상품에 관해 들어본 적 없다.	상품에 관해 들어보았으나 구입하지는 않았다.	한 번 이상 구입하였다.	합 계
도시 1	36	55	109	200
도시 2	45	56	46	150
도시 3	54	78	168	300
합 계	135	189	326	650

9.7 골다공증이나 뼈에서의 광물질의 손실이 노인에게 있어서의 일반적인 골절의 원인이 된다. 이 광물질의 손실을 막기 위해서 물리치료나 운동이 효과가 있다고 한다. 이를 알아보기 위하여 임의로 노인들을 선택하여 세 집단으로 나누어 한 집단은 물리치료를 시행하고, 또 다른 집단은 운동요법을 시행하고, 나머지 한 집단은 아무런 조치를 취하지 않은 상태로 일정기간을 보낸 후 광물질의 양을 측정한 결과가 아래의 표와 같다. 각 노인집단에서 광물질의 변화에 차이가 있는지 유의수준 1%로 검정하라.

	뼈 속의 광물질의 변화			합 계
	상당한 손실	작은 변화	상당한 증가	
아무 조치 취하지 안함	38	15	7	60
물리 치료 시행	22	32	16	70
운동 요법 시행	15	30	25	70
합 계	75	77	48	200

9.8 새로 개발된 품종의 식물이 토질에 영향을 받는가를 조사하기 위해 세 종류의 토지, 진흙, 모래, 양토에 각각 65, 60, 60그루를 심어 성장속도를 기록하여 아래와 같은 표를 작성하였다. 토질이 식물의 성장속도에 영향을 미친다고 할 수 있는가? 유의수준 1%로 χ^2 동질성 검정을 시행하라.

흙의 종류 / 성장속도	진 흙	모 래	양 토
불 량	16	8	14
보 통	31	16	21
우 량	18	36	25
합 계	65	60	60

9.9 식이요법과 운동이 심장병에 어떤 영향을 미치는지 조사하기 위하여, 심장병 환자 96명을 임의로 선택하여 49명을 실험집단으로 하여 정기적인 운동과 채소 저지방 식이요법을 시행하고, 나머지 47명은 대조집단으로 하여 통상적인 운동과 보통의 저지방 식이요법을 시행하였다. 일정 기간이 지난 후 동맥경화의 정도의 변화를 측정하였다. 두 집단 간에 동맥경화의 정도에 차이가 있는지를 유의수준 0.05로 검정하라.

	악 화	변화 없음	개 선	합 계
실험 집단	4	8	37	49
대조 집단	8	25	14	47

9.10 사회복지기금 수령자 중에 이의 신청은 자신에 대한 대우가 부적당하다고 느낄 때 신청 가능하다. 이때 이의 신청을 자신이 직접하거나, 변호사에게 전 과정을 위임한다. 이의 신청 후 사회복지기금의 수령액은 증가하거나, 줄거나, 변화가 없게 된다고 하자. 법원은 320건의 이의 신청에 대한 결과를 다음과 같이 정리하였다. 본인의 직접 신청 여부와 수령액 증감 여부가 관계가 있다고 할 수 있는가? 유의수준 $\alpha = 0.05$로 검정하라.

	사회 복지 기금 수령액		
	증 가	변화 없음	감 소
자신이 직접 수행	59	108	17
변호사에게 위임	70	63	3

9.11 정부의 사회복지 예산삭감에 대한 견해와 그가 어떤 특정 단체에 가입했는지의 여부가 관계가 있는지 판단하고자 400명을 대상으로 조사한 결과가 다음의 표와 같다. 이 자료를 이용하여 예산 삭감에 대한 의견이 특정 단체 가입 여부와 어떤 관계가 있다고 할 수 있는지 판단하라.

	지지한다	관심 없다	반대한다	합 계
특정 단체 가입	112	36	28	176
특정 단체 비가입	84	68	72	224
합 계	196	104	100	400

9.12 학교 신문사는 350명을 임의로 선택하여 최근 제기된 '기숙사 규율 개선안'에 대한 여론조사를 실시하였다. 성별과 규율 개선안에 대한 의견이 어떤 관계가 있다고 할 수 있는지 유의수준 $\alpha = 0.05$로 검정하라.

	지지한다	관심 없다	반대한다	합 계
남 자	93	72	21	186
여 자	55	79	30	164
합 계	148	151	51	350

9.13 염색체의 구조를 연구하기 위해 132명을 염색체 구조의 변형유무와 그들의 부모의 염색체 구조의 이상 유무로 구분한 자료가 아래의 표와 같다. 자식의 염색체의 변형유무와 부모의 염색체 구조이상 유무가 관련이 있는지를 유의수준 0.05로 검정하라.

부모의 이상유무 / 염색체 변형유무	한 부모에 있다	모두 없다	합 계
가지고 있다	28	19	47
가지고 있지 않다	35	50	85
합 계	63	69	132

제 10 장 품질관리

품질관리란 생산 제품의 품질을 일정하게 유지하거나 향상시키기 위해 다양한 과학적 이론에 바탕을 둔 관리기법을 다루는 분야다. 특히 1920년대부터 다양한 통계적 개념과 분석기법들을 적용하기 시작하여 품질의 관리와 개선에 많은 발전을 이루었는데, 이 장에서는 품질관리의 여러 분야 중에서 **공정관리 (process control)**, 특히 **관리도 (control chart)** 의 개념과 기법을 설명한다.

제조 공정에서 생산되는 제품은 공정상에 특별한 변화가 없더라도 정확히 같게 만들어 지지는 않고 어느 정도 차이가 발생하는데, 이러한 차이를 **변동성**이라고 한다. 이러한 변동성은 공정과정을 아무리 엄격히 관리하더라도 더 이상 감소하지 않고 일정한 수준으로 나타나는데, 이를 **우연변동**이라 한다. 일반적으로 우연변동은 중요하지 않거나 아직 알려지지 않은 요인들로 인해 발생하는 공정의 내재적 변동이라 해석한다. 반면에 **특별한 원인** (이상원인) 에 의해 공정상에 변화가 발생할 수 있는데, 이 경우에 생산된 제품은 흔히 우연변동과는 다른 변동특성을 나타낼 수 있다. 예를 들어, 장비 눈금의 잘못된 조정, 기존에 사용된 원료와 다른 품질의 원료 투입, 또는 작업자의 실수 등 다양한 원인에 의해 변동성에 변화가 발생할 수 있다. 공정에서 이러한 이상원인을 탐지하고 그 원인을 제거하면 흔히 제품의 변동성은 다시 우연변동과 같게 된다.

공정에서 이상원인이 발생하지 않고 우연변동만이 존재할 때 그러한 공정은 **정상상태 (in control)** 에 있다고 하는데, 공정관리는 어떤 공정이 정상상태인지 또는 **이상상태 (out of control)** 인지를 판정하는 과학적 방법을 다루는 분야이다. 공정관리에 사용할 수 있는 도구로서 슈하트 (W. A. Shewhart) 가 제안한 관리도가 있다. 관리도는 **관리상한 (UCL: upper control limit)** 과 **관리하한 (LCL: lower control limit)** 의 두 **관리한계**로 구성되는데, 생산된 제품의 특성을 수치로 측정하여 그 값이 두 경곗값 사이에 있으면 정상상태로, 경곗값을 벗어나면 이상상태로 판정한다. 흔히 현장에서는 정상상태를 **관리상태**라고 부르고, 이상상태로 판정하는 경우에 **관리이탈**이 발생했다고 한다. 관리도는 제2차 세계대전에서의 활용과 일본 제조업 분야에서의 적용으로 품질관리의 핵심 도구로 부각되었다.

이 장에서는 먼저 1절에서 관리도의 기본 개념을 설명한다. 2절은 제품의 특성이 연속형 변수로 측정되는 공정에 대해 관리도가 어떻게 작성되고 활용되는지를 설명한다. 다음으로 3절에서는 제품의 특성을 어떤 속성(attribute)이 특정 조건(일반적으로 규격)을 만족하는지 또는 아닌지를 판정하고 관리하는 공정 관리도에 대해 설명한다. 4절에서는 1990년 중반 이후부터 산업 현장에서 많은 관심을 받고 있는 **식스시그마 (Six Sigma)** 혁신 전략에 대해 간단히 살펴본다. 또한 5절에서는 엑셀을 이용한 분석을 다룬다.

제 1 절 관리도의 개념

관리도에서는 정상상태의 공정에서 생산한 제품의 변동성은 우연변동을 따르며, 이 기간 동안에 생산한 제품은 규격에 맞는 양품이라고 가정한다. 만약 공정에 이상상태가 발생하면 정상상태에서 거의 생산되지 않는 불량품이 많이 발생하게 되고, 그로 인해 상당한 손실이 초래될 수 있다. 이러한 배경에서 관리도는 이상상태의 발생을 조기에 탐지하여 손실을 최소화할 수 있는 도구로 제안되었다. 실제 생산현장에서는 공정이 정상상태, 즉 우연변동의 상태를 벗어나면 관리도가 이상상태 발생을 탐지하여 신호로 알리고, 작업자는 탐지된 이상상태의 원인을 찾아 적절한 조치를 취함으로서 적정 수준의 품질을 유지한다.

공정관리는 일정한 시차를 두고 일단의 생산 제품을 표본 추출하여 품질특성을 측정하고, 이 측정치들의 평균, 범위 또는 표준편차, 불량의 비율, 불량의 개수 등과 같은 통계치를 관리도에 적용하여 공정의 정상상태 여부를 판단한다. 품질특성의 예로, 기계공정에서 엔진의 베어링 둘레의 길이, 화학공정에서 액체의 점도, 환경관련 공정에서 생물학적 산소요구량(BOD) 등을 들 수 있다. 관리도는 그림 10.1과 같이 관리도 중심에 해당되는 중앙선(CL: Center Line)과 관리상한 및 관리하한의 두 관리한계로 구성된다. 이렇게 구성된 관리도에 일정한 시차를 두고 추출된 표본으로 구한 값을 점으로 표시하고, 이 점들이 관리한계 사이에 있는지 또는 벗어나는지로 정상상태인지 또는 이상상태인지를 판단한다. 또한 시간에 따라 그려진 점들이 관리한계 사이에 놓이더라도 중앙선을 중심으로 랜덤하게 나타나지 않고 계속하여 증가하는 등 어떤 경향을 보이는 경우, 이 또한 정상상태에서 벗어난 것으로 판단하고 그 이유를 찾도록 한다.

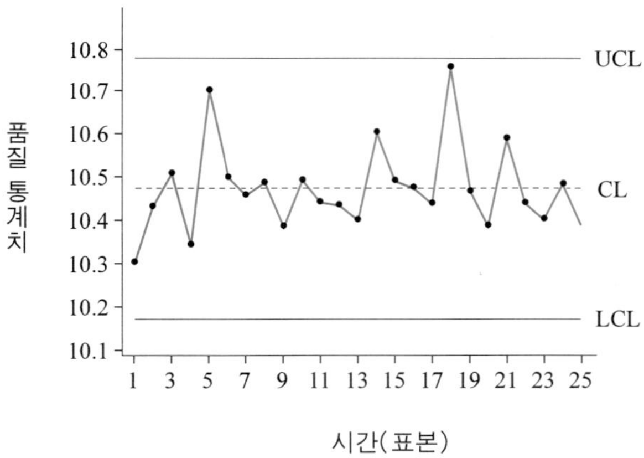

|| 그림 10.1 || 일반적인 관리도 형태

관리도의 각 구성 요소들, 특히 관리한계는 공정이 정상상태일 때의 품질 특성치의 분포를 이용하여 결정된다. 정상상태를 이상상태로 잘못 판단할 확률은 미리 정한 매우 작은 수준을 유지하되, 실제 이상상태가 발생했을 때 조기에 탐지할 수 있도록 결정된다. 실제로 관리도는 가설검정과 매우 유사한 개념을 응용한 기법이라 할 수 있다. 공정이 정상상태일 때에 이상상태로 잘못 판단할 확률은 정상상태를 귀무가설로 설정한 가설검정에서 제1종 오류의 확률인 α와 같고, 이상상태가 발생했을 때에 이를 정상상태로 잘못 판단할 확률은 제2종 오류가 발생할 확률인 β와 같게 된다. 따라서 관리도에서 어떤 관리한계를 선택할 것인가의 문제는 가설검정에서 어떤 기각역을 선택할 것인가의 문제와 같은 의미를 갖는다.

일반적으로 관리도의 중앙선과 관리한계는 품질 특성치의 분포 특성, 특히 모수를 미리 안다는 가정하의 특성을 고려하여 작성된다. 그러나 공정의 초기 단계에서는 그 값들을 모르는 경우가 흔한데, 이 경우에는 사전 단계로서 20개에서 25개 사이의 시점에서 표본을 추출하여 모수를 추정하고 관리한계를 설정한다. 이렇게 설정된 관리도에 사전 단계의 표본으로 구한 통계치를 적용하여 모든 시점에서 정상상태가 만족되면, 그것을 관리한계로 확정하고 다음 시점부터 추출되는 표본들에 적용한다. 만약 관리한계를 벗어난 일부 시점의 통계치가 이상상태임이 밝혀지면 그 시점의 표본을 제외하고 다시 관리한계를 구하되, 남은 표본들이 모두 정상상태로 판정될 때까지 이런 과정을 계속하여 관리도의 요소를 개선한다. 일단 관리한계가 확정되면 다음 시점부터 추출되는 표본들에 대해 관리도를 적용하게 된다.

제 2 절 연속형 관리도

정상상태의 공정에서 생산되는 제품의 품질 특성치(X)가 서로 독립이고, 평균이 μ이고 분산이 σ^2인 정규분포를 따르는 연속형 변수라고 하자. 즉, 정상상태에서 $X_1, X_2, \cdots$는 서로 독립이고 $N(\mu, \sigma^2)$을 따르는 확률변수이고, 모수 μ와 σ^2은 미리 알고 있다고 가정하자. 이 절에서는 이상원인이 발생하면 생산되는 제품의 품질 특성치는 정상상태에서와 다른 분포를 따른다고 가정하고, 분포의 중심 위치나 변동성의 변화를 조기에 탐지할 수 있는 관리도를 소개한다.

공정이 이상상태로 변하는 시점을 조기에 탐지하기 위해 일반적으로 일정한 시차를 두고 시점마다 크기가 n인 표본을 추출하여 품질 특성치를 측정하고 그것들로부터 **부분군(subgroup)** 을 구성한다. 중심 위치의 변화가 관심의 대상인 경우에, 부분군의 크기 n은 부분군 내의 제품은 최대한 동질적으로, 부분군 간의 제품은 최대한 이질적이 되도록 결정하면 효율적이다. 즉, 품질 특성치의 중심 위치의 변화가 가능하면 부분군 안에서보다는 부분군 사이에서 발생하도록 부분군의 크기와 시점을 결정하는 것이 바람직한데, 이렇게 구한 부분군을 **합리적 부분군(rational subgroup)** 이라고 부른다. 이 절에서는 합리적 부분군이 추출되었다고 가정하고, 중심 위치에 대한 도구로 $\overline{X}$-관리도 그리고 변동성에 대한 도구로서 R-관리도를 알아보기로 한다.

중심 위치에 대한 관리도 : $\overline{X}$-관리도

먼저 공정에서 품질 특성치의 중심 위치 변화를 탐지하는 관리도로 가장 널리 사용되고 있는 $\overline{X}$-관리도를 설명하기로 한다. 앞에서 가정하였듯이 어떤 공정의 품질 특성치 $X_1, X_2, \cdots$가 서로 독립이고 $N(\mu, \sigma^2)$을 따르며 부분군의 크기가 n이라고 하자. 이때 i번째 부분군은 $X_{(i-1)\times n+1}, \cdots, X_{i\times n}$으로 구성된다. 부분군의 표본평균을 $\overline{X}_i$라고 표기할 때, 공정이 정상상태인 경우에 i번째 부분군의 평균

$$\overline{X}_i = \frac{X_{(i-1)\times n+1} + \cdots + X_{i\times n}}{n}, \ i = 1, 2, \cdots$$

는 기댓값이 $E(\overline{X}_i) = \mu$이고 분산이 $Var(\overline{X}_i) = \sigma^2/n$인 정규분포를 따른다. 따라서 i번째 부분군의 평균 $\overline{X}_i$에 대한 표준화 변수는 다음과 같이 표준정규분포를 따른다.

$$Z_i = \frac{\overline{X}_i - \mu}{\sqrt{\sigma^2/n}} \sim N(0, 1)$$

따라서 정상상태의 공정에서는 이러한 부분군 평균들의 100(1 − α)%는 $\mu \pm z_{\alpha/2}\frac{\sigma}{\sqrt{n}}$을 경곗값으로 하는 구간 안에 속할 것으로 기대할 수 있다. 일반적으로 많이 사용하는 관리한계는 $z_{\alpha/2}$를 3으로 놓고 $\overline{X}$-관리도의 중앙선(CL), 관리상한(UCL)과 관리하한(LCL)을 아래와 같이 설정한다. 이처럼 $z_{\alpha/2}$를 3으로 설정한 관리도를 3σ-관리도라고 한다. 앞으로 특별한 언급이 없는 한 관리도는 모두 3σ-관리도를 의미한다. 여기에서 이러한 $\overline{X}$-관리도는 공정이 정상상태일 때에 관리한계를 벗어나는 부분군이 추출되어 이상상태로 잘못 판단할 확률이 0.0026이 됨을 알 수 있다.

$\overline{X}$-관리도의 중앙선과 관리한계 (μ와 σ^2을 아는 경우)

$$CL = \mu$$

$$UCL = \mu + 3\frac{\sigma}{\sqrt{n}}, \qquad LCL = \mu - 3\frac{\sigma}{\sqrt{n}}$$

예제 10.1 어느 자동차 부품을 제조하는 공정에 관리도를 적용한다고 하자. 그 부품의 직경은 평균이 5*mm*이고 표준편차가 0.1*mm*라고 한다. 이 공정에서 4개씩의 부품을 매시간마다 표본으로 추출하는데, 20번의 추출된 표본의 자료가 표 10.1과 같다고 하자. $\overline{X}$-관리도를 그리고 이상상태가 발생했는지 확인하라.

표 10.1 자동차 부품 자료

표 본	관측값				평 균	범 위
1	4.854	5.176	4.888	5.042	4.9900	0.322
2	4.994	5.166	5.068	5.061	5.0723	0.172
3	4.920	5.004	5.020	4.892	4.9590	0.128
4	5.059	4.924	4.916	5.051	4.9875	0.143
5	5.031	5.055	4.938	4.948	4.9930	0.117
6	5.041	5.006	5.137	4.909	5.0233	0.228
7	5.039	5.019	5.090	5.071	5.0548	0.071
8	4.872	4.998	5.090	5.075	5.0088	0.218
9	4.883	5.058	4.900	5.084	4.9813	0.201
10	4.743	4.906	4.820	4.794	4.8158	0.163
11	4.883	4.885	5.103	4.986	4.9643	0.220
12	4.939	4.860	5.053	5.120	4.9930	0.260
13	4.942	5.114	4.868	5.065	4.9973	0.246
14	4.938	5.097	4.900	5.024	4.9898	0.197
15	5.097	5.002	5.012	4.944	5.0138	0.153
16	4.948	5.174	5.097	5.001	5.0550	0.226
17	4.921	4.998	4.924	4.972	4.9538	0.077
18	5.081	5.100	5.006	5.116	5.0758	0.110
19	5.011	4.887	4.951	4.991	4.9600	0.124
20	4.942	4.930	4.832	5.171	4.9688	0.339

풀 이 이 공정에서 품질 특성치의 분포는 $N(5, 0.1^2)$을 따르므로, 표본의 크기가 $n =$ 4인 부분군 표본평균의 기댓값은 $E(\overline{X}) = 5$이고 표준편차는 $\sigma_{\overline{X}} = \sigma/\sqrt{n} = 0.1/\sqrt{4} =$ 0.05가 된다. 따라서 $\overline{X}$ - 관리도의 관리한계는 다음과 같다.

$$UCL = \mu + 3\frac{\sigma}{\sqrt{n}} = 5.0 + 3 \times \frac{0.1}{2} = 5.15$$

$$UCL = \mu - 3\frac{\sigma}{\sqrt{n}} = 5.0 - 3 \times \frac{0.1}{2} = 4.85$$

이렇게 구해진 관리한계로 작성된 $\overline{X}$ - 관리도는 그림 10.2와 같다. 이로부터 10번째 부분군에서 관리한계를 벗어나는 이상상태가 발생했음을 알 수 있다.

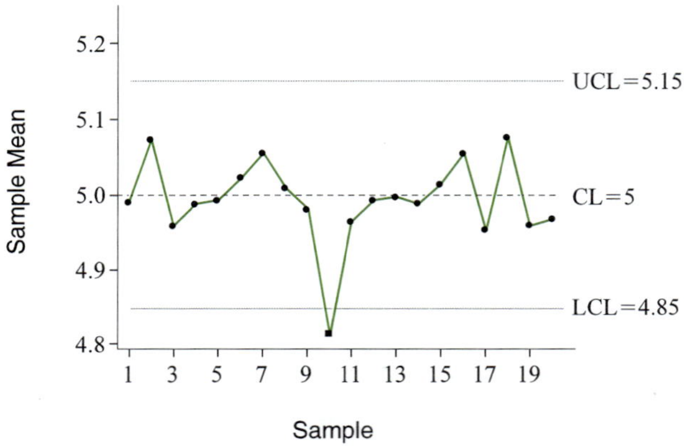

그림 10.2 예제 10.1의 자동차 부품 자료에 대한 $\overline{X}$ - 관리도

지금까지 평균과 표준편차 등 모수가 미리 알려진 연속형 품질 공정에서 중심 위치에 대한 관리도를 설명하였다. 그러나 새로운 제품의 출시, 제조 디자인의 대폭 변경, 일부 핵심 부품의 교체 등 공정의 초기 또는 대폭 개편 시에는 모수값을 모르는 경우가 더 흔하다. 이런 경우에는 표본 자료를 추출하여 μ와 σ 등의 모수값을 추정하고 그들로 관리한계 등 관리도의 요소를 결정하는 과정을 거치는데, 일반적으로 크기가 4, 5, 또는 6인 부분군을 20~25회 정도 추출하여 사용하도록 권고하고 있다. 이 과정을 제1단계 (Phase I) 라고 하는데, 부분군을 추출하는 기간 동안 정상상태가 만족되어야 한다. 정상상태가 만족되는 부분군 자료를 대상으로 각 부분군의 평균과 범위, 그리고 전체 자료의 평균 등을 추정한다.

크기가 n인 부분군을 k회 추출하여 구한 부분군 평균을 $\overline{X}_i$라고 할 때, 자료의 전체평균

$$\overline{\overline{X}} = \frac{1}{k}\sum_{i=1}^{k}\overline{X}_i$$

는 공정의 평균 μ에 대한 추정량으로서 관리도의 CL(중앙선)에 해당한다.

품질관리 분야에서는 σ를 추정하기 위하여 표본표준편차 또는 표본범위를 사용할 수 있다. 이 책에서는 부분군의 표본의 범위를 이용한 σ의 추정방법을 소개하기로 한다. 부분군의 범위는 i번째 부분군 자료의 최댓값과 최솟값을 $X_{\max,\, i}$와 $X_{\min,\, i}$라 표기할 때, 이 부분의 범위는

$$R_i = X_{\max,\, i} - X_{\min,\, i},\ i = 1,\ 2,\ \cdots,\ k$$

이고, 부분군 범위의 평균은

$$\overline{R} = \frac{1}{k}\sum_{i=1}^{k} R_i$$

이다. 통계이론에 의하면 $\overline{R}$에 기초한 σ의 추정량으로

$$\hat{\sigma} = \frac{\overline{R}}{d_2}$$

를 사용할 수 있다. 여기에서 d_2는 n에 따라 달라지는 상수로서 부록에 있는 표 7에 주어져 있다. 이를 이용하여 구한 관리도는 다음과 같이 요약된다.

$\overline{X}$ - 관리도의 중앙선과 관리한계 (μ와 σ^2을 모르는 경우)

$$CL = \overline{\overline{X}}$$

$$UCL = \overline{\overline{X}} + \frac{3\overline{R}}{d_2\sqrt{n}}, \qquad LCL = \overline{\overline{X}} - \frac{3\overline{R}}{d_2\sqrt{n}}$$

품질관리 분야에서는 현장에서 좀 더 쉽게 사용할 수 있도록 $A_2 = 3/(d_2 \times \sqrt{n})$을 정의하여 n에 따른 A_2의 값을 표로 제시하고 있다. 이때 관리한계는 다음과 같이 좀 더 단순하게 표현될 수 있다.

$$UCL = \overline{\overline{X}} + A_2\overline{R},\ LCL = \overline{\overline{X}} - A_2\overline{R}$$

주목해야 할 사실은 $\overline{X}$ - 관리도와 같은 중심 위치에 대한 관리도를 작성하기 전에 먼저 변동성에 대한 관리도에서 이상상태 발생 여부를 판단하여야 한다는 점이다. 중심 위치에 대한 관리도는 우연변동의 특성을 바탕으로 관리한계가 설정되는데, 변동성에서 이상상태가 발생한 것으로 판정되면 중심 위치에 대한 관리도를 작성하는 것은 의미가 없게 된다. 따라서 변동성에 대한 관리도를 먼저 살펴보는 것이 타당하다.

변동성에 대한 관리도: R-관리도

제품의 품질 특성치가 연속형 변수인 공정에서 관리 대상으로 중심 위치와 더불어 변동성을 고려한다. 중심 위치에 대한 관리도의 관리한계가 기본적으로 정상상태에서의 변동성의 측도에 의해 결정된다는 점에서, 변동성에 대한 공정관리가 중심 위치에 대한 것보다 먼저 수행될 필요가 있다. 공정의 변동성은 일정한 시차를 두고 추출된 부분군의 표본범위와 표본표준편차(S-관리도) 등의 산포측도를 적용하여 관리될 수 있지만, 이 절에서는 부분군의 표본범위를 도표에 점으로 표시하는 R-관리도에 초점을 두고 설명하기로 한다.

R-관리도는 $\overline{X}$-관리도와 유사하게 표본범위 R의 평균을 중앙선(CL)으로, R의 표준편차 σ_R을 적용한 관리한계를 경곗값으로 작성되는데, 현장에서는 주로 3σ-관리도가 사용되고 있다. 관리도에 적용되는 σ_R은 $\sigma_R = \sigma \cdot d_3$로 나타낼 수 있고, d_3값은 부록에 있는 표 7에 제공된다. 따라서 σ_R의 추정량은 σ의 추정량인 $\hat{\sigma} = \overline{R}/d_2$를 대입하면

$$\hat{\sigma}_R = \frac{\overline{R}}{d_2} d_3$$

가 된다. 이렇게 구해진 추정량을 이용하여 R-관리도는 다음과 같이 설정된다.

R-관리도의 중앙선과 관리한계

$$CL = \overline{R}$$

$$UCL = \overline{R} + 3\overline{R}\frac{d_3}{d_2}, \qquad LCL = \overline{R} - 3\overline{R}\frac{d_3}{d_2}$$

공정관리에 관한 전문서적에서는 $D_3 = 1 - 3 \cdot d_3/d_2$와 $D_4 = 1 + 3 \cdot d_3/d_2$ 등의 표기를 도입하여 n에 따른 값들을 표로 제공하고 있다. 이와 같은 표기를 사용하면 R-관리도의 관리한계는 $UCL = \overline{R}D_4$, $LCL = \overline{R}D_3$로 보다 더 간단하게 나타낼 수 있다.

예제 10.2 예제 10.1에서 부품 직경의 평균과 표준편차를 모른다고 하자. 이 경우에 대하여 3σ-관리도의 요소들을 설정하는 과정을 구체적으로 제시하라.

풀 이 앞에서 설명하였듯이 공정관리에서 먼저 변동성이 정상상태를 만족하여야 한다. 수집된 부분군 자료를 이용하여 R-관리도의 요소를 구하면 중앙선은

$$\overline{R} = \frac{1}{20}\sum_{i=1}^{20} R_i = 0.1858$$

이 된다. 관리한계는 부록의 표 7로부터 $n = 4$의 경우 $d_2 = 2.059$와 $d_3 = 0.880$이므로 R - 관리도의 관리한계인 LCL은 음수가 되어 0으로 하고 UCL은 다음과 같이 설정한다.

$$UCL = \overline{R} + 3\overline{R}\frac{d_3}{d_2} = 0.1858 + 3 \times 0.1858 \times \frac{0.880}{2.059} = 0.4239$$

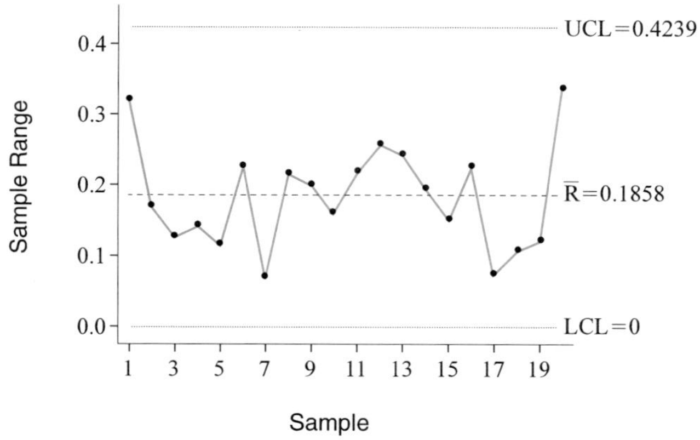

‖ 그림 10.3 ‖ 예제 10.2 자료의 R - 관리도

그림 10.3에서 모든 점이 관리한계 내에 속하여 정상상태라고 판정한다. 공정의 변동성이 정상상태이므로, 다음 단계로 $\overline{X}$ - 관리도를 작성하여 정상상태 여부를 판단한다. 중앙선은

$$\overline{\overline{X}} = \frac{1}{20}\sum_{i=1}^{20}\overline{X}_i = 4.9928$$

이 되고, 부록의 표 7에서 $n = 4$의 $d_2 = 2.059$값을 적용하여 관리한계값을 구하면 다음과 같다.

$$UCL = \overline{\overline{X}} + \frac{3\overline{R}}{d_2\sqrt{n}} = 4.9928 + \frac{3 \times 0.1858}{2.059\sqrt{4}} = 5.1282$$

$$LCL = \overline{\overline{X}} - \frac{3\overline{R}}{d_2\sqrt{n}} = 4.9928 - \frac{3 \times 0.1858}{2.059\sqrt{4}} = 4.8575$$

부분군 평균으로 $\overline{X}$ - 관리도를 작성한 결과는 그림 10.4와 같다. 이 그림에서 10번째 부분군의 평균이 관리한계를 벗어나므로, 이 공정은 정상상태라고 할 수 없다. 따라서 10번째 부분군 자료를 제외하고 같은 과정을 거쳐 R - 관리도와 $\overline{X}$ - 관리도를 작성하여 정상상태 여부를 검토한다.

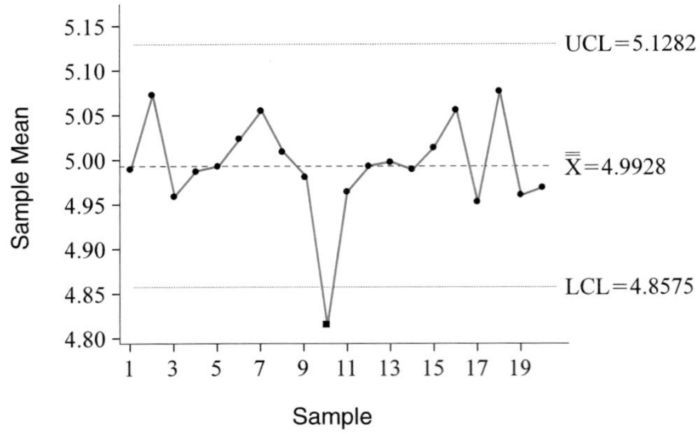

‖ 그림 10.4 ‖ 예제 10.2 자료의 $\overline{X}$ - 관리도

10번째 부분군 자료를 제외하고 나머지 자료로 구한 R - 관리도의 중앙선과 관리한계는

$$UCL = 0.4266,\ CL = 0.1869,\ LCL = 0$$

가 된다. 그림 10.5는 새롭게 설정한 R - 관리도에 나머지 19개의 부분군 범위를 점으로 표시한 결과로서, 모든 점이 새로운 관리한계 내에 놓여 있어 정상상태로 판정한다.

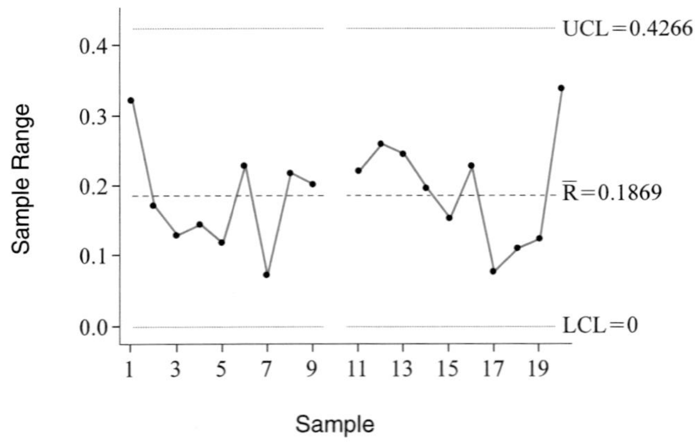

‖ 그림 10.5 ‖ 10번째 부분군을 제외하고 작성한 R - 관리도

다음 단계로 10번째 부분군 자료를 제외하고 $\overline{X}$ - 관리도를 작성하고, 새 관리도에서 나머지 부분군이 정상상태를 만족하는지를 확인한다. 이렇게 구한 $\overline{X}$ - 관리도의 구성요소는

$$UCL = 5.1384,\ CL = 5.0022,\ LCL = 4.8660$$

가 되고, 여기에 나머지 부분군의 표본평균을 표시한 결과가 그림 10.6이다. 이로부터 19개의 부분군이 정상상태라고 판단되어, 10번째 부분군 자료를 제외하고 구한 $\overline{X}$ - 관리도와 R - 관리도의 구성요소를 이후에 수집되는 부분군 자료에 적용하여 공정관리를 수

행하게 된다. 이와 같이 모수를 추정하는데 사용되는 부분군이 모두 정상상태임을 확인하는 과정은 앞으로 소개되는 모든 관리도에서 적용된다.

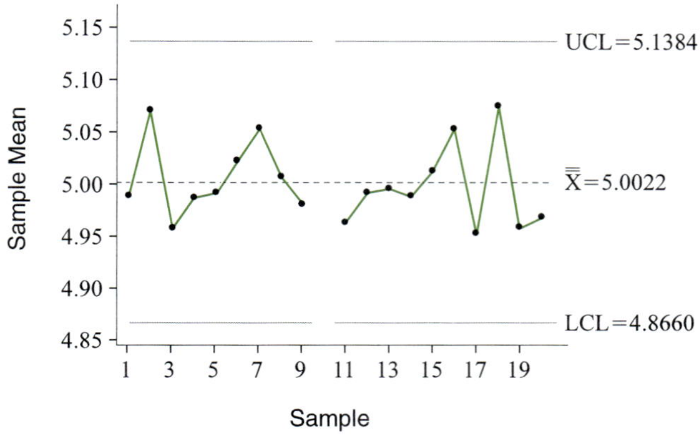

그림 10.6 10번째 부분군을 제외하고 작성한 $\overline{X}$ - 관리도

지금까지 설명한 $\overline{X}$ - 관리도와 R - 관리도의 관리한계는 품질 특성치 X_i가 정규분포 $N(\mu, \sigma^2)$을 따른다는 가정하에서 설정되었다. 정규분포를 따르지 않는 경우에도 부분군의 크기 n이 충분히 크면 앞에서 제시한 $\overline{X}$ - 관리도를 사용할 수 있다. 모의실험이나 사례분석에 의하면 n이 4 이상이면 $\overline{X}$ - 관리도는 유효한 것으로 여겨진다. R - 관리도의 경우 X_i가 정규분포를 따르더라도 범위 R의 분포는 정규분포도 아니고 대칭분포도 아니다. 그럼에도 불구하고 관리한계를 대칭적인 관리한계 $\overline{R} \pm 3\sigma_R$로 설정하는데, 이는 단순히 일반적인 관리도의 식을 따라 맞춘 것이다.

공정관리란 규격에 맞는 양품을 생산하기 위해 관리도를 적용하는 것인데, 제품의 규격은 일반적으로 수요자의 요구에 의해 결정된다. 유의해야 할 점은 관리도의 관리한계와 규격은 별개의 개념으로 직접적인 관계가 없다는 사실이다. 공정이 정상상태라는 것은 생산되는 제품의 대부분이 규격에 맞는 양품이란 의미가 아니라, 제품의 중심 위치와 변동성이 단지 일정한 수준에 안정되어 있다는 뜻이다. 정상상태에서 제품의 변동성은 원천적인 우연변동과 같고 관리도의 관리한계는 우연변동의 크기에 의해 결정되므로, 공정이 정상상태라고 하더라도 품질 특성치의 중심 위치가 규격의 중심에서 상당히 벗어나거나, 우연변동이 원천적으로 큰 경우에는 규격에 벗어나는 불량품이 상당량 생산될 수 있다. 정상상태의 우연변동의 크기를 감소시키는 문제는 공정관리가 아닌 품질혁신의 문제에 해당된다.

관리도의 성능 평가: ARL

관리도의 성능을 평가하는 대표적인 기준으로, 통계량이 관리한계를 벗어나서 이상상태로 판단하는 데까지 소요되는 부분군의 수의 평균(**ARL: average run length**)이 주로 사용된다. 좋은 관리도란 정상상태일 때에는 관리한계를 벗어나는 데까지 추출된 부분군의 수가 많고(즉, ARL이 크고), 실제 이상원인이 발생했을 때에는 빠른 시간 내에(즉, ARL이 작게) 통계량이 관리한계를 벗어나 이상상태의 신호를 줄 수 있는 관리도이다.

σ를 알고 있는 경우에 공정의 중심 위치에 대한 3σ-관리도의 ARL을 구하고 그 특성을 살펴보자. 정상상태의 공정평균이 μ_0이고 이상원인의 발생 시 공정의 평균이

$$\mu = \mu_0 + k\sigma$$

로 변경되었을 때(이상상태), 그것을 μ_0(정상상태)로 잘못 판단할 확률은 가설검정에서 제2종 오류의 확률인 β로 표현된다.

$$\beta = P(LCL \le \overline{X} \le UCL \mid \mu = \mu_0 + k\sigma)$$

따라서 이상원인이 발생했을 때 바로 다음 시점에서 그 사실을 탐지할 확률은 $1-\beta$가 되고, 이는 평균이 $\mu_0 + k\sigma$일 때의 검정력이 된다. $\overline{X}$-관리도에서는 3σ 관리한계(LCL, UCL)이 $\mu_0 \pm 3\sigma/\sqrt{n}$이므로 이 경우의 β는 다음과 같다.

$$\begin{aligned}\beta &= P(LCL \le \overline{X} \le UCL \mid \mu = \mu_0 + k\sigma) \\ &= P\left(\frac{LCL - (\mu_0 + k\sigma)}{\sigma/\sqrt{n}} \le Z \le \frac{UCL - (\mu_0 + k\sigma)}{\sigma/\sqrt{n}}\right) \\ &= P(Z \le 3 - k\sqrt{n}) - P(Z \le -3 - k\sqrt{n})\end{aligned}$$

이제 평균이 $\mu = \mu_0 + k\sigma$일 때 표본의 평균이 처음으로 관리한계를 벗어날 때까지 추출되는 부분군의 수를 확률변수 Y라 하자. 그러면 Y의 확률함수는 $P(Y = m) = \beta^{m-1}(1-\beta)$, $m = 1, 2, \cdots$로서 성공의 확률이 $(1-\beta)$인 기하분포를 따르게 된다. 따라서 정상상태로부터 $k\sigma$만큼 평균이 변한 경우에 최초로 관리한계를 벗어날 때까지 추출되는 부분군수의 기댓값을 ARL_k이라 정의하면,

$$ARL_k = E(Y) = \frac{1}{1-\beta}$$

가 된다. 여기에서 β는 k에 따라 달라지는데 표기를 단순화하기 위해 일반적인 기호로 표기하였다. 이 식으로부터 평균이 변함에 따라 그것을 탐지하는데 걸리는 부분군수의

기댓값을 비교해 보자. 먼저 정상상태($\mu = \mu_0$, 즉 $k = 0$)일 때 이상상태로 잘못 탐지될 때까지 추출될 부분군수의 기댓값 ARL_0는 $\beta = P(|Z| \le 3) = 0.9973$이므로

$$ARL_0 = 1/(1 - 0.9973) = 1/0.027 = 370.37$$

가 된다. 반면에, 공정의 평균이 σ, 2σ, 3σ와 같이 더 크게 변할수록, 즉 k가 커질수록 탐지될 때까지 추출될 부분군수의 기댓값 ARL_k는 급격하게 작아진다.

제 3 절 속성으로 측정되는 공정에 대한 관리도

현장의 생산 공정에서는 품질 특성치를 측정하여 관리하기보다는 품질 속성에 대해 공정관리를 수행하는 경우가 많다. 예를 들어, 생산된 제품이 규격에 맞으면 양품, 그렇지 않으면 불량품으로 판정하고, 시차를 두고 매 시점 추출한 표본에서 몇 개의 제품이 불량품인지를 관리하는 공정이 있다. 이러한 공정에 대한 대표적인 관리 도구로 p-관리도가 있다.

또 다른 관리도로 c-관리도와 u-관리도가 있는데, 이 두 관리도는 제품을 단순히 양품 또는 불량품의 두 가지로만 구분하게 되면 실제 공정에 비하여 지나치게 단순하게 되는 경우에 사용한다. c-관리도와 u-관리도에서는 양품과 불량품으로의 단순한 구분 대신에 불량의 개수를 관리한다. 예를 들어, 관리대상의 단위가 자동차나 컴퓨터와 같이 여러 개의 부품들로 구성되어 있거나 카펫이나 철판 등과 같이 수십 또는 수백 미터로 이루어져 있는 경우에, 그 단위에 몇 개의 결점이 있는지를 관리하는 공정에서 이러한 관리도를 사용한다.

불량률에 대한 p-관리도

p-관리도에서는 정상상태에서 생산한 각 제품의 품질 특성치는 서로 독립이고 불량의 확률이 p라고 가정한다. 확률변수 X를 크기가 n인 부분군에서 불량품의 개수라 할 때 X는 이항분포 $Bin(n, p)$를 따른다. 불량품의 비율을 표본 불량률 $\hat{p} = X/n$로 추정할 때 $\hat{p}$의 기댓값과 표준편차는

$$E(\hat{p}) = \frac{E(X)}{n} = p, \ \sigma_{\hat{p}} = \sqrt{\frac{p(1-p)}{n}}$$

가 된다. 따라서 일반적인 관리도의 식에 맞춰 p-관리도는 다음과 같다.

p - 관리도(p를 아는 경우)

$$CL = p$$

$$UCL = p - 3\sqrt{\frac{p(1-p)}{n}}, \qquad UCL = p + 3\sqrt{\frac{p(1-p)}{n}}$$

단, 위 식에서 불량률의 특성상 LCL이 음수로 계산되면 $LCL = 0$으로 설정한다.

공정의 불량률 p를 모르는 경우에는 크기가 n인 사전조사 성격의 표본을 k회 추출하여 p를 추정한다. 각 표본의 표본 불량률을 $\hat{p}_i$이라 할 때, p의 추정량은

$$\hat{p} = \sum_{i=1}^{k} \hat{p}_i / k$$

가 된다. 따라서 p가 미리 알려지지 않은 공정의 경우 p - 관리도는 다음과 같다.

p - 관리도(p를 모르는 경우)

$$CL = \hat{p}$$

$$LCL = \hat{p} - 3\sqrt{\frac{\hat{p}(1-\hat{p})}{n}}, \qquad UCL = \hat{p} + 3\sqrt{\frac{\hat{p}(1-\hat{p})}{n}}$$

예제 10.3 컴퓨터의 특정 부품을 생산하는 공정에서 생산 디자인을 변경하고 새롭게 관리한계를 설정하기 위해 매 시간 50개의 생산품을 25회 추출하여 불량의 개수를 기록한 결과가 표 10.2와 같다. 관리한계를 설정하고 정상상태 여부를 검토하라.

표 10.2 컴퓨터 부품 불량품 개수 자료

부분군	불량 개수	불량률	부분군	불량 개수	불량률
1	1	0.02	14	2	0.04
2	3	0.06	15	2	0.04
3	5	0.10	16	2	0.04
4	6	0.12	17	3	0.06
5	4	0.08	18	5	0.10
6	0	0.00	19	5	0.10
7	4	0.08	20	7	0.14
8	3	0.06	21	2	0.04
9	5	0.10	22	0	0.00
10	3	0.06	23	4	0.08
11	2	0.04	24	3	0.06
12	2	0.04	25	5	0.10
13	1	0.02	(합 계)	(79)	(1.58)

풀 이 수집된 25회의 자료로부터, 새 공정의 불량률 p의 추정량은 $\hat{p} = \sum_{i=1}^{k} \hat{p}_i / k = 1.58/25 = 0.0632$가 된다. 따라서 $\hat{p}$을 중앙선 $CL = 0.0632$로, 관리상한은

$$UCL = \hat{p} + 3\sqrt{\frac{\hat{p}(1-\hat{p})}{50}} = 0.0632 + 3 \times 0.0344 = 0.1664,$$

관리하한은 $LCL = 0.0632 - 3 \cdot 0.0344 = -0.101$로 음수가 되어 $LCL = 0$으로 설정한다.

새롭게 설정된 p-관리도에 설정 과정에 적용되었던 25회의 부분군 표본비율을 점으로 표시한 결과가 그림10.7과 같다. 모든 부분군의 표본 불량률이 관리한계 (0, 0.1664)에 속하므로 정상상태라 판단하여 관리한계를 확정하고 이후에 생산되는 제품에 적용한다.

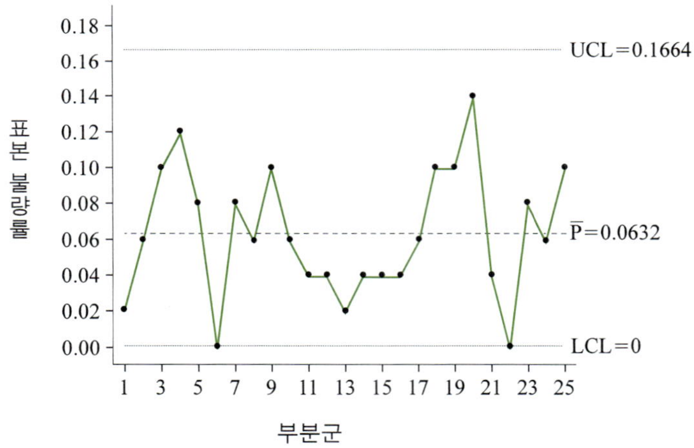

그림 10.7 컴퓨터 부품 불량률 자료에 대한 p-관리도

결점수에 대한 c-관리도와 u-관리도

카펫이나 철판 제조공정의 경우 대개 일정 시차를 두고 매 시점 수십 또는 수백 미터 길이의 제조품을 평가단위로 그 안에 규격에 미달하는 결점 (defects) 이 몇 개인지를 관리한다. 이런 제품은 평가단위의 극히 일부에 문제가 있더라도 제품으로는 기능상 문제가 없고 소비자도 그런 제품을 수용한다. 이에 관련한 관리도구로 c-관리도와 u-관리도를 알아보도록 하자.

결점수에 대한 관리도는 평가단위당 총 결점수 또는 측정단위당 평균 결점수를 관리도로 작성하여 정상상태 여부를 판단한다. c-관리도에서는 평가단위당 총 결점수 X가

모수 λ인 포아송분포를 따른다고 가정한다. 즉, X의 확률함수는

$$P(X=x)=\frac{e^{-\lambda}\lambda^{x}}{x!},\ x=0,\ 1,\ 2,\ \cdots$$

이고, X의 기댓값과 표준편차는 다음과 같다.

$$E(X)=\lambda,\ \sigma_X=\sqrt{Var(X)}=\sqrt{\lambda}$$

따라서 λ를 미리 아는 경우에 c - 관리도는 다음과 같이 설정된다.

c - 관리도 (λ를 아는 경우)

$$CL=\lambda$$

$$LCL=\lambda-3\sqrt{\lambda},\ UCL=\lambda+3\sqrt{\lambda}$$

이렇게 설정한 관리한계는 모수 λ가 충분히 클 때 총 결점수 X가 근사적으로 정규분포를 따르기 때문에 확률적으로 상당히 정확한 설정방법이라고 할 수 있다.

포아송분포의 모수 λ를 모르는 경우에는 사전조사용 표본을 추출하여 총 결점수의 표본 평균으로 λ를 추정하고, 이렇게 구한 $\hat{\lambda}$은 위 관리한계 식에 대입하여 관리한계를 설정한다. 즉, 평가단위를 k회 추출하여 조사한 각 평가단위의 총 결점수를 X_i라 할 때, 모수 λ의 타당한 추정량은 $\hat{\lambda}=\sum_{i=1}^{k}X_i/k=\overline{X}$가 된다. 따라서 λ를 모르는 경우에 c - 관리도는 다음과 같다.

c - 관리도 (λ를 모르는 경우)

$$CL=\hat{\lambda}$$

$$LCL=\hat{\lambda}-3\sqrt{\hat{\lambda}},\ UCL=\hat{\lambda}+3\sqrt{\hat{\lambda}}$$

지금까지는 결점수에 대한 공정관리에서 평가단위당 총 결점수를 관리하는 c - 관리도를 소개하였는데, 다음으로 제품의 측정단위당 평균 결점수를 관리하는 u - 관리도를 소개하도록 한다. 예를 들어, 카펫의 품질을 관리하기 위해 평가단위를 $10m^2$로 하고 그 안에 나타난 총 결점수를 관리하기 위하여 c - 관리도를 사용할 수 있지만, 측정단위인 $1m^2$당 평균 결점수를 대상으로 u - 관리도를 적용할 수도 있다. 즉, 평가단위가 측정단위의 n배인 경우에 평가단위당 총 결점수 W가 모수 $n\lambda$인 포아송분포를 따른다. 측정단위당 평균 결점수를 확률변수 U라 표기할 때,

$$U = \frac{W}{n}$$

인 관계가 성립하므로 $E(U) = \lambda$이고 $\sigma_U = \sqrt{\lambda/n}$이다. 따라서 u-관리도의 3σ-관리한계는 다음과 같다.

u-관리도(λ를 아는 경우)

$$CL = \lambda$$

$$LCL = \lambda - 3\sqrt{\frac{\lambda}{n}}, \quad UCL = \lambda + 3\sqrt{\frac{\lambda}{n}}$$

포아송분포의 모수 λ를 모르는 경우에는 c-관리도에서의 경우와 마찬가지로, 사전조사용 표본 $U_1, \cdots, U_k$을 추출하여 평균 결점수의 표본 평균인 λ의 불편추정량 $\overline{U} = \sum_{i=1}^{k} U_i/k$의 분포성질을 반영하여 다음과 같이 설정된다.

u-관리도(λ를 모르는 경우)

$$CL = \overline{U}$$

$$LCL = \overline{U} - 3\sqrt{\frac{\overline{U}}{n}}, \quad UCL = \overline{U} + 3\sqrt{\frac{\overline{U}}{n}}$$

예제 10.3 어느 회사에서 새롭게 개발된 특수 화공 물질로 코팅한 후에 굽는 공정을 거쳐 금속 패널을 제조하려고 한다. 이 공정의 마지막 처리 단계에서 때로 결점이 발생하기 때문에 이러한 결점의 수를 관리도를 통해 관리하려고 한다. 표 10.3은 일정한 시차를 두고 5개씩의 패널을 표본으로 30회 추출하여 매 시점 5개 패널에 발생한 결점의 총수를 기록한 자료이다. 이 제품에 적용할 관리한계를 설정하고 공정의 정상상태 여부를 검토하라.

풀 이 표 10.3에서 30회 표본 자료에 발생한 총 결점수는 $\Sigma X_i = 282$이고, 검사단위당 평균 결점수는 $\hat{\lambda} = \overline{X} = 9.4$이다. 공정의 초기 단계에서 수집된 표본자료로 추정한 $\hat{\lambda}$을 적용하여 구한 3σ-관리한계는 다음과 같이 설정된다.

$$LCL = \hat{\lambda} - 3\sqrt{\hat{\lambda}} = 0.20, \; CL = 9.4, \; UCL = \hat{\lambda} + 3\sqrt{\hat{\lambda}} = 18.60$$

그림 10.8은 수집된 30회의 결점수를 초기 단계에서 설정한 3σ-관리한계를 적용한 c-관리도를 작성한 것이다. 모든 점들이 관리한계에 속하므로 정상상태임을 확인할

수 있다.

표 10.3 예제 10.4의 금속 패널에 발생한 결점수 자료

표 본	결점수	표 본	결점수	표 본	결점수
1	11	11	9	21	9
2	5	12	12	22	6
3	14	13	6	23	8
4	5	14	8	24	14
5	11	15	14	25	9
6	10	16	12	26	7
7	8	17	10	27	10
8	8	18	9	28	9
9	8	19	13	29	9
10	7	20	12	30	9

표 10.3의 자료를 이용하여 패널당 평균 결점수에 대한 u-관리도를 작성할 수 있다. 평가단위가 5이므로, 패널당 평균 결점수는 $\overline{U} = 9.4/5 = 1.88$이 되고 관리한계는 다음과 같다.

$$LCL = \overline{U} - 3\sqrt{\overline{U}/n} = 0.040,\ CL = 1.88,\ UCL = \overline{U} + 3\sqrt{\overline{U}/n} = 3.720$$

u-관리도에서도 그림을 그려 모든 표본이 관리한계를 벗어나지 않는 정상상태임을 확인할 수 있다.

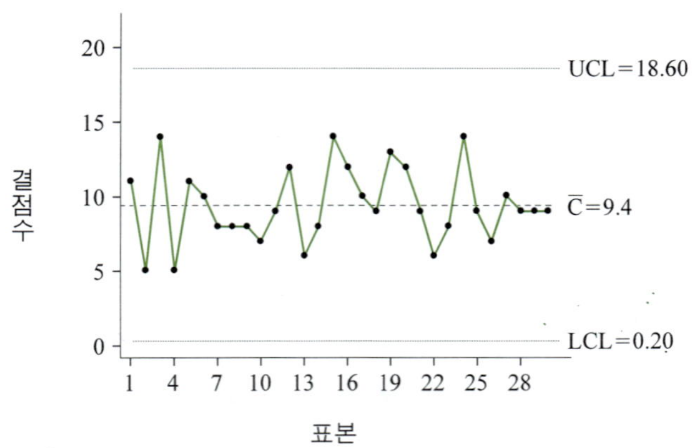

그림 10.8 예제 10.4의 금속 패널 자료에 대한 관리도

제 4 절 식스시그마 품질혁신

식스시그마 또는 식스시그마 운동으로 불리는 이 개념은 고객의 관점에서 문제가 되는 모든 부분을 개선하려는 일종의 품질개선 및 경영혁신 운동으로, 미국의 모토로라(Motorola)사에서 1980년대 중반에 처음으로 시작하였다. 그 이후 여러 기업이 식스시그마를 도입하는데, 특히 1995년 GE의 잭 웰치(J. Welch) 회장이 식스시그마를 GE에 도입한 후에 많은 성공사례가 보고되면서 본격적으로 식스시그마 운동이 확산하게 되었다. 국내에서는 1995년 경 LG전자와 삼성전관(현 삼성SDI) 등의 도입을 시작으로 많은 대기업뿐만 아니라 중소기업으로도 확산되게 된다. 초기 단계에서는 제품을 생산하는 제조분야가 주 대상이었지만, 그 이후에는 사무, 재무, 회계, 공공부분을 포함하는 모든 서비스 분야에도 적용되고 있다.

식스시그마의 시그마(Sigma: σ)는 표준편차를 나타내는 기호로서, 데밍(W. E. Deming)이나 주란(J. M. Juran)이 품질의 중요한 요인으로 변동성을 지적한 것처럼, 식스시그마도 변동성의 축소에 혁신운동의 초점을 맞춘다는 의미가 있다. 식스시그마란 용어는 모토로라사에서 제품의 품질개선을 위해 달성하고자 제시했던 변동성 기준의 목표수준이라 할 수 있다. 식스시그마는 제품생산 공정의 변동성이 크면 품질이 낮고 변동성이 작으면 품질이 높다는 관점에서, 기존의 관리도에 적용되었던 불량품의 수를 천개 중의 몇 개(3σ - 품질수준)에서 백만 개 중의 몇 개(6σ - 품질수준)로, 목표를 높여 생산 공정을 포함한 모든 부분을 관리 및 개선해야 한다는 것이다. 우선 σ - 품질수준의 일반적인 개념을 살펴보기로 하자.

σ - 품질수준

제품의 규격은 주로 수요자에 의해 결정되는데, 대개 **규격상한 (USL: upper specification limit)** 과 **규격하한 (LSL: lower specification limit)** 으로 구성된다. 제품의 특성치가 규격을 벗어나면 결함 또는 불량이 발생했다고 한다. **σ - 품질수준** 또는 **시그마수준**은 품질 특성치의 중심 위치에서 규격한계까지의 거리가 표준편차의 몇 배인지로 평가한다. 품질특성의 변동성이 작아지면 표준편차가 작아지므로 시그마수준이 커지게 된다. 예를 들어, 3σ - 품질수준이란 제품의 표준편차 σ의 크기가 규격한계 폭의 1/6인 수준을 의미하며, 그러한 특성치의 표준편차는 다음과 같이 표현될 수 있다.

$$\sigma_{3\sigma} = \frac{USL - LSL}{6}$$

즉, 제품의 평균이 규격의 중심과 일치할 때, 규격의 중심에서 규격의 한계까지의 폭이 3σ가 되는 수준을 뜻한다. 반면에 6σ - 품질수준은 표준편차의 크기가 규격한계의 폭의 1/12인 경우로서, 품질 특성치가 규격한계를 벗어나는 제품이 생산될 가능성은 3σ - 품질수준의 경우에 비하여 수 만분의 일로 감소된다(그림 10.9 참조).

$$\sigma_{6\sigma} = \frac{USL - LSL}{12}$$

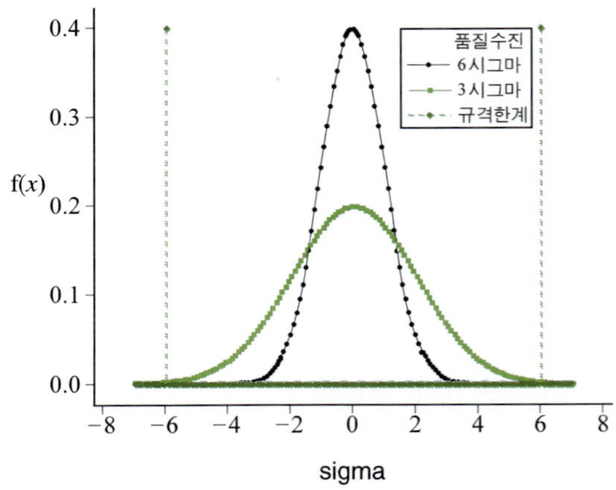

그림 10.9 3σ - 공정과 6σ - 공정의 비교

시그마수준별로 제품 백만 개당 발생하는 결함의 수는(ppm : parts per million) 품질 특성치가 정규분포를 따르며 정상상태에서 프로세스의 중심치가 그림 10.10과 같이 $\pm 1.5\sigma$ 이동될 수 있다는 가정하에서 규격을 벗어나는 확률로부터 구하게 된다. 중심치가 $\pm 1.5\sigma$ 이동될 수 있다는 것은 명확한 이론적 근거에 바탕을 두고 있다기보다 모토로라사의 경험적 결과로서, 현장에서 별다른 이견 없이 수용되고 있다. 표 10.4는 시그마수준별 결함의 수를 계산한 결과이다.

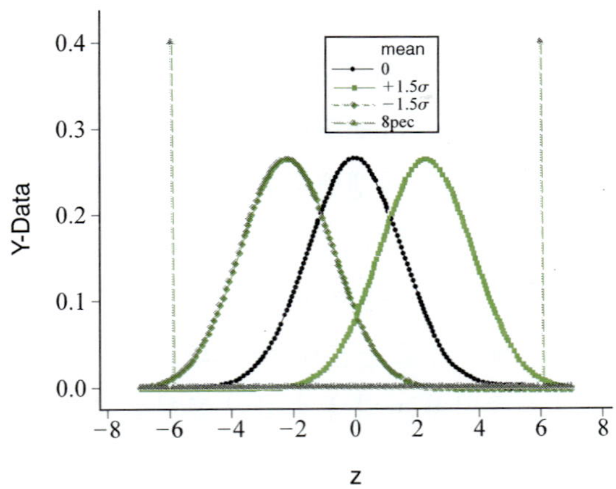

그림 10.10 4시그마 공정에서 중심치의 $\pm 1.5\sigma$ 이동

표 10.4 시그마수준별 결함수

시그마수준	결함수(백만 개당)
6	3.4
5	233
4	6,210
3	66,807

식스시그마란 무엇인가?

식스시그마는 기업을 비롯한 다양한 분야에서 각 부문의 품질수준을 평가하고 궁극적으로 목표한 식스시그마 수준으로 개선하려는 체계적 활동으로, 식스시그마에 대한 정의는 여러 의미를 포함하여 크게 다음과 같은 세 가지로 표현되고 있다.

- 목표(Goal)
- 사업전략(Business Strategy)
- 철학(Philosophy)

첫 번째 정의로서 식스시그마는 식스시그마 운동의 목표를 의미한다. 이를 수치로 표현하면 생산된 백만 개의 제품 중에서 발생하는 결함의 수가 기존의 3σ-수준에서 약 66,807ppm인데 6σ-수준에서는 약 3.4ppm 정도로 품질수준을 높이자는 뜻이다. 이러한 목표 수준은 개념적으로는 해당 분야에서 세계 최고 수준을 의미한다. 두 번째 정의로서, 식스시그마는 모든 프로세스를 식스시그마 수준으로 개선하게 되면 기업의 입장에서는 비용 절감이 이루어지고, 고객의 입장에서는 만족도가 높아진다는 관점에서 사업전략이라는 의미가 있다. 마지막으로, 식스시그마는 일하는 방법을 좀 더 현명하고 효율적으로 그리고 과학적인 객관적 자료를 바탕으로 처리되도록 기업의 문화를 바꿔 프로세스의 개선을 추구하는 철학적 의미를 뜻한다. 즉, 때와 장소, 그리고 사람에 따라 식스시그마는 위의 세 정의의 하나 또는 둘 이상의 복합적 의미를 띠며 사용되고 있다.

혁신전략(Breakthrough Strategy)

대개의 프로세스의 품질수준은 주로 3σ- 또는 4σ-수준으로 평가되는데, 이러한 프로세스가 6σ-수준으로 높아지려면 결함수의 기준에서 2,000~20,000배의 품질개선이 필요하다. 이러한 품질개선을 달성할 수 있도록 품질활동에 대해 체계적인 절차를 명시한 것이 혁신전략이다. 식스시그마의 가장 기본적인 구조는 **DMAIC**로 요약된다. 여기에서 각 구성요소는 정의(Define), 측정(Measure), 분석(Analysis), 개선(Improve), 관리(Control)의 단계를 의미하는데, 각 단계에서의 활동은 표 10.5와 같다.

표 10.5 혁신전략의 구성요소

단 계	주요 활동
정의(Define)	고객을 정의하고, 고객의 문제를 파악하여 수행할 프로젝트 선정
측정(Measure)	고객이 요구한 수준과 현재 프로세스의 수준을 측정
분석(Analysis)	고객이 지적한 문제의 핵심 원인을 파악하기 위해 데이터를 수집하고 통계적인 기법을 적용하여 분석
개선(Improve)	분석 단계의 핵심 원인/요인에 대해 최적 조건을 도출하고 개선 활동을 전개한 후에 개선 결과를 검증
관리(Control)	개선 사항에 대한 공유와 향후 지속적으로 개선이 유지되도록 관리 방법을 모색하여 모니터링

제 5 절 엑셀을 이용한 분석

예제 10.4 예제 10.1의 자료에 대하여 $\overline{X}$−관리도를 그려라.

풀 이 엑셀을 이용하여 $\overline{X}$−관리도를 그리기 위해서는 다음과 같이 절차를 따른다. 먼저 주어진 자료를 입력하고, F 컬럼에 각 표본의 평균을 AVAREGE() 함수를 이용하여 구한다.

	A	B	C	D	E	F	G
1	표본		관측값			평균	
2	1	4.854	5.176	4.888	5.042	=AVERAGE(B2:E2)	
3	2	4.994	5.166	5.068	5.061	5.072	
4	3	4.920	5.004	5.020	4.892	4.959	
5	4	5.059	4.924	4.916	5.051	4.988	
6	5	5.031	5.055	4.938	4.948	4.993	
7	6	5.041	5.006	5.137	4.909	5.023	
8	7	5.039	5.019	5.090	5.071	5.055	
9	8	4.872	4.998	5.090	5.075	5.009	
10	9	4.883	5.058	4.900	5.084	4.981	
11	10	4.743	4.906	4.820	4.794	4.816	
12	11	4.883	4.885	5.103	4.986	4.964	
13	12	4.939	4.860	5.053	5.120	4.993	
14	13	4.942	5.114	4.868	5.065	4.997	
15	14	4.938	5.097	4.900	5.024	4.990	
16	15	5.097	5.002	5.012	4.944	5.014	
17	16	4.948	5.174	5.097	5.001	5.055	
18	17	4.921	4.998	4.924	4.972	4.954	
19	18	5.081	5.100	5.006	5.116	5.076	

그림 10.11 관리도를 위한 자료 입력

부품의 직경이 평균 5mm, 표준편차 1mm인 정규분포를 따른다고 했으므로 예제 10.1의 결과처럼 $\overline{X}$-관리도의 UCL = 5.15, CL = 5.0, LCL = 4.85가 된다. 따라서 이 값을 다음과 같이 입력한다.

	A	B	C	D	E	F	G	H	I
1	표본	관측값				평균	UCL	CL	LCL
2	1	4.854	5.176	4.888	5.042	4.990	5.150	5.000	4.850
3	2	4.994	5.166	5.068	5.061	5.072	5.150	5.000	4.850
4	3	4.920	5.004	5.020	4.892	4.959	5.150	5.000	4.850
5	4	5.059	4.924	4.916	5.051	4.988	5.150	5.000	4.850
6	5	5.031	5.055	4.938	4.948	4.993	5.150	5.000	4.850
7	6	5.041	5.006	5.137	4.909	5.023	5.150	5.000	4.850
8	7	5.039	5.019	5.090	5.071	5.055	5.150	5.000	4.850
9	8	4.872	4.998	5.090	5.075	5.009	5.150	5.000	4.850
10	9	4.883	5.058	4.900	5.084	4.981	5.150	5.000	4.850
11	10	4.743	4.906	4.820	4.794	4.816	5.150	5.000	4.850
12	11	4.883	4.885	5.103	4.986	4.964	5.150	5.000	4.850
13	12	4.939	4.860	5.053	5.120	4.993	5.150	5.000	4.850

|| 그림 10.12 || UCL, CL, LCL을 입력

이 자료를 이용하여 $\overline{X}$-관리도를 그리기 위해서는 먼저 다음과 같이 범위를 지정한 후에 [삽입] ➡ [차트] ➡ [꺾은선형]을 선택한다.

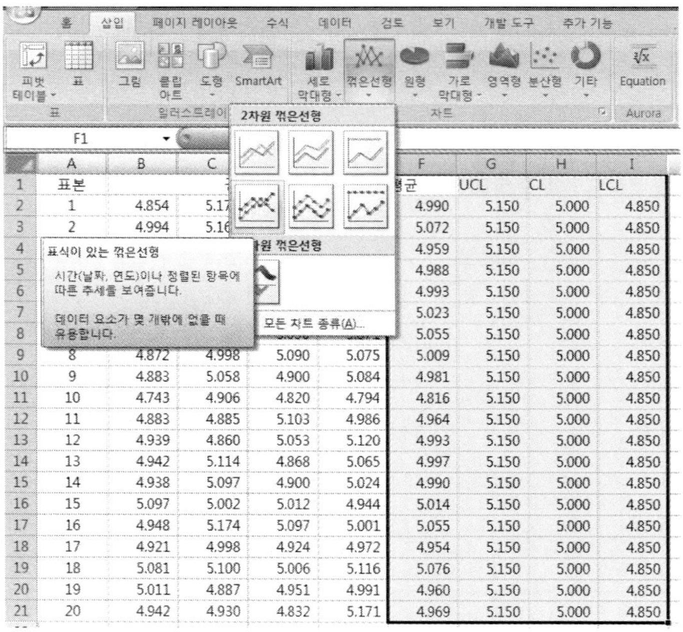

|| 그림 10.13 || [꺾은선형]의 차트를 선택

차트가 생성된 후, UCL과 LCL의 표식을 없애고, 차트의 제목 등을 삽입하여 다음과 같은 $\overline{X}$-관리도를 만들 수 있다.

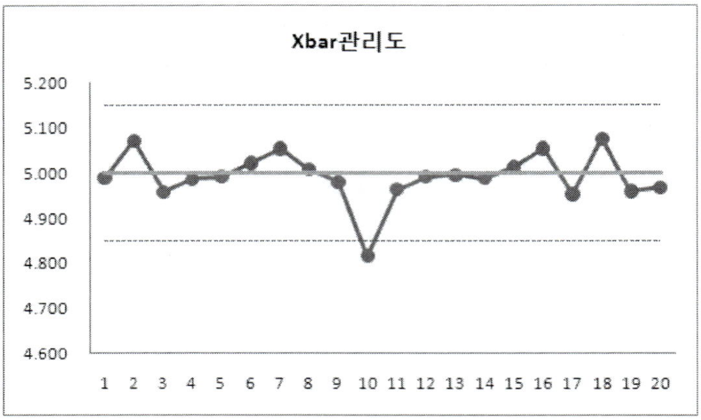

그림 10.14 $\overline{X}$ – 관리도

관리도를 보면 10번째 표본이 관리하한(LCL)을 벗어난 것을 알 수 있다. ■

연 · 습 · 문 · 제

10.1 다음의 자료는 어느 공정의 초기 단계에서 관리도의 중앙선과 관리한계를 설정하기 위해 크기가 $n = 5$인 부분군을 24회 추출하여 부분군의 평균과 범위를 구한 결과이다.

부분군 번 호	$\overline{X}$	R	부분군 번 호	$\overline{X}$	R	부분군 번 호	$\overline{X}$	R	부분군 번 호	$\overline{X}$	R
1	34.5	3	7	32.6	4	13	35.4	8	19	34.0	8
2	34.2	4	8	33.8	3	14	34.0	6	20	35.1	4
3	31.6	4	9	34.8	7	15	37.1	5	21	33.7	2
4	31.5	4	10	33.6	8	16	33.5	7	22	32.8	1
5	35.0	5	11	31.9	3	17	31.7	4	23	33.5	3
6	34.1	6	12	38.6	9	18	34.0	3	24	34.2	2

(1) 이 자료를 이용하여 공정에 대한 $\overline{X}$ – 관리도와 R – 관리도의 중앙선과 관리한계를 설정하라.

(2) 이 자료에서 이 공정이 관리상태라고 할 수 있는지를 판단하고, 관리상태가 만족되지 않으면 위 (1)의 관리한계를 개선하라.

10.2 연습문제 10.1에서 구한 $n = 5$인 경우의 $\overline{X}$ – 관리도와 R – 관리도에 대하여 다음 물음에 답하라.

(1) 위 품질 특성치에 대해 $n = 3$인 경우의 $\overline{X}$ – 관리도와 R – 관리도를 작성하려고 한다. 여기에 적합한 $\overline{X}$ – 관리도와 R – 관리도의 관리한계를 구하라.

(2) 품질 특성치의 평균이 2σ만큼 변할 때, (1)에서 구한 $\overline{X}$ - 관리도가 이 변화를 탐지할 가능성은 연습문제 10.1에서 구한 $\overline{X}$ - 관리도의 경우에 비교하여 어떻게 달라지는가?

10.3 어떤 부품 공정에서 5개의 부품으로 구성된 부분군을 20회 추출하여 압축력을 검사한 결과가 다음과 같다 (단위 : psi).

번호	X_1	X_2	X_3	X_4	X_5	$\overline{X}$	R	번호	X_1	X_2	X_3	X_4	X_5	$\overline{X}$	R
1	83.0	81.2	78.7	75.7	77.0	79.1	7.3	11	80.0	81.5	78.4	73.8	78.1	78.4	7.7
2	88.6	78.3	78.8	71.0	84.2	80.2	17.6	12	80.6	81.8	79.3	73.8	81.7	79.4	8.0
3	85.7	75.8	84.3	75.2	81.0	80.4	10.4	13	82.7	81.3	79.1	82.0	79.5	80.9	3.6
4	80.8	74.4	82.5	74.1	75.7	77.5	8.4	14	79.2	74.9	78.6	77.7	75.3	77.1	4.3
5	83.4	78.4	82.6	78.2	78.9	80.3	5.2	15	85.5	82.1	82.8	73.4	71.7	79.1	13.8
6	75.3	79.9	87.3	89.7	81.8	82.8	14.5	16	78.8	79.6	80.2	79.1	80.8	79.7	2.0
7	74.5	78.0	80.8	73.4	79.7	77.3	7.4	17	82.1	78.2	75.5	78.2	82.1	79.2	6.6
8	79.2	84.4	81.5	86.0	74.5	81.1	11.4	18	84.5	76.9	83.5	81.2	79.2	81.1	7.6
9	80.5	86.2	76.2	64.1	80.2	81.4	9.9	19	79.0	77.8	81.2	84.4	81.6	80.8	6.6
10	75.7	75.2	71.1	82.1	74.3	75.7	10.9	20	84.5	73.1	78.6	78.7	80.6	79.1	11.4

(1) 이 자료를 이용하여 압축력에 대한 초기 단계의 $\overline{X}$ - 관리도와 R - 관리도를 설계하라.

(2) 위 (1)의 관리도를 적용할 때 위 공정은 관리상태에 있다고 할 수 있는가?

(3) 위의 (1)에서 구한 관리도에 다음 표의 15개 부분군 자료를 적용하려고 한다. $\overline{X}$ - 관리도와 R - 관리도를 작성하고 관리상태 여부를 판단하라.

번호	X_1	X_2	X_3	X_4	X_5	$\overline{X}$	R	번호	X_1	X_2	X_3	X_4	X_5	$\overline{X}$	R
1	68.9	81.5	78.2	80.8	81.5	78.2	12.6	9	78.1	77.1	67.0	75.7	76.8	74.9	11.0
2	69.8	68.6	80.4	84.3	83.9	77.4	15.7	10	78.7	85.4	77.7	90.7	76.7	81.9	14.0
3	78.5	85.2	78.4	80.3	81.7	80.8	6.8	11	85.0	60.2	68.5	71.1	82.4	73.4	24.9
4	76.9	86.1	86.9	94.4	83.9	85.6	17.5	12	86.4	79.2	79.8	96.0	75.4	81.3	10.9
5	93.6	81.6	87.8	79.6	71.0	82.7	22.5	13	78.5	99.0	78.3	71.4	81.8	81.7	27.6
6	65.5	86.8	72.4	82.6	71.4	75.9	21.3	14	68.8	62.0	82.0	77.5	76.1	73.3	19.9
7	78.1	65.7	83.7	93.7	93.4	82.9	27.9	15	83.0	83.7	73.1	82.2	95.3	83.5	22.2
8	74.9	72.6	81.6	87.2	72.7	77.8	14.6								

10.4 정규분포를 따르는 어느 품질 특성치의 평균을 관리하기 위하여 $\overline{X}$ - 관리도를 적용한다고 하자. 모평균이 $\sigma = 6.0$이고 부분군의 크기가 $n = 4$일 때, 중심선이 $CL = 200$, $UCL = 209$, $LCL = 191$이

라고 한다. 공정의 모평균이 188로 변하였다고 할 때, 그 변화를 바로 다음 부분군에서 탐지할 확률을 구하라.

10.5 크기가 $n = 5$인 부분군을 매 시간 추출한다고 하자. 각 부분군에서 어느 품질 특성치에 대해 $\overline{X}$와 R을 구하는데, 25회의 부분군을 추출하여 다음과 같은 결과를 얻었다.

$$\overline{\overline{X}} = 20, \ \overline{R} = 4.56$$

(1) $\overline{X}$와 R에 대한 3σ - 관리도를 구하라

(2) 두 관리도가 모두 관리상태에 있다고 할 때, 공정의 표준편차 σ를 추정하라.

(3) 만약 공정의 평균이 24로 변하였다고 할 때, 바로 다음 부분군에서 그 변화를 탐지하지 못할 확률을 구하라.

10.6 어느 공정에서 금속 부품의 장력을 관리하기 위해 $\overline{X}$ - 관리도와 R - 관리도를 적용하려고 한다. 장력이 정규분포를 따른다고 가정하고, 크기가 $n = 6$인 부분군을 30회 추출하여 구한 결과가 다음과 같다.

$$\sum_{i=1}^{30} \overline{X}_i = 6000, \qquad \sum_{i=1}^{30} R_i = 150$$

(1) $\overline{X}$ - 관리도와 R - 관리도의 관리한계를 구하라.

(2) $\overline{X}$ - 관리도에 대하여 공정의 참 모평균이 199라고 할 때 제2종 오류의 확률 β를 구하라.

10.7 $\overline{X}$ - 관리도의 중앙선과 관리한계가 다음과 같다.

$$UCL = 104, \qquad CL = 100, \qquad LCL = 96(n = 5)$$

품질 특성치가 관리상태에서 평균이 98이고 표준편차가 $\sigma = 8$인 정규분포를 따른다고 한다. 처음 세 번째 부분군 이내에 관리한계를 이탈할 확률을 구하라.

10.8 정규분포를 따르는 어느 품질 특성치를 $\overline{X}$ - 관리도와 R - 관리도에 적용하려고 한다. 두 관리도가 다음과 같다고 할 때 $(n = 4)$ 다음 물음에 답하라.

$\overline{X}$ - 관리도	R - 관리도
$UCL = 626.0$	$UCL = 18,795$
$CL = 620.0$	$CL = 8.236$
$LCL = 614.0$	$LCL = 0$

두 관리도가 모두 관리상태에 있다고 한다.

(1) 공정의 표준편차 σ를 추정하라.

(2) 공정의 평균이 610으로 변할 때, 평균이 변한 바로 다음 부분군에서 그 변화를 탐지할 확률을 구하라 (σ는 변하지 않음).

(3) 위 (2)의 경우에서 평균이 변한 후 적어도 3번째 부분군 이내에서 그 변화를 탐지할 확률을 구하라.

10.9 어느 조립공정에서 100개의 표본에서 발생한 불량품의 개수를 조사한 결과가 다음과 같다.

표 본	불량품수	표 본	불량품수	표 본	불량품수	표 본	불량품수
1	7	6	8	11	6	16	1
2	4	7	10	12	15	17	4
3	1	8	5	13	0	18	5
4	3	9	2	14	9	19	7
5	6	10	7	15	5	20	12

(1) 이 자료를 이용하여 불량률에 대한 관리도를 작성하라.

(2) 위의 (1)에서 관리이탈이 나타나면 이상상태가 발생한 것으로 가정하고 관리한계를 개선하라.

10.10 어느 공정에서 프린트 배선판에 사용되는 다이오드(diode)를 1000개씩 롯트(lot)로 생산한다. 각 롯트에서 $n = 64$의 표본을 추출하여 이 공정을 관리하려고 한다. 불량률의 명목치가 $p = 0.10$이라고 할 때 다음 물음에 답하라.

(1) 위 목적에 적당한 관리도를 구체적으로 제시하라.

(2) 실제 불량률이 어느 정도로 변할 때 제2종 오류의 확률이 $\beta = 0.50$가 되는가?

(3) 위의 (1)에서 제시한 관리도에서 관리하한이 양수가 되는($LCL > 0$) 최소한의 표본 크기를 구하라.

10.11 어느 공정에 대해 불량률을 관리도에 적용하려고 한다. 공정의 불량률 평균이 0.07이라고 한다. 400개의 제품을 조사하여 3σ - 관리도에 적용한다고 할 때 다음 물음에 답하라.

(1) 이 관리도의 관리상한과 관리하한을 구하라.

(2) 이 공정의 평균이 0.10으로 변했다고 할 때 변화가 발생한 바로 다음 시점에서 그 변화를 탐지할 확률을 구하라.

(3) 위의 (2)에서 바로 다음 시점이나 그 다음 시점에서 탐지할 확률을 구하라.

10.12 다음의 경우에 대하여 3σ - 관리한계를 구하라.

(1) 평균 결점수가 9인 c - 관리도

(2) $n = 4$이고 총 결점수가 4인 경우의 u - 관리도

10.13 다음의 자료는 전화 케이블 1000미터당 발생한 결점수를 기록한 것이다.

표 본	결점수	표 본	결점수	표 본	결점수	표 본	결점수
1	1	7	5	13	9	19	7
2	1	8	13	14	11	20	4
3	3	9	0	15	15	21	9
4	7	10	19	16	8	22	20
5	8	11	24	17	3		
6	10	12	6	18	6		

(1) 위의 자료로부터 이 공정이 관리상태에 있다고 할 수 있는가?

(2) 이후 생산 제품에 적용될 수 있는 관리방법을 제시하라.

10.14 연습 문제 10.13의 자료에 대해 새로운 검사 단위로 케이블 2,500미터를 고려한다고 하자.

(1) 향후 생산품을 관리하기 위해 새로운 검사 단위당 총 결점수를 관리도에 적용하려고 한다. 타당한 관리도의 중앙선과 관리한계를 구하라.

(2) 향후 생산품을 관리하기 위해 단위 길이당 평균 결점수를 관리도에 적용하려고 한다. 타당한 관리도의 중앙선과 관리한계를 구하라.

10.15 계산기를 생산하는 공정에서 계산기 2개를 검사단위로 결점수를 관리도에 적용한다고 한다. 이 공정이 관리상태일 때에 한 개의 계산기에 평균적으로 2개의 결점이 발생한다고 한다. 위의 검사단위에 적당한 3σ - 관리한계를 구하라.

제 11 장 신뢰성 분석

기기의 부품이나 부속품의 수명에 대한 분석방법으로 앞에서 배운 통계적 품질관리가 있다. 통계적 품질관리는 부품의 물리적인 특성들, 예를 들면 전기 저항값이나 리벳의 두께 등의 측정값에 대한 판단을 하거나 부품의 속성, 즉 정해진 규격의 만족 여부 등에 대한 판단을 적절한 차트를 활용하여 분석하는 것을 말한다.

신뢰성이론은 품질관리분야의 일부분이라고 할 수 있으나 연구하는 주요 대상이 리벳의 두께나 전기 저항값처럼 바로 측정 가능한 값이 아니라, 일반적으로 시간과 비용이 많이 소요되는 부품의 수명에 관한 것이다. 따라서 수명에 관한 확률분포 이론을 이해하는 것이 중요하다. 예를 들어, 어떤 공장에서 생산되는 부품 중에서 1000시간 이상 고장 없이 작동하는 부품의 비율에 대하여 90%의 신뢰도를 가지고 대답을 하려면, 그 부품들의 수명분포에 관한 확률적인 특성을 파악해야만 답할 수 있다.

신뢰성 분석에서 다루는 자료는 시간을 미리 정해 놓고 관측을 하거나 정해진 시간까지만 관측을 하여 얻어지기 때문에, 일부 자료는 관측하다가 중단된 불완전한 자료인 경우가 많다. 이러한 자료를 보통 **중도절단(censored)** 된 자료라고 한다. 분석을 간단히 하기 위해 중도절단된 자료를 버리고 완전한 자료만을 사용하면 일반적인 통계분석방법을 사용할 수 있다. 그러나 신뢰성 분석에서는 시간과 비용의 제약 때문에 많은 자료를 사용할 수가 없으므로 이러한 중도절단된 자료를 활용하여 분석하는 방법이 필요하다.

일반적으로 신뢰수명시험은 시간과 비용이 많이 든다. 따라서 실제로는 시험조건을 보통보다 강화시켜 부품의 고장을 앞당겨 시험하는 **가속수명시험 (accelerated life testing)** 방법이 많이 쓰인다. 가속수명시험 방법은 이 책의 범위를 벗어나므로 신뢰성 분석에 대한 전문 서적을 참조하기 바란다.

신뢰성 분석에서 주된 관심사 중의 하나는 부품의 평균수명이다. 수명시험을 할 때 부품의 평균수명을 나타내는 용어로 MTBF나 MTTF가 있다. **MTBF (mean time between failures)** 는 고장과 고장 사이의 평균시간을 의미하고, **MTTF (mean time to failure)** 는 수리할 수 없는 부품의 경우 고장까지의 평균시간을 의미한다. 둘 간의 구별은 중요하지 않으므로 앞으로 MTBF를 부품의 평균수명이라고 하며, 다양한 경우에 MTBF의 추정과 검정을 다루도록 한다.

1절에서는 신뢰성을 측정하는데 사용되는 여러 가지 측도들에 대하여 소개를 하며, 2절에서는 수명이 지수분포를 따를 때 여러 수명검사 방법별로 MTBF를 추정하는 방법들을 설명한다. 3절에서는 신뢰성 분석에서 많이 사용되는 와이블분포를 이용한 MTBF의 추정방법에 대하여 설명한다. 끝으로 4절에서는 엑셀을 이용한 분석을 다룬다.

제 1 절 신뢰성의 측도

표본에서 사용되는 측도

신뢰성 분석에서는 어떤 부품의 수명이 어느 정도인지 또는 다른 부품과 비교하여 어느 부품이 더 오래가는지 등에 대하여 수치로 표현하는 것이 중요하다. 일반적인 표본에 대하여 자료의 특성을 나타내는 측도로 중심 위치와 퍼진 정도를 나타내는 표본평균과 표본분산이 있듯이 부품수명에 관한 자료에 대하여 신뢰성의 측도로 널리 사용하는 몇 가지가 있다.

동일한 성능의 부품이 N_0개가 있을 때 시간 t까지 정상적으로 작동하는 부품의 수를 $n(t)$라 하면

$$S^*(t) = \frac{n(t)}{N_0}$$

는 시점 t에서 정상인 부품의 비율로써 **표본 생존함수(survivor function)** 라 부른다. 이것을 그림으로 그려보면 일반적으로 그림 11.1과 같은 형태를 가진다.

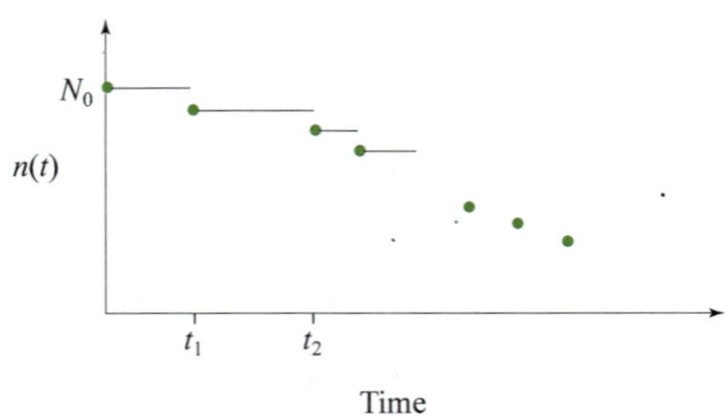

그림 11.1 표본 생존함수

$n(t)$는 시점 t에서 정상적으로 작동하는 부품의 수이므로 $n(t) - n(t + \Delta t)$는 구간 $(t, t + \Delta t)$에서 고장이 난 부품을 나타낸다. 따라서 $n(t) - n(t + \Delta t)$를 전체 부품의 수 N_0로 나눈 값은 구간 $(t, t + \Delta t)$에서 고장이 난 비율을 나타낸다. 또한 이 값을 구간의 길이 Δt로 나눈 함수

$$f^*(t) = \frac{n(t) - n(t + \Delta t)}{\Delta t\, N_0}$$

는 단위 시간당 고장 비율을 나타내며, 이 함수를 부품수명의 표본 **밀도함수**라고 한다.

위의 식에서 시점 t에서의 단위 시간당 고장의 개수인 $\dfrac{n(t) - n(t + \Delta t)}{\Delta t}$를 처음 시작할 때 부품의 수 N_0 대신에 구간 $(t, t + \Delta t)$의 시작 시점에서의 작동하는 부품의 수 $n(t)$로 나눈 함수

$$\lambda^*(t) = \frac{n(t) - n(t + \Delta t)}{\Delta t\, n(t)}$$

는 시점 t까지 고장이 없는 부품들 중에서 앞으로 짧은시간 Δt 이내에 고장이 날 집중도 또는 강도(intensity)를 나타내며, 이 함수를 **표본 고장률 (failure rate)** 또는 **위험률 (hazard rate) 함수**라 한다.

이론적 측도

양의 값을 가지는 연속확률변수 X가 부품의 수명을 나타낸다고 하자. 확률변수 X의 분포함수(누적분포함수)를 F라 하면 수명이 t 이하일 확률은

$$F(t) = P(X \le t)$$

이며 수명이 t보다 클 확률은

$$S(t) = P(X > t) = 1 - F(t)$$

로서 이 $S(t)$를 모집단의 **생존함수**라고 부른다.

부품수명의 확률밀도함수를 $f(t)$라 하면 **고장률함수** $\lambda(t)$는 다음과 같이 정의된다.

$$\lambda(t) = \frac{f(t)}{1 - F(t)}$$

신뢰성의 측도로서 고장률이 많이 쓰이는데 이 고장률이 시간에 따라서 변하는 모양에 따라서 고장률함수를 보통 다음과 같은 세 가지로 분류하기도 한다.

- **IFR**(increasing failure rate) : 고장률이 시간에 따라서 증가하는 경우
- **CFR**(constant failure rate) : 고장률이 시간에 따라서 변하지 않는 경우
- **DFR**(decreasing failure rate) : 고장률이 시간에 따라서 감소하는 경우

일반적으로 어느 부품의 고장률함수가 위의 한 가지 형태를 가지는 경우는 거의 없으며, 대부분의 고장률함수는 위의 세 가지의 복합적인 형태로 나타난다. 예를 들면, 새 부품이 출시되면 안정화 단계에 접어들기까지 고장이 많으나, 시간이 지나면서 고장률이 감소하는 DFR을 거치며 이후에는 안정화되어 CFR 단계에 접어든다. 끝으로 오래 사용하다보면 마모가 발생하여 고장이 점점 많아지는 단계에 접어드는데, 이 단계는 IFR이 된다고 할 수 있다.

수명분포가 모수 m인 지수분포를 따른다고 하면 확률밀도함수는 다음과 같으며

$$f(t) = me^{-mt},\ t \geq 0$$

지수분포에서 고장률함수 $\lambda(t)$를 구해보면

$$\lambda(t) = \frac{f(t)}{1 - F(t)} = \frac{me^{-mt}}{e^{-mt}} = m$$

가 된다. 수명분포가 지수분포를 따른다면 고장률은 시간에 무관한 일정한 값 m을 가지므로 오래 사용한 부품이나 새로운 부품이나 고장률은 동일하게 된다. 즉, 지수분포는 고장률함수가 CFR의 형태를 띠게 된다. 지수분포의 특징 중의 하나가 무기억성으로 이는 고장률이 시간에 무관한 상수라는 것을 의미한다.

다음은 신뢰성측도를 표본 측도와 이론적 측도를 나누어 표로 정리하였다.

신뢰성 측도	표본 측도	이론적 측도
생존함수	$S^*(t) = \frac{n(t)}{N_0}$	$S(t) = P(X > t)$
밀도함수	$f^*(t) = \frac{n(t) - n(t + \Delta t)}{\Delta t\, N_0}$	$f(t) = -\frac{d}{dt}S(t)$
고장률함수	$\lambda^*(t) = \frac{n(t) - n(t + \Delta t)}{\Delta t\, n(t)}$	$\lambda(t) = \frac{f(t)}{S(t)}$

신뢰성 측도들 사이의 관계

일반적으로 생존함수 $S(t)$가 주어지면 미분을 통해서 확률밀도함수를 구하고 이로부터 고장률함수를 구할 수 있다. 마찬가지로 확률밀도함수가 주어지면 적분을 통해서 생

존함수를 구하고 이로부터 고장률함수를 구할 수 있다. 따라서 고장률함수가 주어졌을 때 생존함수를 구할 수 있으면 세 가지 측도들 간에 다음과 같은 관계가 성립한다.

$$\begin{aligned}\lambda(t) &= \frac{f(t)}{1-F(t)} \\ &= \frac{\frac{d}{dt}F(t)}{1-F(t)} \\ &= \frac{d}{dt}(-\log[1-F(t)])\end{aligned}$$

위의 식의 양변을 적분하면 다음을 얻을 수 있다.

$$\begin{aligned}\int_0^t \lambda(s)ds &= -\log[1-F(t)] + \log[1-F(0)] \\ &= -\log[1-F(t)] = -\log\ S(t)\end{aligned}$$

위 식에서 $X \geq 0$이므로 $F(0) = 0$이 된다. 따라서 위의 식을 정리하면,

$$S(t) = 1 - F(t) = \exp\left[-\int_0^t \lambda(s)ds\right] = \exp\left[-\Lambda(t)\right]$$

이때 $\Lambda(t) = \int_0^t \lambda(s)ds$를 **누적고장률함수**라고 하며, $\Lambda(t) = -\log S(t)$인 관계가 성립한다.

예제 11.1 흡연자의 사망률이 비흡연자보다 두 배라고 한다면 같은 나이의 흡연자와 비흡연자 두 사람이 앞으로 10년 이상 생존할 확률의 관계를 설명하라.

풀 이 만일 $\lambda_1(t)$를 나이가 t인 흡연자의 사망률이라 하고, $\lambda_2(t)$를 비흡연자의 사망률이라 한다면 주어진 조건은 $\lambda_1(t) = 2\lambda_2(t)$이 된다. 비흡연자의 수명을 X_2이라 할 때, 현재 나이가 t인 사람이 10년 이상 생존할 확률은

$$\begin{aligned}P(X_2 > t + 10 \mid X_2 > t) &= \frac{S_2(t+10)}{S_2(t)} \\ &= \frac{\exp(-\Lambda_2(t+10))}{\exp(-\Lambda_2(t))} \\ &= \exp\left(-\int_t^{t+10} \lambda_2(s)ds\right)\end{aligned}$$

이다. 한편 흡연자의 수명을 X_1라 하면 같은 확률은

$$
\begin{aligned}
P(X_1 > t+10 \mid X_1 > t) &= \frac{S_1(t+10)}{S_1(t)} \\
&= \frac{\exp(-\Lambda_1(t+10))}{\exp(-\Lambda_1(t))} \\
&= \exp\left(-\int_t^{t+10} \lambda_1(s)ds\right) \\
&= \exp\left(-\int_t^{t+10} 2\lambda_2(s)ds\right) \\
&= (P(X_2 > t+10 \mid X_2 > t))^2
\end{aligned}
$$

이므로 비흡연자가 10년 이상 생존할 확률의 제곱으로 주어진다. ■

제 2 절 지수분포를 이용한 추론

이 절에서는 수명분포가 지수분포를 따를 때 몇 가지 검사 방법에 따른 부품의 MTBF에 대한 추론 방법을 소개하고자 한다.

동시 검사법-제한된 개수

검사하는 부품의 수명이 평균 θ인 지수분포를 따르고 n개의 부품 중에서 r개가 고장이 나면 실험을 중단하는 검사를 생각해 보자. 이 검사는 n개의 부품을 동시에 검사하여 미리 정한 r개의 고장까지 관측한 자료를 바탕으로 부품의 MTBF(θ)를 추정하는 것이다. 부품 i의 수명을 X_i라 하고, $X_{(i)}$를 i번째로 고장 난 부품의 수명이라 하면 관측된 r개의 자료는 $X_{(1)} < X_{(2)} < \cdots < X_{(r)}$이다.

통계적인 추론방법을 이용하면 모수 θ의 추정량은 다음과 같이 주어진다.

$$
\hat{\theta} = \frac{\sum_{i=1}^{r} X_{(i)} + (n-r)X_{(r)}}{r} = \frac{T}{r}
$$

여기서 T는 n개의 모든 부품이 검사에서 보낸 시간의 총합(total-time-on-test)을 나타낸다. 따라서 θ의 추정량 $\hat{\theta} = \frac{T}{r}$는 모든 부품이 검사에서 보낸 시간의 합을 고장 개수로 나눈 값이 된다. θ에 대한 추론은 확률변수 T와 모수 θ의 함수인 $\frac{2T}{\theta}$가 χ^2-분포를 따른

를 따른다는 사실을 이용한다.

$$\frac{2T}{\theta} \sim \chi^2(2r)$$

이때 χ^2 - 분포의 자유도는 정해진 고장 개수 r의 두 배인 $2r$이 된다. 이 사실을 이용하여 θ에 대한 신뢰구간과 검정을 할 수 있는데, 이를 요약하면 다음과 같다.

MTBF θ에 대한 추론(제한된 개수 r까지 동시검사법)

- 점추정량 : $\hat{\theta} = \dfrac{\sum_{i=1}^{r} X_{(i)} + (n-r)X_{(r)}}{r} = \dfrac{T}{r}$
- θ의 $100(1-\alpha)\%$ 신뢰구간 : $\left(\dfrac{2T}{\chi^2_{\alpha/2}(2r)}, \dfrac{2T}{\chi^2_{1-\alpha/2}(2r)}\right)$
- 가설 $H_0 : \theta = \theta_0$에 대한 검정(유의수준 α) :
- 검정통계량 : $\chi^2 = \dfrac{2T}{\theta_0} \sim \chi^2(2r)$ H_0가 참일 때
- 각 대립가설에 대한 기각역 :

$H_1 : \theta > \theta_0$	$R : \chi^2 \geq \chi^2_{\alpha}(2r)$
$H_1 : \theta < \theta_0$	$R : \chi^2 \leq \chi^2_{1-\alpha}(2r)$
$H_1 : \theta \neq \theta_0$	$R : \chi^2 \geq \chi^2_{\alpha/2}(2r)$ 또는 $\chi^2 \leq \chi^2_{1-\alpha/2}(2r)$

예제 11.2 다음은 동시검사법으로 15개의 부품의 수명을 5개가 고장이 날 때까지 관측한 자료이다. 이 자료를 이용하여 부품의 MTBF에 대한 95%의 신뢰구간을 구하라.

0.39 0.97 1.48 2.03 2.67 (단위 : 시간)

풀 이 모든 부품이 검사에서 보낸 총 시간 T을 구하여 보자. 먼저 고장이 난 부품 5개의 수명의 합은 $(0.39 + \cdots + 2.67)$이다. 나머지 10개의 부품은 검사가 끝날 때까지 고장이 나지 않았으므로 이 부품들이 검사에 보낸 시간의 총합은 10×2.67이다. 따라서 총 시간 T는

$$T = (0.39 + \cdots + 2.67) + 10 \times 2.67 = 34.24$$

이므로 MTBF의 추정량은 $\hat{\theta} = T/r = 34.24/5 = 6.85$이 된다. MTBF의 추정량이 관

측된 자료의 최댓값 2.67보다 큰 값이 나오는 이유는 중도절단된 10개의 수명자료 때문이라고 생각할 수 있다. 카이제곱분포표로부터 $\chi^2_{0.025}(10) = 20.48$, $\chi^2_{0.975}(10) = 3.25$ 이므로 MTBF(θ)의 95% 신뢰구간은

$$\left(\frac{2 \times 34.24}{20.48}, \frac{2 \times 34.24}{3.25}\right) = (3.34, 21.07)$$

이다.

예제 11.3 예제 11.2의 자료에서 부품의 MTBF가 5보다 크다고 할 수 있는지 유의수준 5%에서 검정하라.

풀이 MTBF가 5시간보다 크다는 것을 검정하려면 가설은

$$H_0 : \theta = 5 \text{ 대 } H_1 : \theta > 5$$

이 된다. 자료에서 구한 검정통계량의 값은

$$\chi^2 = \frac{2T}{\theta_0} = \frac{2 \times 34.24}{5} = 13.696$$

로 주어진다. 기각역은 $R : \chi^2 \geq \chi^2_{0.05}(10) = 18.31$이므로 검정통계량의 값이 기각역에 포함되지 않는다. 따라서 이 부품의 MTBF는 5보다 크다고 할 수 없다.

동시 검사법-제한된 시간

검사하는 부품의 수명이 서로 독립이며 평균 θ인 지수분포를 따른다고 하자. 이 검사는 정해진 시간 t_0까지 검사하거나 t_0 시간 내에 n개의 부품이 모두 고장이 나면 검사를 종료한다. 제한된 시간 t_0 이내에 고장 개수는 이제 확률변수가 된다. 이를 R이라 하고 $X_{(i)}$를 i번째로 고장이 난 부품의 수명이라고 할 때 관측된 R개의 자료는 $X_{(1)} < X_{(2)} < \cdots < X_{(R)} \leq t_0$이다.

정해진 시간 t_0까지 고장이 난 부품의 수가 R일 때 θ의 추정량은 다음과 같다.

$$\hat{\theta} = \frac{\sum_{i=1}^{R} X_{(i)} + (n-R)t_0}{R} = \frac{T}{R}$$

여기서 T는 제한된 개수의 실험에서와 마찬가지로 n개의 모든 부품이 검사에서 보낸 시간의 총합을 나타낸다. 따라서 θ의 추정량 $\hat{\theta} = \dfrac{T}{R}$는 모든 부품이 검사에서 보낸 시간의

합을 고장 개수로 나눈 값이 된다.

부품의 평균수명에 관한 신뢰구간이나 가설검정은 추정량 $\hat{\theta} = \frac{T}{R}$의 분포를 구해야 한다. 분자인 T와 분모인 R 모두 확률변수이며 두 확률변수가 서로 독립이 아니므로 $\hat{\theta}$의 확률분포를 구하는 것은 상당한 통계적인 지식을 필요로 하므로 여기에서는 다루지 않기로 한다.

순차적 검사법(sequential testing)-제한된 시간

평균수명이 θ인 지수분포를 따르는 부품을 순차적으로 검사하는 경우를 고려하여 보자. 하나의 부품을 검사하고 이 부품이 고장이 나면 바로 새 부품을 교체하는 방식으로 검사가 진행된다. 이러한 방식으로 정해진 시간 t_0까지 검사할 때 발생한 고장 개수를 R이라 하자. 이때 $X_1, X_2, \cdots, X_R$을 관찰한 수명자료라 하면 R개가 고장이 날 때까지 걸린 총 시간은 t_0 이하일 것이며 $R+1$번째 고장까지 걸린 총 시간은 t_0보다 클 것이다. 즉,

$$\sum_{i=1}^{R} X_1 \le t_0, \qquad X_{R+1} > t_0 - \sum_{i=1}^{R} X_i$$

통계이론에 의하여 모수 θ의 추정량을 구하면 $\hat{\theta} = \frac{t_0}{R}$가 된다. 이 경우에도 추정량은 총 검사시간을 고장 개수로 나눈 것이 된다.

순차적 검사에서 MTBF θ에 대한 다음과 같은 가설을 생각해 보자.

$$H_0 : \theta = \theta_0 \text{ 대 } H_1 : \theta < \theta_0$$

부품의 MTBF가 기존에 알려진 값 θ_0보다 작다는 주장(H_1)을 하려면 제한된 시간 t_0까지 관측된 부품의 고장 개수 $R(t_0)$가 많아야 한다. 따라서 시간 t_0까지의 고장 개수를 $R(t_0)$라 하면 기각역의 형태는 $R(t_0) \ge r$이 된다. 정해진 시간 t_0까지 고장 개수가 r개 이상이라는 것은 부품 r개가 고장날 때까지 걸린 시간을 $X(r)$이라 할 때 $X(r)$이 t_0 이하라는 것과 동일한 이야기가 된다. 따라서 위 가설검정을 위한 검정통계량을 t_0까지의 고장 개수인 $R(t_0)$가 아니라 r개 고장까지의 시간 $X(r)$로 표현할 수 있다. 통계이론에 의하면 $2X(r)/\theta_0$는 자유도 $2r$인 χ^2-분포를 따르므로 귀무가설 $(\theta = \theta_0)$하의 검정통계량 $2X(r)/\theta_0$를 이용하여 검정할 수 있다.

MTBF가 기존에 알려진 값 θ_0보다 크다는 주장($H_1 : \theta > \theta_0$)을 하려면 위와는 반대로 정해진 시간까지 고장 개수가 작아야 한다. 즉, 기각역의 형태가 $R(t_0) \le r$이며, 이는 부품 $r+1$개가 고장날 때까지 걸린 시간 $X(r+1)$이 t_0보다 크다는 것과 동일하다. 따라서 검

정통계량은 $X(r+1)$의 함수인 $2X(r+1)/\theta_0$로 나타낼 수 있다. 앞에서 $2X(r)/\theta_0$이 $\chi^2(2r)$을 따르는 것과 유사하게 $2X(r+1)/\theta_0$은 귀무가설하에서 $\chi^2(2r+2)$을 따르며, 이를 이용하여 검정할 수 있다.

양측검정과 신뢰구간의 관계를 이용하여 MTBF θ의 신뢰구간을 다음과 같이 구할 수 있다. 정해진 시간 t_0까지 관측된 고장의 개수가 $R=r$일 때 MTBF의 $100(1-\alpha)$%신뢰구간은

$$\left(\frac{2t_0}{\chi^2_{\alpha/2}(2r+2)},\ \frac{2t_0}{\chi^2_{1-\alpha/2}(2r)}\right)$$

이다.

순차검사법(제한된 시간, t_0)에서 MTBF θ에 대한 추론

- 점추정량 : $\hat{\theta}=\dfrac{t_0}{R}$ (R은 제한된 시간 t_0까지 고장이 난 부품의 개수)
- θ의 $100(1-\alpha)$% 신뢰구간 : (고장 개수 $R=r$인 경우)

$$\left(\frac{2t_0}{\chi^2_{\alpha/2}(2r+2)},\ \frac{2t_0}{\chi^2_{1-\alpha/2}(2r)}\right)$$

- 가설 $H_0:\theta=\theta_0$에 대한 검정(유의수준 α) :
- 검정통계량 : $\chi^2=\dfrac{2t_0}{\theta_0}\sim\chi^2(2r)$ (귀무가설이 참일 때)
- 각 대립가설에 대한 기각역 :

$H_1:\theta<\theta_0$ $\quad R:\chi^2\le\chi^2_{1-\alpha}(2r)$

$H_1:\theta>\theta_0$ $\quad R:\chi^2\ge\chi^2_{\alpha}(2r+2)$

$H_1:\theta\ne\theta_0$ $\quad R:\chi^2\le\chi^2_{1-\alpha/2}(2r)$ 또는 $\chi^2\ge\chi^2_{\alpha/2}(2r+2)$

예제 11.4 순차적으로 수명시험을 한 부품의 수명자료가 차례로 다음과 같이 주어졌다.

7.45 16.68 26.14 8.84 13.24 1.65 10.32 13.93 9.31 9.27

만약 80시간 이내에 고장난 부품만을 가지고 부품의 MTBF에 대한 추론을 할 때 평균수명에 대한 95% 신뢰구간을 구하라.

풀이 처음 여섯 개의 고장 시간의 합은 $7.45+\cdots+1.65=74$이고 일곱 번째 고장

시간을 더한 값은 74 + 10.32 = 84.32이다. 따라서 제한된 시간 $t_0 = 80$까지 고장의 개수는 $r = 6$이 된다. 따라서 95% 신뢰구간은

$$\left(\frac{2 \times 80}{\chi^2_{0.025}(14)}, \frac{2 \times 80}{\chi^2_{0.975}(12)}\right) = (6.13,\ 36.36)$$

이다.

예제 11.5 예제 11.4의 자료에서 이 부품의 MTBF가 10보다 크다고 할 수 있는지 유의수준 10%에서 검정하라.

풀 이 검정하고자 하는 가설은

$$H_0 : \theta = 10 \text{ 대 } H_1 : \theta > 10$$

이므로 기각역은 $R : \chi^2 \geq \chi^2_{0.1}(14) = 21.06$으로 주어진다. 검정통계량의 값은

$$\chi^2 = \frac{2 \times 80}{10} = 16$$

이므로 유의수준 10%에서 귀무가설을 기각할 수 없다. 즉, 부품의 평균수명이 10보다 크다고 할 수 없다.

제 3 절 와이블분포를 이용한 추론

수명분포를 지수분포라 가정하는 것은 고장률함수가 상수(CFR)로서 사용시간에 무관하게 일정하다는 것이다. 그러나 현실에서는 이러한 모형의 적용은 많은 제약점을 가지고 있다. 따라서 현실적인 모형에 적용하기 위하여 다음과 같은 일반적인 고장률함수를 고려할 수 있다.

$$\lambda(t) = \left(\frac{\beta}{\theta}\right)\left(\frac{t}{\theta}\right)^{\beta-1},\ t > 0$$

여기서 θ, β는 양의 상수이다. 위와 같은 고장률함수를 가지는 분포를 모수 (θ, β)를 가지는 와이블분포라고 부른다.

와이블분포는 모수 β의 값에 따라서 고장률함수가 IFR, CFR, DFR의 형태를 가지므로 다양한 경우에 사용할 수 있다. 즉, 하나의 분포에서 모수를 적절하게 조절하면 여러 경우에 적용시킬 수 있으므로, 수명에 대한 분포로 가장 많이 사용되는 것 중의 하나이다. $\beta > 1$인 경우에 $\lambda(t)$는 시간 t에 따라 증가함수이므로 IFR이고, $0 < \beta < 1$인 경우에 $\lambda(t)$

는 시간 t에 따라 감소함수이므로 DFR이고, $\beta=1$인 경우에 $\lambda(t)=1/\theta$로 상수가 되어 CFR이 된다.

고장률과 분포함수의 관계를 이용하면 와이블분포의 분포함수는

$$F(t)=1-\exp\left[-\left(\frac{t}{\theta}\right)^{\beta}\right]$$

이 되고 이 함수를 미분하면 다음과 같은 확률밀도함수를 얻을 수 있다.

$$f(t)=\left(\frac{\beta}{\theta}\right)\left(\frac{t}{\theta}\right)^{\beta-1}\exp\left[-\left(\frac{t}{\theta}\right)^{\beta}\right],\ t>0$$

그림 11.2는 와이블분포의 확률밀도함수의 개형을 알아보기 위하여 몇 개의 모수(θ, β)의 값에 대해서 확률밀도함수를 그린 것이다.

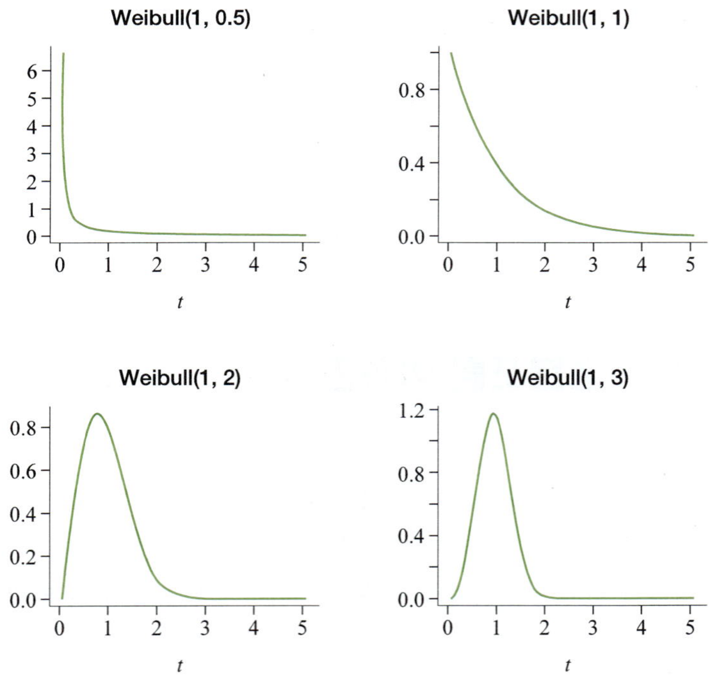

그림 11.2 β값에 따른 와이블분포의 확률밀도함수 개형

와이블분포에서 모수 θ, β는 지수분포와는 달리 부품의 평균수명에 대한 간단한 함수로 표현되지 않는다. 와이블분포를 따르는 부품 수명의 기댓값(MTBF)은

$$\mu=\theta\Gamma(1+1/\beta)$$

로 주어진다. 따라서 MTBF의 추정량 $\hat{\mu}$은 적절한 통계적인 방법으로 모수 θ, β를 추정한 후에 앞의 식에 추정량 $\hat{\theta}, \hat{\beta}$를 대입하여 구한다.

최소제곱법을 이용한 모수추정

모수가 (θ, β)인 와이블분포를 따르는 임의표본을 $X_1, \cdots, X_n$이라 하자. 와이블분포의 분포함수는

$$F(x) = 1 - \exp\left[-\left(\frac{x}{\theta}\right)^{\beta}\right]$$

이다. 이를 로그함수를 이용하여 정리하면

$$\log\log\left(\frac{1}{1-F(x)}\right) = \beta\log x - \beta\log\theta$$

로 표현할 수 있다. 즉, $\log\log\left(\frac{1}{1-F(x)}\right)$는 $\log x$에 대하여 기울기가 β인 선형함수이므로 모수 β를 흔히 와이블–기울기(Weibull slope)라고 부른다.

확률변수 X에 대하여 $W = \log X$, $Y = \log\log\left(\frac{1}{1-\hat{F}(X)}\right)$라 할 때 앞의 식은 $Y = \beta_0 + \beta_1 W + \varepsilon$로 나타낼 수 있다. 즉, W와 Y 사이에는 기울기가 $\beta_1 = \beta$이고 절편이 $\beta_0 = -\beta\log\theta$인 선형모형이 성립한다. 따라서 오차항 ε이 단순선형회귀모형에서와 같은 가정을 만족한다면 최소제곱법을 이용하여 모수 β와 θ의 추정량을 구할 수 있다.

부품 n개의 수명자료를 크기순으로 배열하여

$$X_{(1)} \le X_{(2)} \le \cdots \le X_{(n)}$$

으로 주어졌다고 하자. 이때 i번째 고장이 난 제품의 수명 $X_{(i)}$에서 표본 분포함수의 값 $\hat{F}$으로 널리 쓰이는 두 가지를 소개하면 다음과 같다.

평균 순위 : $\hat{F}(X_{(i)}) = \dfrac{i}{n+1}$

중위수 순위의 근삿값 : $\hat{F}(X_{(i)}) = \dfrac{i-0.3}{n+0.4}$

위 두 가지 중 하나를 선택하여 계산한 값을 $Y_{(i)} = \log\log[1-\hat{F}(X_{(i)})]^{-1}$라 하고 $W_{(i)} = \log X_{(i)}$라 하자. 이때 주어진 자료 $(W_{(1)}, Y_{(1)}), \cdots, (W_{(n)}, Y_{(n)})$에서 최소제곱법을 이용하여 단순선형회귀모형 $Y = \beta_0 + \beta_1 W + \varepsilon$의 모수 β_0와 β_1을 추정하면 다음과 같다.

$$\hat{\beta}_1 = \frac{S_{wy}}{S_{ww}} = \frac{\Sigma(W_{(i)} - \overline{W})(Y_{(i)} - \overline{Y})}{\Sigma(W_{(i)} - \overline{W})^2}$$

$$\hat{\beta}_0 = \overline{Y} - \hat{\beta}_1\overline{W}$$

이때 $\hat{\beta}=\hat{\beta}_1$이고, $\beta_0=-\beta\log\theta$관계가 성립하므로 $\hat{\theta}=\exp\left(-\frac{\hat{\beta}_0}{\hat{\beta}_1}\right)$로 구할 수 있다. 여기서 $\overline{W}=\Sigma W_{(i)}/n$, $\overline{Y}=\Sigma Y_{(i)}/n$을 나타낸다.

주어진 자료가 실제 와이블분포를 따르는지에 대한 적합성 검정은 $(W_{(i)}, Y_{(i)})$의 산점도가 직선에 가까운지를 통해서 대략적으로 판단할 수 있다. 정확한 분포의 적합성 검정은 전문 통계 프로그램을 이용하면 된다.

예제 11.6 다음은 와이블분포를 따른다고 알려진 어떤 전자부품의 수명을 나타낸 자료이다. 이 자료에 대하여 최소제곱법을 이용하여 모수 θ, β를 추정하라.

20.06	24.05	18.12	6.97	19.49	19.90	12.89	9.01	12.39	24.12

풀 이 중위수 순위의 근삿값으로 $\hat{F}(X_{(i)})$를 추정하면 표본의 크기가 $n=10$이므로

$$Y_{(i)}=\log\log\left(\frac{1}{1-\hat{F}(X_{(i)})}\right)=\log\log\left(\frac{n+0.4}{n+0.7-i}\right)=\log\log\left(\frac{10.4}{10.7-i}\right)$$

이다. 최소제곱법을 이용하기 위하여 자료를 정리하면 다음과 같다.

$X_{(i)}$	$W_{(i)}$	$Y_{(i)}=\log\log(10.4/10.7-i)$
6.97	1.9416	−2.6638
9.01	2.1983	−1.7233
…	…	…

최소제곱법에 의하여 회귀계수를 추정하면

$$\hat{\beta}_0=-7.588, \qquad \hat{\beta}_1=2.576=\hat{\beta}$$

이다. $\hat{\beta}_0=-\hat{\beta}\log\hat{\theta}$이므로 $\hat{\theta}=19.023$이 된다. 만약 자료가 와이블분포를 따른다면 MTBF의 추정량은 $\hat{\mu}=\hat{\theta}\Gamma(1+1/\hat{\beta})=19.023\times\Gamma(1+1/2.576)=16.89186$이다. 원자료값의 표본평균 $\bar{x}$는 16.7이므로 최소제곱법에 의한 MTBF의 추정량과 비슷한 결과를 얻을 수 있다. ■

제 4 절 엑셀을 이용한 분석

예제 11.7 예제 11.2의 자료를 이용하여 부품의 MTBF에 대한 95% 신뢰구간을 구

하고, MTBF가 5보다 크다고 할 수 있는지 유의수준 5%에서 검정하라.

풀 이 엑셀에서는 신뢰성 분석을 위한 특별한 함수나 분석 기능을 제공하지 않으므로 셀에 수식을 입력하는 방식으로 구할 수 있다. 앞에서 MTBF(θ)의 추정량을 다시 떠올려 보자.

$$\hat{\theta} = \frac{\sum_{i=1}^{r} X_{(i)} + (n-r)X_{(r)}}{r} = \frac{T}{r}$$

A열에 5개의 수명 자료(A2:A6)를 입력하고 위 식의 분자인 15(n)개의 모든 부품이 검사에서 보낸 시간의 총합 T는 셀 **B9**에 "= SUM(A2:A6) + (15 − 5)*MAX(A2:A6)"를 입력하여 구한다. 다음, θ에 대한 100(1 − α)% 신뢰구간을 구하는 공식

$$\left(\frac{2T}{\chi^2_{\alpha/2}(2r)}, \frac{2T}{\chi^2_{1-\alpha/2}(2r)}\right)$$

에서 셀 **B10**에 "= 2*B9/CHIINV(0.025,10)"을 입력하여 신뢰하한을 구한다. 이때 **CHIINV(0.025,10)**는 자유도 10인 카이제곱분포의 하위 2.5%의 값을 나타낸다. 마찬가지로 신뢰상한을 구하기 위해 셀 **B11**에 "= 2*B9/CHIINV(0.975,10)"을 입력한다. 결과적으로 MTBF의 95% 신뢰구간은 (B10, B11)이 된다.

MTBF가 5보다 크다는 주장을 검증하려면 $H_0 : \theta = 5$ 대 $H_1 : \theta > 5$을 유의수준 5%에서 검정하면 된다. 이 검정의 검정통계량은 $\chi^2 = 2T/\theta_0$이므로 셀 B12에 "= 2*B9/5"를 입력한다. 귀무가설 $\theta = 5$ 아래에서 검정통계량 $\chi^2 = 2T/5$은 자유도가 10인 카이제곱 분포를 따르므로 셀 **B13**에 "= CHIDIST(B12,10)"을 입력하면 유의확률 $P(\chi^2(10) > \text{B12})$을 구한다.

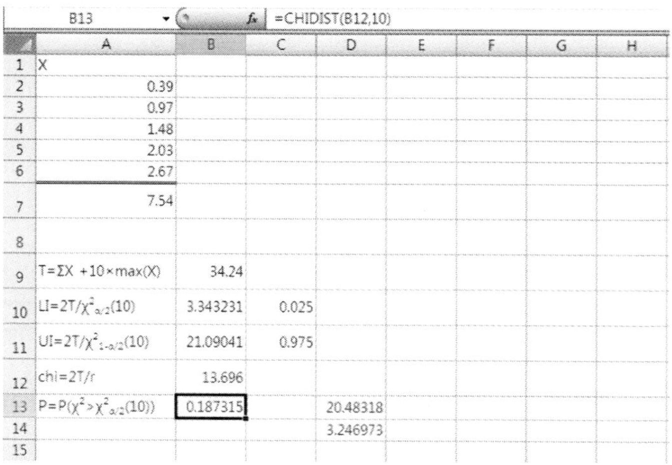
B13 | =CHIDIST(B12,10)

	A	B	C	D	E	F	G	H
1	X							
2	0.39							
3	0.97							
4	1.48							
5	2.03							
6	2.67							
7	7.54							
8								
9	T=ΣX +10×max(X)	34.24						
10	Ll=2T/χ²α/2(10)	3.343231	0.025					
11	Ul=2T/χ²1-α/2(10)	21.09041	0.975					
12	chi=2T/r	13.696						
13	P=P(χ²>χ²α/2(10))	0.187315		20.48318				
14				3.246973				
15								

‖ 그림 11.3 ‖ MTBF의 95% 신뢰구간 및 유의확률 계산

위 결과에서 MTBF의 95% 신뢰구간은 (3.3432, 21.0904)이며, 검정통계량값의 유의확률이 0.1873으로 0.05보다 크므로 MTBF(θ)가 5라는 귀무가설을 기각하지 못한다.

예제 11.8 예제 11.4의 자료를 이용하여 부품의 MTBF에 대한 95% 신뢰구간을 구하고, MTBF가 10보다 크다고 할 수 있는지 유의수준 5%에서 검정하라.

풀 이 A열에 자료(A2:A7)를 입력하고 누적하여 더했을 때 7번째 합이 80시간을 넘어가므로 제한시간 80(t_0)까지 고장 수는 $r = 6$이다. MTBF θ의 $100(1 - \alpha)\%$ 신뢰구간을 구하는 식

$$\left(\frac{2t_0}{\chi^2_{\alpha/2}(2r+2)}, \frac{2t_0}{\chi^2_{\alpha/2}(2r)}\right)$$

에서 셀 **B9**에 "= 2*80/CHIINV(0.025,14)"을 입력하여 신뢰하한을 구하고, 마찬가지로 신뢰상한을 구하기 위해 셀 **B10**에 "= 2*80/CHIINV(0.975,12)"을 입력한다. MTBF의 95% 신뢰구간은 (B9, B10)이 된다.

가설 $H_0 : \theta = 10$ 대 $H_1 : \theta > 10$을 검정하기 위한 검정통계량은 $\chi^2 = 2t_0/\theta_0$이므로 셀 **B11**에 "= 2*B8/10"를 입력하여 구한다. 기각역은 $R : \chi^2 \geq \chi^2_\alpha(2r + r)$이므로 셀 **B12**에 "= CHIDIST(B11,14)"를 입력하여 유의확률 $P(\chi^2(14) \geq \text{B11})$을 구한다.

D17

	A	B	C	D	E
1	x				
2	7.45	7.45			
3	16.68	24.13			
4	26.14	50.27			
5	8.84	59.11			
6	13.24	72.35			
7	1.65	74		6	
8	10.32	84.32			
9	13.93	98.25			
10	9.31	107.56			
11	9.27	116.83			
12					
13					
14		LI=2*80/$\chi^2_{\alpha/2}$(2r+2)	6.125821		
15		UI=2*80/$\chi^2_{1-\alpha/2}$(2r)	36.33235		
16					
17		chi=2*80/10	16		
18		P=P(χ^2 >χ^2(2r+2))	0.313374		
19					

그림 11.4 MTBF의 95% 신뢰구간 및 MTBF가 10보다 큰지 검정

위 결과에서 MTBF에 대한 95% 신뢰구간은 (6.1258, 36,3324)이며 검정통계량으로부터 구한 유의확률이 약 0.3134로 MTBF가 10이라는 귀무가설을 기각할 수 없다.

예제 11.9 예제 11.6의 자료에 대해 엑셀을 사용하여 θ와 β의 추정값을 구하라.

풀 이 앞 절의 최소제곱법을 이용한 모수추정 방법을 이용하도록 한다.

A열에 자료(A2:A11)를 입력한 후 [정렬 및 필터] ➡ [숫자 오름차순 정렬]로 정렬한다. 예제 11.6의 표의 W열과 같이 자료를 정리하려면 셀 B2에 "= LN(A2)"를 입력하고 B12까지 아래로 복사하여 채운다. 마찬가지로 같은 표의 Y열과 같이 자료를 정리하려면 셀 C2에 "= LN(LN((10 + 0.4)/((10 + 0.7) − i)))"를 입력하고 복사하는 방식으로 채운다. 이때 순차적으로 입력하는 i를 셀 D2부터 D11까지 참조 셀로 지정하면 된다. 그 다음 회귀계수의 추정은 각각 예를 들어 셀 B16에 "= INTERCEPT(C2:C11, B2:B11)"로 하고 셀 B17에 "= SLOPE(C2:C11, B2:B11)"를 입력하여 β_0와 β_1의 최소제곱 추정치를 구하면 된다. 또한 모수들 간의 관계식 $\hat{\theta} = \exp(-\beta_0/\beta_1)$이므로 셀 B18에 "= EXP(−B16/B17)"을 입력하여 구한다.

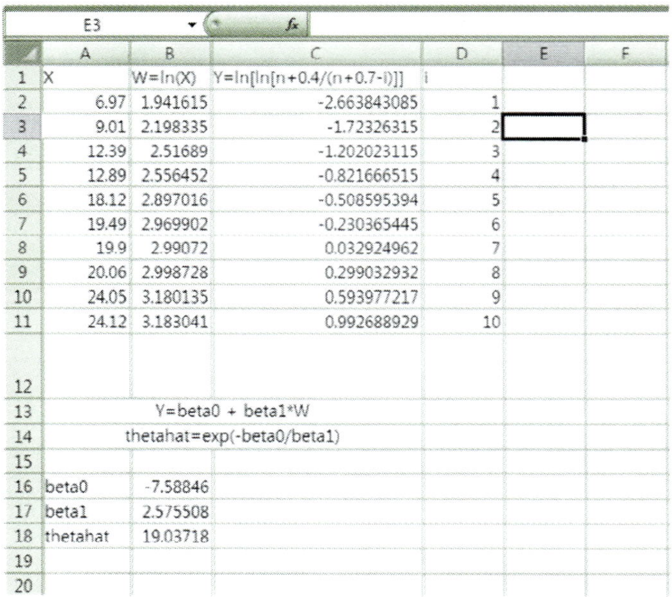

	A	B	C	D	E	F
1	X	W=ln(X)	Y=ln[ln[n+0.4/(n+0.7-i)]]	i		
2	6.97	1.941615	-2.663843085	1		
3	9.01	2.198335	-1.72326315	2		
4	12.39	2.51689	-1.202023115	3		
5	12.89	2.556452	-0.821666515	4		
6	18.12	2.897016	-0.508595394	5		
7	19.49	2.969902	-0.230365445	6		
8	19.9	2.99072	0.032924962	7		
9	20.06	2.998728	0.299032932	8		
10	24.05	3.180135	0.593977217	9		
11	24.12	3.183041	0.992688929	10		
12						
13		Y=beta0 + beta1*W				
14		thetahat=exp(-beta0/beta1)				
15						
16	beta0	-7.58846				
17	beta1	2.575508				
18	thetahat	19.03718				
19						
20						

그림 11.5 엑셀을 이용한 θ와 β의 추정

따라서 와이블분포의 모수 θ와 β의 최소제곱 추정값은 $\hat{\beta}_0 = \hat{\beta}_1 = 2.5755$이며 $\hat{\theta} = 19.0372$가 된다.

연·습·문·제

11.1 10개의 전기 부품이 수명검사를 한 결과 고장까지 걸린 시간을 기록한 자료가 다음과 같다 (단위 : 시간).

5	10	17.5	30	40	55	67.5	82.5	100	117.5

(1) 자료를 이용하여 표본 밀도함수 $f^*(t)$와 표본 고장률함수 $\lambda^*(t)$를 그려라.

(2) 표본 생존함수 $S^*(t)$와 표본 분포함수 $F^*(t) = 1 - S^*(t)$를 그려라.

11.2 다음은 800개 부품의 수명시험 결과 자료이다.

시간구간	0~3	3~6	6~9	9~12	12~15	15~18	18~21	21~24	24~27	27~30	합계
고장 수	185	42	36	30	17	8	14	9	6	3	350

(1) 주어진 자료에서 부품의 수명이 15시간 이상일 확률을 추정하라.

(2) 표본 고장률이 0.02보다 큰 구간을 구하라.

(3) 자료를 이용하여 표본 밀도함수 $f^*(t)$와 표본 고장률함수 $\lambda^*(t)$를 그려라.

11.3 고장률함수가 다음과 같을 때 밀도함수와 생존함수를 구하라.

$$\lambda(t) = \begin{cases} 0 & \text{for } 0 \le t \le 5 \\ 13 & \text{for } 5 < t \end{cases}$$

11.4 고장률함수가 다음과 같을 때 밀도함수와 생존함수를 구하라.

$$\lambda(t) = \begin{cases} a - m_1 t & \text{for } 0 \le t \le t_0 \\ b & \text{for } t_0 < t \le t_1 \\ b + m_2(t - t_1) & \text{for } t_1 < t \end{cases}$$

11.5 나이가 t세인 남성 흡연자의 폐암 위험률이 다음과 같이 주어졌다고 하자.

$$\lambda(t) = 0.027 + 0.025\left(\frac{t - 40}{10}\right),\ t \ge 40$$

40세 남성 흡연자가 폐암에 걸리지 않고 50세까지 살아있을 확률을 구하라.

11.6 어떤 부품의 고장률이 $\lambda(t) = t^3$이라고 할 때 다음 물음에 답하라(단위 : 년).

(1) 부품이 2년간 고장이 없을 확률을 구하라.

(2) 부품의 수명이 0.4년에서 1.4년 사이일 확률을 구하라.

(3) 부품의 평균수명을 구하라.

(4) 1년 된 부품이 2년까지 고장이 없을 확률을 구하라.

11.7 어떤 부품의 밀도함수가 다음과 같다고 한다.

$$f(t) = \lambda^2 t e^{-\lambda t},\ t > 0$$

(1) 이 부품의 고장률함수 $\lambda(t)$를 구하라.

(2) 이 고장률함수가 IFR임을 보여라.

11.8 30개의 트랜지스터 수명검사를 하는데 10번째 고장까지만 검사를 하기로 하였다. 고장 시간 자료는 다음과 같다.

4.1	7.3	13.2	18.8	24.5	60.8	38.1	45.5	53.6	62.2

수명분포가 지수분포를 따른다고 가정할 때 다음 물음에 답하라.

(1) 트랜지스터의 평균수명을 추정하라.

(2) 트랜지스터 수명의 95% 신뢰구간을 구하라.

(3) 95%의 신뢰도를 가지고 평균수명보다 작은 경곗값 c를 구하라.

(4) 유의수준 $\alpha = 0.10$으로 평균수명이 7.5시간인지 아닌지를 검정하라.

11.9 어떤 공장에서 생산되는 진공관의 수명은 평균이 20시간인 지수분포를 따른다고 한다. 공장 관리자가 n개의 진공관을 가지고 검사를 시작하여 10개가 고장날 때까지 걸린 시간의 기댓값이 3시간일 때 n을 구하라.

(힌트 : 지수분포에서 r번째 고장까지 걸리는 시간의 기댓값은 대략 $\theta \log\left(\frac{n}{n-r+1}\right)$이다.)

11.10 정해진 300시간 동안 순차적으로 하나씩 수명검정을 한다고 하자. 정해진 시간 내에 16개의 부품이 고장이 났다. 부품의 수명은 평균이 θ인 지수분포를 따른다고 가정하자.

(1) θ의 추정량을 구하라.

(2) 유의수준 $\alpha = 0.05$로 $H_0 : \theta = 20$ 대 $H_1 : \theta \neq 20$의 가설을 검정하라.

(3) θ의 95% 신뢰구간을 구하라.

11.11 만약 다음 자료가 모수 (θ, β)인 와이블분포에서 나온 자료라고 할 때 최소제곱추정법을 이용하여 모수들을 추정하라.

15.4	16.8	6.2	10.6	21.4	18.2	1.6	12.5	19.4	17

11.12 확률변수 X가 모수 $(\theta,\ \beta)$인 와이블분포를 따를 때 $(X/\theta)^{\beta}$는 평균이 1인 지수분포를 따름을 보여라.

11.13 다음 자료는 모수 (100, 3)인 와이블분포에서 생성한 자료이다.

57	65	69	71	74	75	83	90	91	97	101	109	113	138

자료를 이용하여 다음 각 방법으로 모수를 추정하여 그 결과를 비교하라.

(1) 최소제곱법을 이용하여 추정하라.

(2) 와이블분포의 모평균을 표본평균을 이용하여 추정하고 이로부터 θ를 추정하라.

제 12 장 마르코프 연쇄

우리가 분석하는 자료 중에는 시간에 따라 관측값을 얻는 경우가 있다. 이러한 자료에 대하여 우리의 주요 관심사항은 순차적으로 주어지는 자료가 어떤 특징을 가지고 있는지 분석함으로써 미래의 값을 예측하거나, 미래의 값에 대한 확률분포를 알아내는 것이다. 예를 들어, 일별로 주어지는 날씨의 연관성을 분석함으로써, 과거 며칠 동안 날씨로부터 3일 후의 날씨가 맑을 확률을 알아내고자 할 수도 있다. 또는 어제와 오늘의 주가가 하락하였을 때 내일의 주가가 상승할 확률에 관심이 있을 수도 있다. 이와 같이 미래의 값은 여러 가능한 값 중에서 확률적으로 어떤 한 값을 가진다. 순차적으로 관측하게 되는 이러한 값들의 모임을 **확률과정 (stochastic process)** 이라 한다. 이 책에서는 일정한 간격을 두고 관측하는 확률과정을 다룬다.

제 1 절 마르코프 연쇄

순차적으로 관측하는 확률과정 중에는 특별한 성질을 가지는 경우가 있다. 이러한 성질은 확률과정이 가지고 있는 특징이나 미래의 관측값에 대한 확률분포를 알아내는데 큰 도움을 줄 수 있다. 몇 가지 예를 통해 특별한 성질을 가지는 확률과정에 대해 알아보도록 하자.

확률과정의 한 가지 예로 매일 관측하는 날씨를 들 수 있다. 날씨의 상태를 세 가지 {맑음, 흐림, 비}로 분류하고, 매일의 날씨를 관측한다고 하자. X_i를 i번째 날의 날씨라고 하자. 처음 기록한 날씨가 맑음이었고, 그 다음 날은 흐렸고, 이어진 날에는 비가 왔다면, 날씨를 나타내는 확률과정은

$$X_0 = \text{맑음}, \qquad X_1 = \text{흐림}, \qquad X_2 = \text{비}, \cdots$$

로 나타낼 수 있다. 이러한 확률과정의 성질을 분석하여, 오늘의 날씨가 맑을 때 이틀 후 날씨도 맑을 확률을 구할 수 있다.

날씨에 대한 확률과정에서 X_n은 숫자값이 아닌 날씨의 상태를 나타낸다. 이와 같은 경우는 일반적으로 X_n이 가질 수 있는 값을 숫자로 상징화하여 나타낸다. 예를 들어, 날씨의 상태를 나타내는 세 가지 값 {맑음, 흐림, 비} 대신에 아래와 같이 숫자 {1, 2, 3}을 사용하여 나타낼 수 있다.

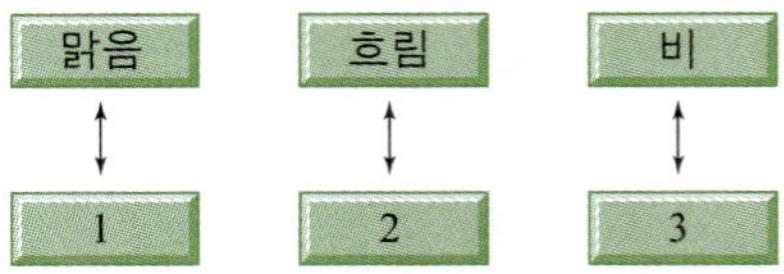

여기서 숫자 1은 단순히 '맑음'을 대신하여 사용한 것으로 이해하면 된다. 또 숫자 2는 '흐림'을, 3은 '비'를 대신하여 사용된 것이다. 즉, 날씨를 나타내는 X_n은 {1, 2, 3}의 값 중 하나를 가지는 확률변수라 할 수 있다.

확률과정 $\{X_0, X_1, X_2, \cdots\}$에서 X_n의 값이 i일 때 확률과정은 '단계 n에서 상태 i에 있다' 혹은 '단계 n에서 상태 i를 방문한다'라고 말한다. 현재 시점을 나타내는 확률변수를 X_n이라 할 때, 우리의 관심사항은 다음에 관측하는 X_{n+1}이 어떤 상태에 있을 것인가에 관한 것이다. 즉, 과거와 현재의 관측값이 주어졌을 때, 주요 관심사항 중의 하나는 미래의 값인 X_{n+1}에 대한 확률분포에 대한 것이다.

$$\underbrace{X_0, X_1, \cdots, X_{n-1}}_{\text{과거}} \quad \underbrace{X_n}_{\text{현재}} \quad \underbrace{X_{n+1}}_{\text{미래}}$$

예를 들어, 날씨를 나타내는 확률과정에 대하여 지난 3일 동안의 날씨가 흐림, 비, 흐림이었고, 오늘의 날씨가 맑았을 때 내일의 날씨는 어떻게 될까?

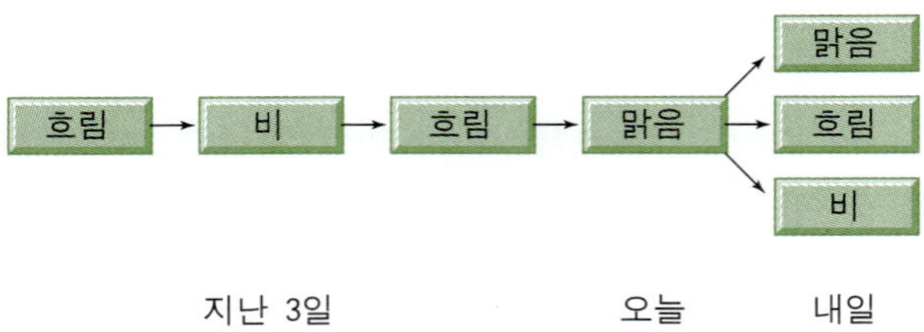

이는 확률과정 $\{X_0, X_1, X_2, \cdots\}$을 이용하여 다음과 같이 나타낼 수 있다.

$$X_{n-3} = 2,\ X_{n-2} = 3,\ X_{n-1} = 2,\ X_n = 1,\ X_{n+1} = ?$$

일반적인 확률과정에서 X_{n+1}의 확률분포는 과거부터 현재까지의 관측값에 영향을 받게 될 것이다. 따라서 우리가 고려해야 할 X_{n+1}의 확률분포는 과거의 관측값 $X_0, X_1, \cdots,$

X_{n-1}과 현재의 관측값 X_n이 주어진 상태에서 X_{n+1}의 조건부확률분포이다.

어떤 확률과정에 대해서는 위의 X_{n+1}의 조건부확률분포가 현재에만 의존하는 경우가 있다. 예를 들어, X_n을 어느 공장에서 n번째 날의 재고 수량이라고 하자. 이 경우 n번째 날까지 재고 수량이 주어졌을 때, $(n+1)$번째 날의 재고 수량을 결정하는 요인은 바로 전날의 재고 수량 X_n이고, 그 이전 재고 수량은 영향을 주지 않는다. 즉, X_{n+1}은 n번째 날의 재고 수량 X_n과 $(n+1)$번째 날에 생산한 제품의 수와 판매하는 제품의 수에 따라 결정된다. 이처럼 과거의 관측값 $X_0, X_1, \cdots, X_{n-1}$과 현재의 관측값 X_n이 주어진 상황에서 미래의 값인 X_{n+1}의 조건부확률분포가 현재 상태인 X_n에만 의존할 때, 이 확률과정을 **마르코프 연쇄 (Markov Chain)** 라고 한다.

마르코프 연쇄

확률과정 $\{X_0, X_1, X_2, \cdots\}$에 대하여 $X_0, X_1, \cdots, X_n$이 주어졌을 때, X_{n+1}의 확률분포가 X_n에만 의존하는 확률과정을 마르코프 연쇄라고 한다. 즉,

$$
\begin{aligned}
&P(X_{n+1}=j \mid X_n=i, X_{n-1}=i_{n-1}, X_{n-2}=i_{n-2}, \cdots, X_0=i_0) \\
&= P(X_{n+1}=j \mid X_n=i)
\end{aligned}
$$

이 책에서는 $P(X_{n+1}=j \mid X_n=i)$이 단계 n에 의존하지 않는 정상적 (stationary) 마르코프 연쇄를 다룬다. 정상적 마르코프 연쇄에서는 확률 $P(X_{n+1}=j \mid X_n=i)$이 n에 상관이 없으므로 이를 P_{ij}로, 즉

$$
P_{ij} = P(X_{n+1}=j \mid X_n=i)
$$

로 표현하고, 이를 상태 i에서 상태 j로의 **전이확률 (transition probability)** 이라 한다.

한편 전이확률인 P_{ij}는 다음과 같은 성질을 가지게 된다. 먼저 P_{ij}는 확률을 나타내므로 0과 1 사이의 값을 가져야 한다. 또한 상태 i에서 출발했을 때 그 다음 단계에서는 가능한 여러 상태 중에서 반드시 하나의 상태에는 있어야 하므로, 그 다음 단계의 상태를 j라 할 때 j를 변화시키며 합한 확률의 값은 1이어야 한다. 즉

$$
\sum_j P_{ij} = 1
$$

이다. 이는 모든 i에 대하여 만족하여야 한다. 즉, 전이확률인 P_{ij}는 다음과 같은 성질을 가진다.

전이확률의 성질

(i) 모든 i와 j에 대하여 $0 \le P_{ij} \le 1$

(ii) 모든 i에 대하여 $\sum_j P_{ij} = 1$

제 2 절 전이확률행렬과 전이도

상태 i와 j에 대하여 i에서 j로 변화될 전이확률 P_{ij}를 행렬을 이용하면 마르코프 연쇄의 특징을 한 번에 나타낼 수 있다. 상태 i에서 상태 j로 변화될 확률을 i번째 행, j번째 열의 원소로 나타내는 행렬 P를 **전이확률행렬 (transition probability matrix)** 혹은 1단계 전이확률행렬이라 한다. 전이확률행렬은 다음과 같이 나타낼 수 있다.

$$P = \begin{pmatrix} P_{11} & P_{12} & P_{13} \cdots \\ P_{21} & P_{22} & P_{23} \cdots \\ P_{31} & P_{32} & P_{33} \cdots \\ \vdots & \vdots & \vdots \ddots \end{pmatrix}$$

예를 들어, 전이확률행렬 P의 두 번째 행의 세 번째 열의 원소 P_{23}는 상태 2에서 상태 3으로 변화될 확률을 나타낸다. 전이확률 P_{ij}의 성질로부터 P의 각 원소는 0과 1사이의 값을 가지며, 각 행의 합은 1이어야 한다.

예를 들어, 상태가 1, 2, 3인 마르코프 연쇄의 한 가지 가능한 전이확률행렬은 다음과 같을 수 있다.

$$P = \begin{pmatrix} 0.2 & 0.5 & 0.3 \\ 0.1 & 0.0 & 0.9 \\ 0.5 & 0.1 & 0.4 \end{pmatrix}$$

위의 전이확률행렬로부터 현재 상태가 1에 있을 때, 다음 단계에서 상태 1, 2, 3으로 변화될 확률은 각각 0.2, 0.5, 0.3임을 알 수 있다. 위 행렬의 각 원소는 0과 1 사이의 값을 가지며, 각 행의 합은 1임을 확인할 수 있다.

마르코프 연쇄는 그림을 통하여 그 특징을 나타내기도 한다. 마르코프 연쇄가 가질 수 있는 상태를 원 내부에 표시하고, 다음 상태로의 전이확률을 화살표 위에 표시하여 그림으로 나타낸 것을 **전이도 (transition diagram)** 라 한다. 앞에서 다룬 마르코프 연쇄에 대한 전이도는 다음과 같다.

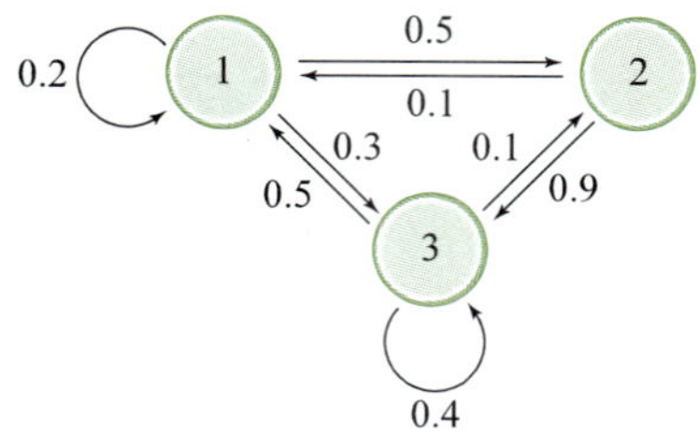

이와 같은 전이도를 통하여 현재 상태에서 다음 단계의 어떤 상태로 변화할 수 있는지, 또한 그 상태로 변화할 확률은 얼마인지 등을 쉽게 파악할 수 있다. 위 전이도에서 보면 현재 상태가 2라면, 다음 단계에서는 확률 0.1로 상태 1에 도달하거나 확률 0.9로 상태 3에 도달하게 된다. 또한 현재 상태가 1이라면 다음 단계에서 도달할 수 있는 상태는 1, 2, 3이 모두 가능함을 알 수 있다.

예제 12.1 어떤 공장에서 생산 라인의 일별 상태는 정상, 불안정, 고장의 세 가지로 분류할 수 있다고 한다. 내일의 생산 라인 상태는 과거의 상태와는 상관없고 오늘의 라인 상태에만 의존한다고 한다. 오늘의 라인의 상태가 정상이면 내일의 상태가 정상, 불안정, 고장일 확률은 각각 0.7, 0.2, 0.1이고, 오늘의 라인의 상태가 불안정이면 내일의 상태가 정상, 불안정, 고장일 확률은 각각 0.6, 0.2, 0.2이고, 오늘의 라인의 상태가 고장이면 내일의 상태가 정상, 불안정, 고장일 확률은 각각 0.5, 0.2, 0.3이라고 한다. 이때 생산 라인의 상태를 나타내는 마르코프 연쇄에 대하여 전이확률행렬을 구하고 전이도를 그려라.

풀이 생산 라인의 세 가지 상태 정상, 불안정, 고장을 각각 1, 2, 3이라 할 때, 주어진 조건에 의하여 전이확률행렬은

$$P = \begin{pmatrix} 0.7 & 0.2 & 0.1 \\ 0.6 & 0.2 & 0.2 \\ 0.5 & 0.2 & 0.3 \end{pmatrix}$$

이며, 전이도는

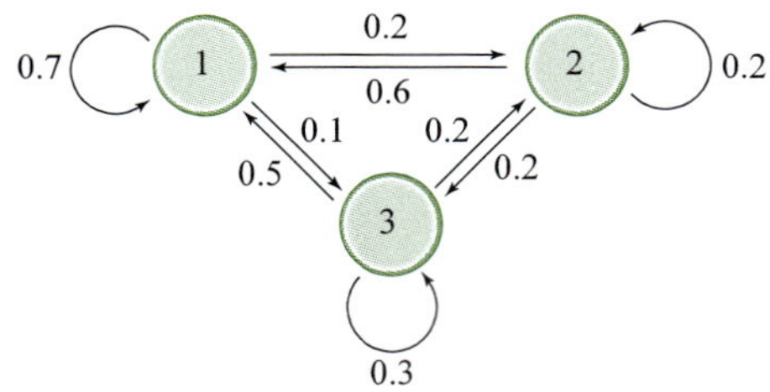

이다.

예제 12.2 앞면이 나올 확률이 1/2인 동전을 연속하여 던지는 실험에서 X_n은 n번째 이전에 가장 최근에 나온 뒷면 이후의 연속하여 나온 앞면의 수를 나타낸다고 하자. 예를 들어, $(n-2)$번째는 뒷면, $(n-1)$번째는 앞면이라고 할 때 n번째가 앞면이면 $X_n = 2$이고, n번째가 뒷면이면 $X_n = 0$이다. 동전을 던진 결과를 차례대로 기록한 것이 다음과 같을 때,

뒷면, 앞면, 뒷면, 앞면, 앞면, 앞면, 뒷면, 뒷면, ...

$X_1 = 0, X_2 = 1, X_3 = 0, X_4 = 1, X_5 = 2, X_6 = 3, X_7 = 0, X_8 = 0, \cdots$이다. X_n이 마르코프 연쇄가 됨을 설명하고, 전이확률행렬과 전이도를 구하라.

풀이 먼저 X_n이 가질 수 있는 값은 0을 포함한 양의 정수값을 가진다. $X_n = i$일 때, 즉 $n - i$번째는 뒷면이고 그 이후는 연속하여 앞면이 i번 나온 상태일 때, $(n+1)$번째 동전이 앞면이면 연속하여 $(i+1)$번 앞면이 나온 상태이므로 $X_{n+1} = i+1$이 되고, $(n+1)$번째 동전이 뒷면이면 연속하여 나온 앞면의 수는 0이므로 $X_{n+1} = 0$이 된다. 즉, $X_n = i$일 때 X_{n+1}의 값은 0과 $(i+1)$ 중 하나이다. X_{n+1}이 $(i+1)$일 확률은 $(n+1)$번째 동전이 앞면일 확률이므로 1/2이며, X_{n+1}이 0일 확률은 $(n+1)$번째 동전이 뒷면일 확률이므로 1/2이다. 이 확률은 $X_1, X_2, \cdots, X_{n-1}$에 무관하다. 즉, 전이확률은

$$P(X_{n+1} = i+1 | X_n = i) = \frac{1}{2}$$

와

$$P(X_{n+1} = 0 | X_n = i) = \frac{1}{2}$$

이다. 따라서 X_n은 마르코프 연쇄이며 이 전이확률은 n과 무관하다. 전이확률행렬 P와 전이도는 다음과 같다.

$$P = \begin{pmatrix} \frac{1}{2} & \frac{1}{2} & 0 & 0 & \cdots \\ \frac{1}{2} & 0 & \frac{1}{2} & 0 & \cdots \\ \frac{1}{2} & 0 & 0 & \frac{1}{2} & \cdots \\ \vdots & \vdots & \vdots & \vdots & \ddots \end{pmatrix}$$

위의 전이확률행렬에서 첫 번째, 두 번째, ... 행이나 열은 각각 상태 0, 1, ...에 대응된다.

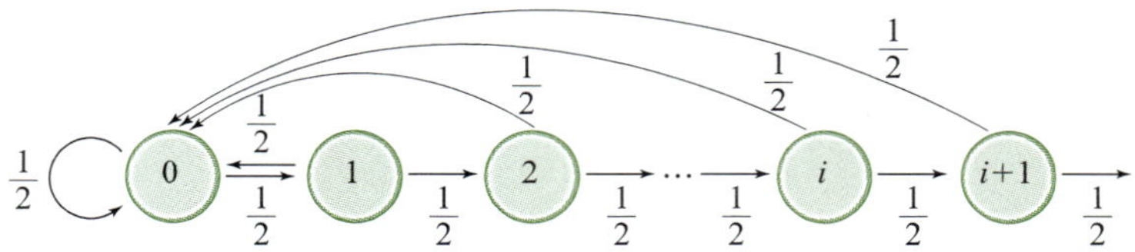

제 3 절 채프만-콜모고로프 방정식

마르코프 연쇄인 확률과정에 대하여 현재로부터 1단계 후의 확률분포는 전이확률을 이용하여 구할 수 있다. 그렇다면 2단계 또는 3단계 후의 확률분포는 어떻게 구할 수 있을까? 예를 들어, 공장 생산 라인의 상태에 대한 마르코프 연쇄에서 오늘의 라인 상태가 정상일 때, 이틀 후 라인 상태도 정상일 확률은 얼마일까? 또는 3일 후 라인 상태가 고장일 확률은 얼마일까?

예제 12.1에서 구한 전이확률행렬을 가지는 생산 라인의 마르코프 연쇄를 통해 2단계 후의 확률분포를 구하는 방법을 알아보도록 하자. 예를 들어, 오늘 라인이 정상일 때, 이틀 후 라인이 고장이 날 확률을 구해보도록 하자. 오늘 정상인 상태에서 이틀 후 고장으로 변화하는 과정은 내일의 상태를 고려할 때 다음 세 가지 경우가 있다.

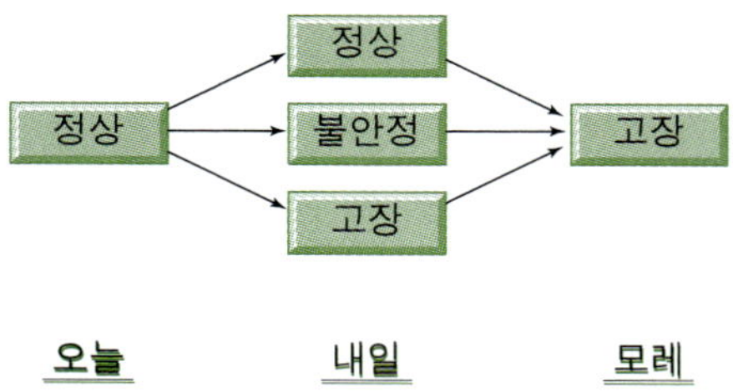

즉, 내일은 정상이고 모레 고장인 경우, 내일은 불안정인 상태이고 모레 고장인 경우, 내

일과 모레 계속 고장인 경우가 있다. 첫 번째 경우는 정상에서 정상으로 이어지고, 이어서 정상에서 고장으로 변화되는 경우이므로, 이 확률은

$$P_{11}P_{13} = 0.7 \times 0.1 = 0.07$$

이다. 두 번째 경우는 정상에서 불안정으로 변화하고, 이어서 불안정에서 고장으로 변화하는 경우이므로, 이 확률은

$$P_{12}P_{23} = 0.2 \times 0.2 = 0.04$$

이다. 마지막 경우는 정상에서 고장으로 변화하고, 이어서 고장에서 고장으로 이어지는 경우이므로, 이 확률은

$$P_{13}P_{33} = 0.1 \times 0.3 = 0.03$$

이다. 오늘의 정상 상태에서 모레 고장으로 변화하는 경우는 앞의 세 가지 모두 가능하므로, 구하는 확률은 위의 세 확률을 합한 값이다. 즉,

$$P(X_{n+2} = 1 | X_n = 3) = P_{11}P_{13} + P_{12}P_{23} + P_{13}P_{33} = 0.07 + 0.04 + 0.03 = 0.14$$

일반적으로 상태 i에서 2단계 후 j로 변화될 확률 $P(X_{n+2} = j | X_n = i)$을 2단계 전이확률이라 하며 $P_{ij}^{(2)}$로 나타낸다. 또 $P_{ij}^{(2)}$를 i번째 행, j번째 열의 원소로 가지는 행렬을 $P^{(2)}$로 나타내며, 이를 2단계 전이확률행렬이라 한다. 앞에서 다룬 예를 일반화하면 마르코프 연쇄에 대하여 2단계 전이확률을 구하는 식은 다음과 같다.

$$P_{ij}^{(2)} = P_{i1}P_{1j} + P_{i2}P_{2j} + \cdots = \sum_k P_{ik}P_{kj}$$

위 식에서 우측에 있는 값은 전이확률행렬의 i번째 행과 j번째 열의 각 원소의 곱의 합임을 알 수 있다. 이 사실로부터 2단계 전이확률행렬 $P^{(2)}$는 1단계 전이확률 P를 두 번 곱하여 얻을 수 있음을 알 수 있다. 즉,

$$P^{(2)} = PP$$

이다.

따라서 앞에서 다룬 생산 라인의 상태에 대한 2단계 전이확률행렬 $P^{(2)}$는

$$P^{(2)} = PP = \begin{pmatrix} 0.7 & 0.2 & 0.1 \\ 0.6 & 0.2 & 0.2 \\ 0.5 & 0.2 & 0.3 \end{pmatrix} \times \begin{pmatrix} 0.7 & 0.2 & 0.1 \\ 0.6 & 0.2 & 0.2 \\ 0.5 & 0.2 & 0.3 \end{pmatrix} = \begin{pmatrix} 0.66 & 0.20 & 0.14 \\ 0.64 & 0.20 & 0.16 \\ 0.62 & 0.20 & 0.18 \end{pmatrix}$$

임을 알 수 있다. 예를 들어, 오늘의 라인 상태가 정상일 때, 모레 고장일 확률은 $P^{(2)}$의 1

행 3열 원소이므로 0.14로 앞에서 구한 값과 같음을 확인할 수 있다.

일반적으로 상태 i에서 출발하여 n단계 후에 상태 j에 도달할 확률 $P(X_n = j \mid X_0 = i)$를 n단계 전이확률이라 하며 $P^{(n)}_{ij}$으로 나타낸다. 1단계 전이확률은 $P^{(1)}_{ij}$은 P_{ij}이다. 한편 $P^{(0)}_{ij} = P(X_0 = j \mid X_0 = i)$은 i와 j가 같은 경우는 1이고 다른 경우는 0이므로, $n = 0$인 경우의 전이확률은 다음과 같다.

$$P^{(0)}_{ij} = \begin{cases} 0 & i = j\text{일 때} \\ 0 & i \neq j\text{일 때} \end{cases}$$

2단계 전이확률을 구하는 방법을 이용하여 일반적인 n단계 전이확률도 구할 수 있다. n단계 전이확률행렬을 $P^{(n)}$이라 할 때, $P^{(n)}$은 $(n-1)$단계 전이확률행렬과 1단계 전이확률행렬의 곱으로 구할 수 있다. 즉

$$P^{(n)} = P^{(n-1)}P$$

이며, 이 관계식을 이용하면 n단계 전이확률행렬 $P^{(n)}$은

$$\begin{aligned} P^{(n)} &= P^{(n-1)}P = (P^{(n-2)}P)P \\ &= \cdots = PP\cdots P \end{aligned}$$

로 구할 수 있다. 즉, 1단계 전이확률행렬을 n번 곱하면 된다.

일반적인 $(m+n)$단계 전이확률 $P^{(m+n)}_{ij}$은 m단계 전이확률 $P^{(m)}_{ij}$과 n단계 전이확률 $P^{(n)}_{ij}$을 사용하여 다음과 같이 구할 수 있다.

$$\begin{aligned} P^{(m+n)}_{ij} &= P^{(m)}_{i1}P^{(n)}_{1j} + P^{(m)}_{i2}P^{(n)}_{2j} + \cdots \\ &= \sum_k P^{(m)}_{ik}P^{(n)}_{kj} \end{aligned}$$

이를 전이확률행렬로 나타내면

$$P^{(m+n)} = P^{(m)}P^{(n)}$$

이다. 이 식을 **채프만-콜모고로프 방정식 (Chapman-Kolmogorov equation)** 이라 한다.

예제 12.3 다음과 같은 전이도를 갖는 마르코프 연쇄의 2단계 전이확률행렬을 구하라.

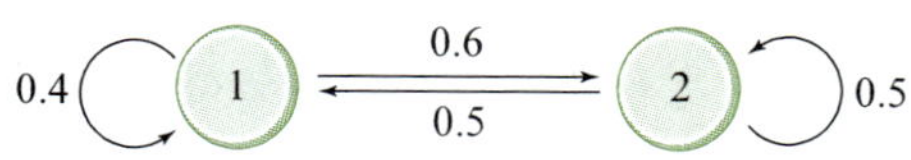

풀 이 위 전이도에 대한 전이확률행렬 P는

$$P = \begin{pmatrix} 0.4 & 0.6 \\ 0.5 & 0.5 \end{pmatrix}$$

이다. 따라서 2단계 전이확률행렬 $P^{(2)}$는

$$P^{(2)} = \begin{pmatrix} 0.4 & 0.6 \\ 0.5 & 0.5 \end{pmatrix} \times \begin{pmatrix} 0.4 & 0.6 \\ 0.5 & 0.5 \end{pmatrix} = \begin{pmatrix} 0.46 & 0.54 \\ 0.45 & 0.55 \end{pmatrix}$$

이다.

제 4 절 상태의 분류

마르코프 연쇄의 상태는 서로 다른 특성을 가질 수 있다. 마르코프 연쇄가 무한히 반복하여 방문하는 상태가 있을 수도 있는 반면, 유한 번만 반복하여 방문하는 상태도 있다. 마르코프 연쇄의 상태는 특성에 따라 몇 가지로 분류할 수 있다.

상태 i와 j대하여 $P_{ij}^{(m)} > 0$인 $n(n \geq 0)$이 존재할 때 상태 j는 상태 i에서 **도달가능(accessible)** 하다고 하며, 기호로 '$i \to j$' 로 나타낸다. 즉, 상태 i에서 출발한 마르코프 연쇄가 몇 단계 이후에 상태 j에 도착할 확률이 0보다 크면 상태 j는 상태 i에서 도달가능하다고 한다. 상태 j가 상태 i에서 도달가능한지 간단하게 확인하는 한 가지 방법은 전이도를 살펴보는 것이다. 전이도에서 상태 i에서 출발하여 화살표를 따라 상태 j에 도달하는 경로가 있다면 상태 j는 상태 i에서 도달가능하게 된다. 예를 들어, 아래와 같은 전이도를 가지는 마르코프 연쇄를 생각하여 보자.

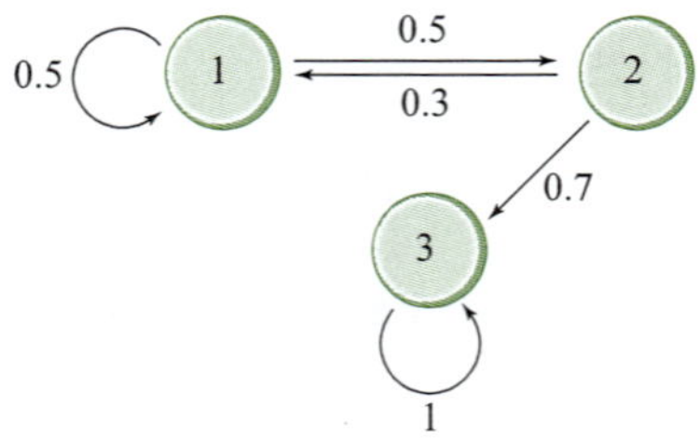

그림 12.1 마르코프 연쇄의 전이도

위의 전이도를 가지는 마르코프 연쇄에서 상태 1에서 출발하여 2를 거쳐 3에 도달할 수 있다. 따라서 상태 3은 상태 1에서 도달가능하다. 그렇지만 상태 3에서 출발하여 상태 1에 도달하는 경로는 없으므로 상태 1은 상태 3에서 도달가능하지 않다.

한편 상태 j는 상태 i에서 도달가능하고, 또 상태 i는 상태 j에서 도달 가능할 때 상태 i

와 j는 **상호도달가능 (communicate)** 하다고 하며, 기호로 '$i \leftrightarrow j$' 로 나타낸다. 즉, $i \to j$이고 $j \to i$일 때, $i \leftrightarrow j$이다. 상태 i와 j가 상호도달가능하고 상태 j와 k가 상호도달가능하면, 상태 i와 k도 상호도달가능함을 보일 수 있다. 즉, $i \leftrightarrow j$이고 $j \leftrightarrow k$이면 $i \leftrightarrow k$이다.

마르코프 연쇄의 상태는 상호도달가능한 것끼리 묶을 수 있으며, 이와 같이 묶은 것을 **집단 (class)** 이라고 한다. 상호도달가능한 것끼리 묶은 집단은 집합의 개념으로 볼 때 서로 배반임을 보일 수 있다. 즉, 한 집단에 속하는 상태는 다른 집단에 속할 수 없다.

한편 모든 상태 i에 대하여 $P_{ii}^{(0)} = 1$이므로 $i \leftrightarrow i$이다. 즉, 자기 자신끼리는 상호도달가능하다고 할 수 있다. 이 사실로부터 마르코프 연쇄의 상태는 상호도달가능한 것끼리 묶을 때 서로 배반인 몇 개의 집단으로 분류할 수 있다. 예를 들어, 그림 12.1과 같은 전이도를 가지는 마르코프 연쇄의 상태는 $\{1, 2\}$와 $\{3\}$의 두 집단으로 분류할 수 있다.

예제 12.4 상태 1, 2, 3, 4를 가지는 마르코프 연쇄의 전이확률행렬이 다음과 같다. 이때 상호도달가능한 상태끼리 묶어라.

$$P = \begin{pmatrix} 0.3 & 0.7 & 0 & 0 \\ 0.4 & 0.6 & 0 & 0 \\ 0 & 0.5 & 0.5 & 0 \\ 0 & 0 & 0.8 & 0.2 \end{pmatrix}$$

풀이 위의 마르코프 연쇄의 전이도는 다음과 같다.

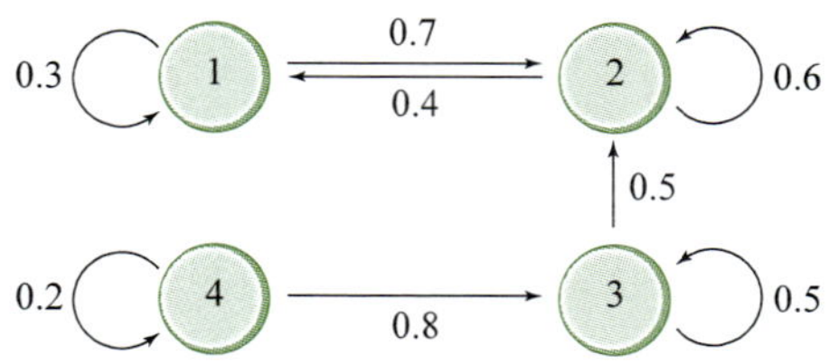

따라서 상호도달가능한 것끼리 묶으면 $\{1, 2\}$, $\{3\}$, $\{4\}$의 세 집단으로 분류할 수 있다.

마르코프 연쇄의 상태를 상호도달가능한 것끼리 집단으로 분류할 때, 하나의 집단으로만 분류되는 마르코프 연쇄를 **분할불가 (irreducible)** 하다고 한다. 즉, 분할불가인 마르코프 연쇄는 모든 상태가 서로 상호도달가능하게 된다. 또 분할불가하지 않은 마르코프 연쇄는 **분할가능 (reducible)** 하다고 한다. 예를 들어, 예제 12.3의 마르코프 연쇄는 분할불가이고, 예제 12.4의 마르코프 연쇄는 분할가능하다.

예제 12.4에서 집단 $\{1, 2\}$에서 출발한 마르코프 연쇄는 상태 1과 2를 무한 번 반복하여 방문한다. 한편 상태 3에서 출발한 마르코프 연쇄는 상태 3을 벗어나면 다시는 돌아올 수 없으므로 상태 3을 무한 번 방문할 수는 없다. 마찬가지로 상태 4에서 출발한 마르코프 연쇄도 상태 4를 무한 번 방문할 수는 없다.

상태 i에서 출발한 마르코프 연쇄가 이 상태를 무한 번 반복하여 방문할 때, 이를 **재귀적 (recurrent)** 이라고 한다. 반대로 유한 번만 방문할 때, 이 상태를 **일시적 (transient)** 이라고 한다. 따라서 집단{1, 2}는 재귀적이고, {3}과 {4}는 일시적이다. 일반적으로 유한 개의 상태를 가지는 마르코프 연쇄가 분할불가이면 모든 상태는 재귀적임이 알려져 있다.

제 5 절 마르코프 연쇄의 극한분포

상태 i에서 출발하여 n단계 후 상태 j를 방문할 전이확률 $P_{ij}^{(n)}$가 n이 증가함에 따라 처음 출발한 상태와 무관하게 일정한 값에 수렴하는 경우가 있다. 여기서는 이러한 수렴값이 존재하는 조건과 수렴값을 구하는 방법을 알아보기로 한다.

예제 12.3에서 다룬 마르코프 연쇄에서 각 단계의 전이확률행렬을 구하면 다음과 같다.

$$P^{(2)} = \begin{pmatrix} 0.46 & 0.54 \\ 0.45 & 0.55 \end{pmatrix}, P^{(3)} = \begin{pmatrix} 0.454 & 0.546 \\ 0.455 & 0.545 \end{pmatrix}, P^{(4)} = \begin{pmatrix} 0.4546 & 0.5454 \\ 0.4545 & 0.5455 \end{pmatrix}$$

위의 전이확률행렬을 보면 $P_{11}^{(4)} = 0.4546$, $P_{21}^{(4)} = 0.4545$로 상태 1에서 출발하여 4단계 후 상태 1을 방문할 확률과 상태 2에서 출발하여 4단계 후 상태 1을 방문할 확률은 거의 유사한 값을 가진다는 것을 알 수 있다. 이와 같이 n이 증가함에 따라 $P_{ij}^{(n)}$은 i와 무관한 일정한 값 π_j로 수렴하는 마르코프 연쇄가 있다. 이 수렴값 π_j는 출발상태와는 무관하게 n이 증가함에 따라 궁극적으로 상태 j에 도달할 확률을 나타낸다. 이와 같이 각 상태별로 수렴하는 확률값의 모임 $\{\pi_1, \pi_2, \cdots\}$을 마르코프 연쇄의 극한분포라고 한다.

모든 마르코프 연쇄가 극한분포를 가지는 것은 아니다. 예를 들어, 다음과 같은 전이도를 가지는 마르코프 연쇄를 생각하여 보자.

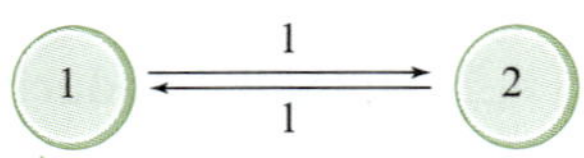

위의 전이도로부터

$$P_{11}^{(n)} = \begin{cases} 1 & n\text{이 짝수일 때} \\ 0 & n\text{이 홀수일 때} \end{cases}$$

$$P_{21}^{(n)} = \begin{cases} 0 & n\text{이 짝수일 때} \\ 1 & n\text{이 홀수일 때} \end{cases}$$

임을 알 수 있다. 즉, n이 아무리 커지더라도 n단계 후에 상태 1에 도달할 확률은 어디에서 출발했는지에 따라 달라진다. 따라서 $P_{i1}^{(n)}$은 n이 증가하여도 i에 따라 달라지므로 극한값이 존재하지 않는다. 위의 마르코프 연쇄에서 전이확률의 극한값이 존재하지 않는 이유는 주기성을 가지기 때문이다.

마르코프 연쇄에서 $P_{ii}^{(n)}$가 0보다 큰 n들의 최대공약수를 상태 i의 **주기 (period)** 라고 한다. 앞의 전이도를 가지는 마르코프 연쇄는 항상 짝수 단계 후에만 원래 상태로 되돌아올 확률이 0보다 크므로 주기는 2이다.

주기가 1인 상태를 **비주기적 (aperiodic)** 이라고 한다. 일반적으로 마르코프 연쇄가 주기적이면 극한분포가 존재하지 않는다는 사실이 알려져 있다. 다음은 마르코프 연쇄에서 극한분포를 가지는 조건과 극한분포를 구하는 방법을 설명하고 있다.

마르코프 연쇄의 극한분포

유한 개의 상태를 갖는 마르코프 연쇄가 분할불가이고 비주기적일 때, $\lim_{n\to\infty} P_{ij}^{(n)} = \pi_j$인 π_j가 존재하고, π_j는 다음 조건을 만족한다.

$$\sum_j \pi_j = 1, \quad \pi_j = \sum_i \pi_i P_{ij}$$

예제 12.5 예제 12.1에서 다룬 마르코프 연쇄가 극한분포를 가지는지 확인하고, 극한분포를 가진다면 이를 구하라.

풀 이 이 마르코프 연쇄는 3개의 상태를 가지며, 모두 상호도달가능하므로 분할불가이다. 또한 상태 1에 대하여 모든 n에서 $P_{11}^{(n)} > 0$이므로 상태 1은 비주기적이다. 마찬가지로, 상태 2와 3도 비주기적이다. 따라서 이 마르코프 연쇄에 대한 극한분포가 존재하며 극한분포는 다음 조건을 만족한다.

$$\begin{aligned} \pi_1 + \pi_2 + \pi_3 &= 1 \\ \pi_1 &= 0.7\pi_1 + 0.6\pi_2 + 0.5\pi_3 \\ \pi_2 &= 0.2\pi_1 + 0.2\pi_2 + 0.2\pi_3 \\ \pi_3 &= 0.1\pi_1 + 0.2\pi_2 + 0.3\pi_3 \end{aligned}$$

위의 연립방정식을 풀면 다음을 얻을 수 있다.

$$\pi_1 = \frac{13}{20},\ \pi_2 = \frac{4}{20},\ \pi_3 = \frac{3}{20}$$

즉, 장기적인 관점에서 볼 때 라인이 정상, 불안정, 고장 상태에 있을 확률은 각각 0.65, 0.2, 0.15이다.

제 6 절 엑셀을 이용한 분석

엑셀을 이용해서 행렬 연산을 할 수 있다. 이러한 행렬 연산을 이용하여 전이확률행렬에 대한 계산을 할 수 있다. 예를 들어, 1단계 전이확률행렬과 1단계 전이확률행렬을 곱하여 2단계 전이확률행렬을 구할 수 있다. 또한 역행렬을 이용하여 연립방정식의 해를 구하는 방법으로 마르코프 연쇄의 극한분포를 구할 수 있다. 엑셀에서 엑셀의 ARRAY 기능과 내장함수 MINVERSE와 MMULT를 이용하여 행렬 연산을 할 수 있다.

두 행렬 A와 B가 다음과 같을 때 두 행렬의 곱을 구하는 방법을 알아보도록 하자.

$$A = \begin{pmatrix} 1 & 2 & 3 \\ 4 & 5 & 6 \\ 7 & 8 & 9 \end{pmatrix},\ B = \begin{pmatrix} 1 & 1 & 1 \\ 2 & 2 & 2 \\ 3 & 3 & 3 \end{pmatrix}$$

먼저 두 행렬의 각 원소의 값을 엑셀의 각 셀에 입력한다.

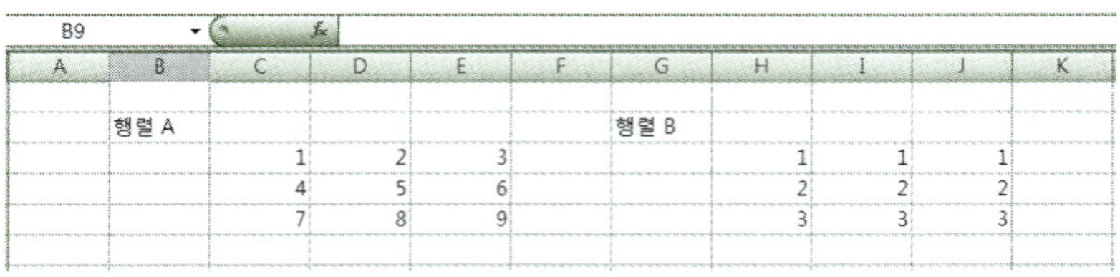

그림 12.2 행렬 자료의 입력

그리고 두 행렬의 곱을 나타낼 위치를 지정한다. 예를 들어 A와 B의 곱을 C8:E10에 지정하자.

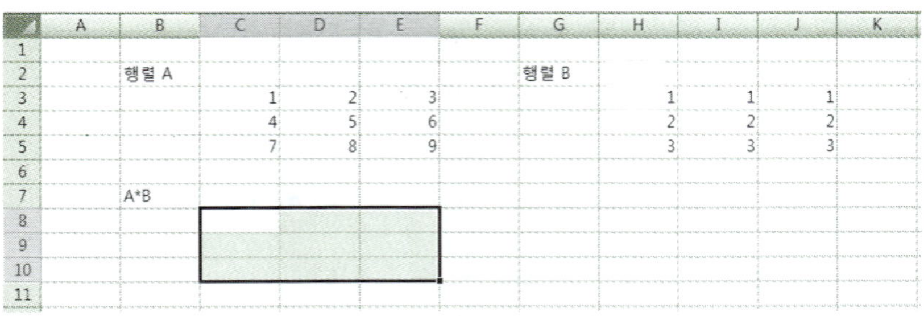

그림 12.3 A*B의 결과 영역 지정

[함수삽입]에서 [수학/삼각함수] 범주에서 [MMULT]를 선택한 후, 곱하려는 두 행렬의 위치를 함수 인수인 Array1과 Array2에 지정한다.

이 예에서 행렬 A의 위치는 C3:E5이며 행렬 B의 위치는 H3:J5이다.

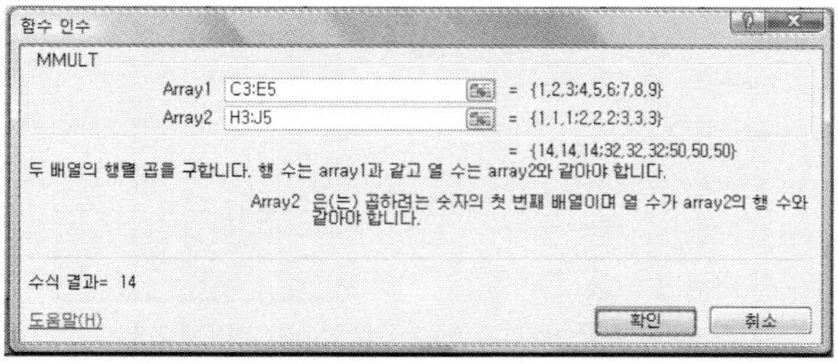

‖ 그림 12.4 ‖ 함수 [MMULT] 의 대화상자

[확인]을 누른 후 두 행렬의 곱을 나타낼 셀의 위치에서 F2를 선택한 후 [Ctrl] + [Shift] + [Enter]를 누른다. 이때 지정된 위치에 두 행렬의 곱이 계산된 결과를 볼 수 있다.

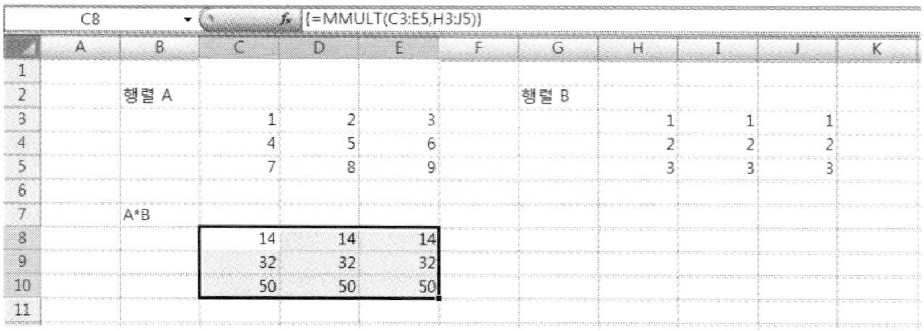

‖ 그림 12.5 ‖ 함수 MMULT의 연산 결과

정방행렬 역행렬은 명령어 MINVERSE를 이용하여 구할 수 있다. 다음 같은 행렬의 역행렬을 구하여 보자.

$$A = \begin{pmatrix} 2 & 1 & 4 \\ 4 & 1 & 8 \\ 2 & -1 & 3 \end{pmatrix}$$

먼저 행렬 A의 위치 C3:E5와 역행렬의 위치 C8:E10를 지정한다.

[함수삽입]에서 [수학/삼각함수] 범주에서 [MINVERSE]를 선택한 후, 원래 행렬의 위치를 함수 인수인 Array에 지정한다.

‖ 그림 12.6 ‖ 함수 [MINVERSE]의 대화상자

[확인]을 누른 후 역행렬 나타낼 셀의 위치에서 F2를 선택한 후 [Ctrl] + [Shift] + [Enter]를 누른다. 이때 지정된 위치에 역행렬이 계산된 결과를 볼 수 있다.

예제 12.6 예제 12.5에서 주어진 마르코프 연쇄의 극한분포를 엑셀을 이용하여 구하라.

풀이 주어진 마르코프 연쇄의 극한분포는 다음 조건을 만족한다.

$$\pi_1 + \pi_2 + \pi_3 = 1$$
$$\pi_1 = 0.7\pi_1 + 0.6\pi_2 + 0.5\pi_3$$
$$\pi_2 = 0.2\pi_1 + 0.2\pi_2 + 0.2\pi_3$$
$$\pi_3 = 0.1\pi_1 + 0.2\pi_2 + 0.3\pi_3$$

위는 미지수가 3개인 3차 연립방정식이다. 따라서 처음 3개를 이용하여 π_1, π_2, π_3의 값을 계산할 수 있다. 처음 3개의 식을 다음과 같이 나타낼 수 있다.

$$\pi_1 + \pi_2 + \pi_3 = 1$$
$$-0.3\pi_1 + 0.6\pi_2 + 0.5\pi_3 = 0$$
$$0.2\pi_1 - 0.8\pi_2 + 0.2\pi_3 = 0$$

따라서 π_1, π_2, π_3를 구하기 위한 연립방정식을 행렬로 표현하면 다음과 같다.

$$\begin{pmatrix} 1 & 1 & 1 \\ -0.3 & 0.6 & 0.5 \\ 0.2 & -0.8 & 0.2 \end{pmatrix}\begin{pmatrix} \pi_1 \\ \pi_2 \\ \pi_3 \end{pmatrix} = \begin{pmatrix} 1 \\ 0 \\ 0 \end{pmatrix}$$

즉, 연립방정식의 해는 다음과 같다.

$$\begin{pmatrix} \pi_1 \\ \pi_2 \\ \pi_3 \end{pmatrix} = \begin{pmatrix} 1 & 1 & 1 \\ -0.3 & 0.6 & 0.5 \\ 0.2 & -0.8 & 0.2 \end{pmatrix}^{-1} = \begin{pmatrix} 1 \\ 0 \\ 0 \end{pmatrix}$$

이는 엑셀에서 역함수를 구하는 MINVERSE와 행렬의 곱을 계산하는 MMULT를 이용하여 구할 수 있다.

먼저 다음과 같은 행렬 A와 벡터 b의 위치를 지정한다.

	A	B	C	D	E	F	G	H	I
1									
2		행렬 A					벡터 b		
3			1	1	1			1	
4			-0.3	0.6	0.5			0	
5			0.2	-0.8	0.2			0	
6									
7									

함수 MINVERSE를 이용하여 행렬 A의 역행렬을 구하면 다음과 같다.

C8 f_x {=MINVERSE(C3:E5)}

	A	B	C	D	E	F	G	H	I
1									
2		행렬 A					벡터 b		
3			1	1	1			1	
4			-0.3	0.6	0.5			0	
5			0.2	-0.8	0.2			0	
6									
7		역행렬							
8			0.65	-1.25	-0.125				
9			0.2	0	-1				
10			0.15	1.25	1.125				
11									
12									

그리고 MMULT를 이용하여 역행렬과 벡터 b를 곱하면 다음과 같다.

H8 f_x {=MMULT(C8:E10,H3:H5)}

	A	B	C	D	E	F	G	H	I
1									
2		행렬 A					벡터 b		
3			1	1	1			1	
4			-0.3	0.6	0.5			0	
5			0.2	-0.8	0.2			0	
6									
7		역행렬					결과		
8			0.65	-1.25	-0.125			0.65	
9			0.2	0	-1			0.2	
10			0.15	1.25	1.125			0.15	
11									

즉 $\begin{pmatrix} \pi_1 \\ \pi_2 \\ \pi_3 \end{pmatrix} = \begin{pmatrix} 0.65 \\ 0.2 \\ 0.15 \end{pmatrix}$임을 알 수 있다.

연·습·문·제

121 상태 1, 2, 3인 마르코프 연쇄 X_n의 전이확률행렬이 다음과 같다.

$$P = \begin{pmatrix} 0.4 & 0.4 & 0.2 \\ 0.5 & 0.0 & 0.5 \\ 0.3 & 0.6 & 0.1 \end{pmatrix}$$

(1) $P(X_{n+1} = 3 | X_n = 2)$을 구하라.

(2) $P(X_{n+2} = 3 | X_n = 2)$을 구하라.

122 상태 1, 2, 3, 4, 5인 마르코프 연쇄의 전이확률행렬이 다음과 같을 때, 이 마르코프 연쇄에 대한 전이도를 그려라.

$$P = \begin{pmatrix} 0.5 & 0.5 & 0 & 0 & 0 \\ 0.6 & 0.4 & 0 & 0 & 0 \\ 0.2 & 0.3 & 0.5 & 0 & 0 \\ 0 & 0 & 0 & 0.5 & 0.5 \\ 0 & 0 & 0 & 0.5 & 0.5 \end{pmatrix}$$

123 다음과 같은 전이도를 가지는 마르코프 연쇄에 대하여 다음 물음에 답하여라.

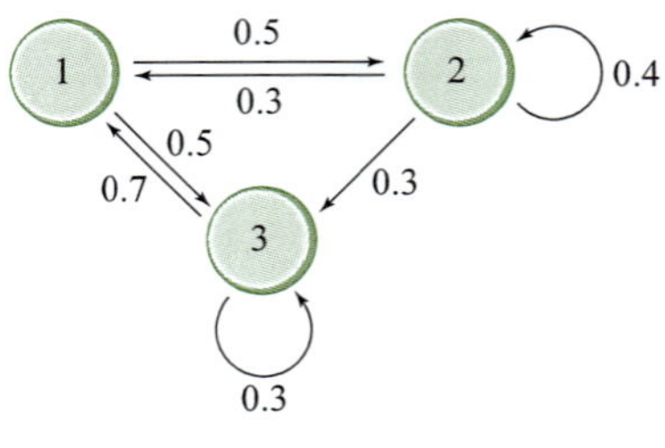

(1) 전이확률행렬을 구하라.

(2) 현재 상태 1에 있을 때 2단계 후에도 상태 1에 있을 확률을 구하라.

124 갑과 을은 각각 100원과 500원을 가지고 게임을 시작하여 두 사람 중에서 한 사람의 돈이 모두 없어질 때까지 게임을 계속한다고 하자. 매 게임에서 갑과 을이 이길 확률은 각각 1/2이라고 하며, 매 게임에서 진 사람이 승리한 사람에게 1원씩을 주기로 하였다. n번 게임을 한 후 갑이 가진 돈을 X_n이라 할 때, X_n은 마르코프 연쇄인지 확인하고 마르코프 연쇄라면 전이도를 그려라.

125 다음과 같은 전이도를 갖는 마르코프 연쇄에 대하여 다음 물음에 답하라.

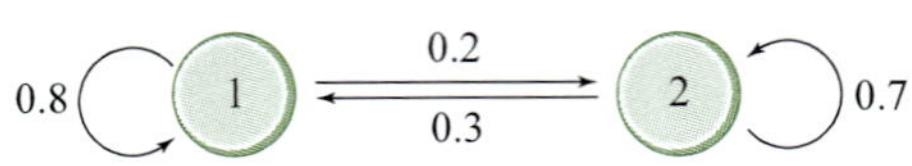

(1) 전이확률행렬을 구하라.

(2) 2단계 전이확률행렬을 구하라.

12.6 10개의 공이 담겨있는 항아리가 있다. 이중에서 일부는 흰색이고 나머지는 검은색이다. 각 단계에서는 항아리에서 임의로 공을 하나 선택하여, 이 공이 흰색이면 검은색 공을 대신 집어넣고 꺼낸 공이 검은색이면 흰색 공을 대신 집어넣는다고 한다. 이러한 과정을 n번 시행한 후 항아리에 담겨 있는 흰색 공의 수를 X_n이라고 할 때, X_n의 전이확률행렬을 구하라.

12.7 다섯 개의 상태 1, 2, 3, 4, 5를 가지는 마르코프 연쇄의 전이확률행렬이 다음과 같다.

$$P=\begin{bmatrix} 0 & 0 & \frac{1}{3} & \frac{2}{3} & 0 \\ 0 & \frac{2}{5} & \frac{1}{5} & 0 & \frac{2}{5} \\ \frac{1}{2} & 0 & \frac{1}{2} & 0 & 0 \\ \frac{1}{4} & 0 & \frac{1}{2} & \frac{1}{4} & 0 \\ 0 & \frac{1}{4} & 0 & 0 & \frac{3}{4} \end{bmatrix}$$

(1) 상호도달가능한 것끼리 집단으로 분류하라.

(2) 초기 단계 X_0의 확률분포가 $P(X = 1) = 1/5$, $P(X_0 = 2) = 2/5$, $P(X_0 = 3) = 1/5$, $P(X_0 = 4) = 0$, $P(X_0 = 5) = 1/5$일 때, $P(X_1 = 2)$를 구하라.

12.8 마르코프 연쇄에 대하여 $i \to j$이고 $j \to k$이면 $i \to k$임을 보여라.

12.9 상태 1, 2, 3을 가지는 마르코프 연쇄의 전이확률행렬이 다음과 같다.

$$P = \begin{pmatrix} 0 & 1 & 0 \\ 1 & 0 & 0 \\ 0.5 & 0 & 0.5 \end{pmatrix}$$

이때 상태 3이 재귀적인지 일시적인지 판단하라.

12.10 다음과 같은 전이도를 가지는 마르코프 연쇄에서 상태 1의 주기를 구하라.

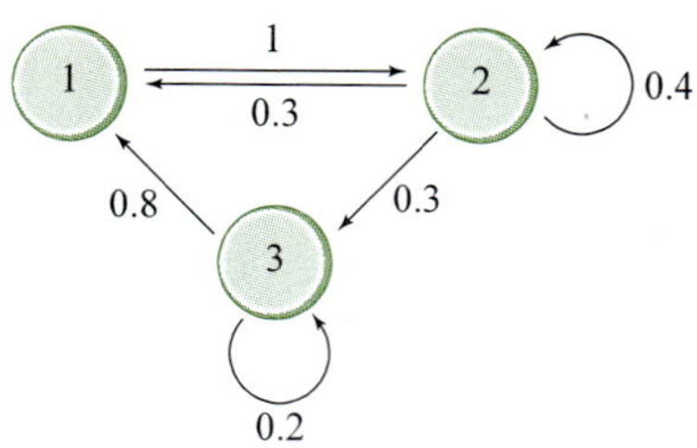

12.11 세 가지 상태 1, 2, 3을 가지는 마르코프 연쇄의 전이확률행렬이 다음과 같다.

$$P=\begin{bmatrix} 0 & \frac{1}{2} & \frac{1}{2} \\ 0 & \frac{1}{3} & \frac{2}{3} \\ \frac{1}{3} & \frac{2}{3} & 0 \end{bmatrix}$$

이 마르코프 연쇄의 극한분포를 구하라.

12.12 다음과 같은 전이도를 갖는 마르코프 연쇄의 극한분포를 구하라.

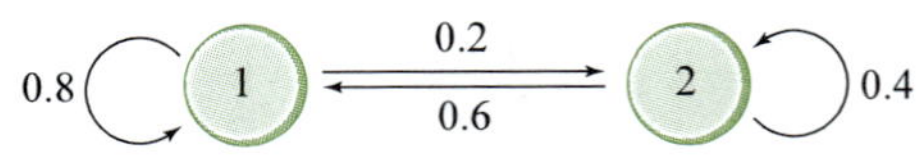

12.13 두 상태 1과 2를 가지는 마르코프 연쇄의 전이확률행렬이 다음과 같다.

$$P=\begin{pmatrix} 1-\alpha & \alpha \\ \beta & 1-\beta \end{pmatrix}, \ (0<\alpha<1,\ 0<\beta<1)$$

(1) 귀납법을 이용하여 n단계 전이확률이 다음과 같음을 보여라.

$$P_{11}^{(n)}=\frac{\beta}{\alpha+\beta}+\frac{\alpha(1-\alpha-\beta)^n}{\alpha+\beta},\quad P_{12}^{(n)}=\frac{\alpha}{\alpha+\beta}-\frac{\alpha(1-\alpha-\beta)^n}{\alpha+\beta}$$

$$P_{21}^{(n)}=\frac{\beta}{\alpha+\beta}-\frac{\beta(1-\alpha-\beta)^n}{\alpha+\beta},\quad P_{22}^{(n)}=\frac{\alpha}{\alpha+\beta}+\frac{\beta(1-\alpha-\beta)^n}{\alpha+\beta}$$

(2) 위 전이확률의 극한값을 구하라.

(3) 마르코프 연쇄의 극한분포를 구하고, 이를 (2)에서 구한 극한값과 비교하라.

12.14 어떤 사람의 기분은 유쾌, 보통, 우울의 세 가지 중의 하나라고 한다. 오늘 이 사람의 기분이 유쾌할 때 내일 기분이 유쾌, 보통, 우울일 확률은 각각 0.7, 0.2, 0.1이다. 오늘 이 사람의 기분이 보통일 때 내일 기분이 유쾌, 보통, 우울일 확률은 각각 0.4, 0.3, 0.3이다. 한편 오늘 이 사람의 기분이 우울할 때 내일 기분이 유쾌, 보통, 우울일 확률은 각각 0.2, 0.4, 0.4이다. n번째 날의 이 사람의 기분을 X_n이라고 하자.

(1) X_n의 전이확률행렬을 구하라.

(2) X_n의 극한분포를 구하라.

12.15 소득 수준을 상, 중, 하의 세 가지로 구분할 수 있다고 한다. 부모의 소득 수준이 상일 때, 자식의 소득 수준이 상, 중, 하일 확률이 각각 0.4, 0.5, 0.1, 부모의 소득 수준이 중일 때, 자식의 소득 수준이 상, 중, 하일 확률이 각각 0.1, 0.7, 0.2, 부모의 소득 수준이 하일 때, 자식의 소득 수준이 상, 중,

하일 확률이 각각 0.1, 0.5, 0.4라고 한다. 어느 가계의 n번째 세대의 소득 수준을 X_n이라고 하자.

(1) X_n의 전이확률행렬을 구하라.

(2) 할아버지의 소득 수준이 중일 때, 손자의 수준 수준이 상일 확률을 구하라.

(3) 극한분포를 구하라.

부 록

간단한 Excel-2007의 사용법

표1 : 이항분포표

표2 : 포아송분포표

표3 : 정규분포표

표4 : t 분포의 상위 α 의 확률을 주는 값

표5 : χ^2 분포의 상위 α 의 확률을 주는 값

표6 : F 분포의 상위 α 의 확률을 주는 값

표7 : 연속형 관리도의 설정 요소

간단한 Excel-2007의 사용법

마이크로소프트사에서 개발한 엑셀은 현재 가장 많이 보급되어 있는 스프레드시트 프로그램으로 이 책에서는 통계계산이나 통계분석의 보조수단으로 이용하고자 한다. 여기서는 셀의 기본적인 사용법에 대하여 알아보고 좀 더 자세한 내용은 각 장의 마지막 부분에서 다루기로 한다.

1.0 기호의 약속 및 단어의 정의

클릭 : 마우스의 왼쪽단추를 빨리 한번 누름.

끌기 : 마우스의 왼쪽단추를 누른 상태로 화면의 일정부분까지 끌고 감.

활성 창(active cell) : 워크시트 내에서 임의의 한 칸을 선택하면 와 같이 두터운 테두리가 표시되는데 이곳에 자료를 입력하거나 출력할 수 있다. 오른쪽 아랫부분에 보이는 자그마한 검은 사각형( )을 자동 채우기 핸들이라 하고, 이 부분을 마우스로 누르고 끌기를 하면 같은 내용이 복사되어 채워진다.

⇒ : 순서대로 메뉴를 선택(예: "데이터 ⇒ 데이터 분석"은 Excel 2007을 선택하면 나오는 엑셀 화면의 메뉴에서 데이터를 클릭하고 

부 메뉴에서 데이터 분석 

을 클릭한다.)

1.1 엑셀의 시작

엑셀을 기동시키는 가장 보편적인 방법은 작업 표시줄의 시작 버튼에서 Microsoft Office ⇒ Microsoft Office Excel 2007을 선택하면 그림 1과 같은 엑셀의 초기화면을 얻는다.

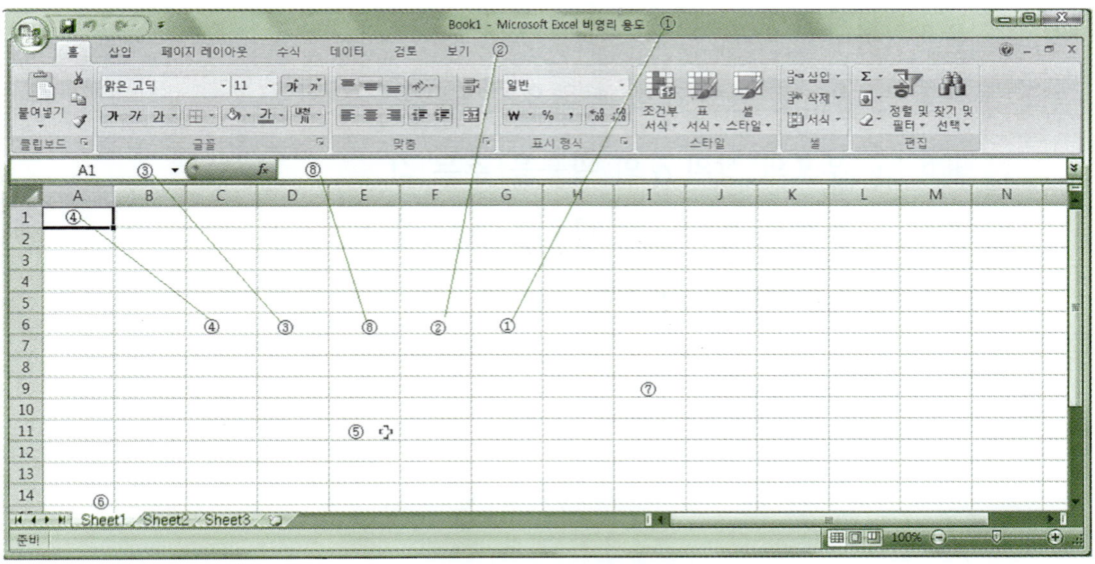

그림 1 엑셀의 초기화면

그림 1에서 각 부분의 명칭은 다음과 같다.

① **제목 표시줄** : 활성화된 워크북의 이름이 표시되어 있다.

② **메뉴 선택 줄** : 메뉴의 모든 명령을 일정한 기준으로 모아 놓은 것이다.

③ **이름 상자** : 현재 선택한(또는 활성화된) 셀의 주소를 표시한다.

④ **활성화된 셀** : 현재 선택한 셀(그 주소가 이름 상자에 나타난다). 입력하려는 자료의 위치.

⑤ **마우스 포인터** : 엑셀이 (현재의 워크시트 내에서) 새로운 작업을 수행할 수 있는 준비가 되면 이런 모양이 나타난다. 마우스 포인터는 위치와 작업 내용에 따라 모양이 달라진다.

⑥ **워크시트 탭** : 워크시트 탭을 클릭하면 작업 워크시트를 옮길 수 있다. 현재는 Sheet1이 활성화되어 있고, Sheet2와 Sheet3은 뒤에 있다. 이때 활성화되어 있는 시트의 이름 [Sheet1] 을 더블클릭하면 시트 이름을 바꿀 수 있다.

⑦ **셀** : 하나의 열과 행이 교차하는 지점이 셀이다. 각 셀은 열문자(A, B, C)와 행문자(1, 2, 3)에 의하여 결정되는 교유의 주소가 있다. 셀 I9는 열 I와 행 9의 교차점이다.

⑧ **수식 입력줄** : 셀의 내용(숫자 또는 수식을 이곳에 입력할 수 있다).

엑셀을 이용하여 자료를 통계적으로 분석하기 위해서는 통계적 데이터 분석 기능을 추가하여야한다. 화면의 왼쪽 윗부분에 있는 office 단추 를 클릭하면 나타나는 화면의 오른쪽 아랫부분에 

이 보일 것이다. 여기에서 **[엑셀 옵션(I)]** 을 클릭하면 몇 가지 선택 사항이 나오는데 **[추가기능]** ⇒ **[분석 도구]** ⇒ **[확인]** 을 선택함으로서 데이터 분석 기능을 추가할 수 있다. 분석 도구를 추가한 후 메뉴에서 데이터를 선택하면 그림 2와 같이 오른쪽 윗부분에 **데이터 분석**이 추가되었음을 확인할 수 있다.

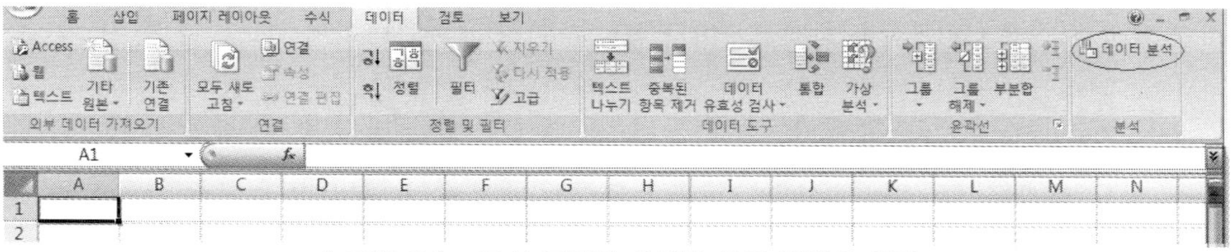

‖ 그림 2 ‖ 분석 도구를 추가한 후의 엑셀의 화면

입력한 자료를 엑셀을 이용하여 처리하면 결과물(계산결과 또는 그림, 표 등)을 얻게 되는데, 이런 결과물들을 역시 워크시트에 기록할 수 있다. 그림표 등은 차트시트라는 곳에 저장할 수 있다. 또한 엑셀에는 비주얼 베이직이 내장되어 있어서(추가기능을 이용하여 **분석도구_VBA**를 추가하여야 한다.) 비주얼 베이직 편집창을 통하여 매크로(Macro) 작업을 할 수 있다. 한 가지 작업에 관련된 이들 모든 것을 하나의 이름으로 묶어 놓을 수 있는데 엑셀에서는 이런 개념으로 묶어진 전체를 통합문서 또는 워크북(Workbook)이라고 부르고 있다. 엑셀을 처음 기동시키면 제목 표시줄에 Book1이란 이름을 볼 수 있다. 하나의 워크북에는 여러 장의 워크시트가 포함될 수 있는데, 각 그림 3에서 보는 것과 같이 **Sheet1, Sheet2, Sheet3**란 워크시트가 3장 있으나, 원하면 **[홈] ⇒ [삽입] ⇒ [시트 삽입]**을 선택하거나 마지막 시트 옆의 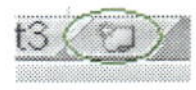 을 클릭하여 여러 장의 워크시트를 갖는 워크북을 만들 수 있다.

워크시트의 이름을 바꾸려면 원하는 워크시트의 이름을 더블클릭하면 아래 그림 3의 왼쪽과 같이 변하는데 여기서 원하는 이름으로 워크시트의 이름을 바꿀 수 있다.

그림 3 워크시트의 이름을 바꿈

1. 2 자료의 입력

엑셀에 자료를 입력하는 방법은 크게 두 가지이다. 한 가지는 엑셀의 워크시트에서 직접 입력하는 방법이고, 다른 방법은 (엑셀 이외의) 외부 작업에 의하여 파일로 저장된 자료를 읽어 들이는 것이다. 먼저 직접 입력하는 방법을 오른편의 자료를 이용하여 알아보자.

키	몸무게
181	78
161	49
170	52
160	53
158	50
168	57
162	53
179	54
183	71
178	73

자료를 정리할 때에 통상적으로 열은 변수를, 행은 개체의 관측값을 나타내므로, 위의 자료를 입력하려면 원하는 위치의 셀을 활성화시키고 숫자 또는 제목을 입력하고 [Enter] 키를 누르면 입력이 되고, 다음 (오른쪽 또는 왼쪽) 셀이 활성화되어 새로운 입력을 기다리고 있음을 볼 수 있다. 계속하여 원하는 만큼의 자료를 입력하면 된다. 또는 원하는 만큼의 영역을 활성화시킨 후 자룟값과 [Enter]를 누르면 영역 안에서만 입력이 됨을 알 수 있을 것이다. 그림 4는 한 셀씩 활성화시켜서 자료를 입력한 것이고 그림 5는 영역을 활성화시켜서 입력한 것이다.

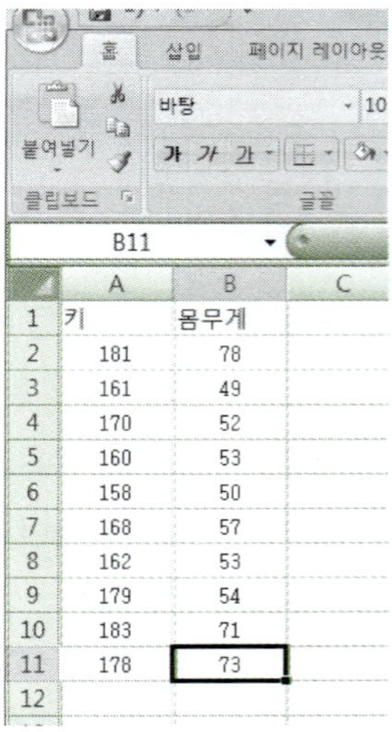

그림 4 자료입력 1

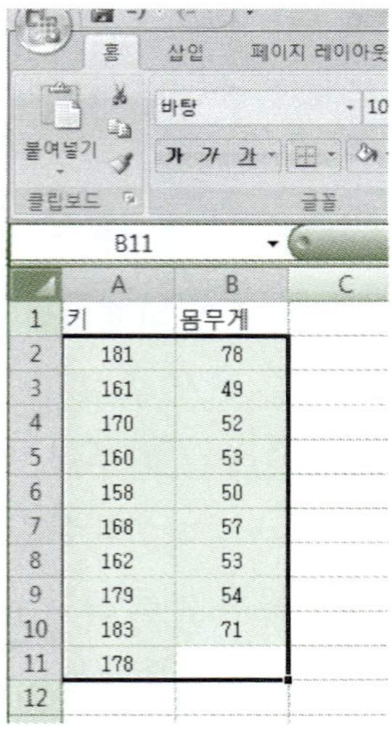

그림 5 자료입력 2

엑셀에서 일정한 틀에 따라 변하는 자료를 입력하는 경우, 예를 들어 1부터 49까지의 홀수를 입력할 때에 자동채우기 하는 방법이 있다. I1에 제목을 입력하고, I2에 1을 I3에 3을 입력하고 그림 6과 같이 [I1~I2]를 활성화시켜 오른쪽 아랫부분에 생기는 자동채우기 핸들을 누르고

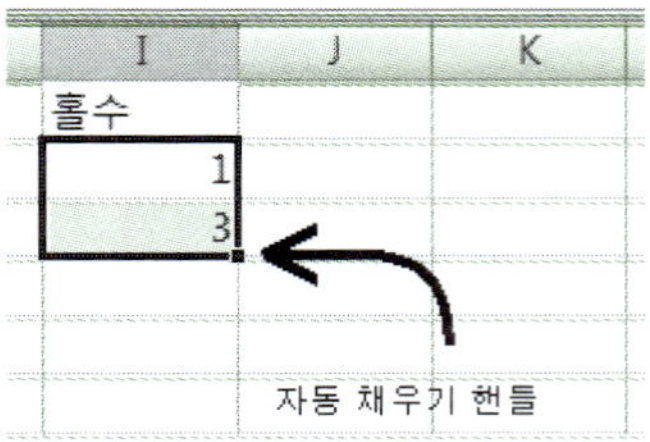

그림 6 자동채우기

I26까지 끌기를 하면 원하는 숫자가 채워짐을 볼 수 있을 것이다. J열에 짝수를 입력하여 보아라. 또한 0과 0.5를 처음 두 셀에 입력하고 자동채우기를 하면 어떻게 되는가 알아보아라.

한편 엑셀에서는 여러 형태의 자료를 엑셀로 읽어 들일 수 있는데 여기서는 텍스트 또는 ASCII 형태의 파일을 읽는 방법만 다루어 보자. 먼저 C 드라이브의 Data 폴더에 test.txt 파일이 다음과 같다고 하자

181 78
161 49
170 52
160 53

이 자료를 엑셀로 읽어들이려면 메뉴 **[데이터]**에서 **[외부 데이터 가져오기]** 중 텍스트 를 선택하고 파일 test.txt의 위치를 지정하여 가져오기를 선택한 후 다음의 3단계를 거친다.

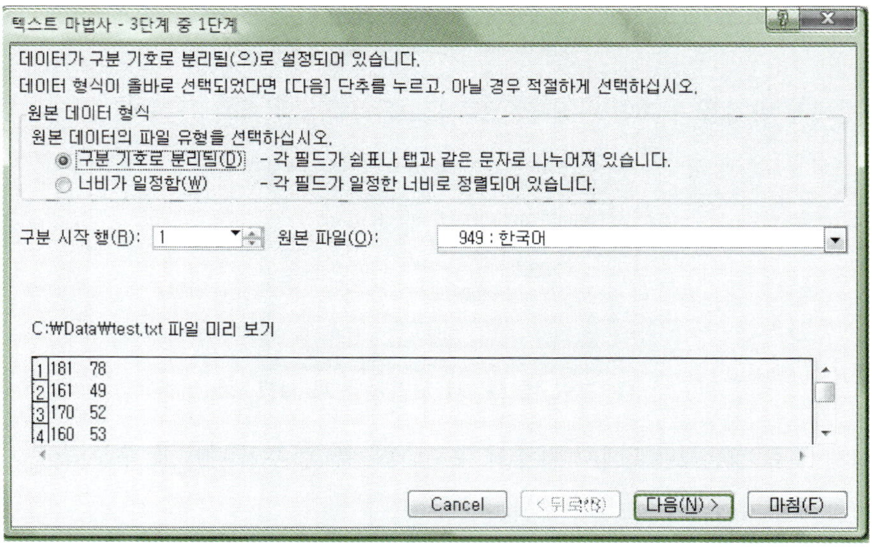

그림 7 텍스트 마법사 1/3

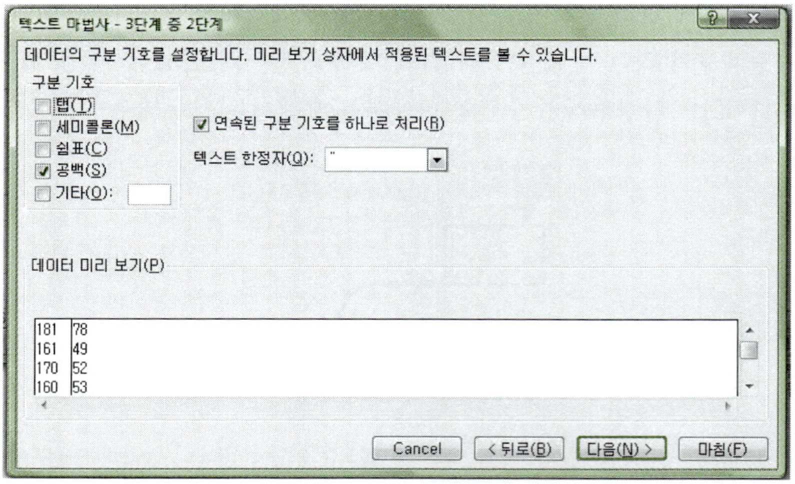

‖ 그림 8 ‖ 텍스트 마법사 2/3

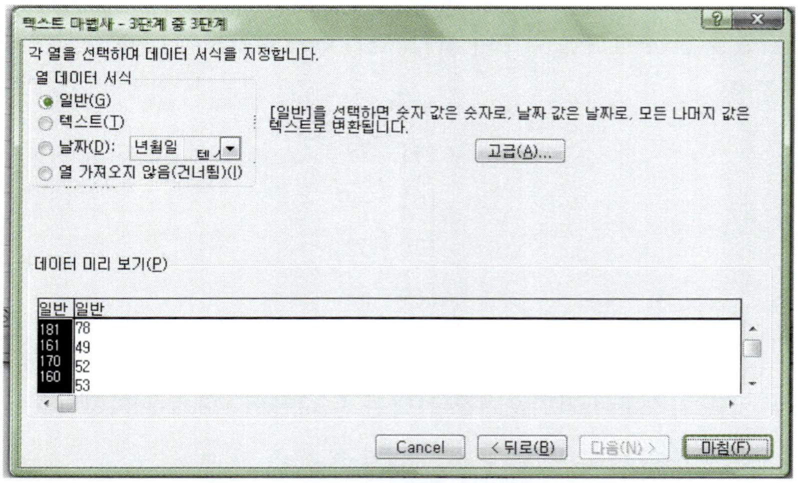

‖ 그림 9 ‖ 텍스트 마법사 3/3

마지막 3단계에서 마침을 누르면 마지막으로 자료를 입력할 위치를 묻는다.

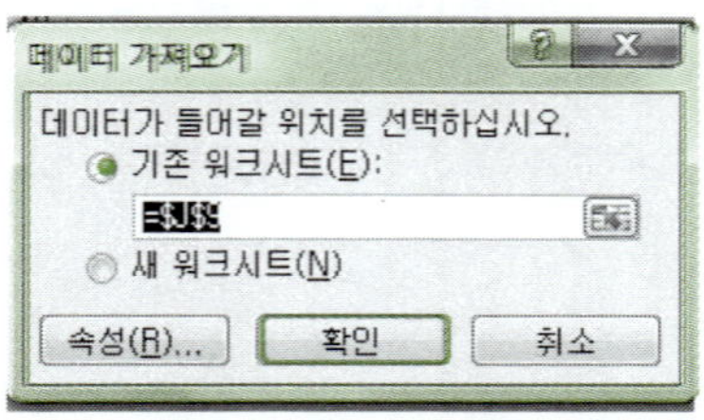

‖ 그림 10 ‖ 자료 입력 위치 지정

이때에 조심해야 할 점은 2단계에서 자료의 구분이다. 즉, 변수가 어떻게 구분되어있는가를 명확히 지정하여 주어야 한다.

1.3 참조 주소(절대주소와 상대주소)

엑셀에서 자동채우기를 할 때에 참조 영역으로 상대주소와 절대주소라고 하는 것이 있는데, 앞에서 입력한 키와 몸무게의 자료를 갖고 설명하겠다.

우선 비만도를 다음과 같이 정의한다고 하자.

$$\text{비만도} = \frac{\text{몸무게}}{\text{키}} \times 100$$

이 값을 계산할 때에 모든 사람에 대하여 매번 계산할 필요가 없다. C2 셀에 "= B2/A2*100"을 입력하고 자동채우기 핸들을 사용하여 C11까지 채우면 원하는 작업을 할 수 있다.

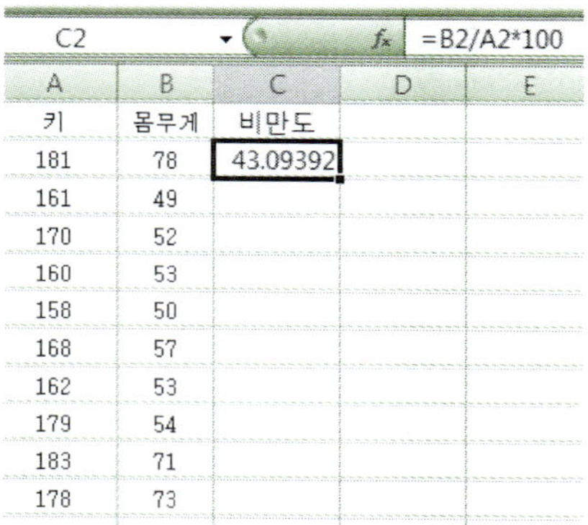

그림 11 절대위치와 상대위치

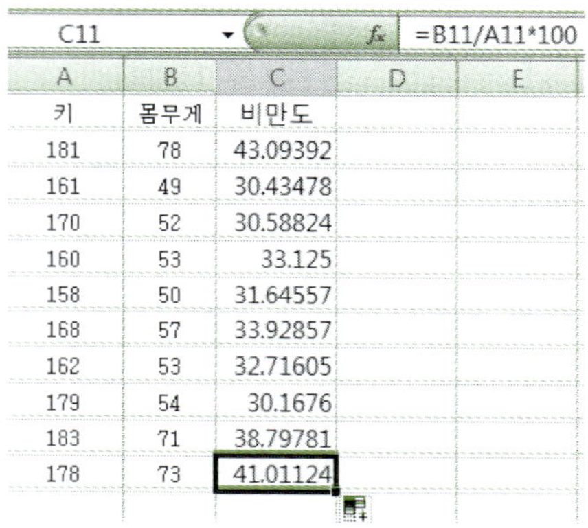

그림 12 절대위치와 상대위치

그림 11에서 우리는 C2 셀에 "= B2/A2*100"을 입력하였는데 계산 결과 43.09392가 입력되어 있음을 볼 수 있다. 대신 수식줄에 보면 "= B2/A2*100"가 있다. 우리는 이 셀의 값을 C11까지 자동채우기를 하였다. 이때 보이는 주소가 상대주소이다. 셀 D2에 "= $B$2/A2*100"을 셀 E3에 "= B2/$A$2*100"을 입력하고 C2 ~ E2를 11열까지 자동채우기를 하여 보아라.

$ 표시가 없는 셀의 주소는 변하였는데 $ 표시가 있는 셀의 주소는 변하지 않았음을 알 수 있을 것이다. 이처럼 자동채우기를 할 때에 변하는 주소를 상대주소, 변하지 않는 주소를 절대주소라 한다.

1.4 엑셀의 종료

작업을 끝내려면 office 단추 를 눌러 오른쪽 아래의 에서 엑셀 끝내기를 선택하면 된다. 또는 많은 경우의 프로그램처럼  선택하여도 된다. 이때 아직까지의 작업 결과를 저장할 것인지 물을 것이다.

표 1 이항분포표

$$P[X \leq c] = \sum_{x=0}^{c} {}_nC_x p^x (1-p)^{n-x}$$

		p										
	c	.05	.10	.20	.30	.40	.50	.60	.70	.80	.90	.95
$n=1$	0	.950	.900	.800	.700	.600	.500	.400	.300	.200	.100	.050
	1	1.000	1.000	1.000	1.000	1.000	1.000	1.000	1.000	1.000	1.000	1.000
$n=2$	0	.902	.810	.640	.490	.360	.250	.160	.090	.040	.010	.002
	1	.997	.990	.960	.910	.840	.750	.640	.510	.360	.190	.097
	2	1.000	1.000	1.000	1.000	1.000	1.000	1.000	1.000	1.000	1.000	1.000
$n=3$	0	.857	.729	.512	.343	.216	.125	.064	.027	.008	.001	.000
	1	.993	.972	.896	.784	.648	.500	.352	.216	.104	.028	.007
	2	1.000	.999	.992	.973	.936	.875	.784	.657	.488	.271	.143
	3	1.000	1.000	1.000	1.000	1.000	1.000	1.000	1.000	1.000	1.000	1.000
$n=4$	0	.815	.656	.410	.240	.130	.063	.026	.008	.002	.000	.000
	1	.986	.948	.819	.652	.475	.313	.179	.084	.027	.004	.000
	2	1.000	.996	.973	.916	.821	.688	.525	.348	.181	.052	.014
	3	1.000	1.000	.998	.992	.974	.938	.870	.760	.590	.344	.185
	4	1.000	1.000	1.000	1.000	1.000	1.000	1.000	1.000	1.000	1.000	1.000
$n=5$	0	.774	.590	.328	.168	.078	.031	.010	.002	.000	.000	.000
	1	.977	.919	.737	.528	.337	.188	.087	.031	.007	.000	.000
	2	.999	.991	.942	.837	.683	.500	.317	.163	.058	.009	.001
	3	1.000	1.000	.993	.969	.913	.813	.663	.472	.263	.081	.023
	4	1.000	1.000	1.000	.998	.990	.969	.922	.832	.672	.410	.226
	5	1.000	1.000	1.000	1.000	1.000	1.000	1.000	1.000	1.000	1.000	1.000
$n=6$	0	.735	.531	.262	.118	.047	.016	.004	.001	.000	.000	.000
	1	.967	.886	.655	.420	.233	.109	.041	.011	.002	.000	.000
	2	.998	.984	.901	.744	.544	.344	.179	.070	.017	.001	.000
	3	1.000	.999	.983	.930	.821	.656	.456	.256	.099	.016	.002
	4	1.000	1.000	.998	.989	.959	.891	.767	.580	.345	.114	.033
	5	1.000	1.000	1.000	.999	.996	.984	.953	.882	.738	.469	.265
	6	1.000	1.000	1.000	1.000	1.000	1.000	1.000	1.000	1.000	1.000	1.000
$n=7$	0	.698	.478	.210	.082	.028	.008	.002	.000	.000	.000	.000
	1	.956	.850	.577	.329	.159	.063	.019	.004	.000	.000	.000
	2	.996	.974	.852	.647	.420	.227	.096	.029	.005	.000	.000
	3	1.000	.997	.967	.874	.710	.500	.290	.126	.033	.003	.000
	4	1.000	1.000	.995	.971	.904	.773	.580	.353	.148	.026	.004
	5	1.000	1.000	1.000	.996	.981	.938	.841	.671	.423	.150	.044
	6	1.000	1.000	1.000	1.000	.998	.992	.972	.918	.790	.522	.302
	7	1.000	1.000	1.000	1.000	1.000	1.000	1.000	1.000	1.000	1.000	1.000

표 1 : (계속)

	c	p = .05	.10	.20	.30	.40	.50	.60	.70	.80	.90	.95
$n = 8$	0	.663	.430	.168	.058	.017	.004	.001	.000	.000	.000	.000
	1	.943	.813	.503	.255	.106	.035	.009	.001	.000	.000	.000
	2	.994	.962	.797	.552	.315	.145	.050	.011	.001	.000	.000
	3	1.000	.995	.944	.806	.594	.363	.174	.058	.010	.000	.000
	4	1.000	1.000	.990	.942	.826	.637	.406	.194	.056	.005	.000
	5	1.000	1.000	.999	.989	.950	.855	.685	.448	.203	.038	.006
	6	1.000	1.000	1.000	.999	.991	.965	.894	.745	.497	.187	.057
	7	1.000	1.000	1.000	1.000	.999	.996	.983	.942	.832	.570	.337
	8	1.000	1.000	1.000	1.000	1.000	1.000	1.000	1.000	1.000	1.000	1.000
$n = 9$	0	.630	.387	.134	.040	.010	.002	.000	.000	.000	.000	.000
	1	.929	.775	.436	.196	.071	.020	.004	.000	.000	.000	.000
	2	.992	.947	.738	.463	.232	.090	.025	.004	.000	.000	.000
	3	.999	.992	.914	.730	.483	.254	.099	.025	.003	.000	.000
	4	1.000	.999	.980	.901	.733	.500	.267	.099	.020	.001	.000
	5	1.000	1.000	.997	.975	.901	.746	.517	.270	.086	.008	.001
	6	1.000	1.000	1.000	.996	.975	.910	.768	.537	.262	.053	.008
	7	1.000	1.000	1.000	1.000	.996	.980	.929	.804	.564	.225	.071
	8	1.000	1.000	1.000	1.000	1.000	.998	.990	.960	.866	.613	.370
	9	1.000	1.000	1.000	1.000	1.000	1.000	1.000	1.000	1.000	1.000	1.000
$n = 10$	0	.599	.349	.107	.028	.006	.001	.000	.000	.000	.000	.000
	1	.914	.736	.376	.149	.046	.011	.002	.000	.000	.000	.000
	2	.988	.930	.678	.383	.167	.055	.012	.002	.000	.000	.000
	3	.999	.987	.879	.650	.382	.172	.055	.011	.001	.000	.000
	4	1.000	.998	.967	.850	.633	.377	.166	.047	.006	.000	.000
	5	1.000	1.000	.994	.953	.834	.623	.367	.150	.033	.002	.000
	6	1.000	1.000	.999	.989	.945	.828	.618	.350	.121	.013	.001
	7	1.000	1.000	1.000	.998	.988	.945	.833	.617	.322	.070	.012
	8	1.000	1.000	1.000	1.000	.998	.989	.954	.851	.624	.264	.086
	9	1.000	1.000	1.000	1.000	1.000	.999	.994	.972	.893	.651	.401
	10	1.000	1.000	1.000	1.000	1.000	1.000	1.000	1.000	1.000	1.000	1.000
$n = 11$	0	.569	.314	.086	.020	.004	.000	.000	.000	.000	.000	.000
	1	.898	.697	.322	.113	.030	.006	.001	.000	.000	.000	.000
	2	.985	.910	.617	.313	.119	.033	.006	.001	.000	.000	.000
	3	.998	.981	.839	.570	.296	.113	.029	.004	.000	.000	.000
	4	1.000	.997	.950	.790	.533	.274	.099	.022	.002	.000	.000
	5	1.000	1.000	.988	.922	.753	.500	.247	.078	.012	.000	.000
	6	1.000	1.000	.998	.978	.901	.726	.467	.210	.050	.003	.000
	7	1.000	1.000	1.000	.996	.971	.887	.704	.430	.161	.019	.002
	8	1.000	1.000	1.000	.999	.994	.967	.881	.687	.383	.090	.015
	9	1.000	1.000	1.000	1.000	.999	.994	.970	.887	.678	.303	.102
	10	1.000	1.000	1.000	1.000	1.000	1.000	.996	.980	.914	.686	.431
	11	1.000	1.000	1.000	1.000	1.000	1.000	1.000	1.000	1.000	1.000	1.000

표 1 : (계속)

	c	.05	.10	.20	.30	.40	.50	.60	.70	.80	.90	.95
							p					
$n = 12$	0	.540	.282	.069	.014	.002	.000	.000	.000	.000	.000	.000
	1	.882	.659	.275	.085	.020	.003	.000	.000	.000	.000	.000
	2	.980	.889	.558	.253	.083	.019	.003	.000	.000	.000	.000
	3	.998	.974	.795	.493	.225	.073	.015	.002	.000	.000	.000
	4	1.000	.996	.927	.724	.438	.194	.057	.009	.001	.000	.000
	5	1.000	.999	.981	.882	.665	.387	.158	.039	.004	.000	.000
	6	1.000	1.000	.996	.961	.842	.613	.335	.118	.019	.001	.000
	7	1.000	1.000	.999	.991	.943	.806	.562	.276	.073	.004	.000
	8	1.000	1.000	1.000	.998	.985	.927	.775	.507	.205	.026	.002
	9	1.000	1.000	1.000	1.000	.997	.981	.917	.747	.442	.111	.020
	10	1.000	1.000	1.000	1.000	1.000	.977	.980	.915	.725	.341	.118
	11	1.000	1.000	1.000	1.000	1.000	1.000	.998	.986	.931	.718	.460
	12	1.000	1.000	1.000	1.000	1.000	1.000	1.000	1.000	1.000	1.000	1.000
$n = 13$	0	.513	.254	.055	.010	.001	.000	.000	.000	.000	.000	.000
	1	.865	.621	.234	.064	.013	.002	.000	.000	.000	.000	.000
	2	.975	.866	.502	.202	.058	.011	.001	.000	.000	.000	.000
	3	.997	.966	.747	.421	.169	.046	.008	.001	.000	.000	.000
	4	1.000	.994	.901	.654	.353	.133	.032	.004	.000	.000	.000
	5	1.000	.999	.970	.835	.574	.291	.098	.018	.001	.000	.000
	6	1.000	1.000	.993	.938	.771	.500	.229	.062	.007	.000	.000
	7	1.000	1.000	.999	.982	.902	.709	.426	.165	.030	.001	.000
	8	1.000	1.000	1.000	.996	.968	.867	.647	.346	.099	.006	.000
	9	1.000	1.000	1.000	.999	.992	.954	.831	.579	.253	.034	.003
	10	1.000	1.000	1.000	1.000	.999	.989	.942	.798	.498	.134	.025
	11	1.000	1.000	1.000	1.000	1.000	.998	.987	.936	.766	.379	.135
	12	1.000	1.000	1.000	1.000	1.000	1.000	.999	.990	.945	.746	.487
	13	1.000	1.000	1.000	1.000	1.000	1.000	1.000	1.000	1.000	1.000	1.000
$n = 14$	0	.488	.229	.044	.007	.001	.000	.000	.000	.000	.000	.000
	1	.847	.585	.198	.047	.008	.001	.000	.000	.000	.000	.000
	2	.970	.842	.448	.161	.040	.006	.001	.000	.000	.000	.000
	3	.996	.956	.698	.355	.124	.029	.004	.000	.000	.000	.000
	4	1.000	.991	.870	.584	.279	.090	.018	.002	.000	.000	.000
	5	1.000	.999	.956	.781	.486	.212	.058	.008	.000	.000	.000
	6	1.000	1.000	.988	.907	.692	.395	.150	.031	.002	.000	.000
	7	1.000	1.000	.998	.969	.850	.605	.308	.093	.012	.000	.000
	8	1.000	1.000	1.000	.992	.942	.788	.514	.219	.044	.001	.000
	9	1.000	1.000	1.000	.998	.982	.910	.721	.416	.130	.009	.000
	10	1.000	1.000	1.000	1.000	.996	.971	.876	.645	.302	.044	.004
	11	1.000	1.000	1.000	1.000	.999	.994	.960	.839	.552	.158	.030
	12	1.000	1.000	1.000	1.000	1.000	.999	.992	.953	.802	.415	.153
	13	1.000	1.000	1.000	1.000	1.000	1.000	.999	.993	.956	.771	.512
	14	1.000	1.000	1.000	1.000	1.000	1.000	1.000	1.000	1.000	1.000	1.000

표 1 : (계속)

		p										
	c	.05	.10	.20	.30	.40	.50	.60	.70	.80	.90	.95
n = 15	0	.463	.206	.035	.005	.000	.000	.000	.000	.000	.000	.000
	1	.829	.549	.167	.035	.005	.000	.000	.000	.000	.000	.000
	2	.964	.816	.398	.127	.027	.004	.000	.000	.000	.000	.000
	3	.995	.944	.648	.297	.091	.018	.002	.000	.000	.000	.000
	4	.999	.987	.836	.515	.217	.059	.009	.001	.000	.000	.000
	5	1.000	.998	.939	.722	.403	.151	.034	.004	.000	.000	.000
	6	1.000	1.000	.982	.869	.610	.304	.095	.015	.001	.000	.000
	7	1.000	1.000	.996	.950	.787	.500	.213	.050	.004	.000	.000
	8	1.000	1.000	.999	.985	.905	.696	.390	.131	.018	.000	.000
	9	1.000	1.000	1.000	.996	.966	.849	.597	.278	.061	.002	.000
	10	1.000	1.000	1.000	.999	.991	.941	.783	.485	.164	.013	.001
	11	1.000	1.000	1.000	1.000	.998	.982	.909	.703	.352	.056	.005
	12	1.000	1.000	1.000	1.000	1.000	.996	.973	.873	.602	.184	.036
	13	1.000	1.000	1.000	1.000	1.000	1.000	.995	.965	.833	.451	.171
	14	1.000	1.000	1.000	1.000	1.000	1.000	1.000	.995	.965	.794	.537
	15	1.000	1.000	1.000	1.000	1.000	1.000	1.000	1.000	1.000	1.000	1.000
n = 16	0	.440	.185	.028	.003	.000	.000	.000	.000	.000	.000	.000
	1	.811	.515	.141	.026	.003	.000	.000	.000	.000	.000	.000
	2	.957	.789	.352	.099	.018	.002	.000	.000	.000	.000	.000
	3	.993	.932	.598	.246	.065	.011	.001	.000	.000	.000	.000
	4	.999	.983	.798	.450	.167	.038	.005	.000	.000	.000	.000
	5	1.000	.997	.918	.660	.329	.105	.019	.002	.000	.000	.000
	6	1.000	.999	.973	.825	.527	.227	.058	.007	.000	.000	.000
	7	1.000	1.000	.993	.926	.716	.402	.142	.026	.001	.000	.000
	8	1.000	1.000	.999	.974	.858	.598	.284	.074	.007	.000	.000
	9	1.000	1.000	1.000	.993	.942	.773	.473	.175	.027	.001	.000
	10	1.000	1.000	1.000	.998	.981	.895	.671	.340	.082	.003	.000
	11	1.000	1.000	1.000	1.000	.995	.962	.833	.550	.202	.017	.001
	12	1.000	1.000	1.000	1.000	.999	.989	.935	.754	.402	.068	.007
	13	1.000	1.000	1.000	1.000	1.000	.998	.982	.901	.648	.211	.043
	14	1.000	1.000	1.000	1.000	1.000	1.000	.997	.974	.859	.485	.189
	15	1.000	1.000	1.000	1.000	1.000	1.000	1.000	.997	.972	.815	.560
	16	1.000	1.000	1.000	1.000	1.000	1.000	1.000	1.000	1.000	1.000	1.000

표 1 : (계속)

		p										
		.05	.10	.20	.30	.40	.50	.60	.70	.80	.90	.95
	c											
n = 17	0	.418	.167	.023	.002	.000	.000	.000	.000	.000	.000	.000
	1	.792	.482	.118	.019	.002	.000	.000	.000	.000	.000	.000
	2	.950	.762	.310	.077	.012	.001	.000	.000	.000	.000	.000
	3	.991	.917	.549	.202	.046	.006	.000	.000	.000	.000	.000
	4	.999	.978	.758	.389	.126	.025	.003	.000	.000	.000	.000
	5	1.000	.995	.894	.597	.264	.072	.011	.001	.000	.000	.000
	6	1.000	.999	.962	.775	.448	.166	.035	.003	.000	.000	.000
	7	1.000	1.000	.989	.895	.641	.315	.092	.013	.000	.000	.000
	8	1.000	1.000	.997	.960	.801	.500	.199	.040	.003	.000	.000
	9	1.000	1.000	1.000	.987	.908	.685	.359	.105	.011	.000	.000
	10	1.000	1.000	1.000	.997	.965	.834	.552	.225	.038	.001	.000
	11	1.000	1.000	1.000	.999	.989	.928	.736	.403	.106	.005	.000
	12	1.000	1.000	1.000	1.000	.997	.975	.874	.611	.242	.022	.001
	13	1.000	1.000	1.000	1.000	1.000	.994	.954	.798	.451	.083	.009
	14	1.000	1.000	1.000	1.000	1.000	.999	.988	.923	.690	.238	.050
	15	1.000	1.000	1.000	1.000	1.000	1.000	.998	.981	.882	.518	.208
	16	1.000	1.000	1.000	1.000	1.000	1.000	1.000	.998	.977	.833	.582
	17	1.000	1.000	1.000	1.000	1.000	1.000	1.000	1.000	1.000	1.000	1.000
n = 18	0	.397	.150	.018	.002	.000	.000	.000	.000	.000	.000	.000
	1	.774	.450	.099	.014	.001	.000	.000	.000	.000	.000	.000
	2	.942	.734	.271	.060	.008	.001	.000	.000	.000	.000	.000
	3	.989	.902	.501	.165	.033	.004	.000	.000	.000	.000	.000
	4	.998	.972	.716	.333	.094	.015	.001	.000	.000	.000	.000
	5	1.000	.994	.867	.534	.209	.048	.006	.000	.000	.000	.000
	6	1.000	.999	.949	.722	.374	.119	.020	.001	.000	.000	.000
	7	1.000	1.000	.984	.859	.563	.240	058	.006	.000	.000	.000
	8	1.000	1.000	.996	.940	.737	.407	.135	.021	.001	.000	.000
	9	1.000	1.000	.999	.979	.865	.593	.263	.060	.004	.000	.000
	10	1.000	1.000	1.000	.994	.942	.760	.437	.141	.016	.000	.000
	11	1.000	1.000	1.000	.999	.980	.881	.626	.278	.051	.001	.000
	12	1.000	1.000	1.000	1.000	.994	.952	.791	.466	.133	.006	.000
	13	1.000	1.000	1.000	1.000	.999	.985	.906	.667	.284	.028	.002
	14	1.000	1.000	1.000	1.000	1.000	.996	.967	.835	.499	.098	.011
	15	1.000	1.000	1.000	1.000	1.000	.999	.992	.940	.729	.266	.058
	16	1.000	1.000	1.000	1.000	1.000	1.000	.999	.986	.901	.550	.226
	17	1.000	1.000	1.000	1.000	1.000	1.000	1.000	.998	.982	.850	.603
	18	1.000	1.000	1.000	1.000	1.000	1.000	1.000	1.000	1.000	1.000	1.000

표 1 : (계속)

	c	.05	.10	.20	.30	.40	.50	.60	.70	.80	.90	.95
							p					
$n = 19$	0	.377	.135	.014	.001	.000	.000	.000	.000	.000	.000	.000
	1	.755	.420	.083	.010	.001	.000	.000	.000	.000	.000	.000
	2	.933	.705	.237	.046	.005	.000	.000	.000	.000	.000	.000
	3	.987	.885	.455	.133	.023	.002	.000	.000	.000	.000	.000
	4	.998	.965	.673	.282	.070	.010	.001	.000	.000	.000	.000
	5	1.000	.991	.837	.474	.163	.032	.003	.000	.000	.000	.000
	6	1.000	.998	.932	.666	.308	.084	.012	.001	.000	.000	.000
	7	1.000	1.000	.977	.818	.488	.180	.035	.003	.000	.000	.000
	8	1.000	1.000	.993	.916	.667	.324	.088	.011	.000	.000	.000
	9	1.000	1.000	.998	.967	.814	.500	.186	.033	.002	.000	.000
	10	1.000	1.000	1.000	.989	.912	.676	.333	.084	.007	.000	.000
	11	1.000	1.000	1.000	.997	.965	.820	.512	.182	.023	.000	.000
	12	1.000	1.000	1.000	.999	.988	.916	.692	.334	.068	.002	.000
	13	1.000	1.000	1.000	1.000	.997	.968	.837	.526	.163	.009	.000
	14	1.000	1.000	1.000	1.000	.999	.990	.930	.718	.327	.035	.002
	15	1.000	1.000	1.000	1.000	1.000	.998	.977	.867	.545	.115	.013
	16	1.000	1.000	1.000	1.000	1.000	1.000	.995	.954	.763	.295	.067
	17	1.000	1.000	1.000	1.000	1.000	1.000	.999	.990	.917	.580	.245
	18	1.000	1.000	1.000	1.000	1.000	1.000	1.000	.999	.986	.865	.623
	19	1.000	1.000	1.000	1.000	1.000	1.000	1.000	1.000	1.000	1.000	1.000
$n = 20$	0	.358	.122	.012	.001	.000	.000	.000	.000	.000	.000	.000
	1	.736	.392	.069	.008	.001	.000	.000	.000	.000	.000	.000
	2	.925	.677	.206	.035	.004	.000	.000	.000	.000	.000	.000
	3	.984	.867	.411	.107	.016	.001	.000	.000	.000	.000	.000
	4	.997	.957	.630	.238	.051	.006	.000	.000	.000	.000	.000
	5	1.000	.989	.804	.416	.126	.021	.002	.000	.000	.000	.000
	6	1.000	.998	.913	.608	.250	.058	.006	.000	.000	.000	.000
	7	1.000	1.000	.968	.772	.416	.132	.021	.001	.000	.000	.000
	8	1.000	1.000	.990	.887	.596	.252	.057	.005	.000	.000	.000
	9	1.000	1.000	.997	.952	.755	.412	.128	.017	.001	.000	.000
	10	1.000	1.000	.999	.983	.872	.588	.245	.048	.003	.000	.000
	11	1.000	1.000	1.000	.995	.943	.748	.404	.113	.010	.000	.000
	12	1.000	1.000	1.000	.999	.979	.868	.584	.228	.032	.000	.000
	13	1.000	1.000	1.000	1.000	.994	.942	.750	.392	.087	.002	.000
	14	1.000	1.000	1.000	1.000	.998	.979	.874	.584	.196	.011	.000
	15	1.000	1.000	1.000	1.000	1.000	.994	.949	.762	.370	.043	.003
	16	1.000	1.000	1.000	1.000	1.000	.999	.984	.893	.589	.133	.016
	17	1.000	1.000	1.000	1.000	1.000	1.000	.996	.965	.794	.323	.075
	18	1.000	1.000	1.000	1.000	1.000	1.000	.999	.992	.931	.608	.264
	19	1.000	1.000	1.000	1.000	1.000	1.000	1.000	.999	.988	.878	.642
	20	1.000	1.000	1.000	1.000	1.000	1.000	1.000	1.000	1.000	1.000	1.000

표 1 : (계속)

	c	p = .05	.10	.20	.30	.40	.50	.60	.70	.80	.90	.95
n = 25	0	.277	.072	.004	.000	.000	.000	.000	.000	.000	.000	.000
	1	.642	.271	.027	.002	.000	.000	.000	.000	.000	.000	.000
	2	.873	.537	.098	.009	.000	.000	.000	.000	.000	.000	.000
	3	.966	.764	.234	.033	.002	.000	.000	.000	.000	.000	.000
	4	.993	.902	.421	.090	.009	.000	.000	.000	.000	.000	.000
	5	.999	.967	.617	.193	.029	.002	.000	.000	.000	.000	.000
	6	1.000	.991	.780	.341	.074	.007	.000	.000	.000	.000	.000
	7	1.000	.998	.891	.512	.154	.022	.001	.000	.000	.000	.000
	8	1.000	1.000	.953	.677	.274	.054	.004	.000	.000	.000	.000
	9	1.000	1.000	.983	.811	.425	.115	.013	.000	.000	.000	.000
	10	1.000	1.000	.994	.902	.586	.212	.034	.002	.000	.000	.000
	11	1.000	1.000	.998	.956	.732	.345	.078	.006	.000	.000	.000
	12	1.000	1.000	1.000	.983	.846	.500	.154	.017	.000	.000	.000
	13	1.000	1.000	1.000	.994	.922	.655	.268	.044	.002	.000	.000
	14	1.000	1.000	1.000	.998	.966	.788	.414	.098	.006	.000	.000
	15	1.000	1.000	1.000	1.000	.987	.885	.575	.189	.017	.000	.000
	16	1.000	1.000	1.000	1.000	.996	.946	.726	.323	.047	.000	.000
	17	1.000	1.000	1.000	1.000	.999	.978	.846	.488	.109	.002	.000
	18	1.000	1.000	1.000	1.000	1.000	.993	.926	.659	.220	.009	.000
	19	1.000	1.000	1.000	1.000	1.000	.998	.971	.807	.383	.033	.001
	20	1.000	1.000	1.000	1.000	1.000	1.000	.991	.910	.579	.098	.007
	21	1.000	1.000	1.000	1.000	1.000	1.000	.998	.967	.766	.236	.034
	22	1.000	1.000	1.000	1.000	1.000	1.000	1.000	.991	.902	.463	.127
	23	1.000	1.000	1.000	1.000	1.000	1.000	1.000	.998	.973	.729	.358
	24	1.000	1.000	1.000	1.000	1.000	1.000	1.000	1.000	.996	.928	.723
	25	1.000	1.000	1.000	1.000	1.000	1.000	1.000	1.000	1.000	1.000	1.000

표 2 포아송분포표

$$P[X \leq c] = \sum_{x=0}^{c} \frac{e^{-m} m^x}{x!}$$

c \ m	.02	.04	.06	.08	.10	.15	.20	.25
0	980	961	942	923	905	861	819	779
1	1000	999	998	997	995	990	982	974
2		1000	1000	1000	1000	999	999	998
3						1000	1000	1000

c \ m	.30	.35	.40	.45	.50	.55	.60	.65
0	741	705	670	638	607	577	549	522
1	963	951	938	925	910	894	878	861
2	996	994	992	989	986	982	977	972
3	1000	1000	999	999	998	998	997	996
4			1000	1000	1000	1000	1000	999
5								1000

c \ m	.70	.75	.80	.85	.90	.95	1.0	1.1
0	497	472	449	427	407	387	368	333
1	844	827	809	791	772	754	736	699
2	966	959	953	945	937	929	920	900
3	994	993	991	989	987	984	981	974
4	999	999	999	998	998	997	996	995
5	1000	1000	1000	1000	1000	1000	999	999
6							1000	1000

표 2 : (계속)

c \ m	1.2	1.3	1.4	1.5	1.6	1.7	1.8	1.9
0	301	273	247	223	202	183	165	150
1	663	627	592	558	525	493	463	434
2	879	857	833	809	783	757	731	704
3	966	957	946	934	921	907	891	875
4	992	989	986	981	976	970	964	956
5	998	998	997	996	994	992	990	987
6	1000	1000	999	999	999	998	997	997
7			1000	1000	1000	1000	999	999
8							1000	1000

c \ m	2.0	2.2	2.4	2.6	2.8	3.0	3.2	3.4
0	135	111	091	074	061	050	041	033
1	406	355	308	267	231	199	171	147
2	677	623	570	518	469	423	380	340
3	857	819	779	736	692	647	603	558
4	947	928	904	877	848	815	781	744
5	983	975	964	951	935	916	895	871
6	995	993	988	983	976	966	955	942
7	999	998	997	995	992	988	983	977
8	1000	1000	999	999	998	997	994	992
9			1000	1000	999	999	998	997
10					1000	1000	1000	999
11								1000

c \ m	3.6	3.8	4.0	4.2	4.4	4.6	4.8	5.0
0	027	022	018	015	012	010	008	007
1	126	107	092	078	066	056	048	040
2	303	269	238	210	185	163	143	125
3	515	473	433	395	359	326	294	265
4	706	668	629	590	551	513	476	440
5	844	816	785	753	720	686	651	616
6	927	909	889	867	844	818	791	762
7	969	960	949	936	921	905	887	867
8	988	984	979	972	964	955	944	932
9	996	994	992	989	985	980	975	968
10	999	998	997	996	994	992	990	986
11	1000	999	999	999	998	997	996	995
12		1000	1000	1000	999	999	999	998
13					1000	1000	1000	999
14								1000

표 2 : (계속)

c \ m	5.2	5.4	5.6	5.8	6.0	6.2	6.4	6.6
0	006	005	004	003	002	002	002	001
1	034	029	024	021	017	015	012	010
2	109	095	082	072	062	054	046	040
3	238	213	191	170	151	134	119	105
4	406	373	342	313	285	259	235	213
5	581	546	512	478	446	414	384	355
6	732	702	670	638	606	574	542	511
7	845	822	797	771	744	716	687	658
8	918	903	886	867	847	826	803	780
9	960	951	941	929	916	902	886	869
10	982	977	972	965	957	949	939	927
11	993	990	988	984	980	975	969	963
12	997	996	995	993	991	989	986	982
13	999	999	998	997	996	995	994	992
14	1000	999	999	999	999	998	997	997
15		1000	1000	1000	999	999	999	999
16					1000	1000	1000	999
17								1000

c \ m	6.8	7.0	7.2	7.4	7.6	7.8	8.0	8.5
0	001	001	001	001	001	000	000	000
1	009	007	006	005	004	004	003	002
2	034	030	025	022	019	016	014	009
3	093	082	072	063	055	048	042	030
4	192	173	156	140	125	112	100	074
5	327	301	276	253	231	210	191	150
6	480	450	420	392	365	338	313	256
7	628	599	569	539	510	481	453	386
8	755	729	703	676	648	620	593	523
9	850	830	810	788	765	741	717	653
10	915	901	887	871	854	835	816	763
11	955	947	937	926	915	902	888	849
12	978	973	967	961	954	945	936	909
13	990	987	984	980	976	971	966	949
14	996	994	993	991	989	986	983	973
15	998	998	997	996	995	993	992	986
16	999	999	999	998	998	997	996	993
17	1000	1000	999	999	999	999	998	997
18			1000	1000	1000	1000	999	999
19							1000	999
20								1000

표 2 : (계속)

c \ m	9.0	9.5	10.0	10.5	11.0	11.5	12.0	12.5
1	001	001	000	000	000	000	000	000
2	006	004	003	002	001	001	001	000
3	021	015	010	007	005	003	002	002
4	055	040	029	021	015	011	008	005
5	116	089	067	050	038	028	020	015
6	207	165	130	102	079	060	046	035
7	324	269	220	179	143	114	090	070
8	456	392	333	279	232	191	155	125
9	587	522	458	397	341	289	242	201
10	706	645	583	521	460	402	347	297
11	803	752	697	639	579	520	462	406
12	876	836	792	742	689	633	576	519
13	926	898	864	825	781	733	682	628
14	959	940	917	888	854	815	772	725
15	978	967	951	932	907	878	844	806
16	989	982	973	960	944	924	899	869
17	995	991	986	978	968	954	937	916
18	998	996	993	988	982	974	963	948
19	999	998	997	994	991	986	979	969
20	1000	999	998	997	995	992	988	983
21		1000	999	999	998	996	994	991
22			1000	999	999	998	997	995
23				1000	1000	999	999	998
24						1000	999	999
25							1000	999
26								1000

표 3 정규분포표

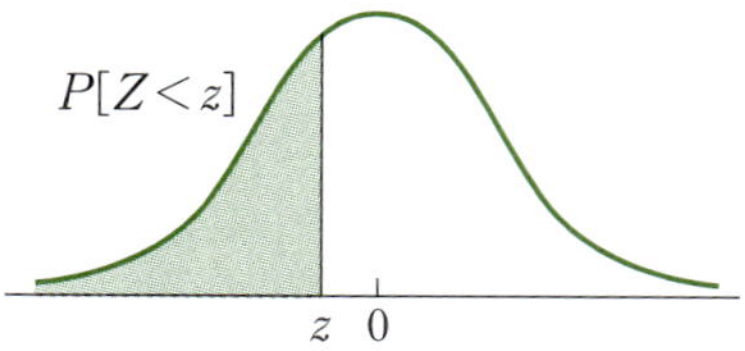

	.00	.01	.02	.03	.04	.05	.06	.07	.08	.09
−3.5	.0002	.0002	.0002	.0002	.0002	.0002	.0002	.0002	.0002	.0002
−3.4	.0003	.0003	.0003	.0003	.0003	.0003	.0003	.0003	.0003	.0002
−3.3	.0005	.0005	.0005	.0004	.0004	.0004	.0004	.0004	.0004	.0003
−3.2	.0007	.0007	.0006	.0006	.0006	.0006	.0006	.0005	.0005	.0005
−3.1	.0010	.0009	.0009	.0009	.0008	.0008	.0008	.0008	.0007	.0007
−3.0	.0013	.0013	.0013	.0012	.0012	.0011	.0011	.0011	.0010	.0010
−2.9	.0019	.0018	.0018	.0017	.0016	.0016	.0015	.0015	.0014	.0014
−2.8	.0026	.0025	.0024	.0023	.0023	.0022	.0021	.0021	.0020	.0019
−2.7	.0035	.0034	.0033	.0032	.0031	.0030	.0029	.0028	.0027	.0026
−2.6	.0047	.0045	.0044	.0043	.0041	.0040	.0039	.0038	.0037	.0036
−2.5	.0062	.0060	.0059	.0057	.0055	.0054	.0052	.0051	.0049	.0048
−2.4	.0082	.0080	.0078	.0075	.0073	.0071	.0069	.0068	.0066	.0064
−2.3	.0107	.0104	.0102	.0099	.0096	.0094	.0091	.0089	.0087	.0084
−2.2	.0139	.0136	.0132	.0129	.0125	.0122	.0119	.0116	.0113	.0110
−2.1	.0179	.0174	.0170	.0166	.0162	.0158	.0154	.0150	.0146	.0143
−2.0	.0228	.0222	.0217	.0212	.0207	.0202	.0197	.0192	.0188	.0183
−1.9	.0287	.0281	.0274	.0268	.0262	.0256	.0250	.0244	.0239	.0233
−1.8	.0359	.0351	.0344	.0336	.0329	.0322	.0314	.0307	.0301	.0294
−1.7	.0446	.0436	.0427	.0418	.0409	.0401	.0392	.0384	.0375	.0367
−1.6	.0548	.0537	.0526	.0516	.0505	.0495	.0485	.0475	.0465	.0455
−1.5	.0668	.0655	.0643	.0630	.0618	.0606	.0594	.0582	.0571	.0559
−1.4	.0808	.0793	.0778	.0764	.0749	.0735	.0721	.0708	.0694	.0681
−1.3	.0968	.0951	.0934	.0918	.0901	.0885	.0869	.0853	.0838	.0823
−1.2	.1151	.1131	.1112	.1093	.1075	.1056	.1038	.1020	.1003	.0985
−1.1	.1357	.1335	.1314	.1292	.1271	.1251	.1230	.1210	.1190	.1170
−1.0	.1587	.1562	.1539	.1515	.1492	.1469	.1446	.1423	.1401	.1379
−.9	.1841	.1814	.1788	.1762	.1736	.1711	.1685	.1660	.1635	.1611
−.8	.2119	.2090	.2061	.2033	.2005	.1977	.1949	.1922	.1894	.1867
−.7	.2420	.2389	.2358	.2327	.2297	.2266	.2236	.2206	.2177	.2148
−.6	.2743	.2709	.2676	.2643	.2611	.2578	.2546	.2514	.2483	.2451
−.5	.3085	.3050	.3015	.2981	.2946	.2912	.2877	.2843	.2810	.2776
−.4	.3446	.3409	.3372	.3336	.3300	.3264	.3228	.3192	.3156	.3121
−.3	.3821	.3783	.3745	.3707	.3669	.3632	.3594	.3557	.3520	.3483
−.2	.4207	.4168	.4129	.4090	.4052	.4013	.3974	.3936	.3897	.3859
−.1	.4602	.4562	.4522	.4483	.4443	.4404	.4364	.4325	.4286	.4247
−.0	.5000	.4960	.4920	.4880	.4840	.4801	.4761	.4721	.4681	.4641

표 3 : (계속)

	.00	.01	.02	.03	.04	.05	.06	.07	.08	.09
.0	.5000	.5040	.5080	.5120	.5160	.5199	.5239	.5279	.5319	.5359
.1	.5398	.5438	.5478	.5517	.5557	.5596	.5636	.5675	.5714	.5753
.2	.5793	.5832	.5871	.5910	.5948	.5987	.6026	.6064	.6103	.6141
.3	.6179	.6217	.6255	.6293	.6331	.6368	.6406	.6443	.6480	.6517
.4	.6554	.6591	.6628	.6664	.6700	.6736	.6772	.6808	.6844	.6879
.5	.6915	.6950	.6985	.7019	.7054	.7088	.7123	.7157	.7190	.7224
.6	.7257	.7291	.7324	.7357	.7389	.7422	.7454	.7486	.7517	.7549
.7	.7580	.7611	.7642	.7673	.7703	.7734	.7764	.7794	.7823	.7852
.8	.7881	.7910	.7939	.7967	.7995	.8023	.8051	.8078	.8106	.8133
.9	.8159	.8186	.8212	.8238	.8264	.8289	.8315	.8340	.8365	.8389
1.0	.8413	.8438	.8461	.8485	.8508	.8531	.8554	.8577	.8599	.8621
1.1	.8643	.8665	.8686	.8708	.8729	.8749	.8770	.8790	.8810	.8830
1.2	.8849	.8869	.8888	.8907	.8925	.8944	.8962	.8980	.8997	.9015
1.3	.9032	.9049	.9066	.9082	.9099	.9115	.9131	.9147	.9162	.9177
1.4	.9192	.9207	.9222	.9236	.9251	.9265	.9279	.9292	.9306	.9319
1.5	.9332	.9345	.9357	.9370	.9382	.9394	.9406	.9418	.9429	.9441
1.6	.9452	.9463	.9474	.9484	.9495	.9505	.9515	.9525	.9535	.9545
1.7	.9554	.9564	.9573	.9582	.9591	.9599	.9608	.9616	.9625	.9633
1.8	.9641	.9649	.9656	.9664	.9671	.9678	.9686	.9693	.9699	.9706
1.9	.9713	.9719	.9726	.9732	.9738	.9744	.9750	.9756	.9761	.9767
2.0	.9772	.9778	.9783	.9788	.9793	.9798	.9803	.9808	.9812	.9817
2.1	.9821	.9826	.9830	.9834	.9838	.9842	.9846	.9850	.9854	.9857
2.2	.9861	.9864	.9868	.9871	.9875	.9878	.9881	.9884	.9887	.9890
2.3	.9893	.9896	.9898	.9901	.9904	.9906	.9909	.9911	.9913	.9916
2.4	.9918	.9920	.9922	.9925	.9927	.9929	.9931	.9932	.9934	.9936
2.5	.9938	.9940	.9941	.9943	.9945	.9946	.9948	.9949	.9951	.9952
2.6	.9953	.9955	.9956	.9957	.9959	.9960	.9961	.9962	.9963	.9964
2.7	.9965	.9966	.9967	.9968	.9969	.9970	.9971	.9972	.9973	.9974
2.8	.9974	.9975	.9976	.9977	.9977	.9978	.9979	.9979	.9980	.9981
2.9	.9981	.9982	.9982	.9983	.9984	.9984	.9985	.9985	.9986	.9986
3.0	.9987	.9987	.9987	.9988	.9988	.9989	.9989	.9989	.9990	.9990
3.1	.9990	.9991	.9991	.9991	.9992	.9992	.9992	.9992	.9993	.9993
3.2	.9993	.9993	.9994	.9994	.9994	.9994	.9994	.9995	.9995	.9995
3.3	.9995	.9995	.9995	.9996	.9996	.9996	.9996	.9996	.9996	.9997
3.4	.9997	.9997	.9997	.9997	.9997	.9997	.9997	.9997	.9997	.9998
3.5	.9998	.9998	.9998	.9998	.9998	.9998	.9998	.9998	.9998	.9998

표 4 t 분포의 상위 α의 확률을 주는 값

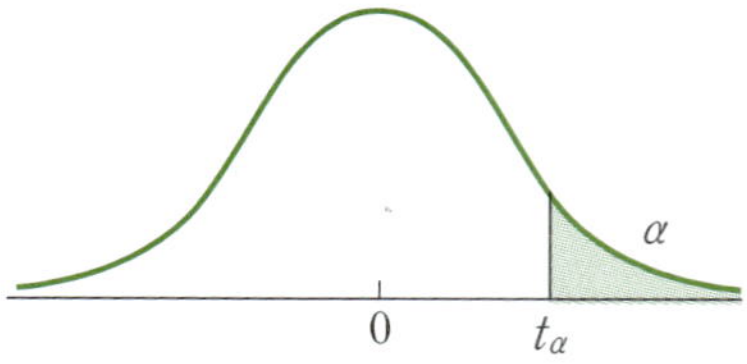

d.f. \ α	.25	.10	.05	.025	.01	.00833	.00625	.005
1	1.000	3.078	6.314	12.706	31.821	38.190	50.923	63.657
2	.816	1.886	2.920	4.303	6.965	7.649	8.860	9.925
3	.765	1.638	2.353	3.182	4.541	4.857	5.392	5.841
4	.741	1.533	2.132	2.776	3.747	3.961	4.315	4.604
5	.727	1.476	2.015	2.571	3.365	3.534	3.810	4.032
6	.718	1.440	1.943	2.447	3.143	3.287	3.521	3.707
7	.711	1.415	1.895	2.365	2.998	3.128	3.335	3.499
8	.706	1.397	1.860	2.306	2.896	3.016	3.206	3.355
9	.703	1.383	1.833	2.262	2.821	2.933	3.111	3.250
10	.700	1.372	1.812	2.228	2.764	2.870	3.038	3.169
11	.697	1.363	1.796	2.201	2.718	2.820	2.981	3.106
12	.695	1.356	1.782	2.179	2.681	2.779	2.934	3.055
13	.694	1.350	1.771	2.160	2.650	2.746	2.896	3.012
14	.692	1.345	1.761	2.145	2.624	2.718	2.864	2.977
15	.691	1.341	1.753	2.131	2.602	2.694	2.837	2.947
16	.690	1.337	1.746	2.120	2.583	2.673	2.813	2.921
17	.689	1.333	1.740	2.110	2.567	2.655	2.793	2.898
18	.688	1.330	1.734	2.101	2.552	2.639	2.775	2.878
19	.688	1.328	1.729	2.093	2.539	2.625	2.759	2.861
20	.687	1.325	1.725	2.086	2.528	2.613	2.744	2.845
21	.686	1.323	1.721	2.080	2.518	2.601	2.732	2.831
22	.686	1.321	1.717	2.074	2.508	2.591	2.720	2.819
23	.685	1.319	1.714	2.069	2.500	2.582	2.710	2.807
24	.685	1.318	1.711	2.064	2.492	2.574	2.700	2.797
25	.684	1.316	1.708	2.060	2.485	2.566	2.692	2.787
26	.684	1.315	1.706	2.056	2.479	2.559	2.684	2.779
27	.684	1.314	1.703	2.052	2.473	2.552	2.676	2.771
28	.683	1.313	1.701	2.048	2.467	2.546	2.669	2.763
29	.683	1.311	1.699	2.045	2.462	2.541	2.663	2.756
30	.683	1.310	1.697	2.042	2.457	2.536	2.657	2.750
40	.681	1.303	1.684	2.021	2.423	2.499	2.616	2.704
60	.679	1.296	1.671	2.000	2.390	2.463	2.575	2.660
120	.677	1.289	1.658	1.980	2.358	2.428	2.536	2.617
∞	.674	1.282	1.645	1.960	2.326	2.394	2.498	2.576

표 5 χ^2 분포의 상위 α의 확률을 주는 값

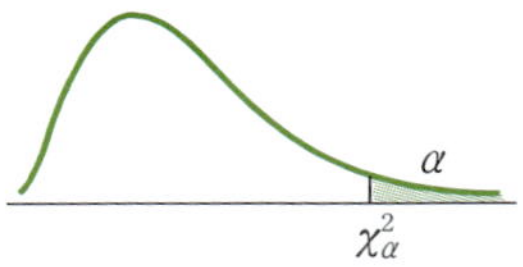

d.f. \ α	.99	.975	.95	.90	.50	.10	.05	.025	.01
1	.0002	.001	.004	.02	.45	2.71	3.84	5.02	6.63
2	.02	.05	.10	.21	1.39	4.61	5.99	7.38	9.21
3	.11	.22	.35	.58	2.37	6.25	7.81	9.35	11.34
4	.30	.48	.71	1.06	3.36	7.78	9.49	11.14	13.28
5	.55	.83	1.15	1.61	4.35	9.24	11.07	12.83	15.09
6	.87	1.24	1.64	2.20	5.35	10.64	12.59	14.45	16.81
7	1.24	1.69	2.17	2.83	6.35	12.02	14.07	16.01	18.48
8	1.65	2.18	2.73	3.49	7.34	13.36	15.51	17.53	20.09
9	2.09	2.70	3.33	4.17	8.34	14.68	16.92	19.02	21.67
10	2.56	3.24	3.94	4.87	9.34	15.99	18.31	20.48	23.21
11	3.05	3.81	4.57	5.58	10.34	17.28	19.68	21.92	24.72
12	3.57	4.40	5.23	6.30	11.34	18.55	21.03	23.34	26.22
13	4.11	5.01	5.89	7.04	12.34	19.81	22.36	24.74	27.69
14	4.66	5.62	6.57	7.79	13.34	21.06	23.68	26.12	29.14
15	5.23	6.26	7.26	8.55	14.34	22.31	25.00	27.49	30.58
16	5.81	6.90	7.96	9.31	15.34	23.54	26.30	28.85	32.00
17	6.41	7.56	8.67	10.09	16.34	24.77	27.59	30.19	33.41
18	7.01	8.23	9.39	10.86	17.34	25.99	28.87	31.53	34.81
19	7.63	8.90	10.12	11.65	18.34	27.20	30.14	32.85	36.19
20	8.26	9.59	10.85	12.44	19.34	28.41	31.41	34.17	37.57
21	8.90	10.28	11.59	13.24	20.34	29.62	32.67	35.48	38.93
22	9.54	10.98	12.34	14.04	21.34	30.81	33.92	36.78	40.29
23	10.20	11.69	13.09	14.85	22.34	32.01	35.17	38.08	41.64
24	10.86	12.40	13.85	15.66	23.34	33.20	36.42	39.36	42.98
25	11.52	13.11	14.61	16.47	24.34	34.38	37.65	40.65	44.31
26	12.20	13.84	15.38	17.29	25.34	35.56	38.89	41.92	45.64
27	12.88	14.57	16.15	18.11	26.34	36.74	40.11	43.19	46.96
28	13.56	15.30	16.93	18.94	27.34	37.92	41.34	44.46	48.28
29	14.26	16.04	17.71	19.77	28.34	39.09	42.56	45.72	49.59
30	14.95	16.78	18.49	20.60	29.34	40.26	43.77	46.98	50.89
40	22.16	24.42	26.51	29.05	39.34	51.81	55.76	59.34	63.69
50	29.71	32.35	34.76	37.69	49.33	63.17	67.50	71.42	76.15
60	37.48	40.47	43.19	46.46	59.33	74.40	79.08	83.30	88.38
70	45.44	48.75	51.74	55.33	69.33	85.53	90.53	95.02	100.43
80	53.54	57.15	60.39	64.28	79.33	96.58	101.88	106.63	112.33
90	61.75	65.64	69.13	73.29	89.33	107.57	113.15	118.14	124.12
100	70.06	74.22	77.93	82.36	99.33	118.50	124.34	129.56	135.81

표 6 **F 분포의 상위 α의 확률을 주는 값**

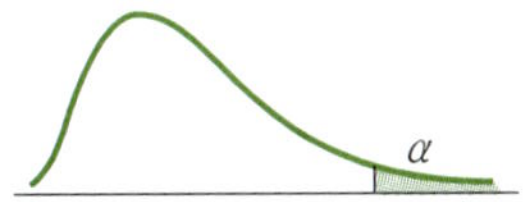

$F_\alpha(v_1, v_2)$

$\alpha = 0.10$

v_2 \ v_1	1	2	3	4	5	6	7	8	9	10	12	15	20	25	30	40	60
1	39.86	49.50	53.59	55.83	57.24	58.20	58.91	59.44	59.86	60.19	60.71	61.22	61.74	62.05	62.26	62.53	62.79
2	8.53	9.00	9.16	9.24	9.29	9.33	9.35	9.37	9.38	9.39	9.41	9.42	9.44	9.45	9.46	9.47	9.47
3	5.54	5.46	5.39	5.34	5.31	5.28	5.27	5.25	5.24	5.23	5.22	5.20	5.18	5.17	5.17	5.16	5.15
4	4.54	4.32	4.19	4.11	4.05	4.01	3.98	3.95	3.94	3.92	3.90	3.87	3.84	3.83	3.82	3.80	3.79
5	4.06	3.78	3.62	3.52	3.45	3.40	3.37	3.34	3.32	3.30	3.27	3.24	3.21	3.19	3.17	3.16	3.14
6	3.78	3.46	3.29	3.18	3.11	3.05	3.01	2.98	2.96	2.94	2.90	2.87	2.84	2.81	2.80	2.78	2.76
7	3.59	3.26	3.07	2.96	2.88	2.83	2.78	2.75	2.72	2.70	2.67	2.63	2.59	2.57	2.56	2.54	2.51
8	3.46	3.11	2.92	2.81	2.73	2.67	2.62	2.59	2.56	2.54	2.50	2.46	2.42	2.40	2.38	2.36	2.34
9	3.36	3.01	2.81	2.69	2.61	2.55	2.51	2.47	2.44	2.42	2.38	2.34	2.30	2.27	2.25	2.23	2.21
10	3.29	2.92	2.73	2.61	2.52	2.46	2.41	2.38	2.35	2.32	2.28	2.24	2.20	2.17	2.16	2.13	2.11
11	3.23	2.86	2.66	2.54	2.45	2.39	2.34	2.30	2.27	2.25	2.21	2.17	2.12	2.10	2.08	2.05	2.03
12	3.18	2.81	2.61	2.48	2.39	2.33	2.28	2.24	2.21	2.19	2.15	2.10	2.06	2.03	2.01	1.99	1.96
13	3.14	2.76	2.56	2.43	2.35	2.28	2.23	2.20	2.16	2.14	2.10	2.05	2.01	1.98	1.96	1.93	1.90
14	3.10	2.73	2.52	2.39	2.31	2.24	2.19	2.15	2.12	2.10	2.05	2.01	1.96	1.93	1.91	1.89	1.86
15	3.07	2.70	2.49	2.36	2.27	2.21	2.16	2.12	2.09	2.06	2.02	1.97	1.92	1.89	1.87	1.85	1.82
16	3.05	2.67	2.46	2.33	2.24	2.18	2.13	2.09	2.06	2.03	1.99	1.94	1.89	1.86	1.84	1.81	1.78
17	3.03	2.64	2.44	2.31	2.22	2.15	2.10	2.06	2.03	2.00	1.96	1.91	1.86	1.83	1.81	1.78	1.75
18	3.01	2.62	2.42	2.29	2.20	2.13	2.08	2.04	2.00	1.98	1.93	1.89	1.84	1.80	1.78	1.75	1.72
19	2.99	2.61	2.40	2.27	2.18	2.11	2.06	2.02	1.98	1.96	1.91	1.86	1.81	1.78	1.76	1.73	1.70
20	2.97	2.59	2.38	2.25	2.16	2.09	2.04	2.00	1.96	1.94	1.89	1.84	1.79	1.76	1.74	1.71	1.68
21	2.96	2.57	2.36	2.23	2.14	2.08	2.02	1.98	1.95	1.92	1.87	1.83	1.78	1.74	1.72	1.69	1.66
22	2.95	2.56	2.35	2.22	2.13	2.06	2.01	1.97	1.93	1.90	1.86	1.81	1.76	1.73	1.70	1.67	1.64
23	2.94	2.55	2.34	2.21	2.11	2.05	1.99	1.95	1.92	1.89	1.84	1.80	1.74	1.71	1.69	1.66	1.62
24	2.93	2.54	2.33	2.19	2.10	2.04	1.98	1.94	1.91	1.88	1.83	1.78	1.73	1.70	1.67	1.64	1.61
25	2.92	2.53	2.32	2.18	2.09	2.02	1.97	1.93	1.89	1.87	1.82	1.77	1.72	1.68	1.66	1.63	1.59
26	2.91	2.52	2.31	2.17	2.08	2.01	1.96	1.92	1.88	1.86	1.81	1.76	1.71	1.67	1.65	1.61	1.58
27	2.90	2.51	2.30	2.17	2.07	2.00	1.95	1.91	1.87	1.85	1.80	1.75	1.70	1.66	1.64	1.60	1.57
28	2.89	2.50	2.29	2.16	2.06	2.00	1.94	1.90	1.87	1.84	1.79	1.74	1.69	1.65	1.63	1.59	1.56
29	2.89	2.50	2.28	2.15	2.06	1.99	1.93	1.89	1.86	1.83	1.78	1.73	1.68	1.64	1.62	1.58	1.55
30	2.88	2.49	2.28	2.14	2.05	1.98	1.93	1.88	1.85	1.82	1.77	1.72	1.67	1.63	1.61	1.57	1.54
40	2.84	2.44	2.23	2.09	2.00	1.93	1.87	1.83	1.79	1.76	1.71	1.66	1.61	1.57	1.54	1.51	1.47
60	2.79	2.39	2.18	2.04	1.95	1.87	1.82	1.77	1.74	1.71	1.66	1.60	1.54	1.50	1.48	1.44	1.40
120	2.75	2.35	2.13	1.99	1.90	1.82	1.77	1.72	1.68	1.65	1.60	1.55	1.48	1.45	1.41	1.37	1.32
∞	2.71	2.30	2.08	1.94	1.85	1.77	1.72	1.67	1.63	1.60	1.55	1.49	1.42	1.38	1.34	1.30	1.24

표 6 : (계속)

$\alpha = 0.05$

v_2 \ v_1	1	2	3	4	5	6	7	8	9	10	12	15	20	25	30	40	60
1	161.5	199.5	215.7	224.6	230.2	234.0	236.8	238.9	240.5	241.9	243.9	246.0	248.0	249.3	250.1	251.1	252.2
2	18.51	19.00	19.16	19.25	19.30	19.33	19.35	19.37	19.38	19.40	19.41	19.43	19.45	19.46	19.46	19.47	19.48
3	10.13	9.55	9.28	9.12	9.01	8.94	8.89	8.85	8.81	8.79	8.74	8.70	8.66	8.63	8.62	8.59	8.57
4	7.71	6.94	6.59	6.39	6.26	6.16	6.09	6.04	6.00	5.96	5.91	5.86	5.80	5.77	5.75	5.72	5.69
5	6.61	5.79	5.41	5.19	5.05	4.95	4.88	4.82	4.77	4.74	4.68	4.62	4.56	4.52	4.50	4.46	4.43
6	5.99	5.14	4.76	4.53	4.39	4.28	4.21	4.15	4.10	4.06	4.00	3.94	3.87	3.83	3.81	3.77	3.74
7	5.59	4.74	4.35	4.12	3.97	3.87	3.79	3.73	3.68	3.64	3.57	3.51	3.44	3.40	3.38	3.34	3.30
8	5.32	4.46	4.07	3.84	3.69	3.58	3.50	3.44	3.39	3.35	3.28	3.22	3.15	3.11	3.08	3.04	3.01
9	5.12	4.26	3.86	3.63	3.48	3.37	3.29	3.23	3.18	3.14	3.07	3.01	2.94	2.89	2.86	2.83	2.79
10	4.96	4.10	3.71	3.48	3.33	3.22	3.14	3.07	3.02	2.98	2.91	2.85	2.77	2.73	2.70	2.66	2.62
11	4.84	3.98	3.59	3.36	3.20	3.09	3.01	2.95	2.90	2.85	2.79	2.72	2.65	2.60	2.57	2.53	2.49
12	4.75	3.89	3.49	3.26	3.11	3.00	2.91	2.85	2.80	2.75	2.69	2.62	2.54	2.50	2.47	2.43	2.38
13	4.67	3.81	3.41	3.18	3.03	2.92	2.83	2.77	2.71	2.67	2.60	2.53	2.46	2.41	2.38	2.34	2.30
14	4.60	3.74	3.34	3.11	2.96	2.85	2.76	2.70	2.65	2.60	2.53	2.46	2.39	2.34	2.31	2.27	2.22
15	4.54	3.68	3.29	3.06	2.90	2.79	2.71	2.64	2.59	2.54	2.48	2.40	2.33	2.28	2.25	2.20	2.16
16	4.49	3.63	3.24	3.01	2.85	2.74	2.66	2.59	2.54	2.49	2.42	2.35	2.28	2.23	2.19	2.15	2.11
17	4.45	3.59	3.20	2.96	2.81	2.70	2.61	2.55	2.49	2.45	2.38	2.31	2.23	2.18	2.15	2.10	2.06
18	4.41	3.55	3.16	2.93	2.77	2.66	2.58	2.51	2.46	2.41	2.34	2.27	2.19	2.14	2.11	2.06	2.02
19	4.38	3.52	3.13	2.90	2.74	2.63	2.54	2.48	2.42	2.38	2.31	2.23	2.16	2.11	2.07	2.03	1.98
20	4.35	3.49	3.10	2.87	2.71	2.60	2.51	2.45	2.39	2.35	2.28	2.20	2.12	2.07	2.04	1.99	1.95
21	4.32	3.47	3.07	2.84	2.68	2.57	2.49	2.42	2.37	2.32	2.25	2.18	2.10	2.05	2.01	1.96	1.92
22	4.30	3.44	3.05	2.82	2.66	2.55	2.46	2.40	2.34	2.30	2.23	2.15	2.07	2.02	1.98	1.94	1.89
23	4.28	3.42	3.03	2.80	2.64	2.53	2.44	2.37	2.32	2.27	2.20	2.13	2.05	2.00	1.96	1.91	1.86
24	4.26	3.40	3.01	2.78	2.62	2.51	2.42	2.36	2.30	2.25	2.18	2.11	2.03	1.97	1.94	1.89	1.84
25	4.24	3.39	2.99	2.76	2.60	2.49	2.40	2.34	2.28	2.24	2.16	2.09	2.01	1.96	1.92	1.87	1.82
26	4.23	3.37	2.98	2.74	2.59	2.47	2.39	2.32	2.27	2.22	2.15	2.07	1.99	1.94	1.90	1.85	1.80
27	4.21	3.35	2.96	2.73	2.57	2.46	2.37	2.31	2.25	2.20	2.13	2.06	1.97	1.92	1.88	1.84	1.79
28	4.20	3.34	2.95	2.71	2.56	2.45	2.36	2.29	2.24	2.19	2.12	2.04	1.96	1.91	1.87	1.82	1.77
29	4.18	3.33	2.93	2.70	2.55	2.43	2.35	2.28	2.22	2.18	2.10	2.03	1.94	1.89	1.85	1.81	1.75
30	4.17	3.32	2.92	2.69	2.53	2.42	2.33	2.27	2.21	2.16	2.09	2.01	1.93	1.88	1.84	1.79	1.74
40	4.08	3.23	2.84	2.61	2.45	2.34	2.25	2.18	2.12	2.08	2.00	1.92	1.84	1.78	1.74	1.69	1.64
60	4.00	3.15	2.76	2.53	2.37	2.25	2.17	2.10	2.04	1.99	1.92	1.84	1.75	1.69	1.65	1.59	1.53
120	3.92	3.07	2.68	2.45	2.29	2.18	2.09	2.02	1.96	1.91	1.83	1.75	1.66	1.60	1.55	1.50	1.43
∞	3.84	3.00	2.61	2.37	2.21	2.10	2.01	1.94	1.88	1.83	1.75	1.67	1.57	1.51	1.46	1.39	1.32

표 7 연속형 관리도의 설정 요소

표본크기(n)	A_2	d_2	$1/d_2$	d_3	D_3	D_4
2	1.880	1.128	0.8865	0.853	0	3.267
3	1.023	1.693	0.5907	0.888	0	2.575
4	0.729	2.059	0.4857	0.880	0	2.282
5	0.577	2.326	0.4299	0.864	0	2.115
6	0.483	2.534	0.3946	0.848	0	2.004
7	0.419	2.704	0.3698	0.833	0.076	1.924
8	0.373	2.847	0.3512	0.820	0.136	1.864
9	0.337	2.970	0.3367	0.808	0.184	1.816
10	0.308	3.078	0.3249	0.797	0.223	1.777
11	0.285	3.173	0.3152	0.787	0.256	1.744
12	0.266	3.258	0.3069	0.778	0.283	1.717
13	0.249	3.336	0.2998	0.770	0.307	1.693
14	0.235	3.407	0.2935	0.763	0.328	1.672
15	0.223	3.472	0.2880	0.756	0.347	1.653
16	0.212	3.532	0.2831	0.750	0.363	1.637
17	0.203	3.588	0.2787	0.744	0.378	1.622
18	0.194	3.640	0.2747	0.739	0.391	1.608
19	0.187	3.689	0.2711	0.734	0.403	1.597
20	0.180	3.735	0.2677	0.729	0.415	1.585
21	0.173	3.778	0.2647	0.724	0.425	1.575
22	0.167	3.819	0.2618	0.720	0.434	1.566
23	0.162	3.858	0.2592	0.716	0.443	1.557
24	0.157	3.895	0.2567	0.712	0.451	1.548
25	0.153	3.931	0.2544	0.708	0.459	1.541

$$A_2 = \frac{3}{d_2\sqrt{n}} \quad D_3 = 1 - 3\frac{d_3}{d_2} \quad D_4 = 1 + 3\frac{d_3}{d_2}$$

해답

1장

1.2 순위형 자료

1.8 (1) 있다. (2) 없다. (3) 없다.
(4) 없다. (5) 없다.

1.14 (1) 10.5 (2) 111

1.18 (1) 22.8, 5.7 (2) 255, 52.5 (3) 319

1.20 (1) 0.75 (2) 0.5 (3) 0.96
(4) 0.50 (5) 0.7485

1.22 (1) 중앙값 : 107.5, $Q_1 = 66.5$, $Q_3 = 152.5$
(2) 63, 139.5

1.26 (1) 중앙값 : 4.80, Q_1 : 4.64, Q_3 : 4.975
(2) 제90백분위수 : 5.435
(3) 평균 : 4.84, 표준편차 : 0.35
(4) 정규분포의 형태를 나타내고 있고, 극대값을 갖는 자료가 몇 개가 있다.

1.28 0.73

2장

2.2 (1) $\{1, 2, 3\}$ (2) $\{n \mid n \geq 10\}$
(3) $\{x \mid 315 < x < 420\}$

2.4 0.5

2.6 (1) $\frac{9}{17}$ (2) $\frac{8}{17}$

2.8 (2) (i) 0.54 (ii) 0.15 (iii) 0.15 (iv) 0.46

2.12 (2) 0.12 (3) 0.52 (4) 0.27

2.14 (1) $\frac{8}{29}$ (2) $\frac{5}{29}$ (3) $\frac{6}{29}$ (4) $\frac{27}{58}$

2.16 A와 B는 독립이 아니다.

2.18 (1) 0.4, 0.4 (2) A와 B는 독립이다.

2.20 (1) 0.01 (2) 0.057 (3) 0.0016

2.22 (1) 0.65 (2) A와 B는 독립이 아니다.

2.24 (1) 0.64 (2) 0.75

2.26 $\frac{5}{8}$

3장

3.2 (1) 적절하다 (2) 적절하지 않다
(3) 적절하다 (4) 적절하지 않다

3.4 (3) 93,000,000원

3.6 (1) 0.4114 (2) 4(명) (3) 0.2182

3.8 0.4212

3.10 (1) 0.879 (2) 0.303 (3) 0.121

3.12 (1) $\frac{1}{8}$ (2) $\frac{3}{4}$, $\frac{3}{80}$

3.14 (1) (i) 0.0668 (ii) 0.0062 (iii) 0.9199
(2) 4.46% (3) 500점 (4) 604점

3.16 (1) (i) 0.0478 (ii) 0.8186 (iii) 0.3829

(2) 16.5 ~ 17.5분 구간

3.18 $2\sqrt{2}$

3.20 $-9/38$, -0.577

3.22 (i) $a = 0.1, b = 0.07, c = 0.1$

(ii) 독립이 아니다. (iii) 0

(iv) 0.07, 0.34, 0.07 (v) 독립이 아니다.

3.24 (2) X와 Y는 독립이 아니다.

(3) 1, 1.4, 0.6, 0.84

(4) 0.5, 0.2 (5) 0, 0

3.28 (1) 0.3085 (2) 57.1분

3.30 (1) $e^{-25\times 5/60}$ (2) $\frac{1}{25^2}$

4장

4.2 (1) 20 (2) $\frac{5}{\sqrt{6}}$ (3) $N\left(20, \left(\frac{5}{\sqrt{6}}\right)^2\right)$

4.4 (1) $P(\bar{X} < 450) < 0.0001$ (2) 0.0742

4.6 (1) $N(3.5, 0.125^2)$ (2) (i) 0.0548 (ii) 0.7995

4.8 (1) 15.51 (2) 33.41 (3) 21.92 (4) 41.64

4.10 (1) 2.015 (2) -2.101 (3) -2.718 (4) 1.337

4.12 (1) 3.33 (2) 1/3.33

4.16 (1) 9.4분, 1/9분 (2) $\bar{X} \sim N\left(9.4, \left(\frac{1}{9}\right)^2\right)$

4.18 0.8588

4.20 0.0577

4.22 (1) 0.0172 (2) 0.9568 (3) 0.9656

4.24 (1) 0.0922 (2) 0.0728

5장

5.2 $0.11 \pm 1.96 \times \frac{0.06}{\sqrt{65}} \approx 0.11 \pm 0.015$

5.4 적어도 39번.

5.6 (1) 5.98 (2) 22.4 ± 4.69

5.8 10.5 ± 3.11

5.10 (1) $\bar{x} \approx 74.70$, 표준오차 : 3.850

(2) 74.7 ± 6.98

5.12 -19 ± 19.91

5.14 7.8 ± 5.04

5.16 (1) -1.9 ± 4.29 (2) 20 ± 11.29

(3) -0.07 ± 0.245 (4) 13.1 ± 5.74

5.18 (1) -0.60 ± 2.25

(2) 15.0 ± 2.78 15.60 ± 1.42

5.20 0.62 ± 0.118

5.22 (1) 0.276 ± 0.104 (2) 0.029 ± 0.088

5.24 (1.56, 4.14)

5.26 (2.32, 4.61)

5.28 (1) (0.8739, 2.8918) (2) (9.8698, 25.5502)

6장

6.2 제1종 오류

(1) 집중 치료에 필요한 평균 시간이 13.5시간보다 작을 때

(2) 평균 지방 함유량이 2%보다 클 경우

(3) 평균 무게는 6kg과 차이가 있을 때

6.4 (1) (c) (2) (b) (3) (a)

6.6 (1) 2.002, 기각 (2) -1.153, 기각 못함

(3) $|-1.899|$, 기각 못함

(4) $|-3.084|$, 기각

6.8 (1)예 (2)판단할 수 없다 (3)아니오

6.10 0.0332, 유의수준이 0.0332보다 클 때 H_0를 기각할 수 있다.

6.12 (1) 기각 못함 (2) 기각

6.14 (1) Z - 검정 (2) 합동분산을 이용한 t - 검정

(3) 합동분산을 이용하지 않는 t - 검정

(4) Z - 검정

6.16 가정 : 두 모집단이 분산이 다르고 정규분포를 따름. 기각

6.18 가정 : 두 모집단이 분산이 같고 정규분포를 따름. 기각

6.20 기각 못함

6.22 기각 못함

6.24 P - 값 = 0.0150, 기각

6.26 P-값 $= P[|Z| > 2.91] = 0.0036$, 기각

6.28 가정 : 모집단은 정규분포를 따른다. 기각

6.30 기각

7장

7.4 기각

7.6 (1) 3 가지 방법 중 랜덤하게 한 가지 방법을 골라 만든다.
(2) 기각 못함

7.10 (1) 영향을 미친다 (2) 영향을 미친다

7.12 영향을 미친다

7.14 요인 A가 영향을 미친다. 요인 B가 영향을 미친다.

7.16 요인 A가 영향을 미친다고 할 수 없다. 요인 B가 영향을 미친다.

8장

8.2 (1) $y = 10(41) - 145 = 265$ (2) 15 개이상

8.4 (1) $\hat{y} = -127.82 + 1.11x$ (2) 60.88 g

8.6 (1) $\hat{y} = 0.448 + 3.00x$ (3) 기각 못함

8.8 (1) $\hat{y} = 112.25 + 0.97x$ (2) 32.42507, 2.49
(3) 0.6보다 더 많이 증가한다고 할 수 있다.

8.10 (2) $\hat{y} = 337.26 - 18.62x$ (3) -16.52
15년까지의 자료로부터 구한 회귀직선식에 범위를 벗어난 19년을 대입시키는 것은 매우 위험하다.

8.12 (1) $\hat{y} = 42.6212 + 0.6872x$ (2) 의미가 있다
(3) 감소한다 (4) 0.4299

8.14 (1) $\hat{y} = 153.1755 - 6.324x$ (2) 줄어든다
(3) 118.3935 ± 8.1711

8.16 (2) $\hat{y} = -65.7 + 0.344x$
(3) 등분산성의 가정에 크게 위배되지 않는다.

8.18 (1) 선형식으로 표현할 수 있다.
(2) 32.9347 (3) 영향을 준다.

8.20 (1) 0.6914 (2) 기각
(3) 낮아진다고 할 수 있다.

9장

9.2 기각못함

9.4 기각

9.6 기각

9.8 기각

9.10 기각

9.12 기각

10장

10.2 (1) R-관리도: CL $= 4.708$, UCL $= 12.116$, LCL $= 0$
$\bar{X}$-관리도: CL $= 33.967$, UCL $= 38.784$, LCL $= 29.150$
(2) 10.1의 경우: $ARL_0 = 14.13$
10.2의 경우: $ARL_0 = 3.10$
10.2의 경우 평균적으로 변화를 더 빨리 탐지한다.

10.4 0.8413

10.6 (1) R-관리도: CL $= \bar{R} = 5$, UCL $= 10.020$, LCL $= 0$
$\bar{X}$-관리도: CL $= 200$, UCL $= 202.417$, LCL $= 197.583$
(2) 0.96080

10.8 (1) 4 (2) 0.97725 (3) 1

10.10 (1) p-관리도: CL $= 0.10$, UCL $= 0.2125$, LCL $= 0$
(2) 0.2125 (3) $n \geq 82$

10.12 (1) c-관리도: CL $= 4$, UCL $= 10$, LCL $= 0$
(2) u-관리도: CL $= 1$, UCL $= 2.5$, LCL $= 0$

10.14 (1) c-관리도: CL $= 21.48$, UCL $= 35.38$,

LCL = 7.58

(2) u - 관리도: CL = 0.0086, UCL = 0.0142,

LCL = 0.003

11장

11.2 (1) 0.05 (2) 0 ~ 9시간

11.4 $f(t) = \begin{cases} (at - m_1 t)e^{-(at - m_1 t)} & 0 < t \le t_0 \\ (be)^{-bt} & t_0 < t \le t_1 \\ (be + m_2(t - t_1))e^{-bt - m_2(t - t_1)} & t_1 < t \end{cases}$

$S(t) = \begin{cases} e^{-(at - m_1 \frac{t^2}{2})} & 0 < t \le t_0 \\ e^{-bt} & t_0 < t \le t_1 \\ e^{-bt - m_2 \frac{(t - t_1)^2}{2}} & t_1 < t \end{cases}$

11.6 (1) 0.0183 (2) 0.381 (3) 1.282 (4) 0.0235

11.8 (1) 157.21 (2) (9.21, 32.78) (3) 10.01

(4) 기각

11.10 (1) 18.75 (2) 기각 못함 (3) (11.54, 32.80)

12장

12.6 $P = \begin{pmatrix} 0 & 1 & 0 & 0 & \cdots & 0 \\ \frac{1}{10} & 0 & \frac{9}{10} & 0 & \cdots & 0 \\ 0 & \frac{2}{10} & 0 & \frac{8}{10} & \cdots & 0 \\ \vdots & \vdots & \vdots & \vdots & \vdots & \vdots \\ 0 & 0 & 0 & 0 & 1 & 0 \end{pmatrix}$

12.10 1

12.12 $\pi_1 = 0.75, \pi_2 = 0.25$

12.14 (a) 유쾌, 보통, 우울을 1, 2, 3으로 나타낼 때

$P = \begin{pmatrix} 0.7 & 0.2 & 0.1 \\ 0.4 & 0.3 & 0.3 \\ 0.2 & 0.4 & 0.4 \end{pmatrix}$

(b) $\pi_1 = \frac{30}{59}, \pi_2 = \frac{16}{59}, \pi_3 = \frac{13}{59}$

찾아보기

영 문

한 글

[ㄱ]

[ㅅ]

[ㅇ]

[ㅈ]

| 저자소개 |

김진경
서울대학교 계산통계학과
미국 예일대학교 통계학과(이학박사)
現, 인하대학교 수학통계학부 교수

박진호
서울대학교 계산통계학과
미국 스탠포드대학교 통계학과(이학박사)
前, 노스-캐롤라이나 주립대학교 연구원
現, 인하대학교 수학통계학부 교수

박헌진
서울대학교 계산통계학과
미국 아이오와 주립대학교 통계학과(이학박사)
前, SAS 선임연구원
現, 인하대학교 수학통계학부 교수

이재준
서울대학교 계산통계학과
미국 위스컨신대학교 통계학과(이학박사)
前, 해군사관학교 O.R. 학과 전임강사
現, 인하대학교 수학통계학부 교수

전홍석
서울대학교 수학과
미국 위스컨신대학교 통계학과(이학박사)
前, 충북대학교 전산통계학과 조교수
現, 인하대학교 수학통계학부 교수

황진수
서울대학교 계산통계학과
미국 퍼듀대학교 통계학과(이학박사)
前, 델라웨어대학교 통계학과 조교수
現, 인하대학교 수학통계학부 교수

공학도를 위한 통 계 학
–Excel을 이용한 분석–

| 저 자 김진경 · 박진호 · 박헌진
이재준 · 전홍석 · 황진수
| 발 행 인 김지영
| 발 행 처 자유아카데미
| 주 소 경기도 파주시 회동길 37-42
파주출판도시
| 전 화 031-955-1321
| 팩 스 031-955-1322
| 홈페이지 www.freeaca.com
| 전자우편 main@freeaca.com(대표)
editor@freeaca.com(편집)
crm@freeaca.com(영업)
| 등 록 제406-2003-017호, 1980. 7. 12
| 제1판1쇄 2010년 7월 1일 발행
| 제1판3쇄 2024년 9월 25일 발행
| 정 가 25,000원

ISBN 978-89-7338-833-2 93310